원 포인트
K-스타트업
창업

원 포인트 K-스타트업 창업
ⓒ이홍철 2018

초판 1쇄 인쇄 : 2018년 7월 20일
초판 1쇄 발행 : 2018년 7월 25일

지은이 : 이홍철
펴낸이 : 유혜규
디자인 : 김연옥

마케팅 : 이정순

펴낸곳 : 지와수
주소 : 서울 서초구 잠원동 35-29 대광빌딩 302호
전화 : 02-584-8489 팩스 : 0505-115-8489
전자우편 : nasanaha@naver.com
출판등록 : 2002-383호
지와수 블로그 : http://jiandsoobook.co.kr

ISBN : 978-89-97947-09-6 13320

* 책 값은 뒤표지에 있습니다.
* 잘못된 책은 바꿔드립니다.
* 이 책의 전부 또는 일부 내용을 재사용하려면 반드시 사전에
  저작권자와 지와수 양측의 서면 동의를 받아야 합니다.

* 이 도서의 국립중앙도서관 출판예정도서목록(CIP)은
  서지정보유통지원시스템 홈페이지(http://seoji.nl.go.kr)와
  국가자료공동목록시스템(http://www.nl.go.kr/kolisnet)에서
  이용하실 수 있습니다. (CIP제어번호 : CIP2018021871)

원 포인트
K-스타트업
창업

이홍철 지음

| 프롤로그 |

스타트업은 지식보다 경험으로 성공한다

　스타트업을 창업해 성공하려면 실로 방대한 지식과 경험을 내 것으로 만들어야 한다. 지식을 설명한 책들은 이미 많다. 하지만 기존의 책들은 스타트업 CEO의 고민을 같이 해결하기보다는 경영학적 관점에서 특정 문제를 해결하는데 필요한 전문 지식을 설명할 뿐이다. 스타트업의 창업 방법론을 소개하는 책조차 외국의 이론을 그대로 들여다가 설명하는 경우가 많아, 실제 국내 스타트업이 부딪치는 문제를 해결하는 데는 큰 도움이 되지 않는다.
　최근 몇 년 동안 수없이 많은 스타트업들을 만나고, 멘토링을 진행하면서 스타트업들의 갈증을 풀어주고 성공을 안내하는 책이 필요함을 절실하게 느꼈다. 그래서 부족하나마 그 동안의 경험을 바탕으로 이 책을 쓰게 되었다.
　스타트업이 성공하기까지는 여러 단계를 거쳐야 한다. 각 단계별로 알아야 할 지식과 준비해야 할 내용이 다르다. 무엇보다 단계별로 부딪치는 문제를 해결할 수 있어야 하는데, 이 책을 보면 어떻게 해결책을 찾을 수 있을지 알게 될 것이다.
　이 책을 쓰면서 지식 자체를 전하는데 그치지 않고, 문제가 닥쳤을 때 필요한 노하우와 실질적으로 문제를 해결할 수 있는 방법을 소개하려 노력했다. 중간 중간 관련된 사이트나 알아두면 좋은 기관을 소개했는데, 어찌 보면 대수롭지 않은 이런 정보가 문제를 해결하는 중요한 단초가 되는 경우도 많다. 그래서 당장은 별로 필요하지 않은 미래의 이야기라 할지라도 한번은 읽어 두고, 필요할 때마다 찾아보면 도움이 될 것이다.

한국에는 외국보다 훨씬 많은 창업 지원 기관과 지원 제도가 있다. 그런 의미에서 한국은 스타트업을 창업하기에 아주 좋은 여건을 갖춘 셈이다. 하지만 너무나 많은 지원 제도가 오히려 독이 되기도 하고, 또한 스타트업이 겪게 되는 전 과정을 맞춤형으로 지원해 줄 기관이 없어서 창업자들이 여기저기를 떠돌며 방황하는 경우도 많다. 그럼에도 수많은 창업 지원 기관과 지원 제도를 적재적소에 잘 활용하면 스타트업을 성공시키는데 큰 도움을 받을 수도 있다.

이 책은 크게 두 파트로 구성했다. 파트 1에서는 창업을 결심해서 사업에 성공하기까지 스타트업이 거치게 되는 일련의 과정과 각 단계별로 스타트업이 부딪히는 문제와 이를 해결하는데 도움이 되는 정보 및 해결방법을 설명했다. 파트 2에서는 스타트업이 창업과 관련해 도움을 받을 수 있는 국내 창업 생태계의 구성, 특히 자금조달과 관련된 각종 창업 지원 프로그램들에 대한 정보와 사전에 준비해야 할 사항, 그리고 도전하는 방법을 소개했다.

창업 아이템별로 사업의 진행방법이나 단계별로 준비해야 하는 내용은 상당히 다른 경우가 많다. 공통적인 부분에 대한 설명은 특별히 구분하지 않지만, 확연히 다른 경우에는 크게 '지식형 제품'과 '제조형 제품'으로 구분해 설명했다.

지식형 사업이나 지식형 제품이란 소프트웨어, 게임, 앱, 웹 서비스 그리고 콘텐츠 분야의 창업이나 아이템을 주로 말한다. 유통을 위한 여러 형태의 쇼핑몰이나 홈페이지, 다양한 형태의 중개 플랫폼도 지식형 제품에 포함된다.

제조형 제품이나 제도형 사업이란 우리가 흔히 떠올리는 전기, 전자, 기계류의 제품뿐만 아니라 IoT, 바이오, 의료, 헬스케어, 화학, 소재 등 다양한 분야의 제품이나 사업 등을 포함한다. 흔히 IoT 제품을 지식형 제품으로 분류하는 경우가 많지만 사업 준비나 전개 과정은 지식형보다는 제조형 제품군에 훨씬 가깝다. 마땅한 용어가 없어서 이 책만을 위해 정의한 용어이므로 처음에는 혼동이 오더라도 빨리 익숙해져야 책을 읽는데 도움이 될 것이다.

사업 아이템의 특징에 따라 2가지 분류 체계만으로는 설명이 안 되는 아이템들도 있다. 이 경우 특화된 프로세스를 필요로 하는 경우도 많은데, 모든 아이템을 일일이 다 설명할 수 없다는 것을 양해해주기 바란다.

  파트 2의 상당 부분은 창업 지원 제도에 관한 것인데 이런 내용은 끊임없이 변한다. 사실 이 책이 출판되는 순간에 이미 상당수의 제도가 바뀌었거나 더 좋은 제도가 나왔을 지도 모른다. 또한 짧은 창업 경험과 멘토 생활을 바탕으로 한 것이라 스타트업에 도움이 될 귀중한 정보를 놓치거나 내용 속에 잘못된 조언이 들어 있을 수도 있다.

  이런 부분들이 있다면 필자에게 메일(doghair7@naver.com)을 보내주기 바란다. 독자들은 블로그(blog.naver.com/startup1point)에서 수시로 바뀌는 창업 지원 제도나 더 좋은 멘토링 아이디어의 업데이트된 내용을 확인할 수 있을 것이다. 이렇게 수시로 업데이트된 내용들은 향후 개정판이나 증보판을 만들 때 반영할 계획이다.

  꽤 오랜 기간 원고를 집필했음에도 여전히 부족함을 느낀다. 하고 싶은 이야기는 많은데, 지면의 한계로 불가피하게 덜어낸 내용들도 많다. 그럼에도 이 책이 고된 여정을 헤쳐 나가고 있는 많은 스타트업과 스타트업을 돕는 일을 하는 분들에게 조금이나마 도움이 되기를 기원한다.

2018년 7월   이 홍 철

| 목차 |

프롤로그_ 스타트업은 지식보다 경험으로 성공한다   4

PART 1 스타트업 창업 단계별 핵심 포인트   12

1장 비즈니스 모델 개발 단계 | **돈 되는 아이디어, 이렇게 만든다**   14

01 아이디어 검증과 고도화   16
인터넷만 잘 검색해도 검증이 가능하다 | 유사한 특허가 있는지도 꼭 확인 | 시장과 기술을 파악하려면 논문 검색 필요

02 멘토링과 창업교육 활용하기   23
온라인 창업멘토링, 아이디어마루와 창업진흥원 온라인 멘토링 | 창조경제혁신센터 원스톱존 | 지자체 운영 창업 멘토링 지원 | 온라인 창업교육 | 무료 창업스쿨 | 지식형 사업의 창업교육 스마트 창작터 프로그램 | 기타 창업교육

03 비즈니스 모델 만들기   33
비즈니스 모델 캔버스 | 제품, 고객, 고객가치 정의가 우선 | 어떻게 팔 것인가, 판매 방법 정의 | 어떻게 만들 것인가, 만드는 방법 정의 | 어떻게 돈을 벌고 쓸 것인가, 돈을 벌고 쓰는 방법 정의 | 비즈니스 모델 점검 및 활용

04 시장 규모 예측 및 경쟁사 분석하기   46
시장 규모를 예측하는 방법은 다양하다 | 경쟁자 분석으로 제품 업그레이드

05 비즈니스 모델 고객 검증하기   53
고객과의 1:1 인터뷰 검증 | 잠재적인 유통채널이나 전략적 파트너와의 미팅

06 창업팀 만들기   58
최소한 2~3명 이상으로 구성된 팀이 좋다 | 스타트업 대표와 창업팀의 조건 | 창업 동지, 어떻게 만날 것인가

2장 시제품 개발 단계 | **최소한의 기능을 갖춘 시제품 만들기**   68

01 시제품 개발계획 세우고 자금조달하기   70
어디까지 개발할 것인가 | 어떻게 개발할 것인가 | 시제품 제작 지원 프로그램에 도전하기

02 회사 설립과 챙겨야 할 일   79
회사 이름 정하기 | 개인사업자 vs 법인 | 회사 은행 계정 및 회사카드 만들기 | 도메인 등록 및 메일 계정 확보 | 로고 및 명함 만들기 | 세무사 선정 및 지출 자료 정리 | 작업 공간 확보 | 취업규칙 등 기본 사규 제정 | 4대 보험 가입

03 제대로 된 시제품을 만들려면? 97
때론 정부 지원 프로그램이 독이 된다 | 외주 관리가 중요하다 | 집중적인 일정 관리가 필요하다 | 시제품 관련 행정업무도 잘 챙겨야 한다

04 시제품 고객 검증, 어떻게 할 것인가 105
일반적인 고객 검증 방법 | 방향 전환이 답일 수도 있다

3장 제품 상용화 단계 | 제품 완성도 높이고, 알릴 준비하기 110

01 제품 상용화 계획 수립하고 자금조달하기 112
제조형 제품의 상용화 계획 수립 | 지식형 제품의 상용화 계획 수립 | 상용화 단계의 자금조달 방법 | 특허 출원 방법과 지원 제도 | 연구소 설립 및 벤처기업 인증

02 직원 채용 및 초기 조직 문화 셋업하기 127
조직 진단과 설계가 우선 | 어떻게 직원을 채용할 것인가 | 멘토, 고문 자문위원회 활용 | 바람직한 조직문화 만들기

03 제품 상용화 작업 진행과 고객 검증 140
유저 인터페이스 중요 | 조립 순서와 방법 결정 | 단위 제품의 테스트 방법 결정 | 사용자 매뉴얼도 상품의 일부다 | 포장재 디자인 및 단위 포장 방법의 결정 | 지식형 제품의 운영체계 및 보안 관련 준비 사항 | 제품 상용화 단계의 고객 검증과 인증

04 마케팅 계획 수립과 사전 마케팅 활동 152
타깃 고객 정하고 포지셔닝 메시지 만들기 | 가격을 결정하는 3가지 원칙 | 제품 성격에 따라 적합한 유통채널도 다르다 | 제품 출시 전 기사 홍보와 홈페이지 등록 필요 | 스타트업의 좋은 친구, 온라인 마케팅 | 전시회 참가도 마케팅이다

4장 시장 진입 단계 |
자금, 조직, 마케팅 삼박자가 맞아야 시장에서 성공한다 174

01 시장 진입 계획 수립하고 자금조달하기 176
제조형 사업의 재고, 자금계획의 키포인트 | 사업계획서 작성과 자금계획 | 자금조달 방법

02 조직 재구성하고 업무 프로세스 정립하기 187
개발 중심에서 영업 및 마케팅 조직으로 전환 준비 | 업무 프로세스 정립

03 사업 개시 준비와 D-day 196
제조 아이템 생산 | 유통채널 준비 | 회사 내부 프로세스 리허설 | 지식형 사업은 운영 시스템 준비 | D-day 선정 및 마케팅 활동 집중

5장 지속적 성장 단계 | 성공보다 지속적 성장이 더 어렵다   206

01 3가지 시장 반응 유형과 대처방법   208
매출이 크게 성장하는 경우 | 매출이 늘다가 정체되는 경우 | 판매나 고객 증가가 미미한 경우

02 방향 전환, 피벗(pivot)   215
원인을 알아야 방향 전환이 쉽다 | 방향을 전환하는 방법도 다양하다 | 최후의 방향 전환 프로그램, 폐업

03 지속적 성장을 위한 전략   223
고객 가속화 이론 | 데스밸리의 극복 | 경쟁 제품의 출현 | 신제품 전략 | 전략적 제휴

04 기업의 혁신문화 유지   236
대표가 먼저 공부해야 한다 | 기업의 혁신문화를 유지하는 방법

05 성장 단계의 자금조달   241
성장기 자금조달 방법 | 대표의 지분 관리

PART 2 창업 지원 제도의 이해와 도전   246

6장 창업 지원 제도의 구조를 알면 '돈'이 보인다   248

01 창업 생태계를 구성하는 이해관계자는 누구?   250
정부, 지자체, 창업 지원 기관과의 관계 | 대학 및 정부 설립 연구소와의 관계 | 멘토와의 관계 | 서비스 제공업체와의 관계 | 대기업과의 관계 | 커뮤니티와의 관계 | 투자기관과의 관계 | 금융기관과의 관계

02 창업 지원 제도의 구조   264
사업화 지원 제도 | R&D 지원 제도 | 투자 프로그램 | 정책자금 지원 | 자신만의 자금조달 경로 설계 및 준비

7장 시제품 제작의 단비, 사업화 지원 제도 도전하기   274

01 사업화 지원 제도의 종류   276
창업선도대학 | 창업성공패키지(청년사관학교) | 스마트벤처캠퍼스 프로그램 | 선도벤처연계 기술창업 프로그램 | 재도전 지원 프로그램 | 창업 도약 패키지 | 기타 주요 사업화 지원 프로그램 | 타 부처 사업화 지원 프로그램 | 지자체 지원 사업화 지원 프로그램 | 창조경제혁신센터 프로그램 | 공모전 | 오픈 이노베이션

02 사업화 지원 제도 맞춤형 사업계획서 작성하기   296
시제품 제작 사업계획서 작성 원칙 4가지 | 논리점 흐름이 유연한 사업계획서 작성 요령 | 시제품 지원 프로그램에 도전하기

8장 나에게 맞는 R&D 지원 제도 찾고 도전하기 　306

01 R&D 지원 제도의 이해 　308
시제품 지원 제도와의 차이 | R&D 지원 제도 구조 | R&D 사업관리 시스템 | 중기부 R&D 지원 | 과기부 및 산업부 R&D 지원 사업 | 나에게 맞는 R&D 지원 제도는 무엇일까?

02 R&D 사업계획서 작성하기 　324
R&D 사업계획서 작성법 | R&D 지원 사업 관리 요소들

9장 준비한 만큼 투자 유치할 수 있다 　336

01 추정재무제표 및 IR 자료 준비 　338
추정재무제표 및 자금계획서 작성 | IR용 사업계획서 작성 | 기업가치의 결정

02 투자기관들의 종류와 특성 　346
엔젤클럽 | 액셀러레이터와 TIPS 운영사 | 개인투자조합 | 크라우드 펀딩 | 기술보증기금, 신용보증기금, 중소기업진흥공단 | 벤처캐피털 | 스타트업의 투자 유치 활동

10장 정책자금, 똑똑하게 활용하기 　370

01 정책자금 바로 알기 　372
대표와 기업의 신용관리 중요 | 정책금융제도에 대한 이해

02 정책자금 취급기관과 도전 방법 　376
기술보증기금 | 신용보증기금 | 중소기업진흥공단 | 기타 정책금융기관

11장 IPO와 M&A로 성공의 열매 수확하기 　386

01 기업공개, IPO(Initial Public Offering) 　388
코넥스(Konex) | 제3시장, 프리보드 | 코스닥 | 코스닥 등록을 위한 사전 준비 | 코스닥 상장 이후의 회사 관리

02 인수합병, M&A(Mergers and Acquisitions) 　399
행복한 M&A vs 불행한 M&A | 누가 M&A하는가? | 왜 M&A하는가? | M&A 결정 및 진행과정

에필로그_ 수없이 성장통을 겪을 스타트업을 위하여 　408

스타트업 즐겨찾기 사이트 　411

Part 1
스타트업 창업 단계별 핵심 포인트

1

>>>
비즈니스 모델 개발 단계

돈 되는 아이디어, 이렇게 만든다

문득 기가 막힌 아이디어가 떠오른다. 아이디어를 생각하면 할수록 많은 고객들이 환호하고, 굉장히 많은 돈을 벌 것 같은 생각이 든다. 많은 경우 스타트업은 이렇게 시작된다.

하지만 아이디어는 아이디어일 뿐이다. 아이디어를 가진 사람은 많아도 이를 사업화하여 성공하는 사람은 많지 않다. 왜 그럴까? 아이디어를 제대로 된 비즈니스 형태로 발전시키는 과정이 결코 쉽지 않기 때문이다.

아이디어로 돈을 버는 첫 번째 관문은 '비즈니스 모델을 개발하는 것'이다. 성급한 사람들은 아이디어를 몇몇 주변 사람들에게 설명해 보고, 본인에게 우호적일 수밖에 없는 사람들의 격려를 듣고, 바로 다음 단계인 시제품 제작에 뛰어들기도 한다.

시제품을 만들려면 돈뿐만 아니라 많은 지식과 경험이 필요하다. 충분한 준비 없이 시제품을 만들다가는 돈은 돈대로 들고, 고전을 면치 못할 위험이 크다. 일단 많은 돈이 들어가는 단계 이전에 충분한 사전 준비를 하는 단계가 바로 '비즈니스 모델 개발 단계'이다. 첫 단추를 잘 꿰어야 한다. 시간이 좀 걸리더라도 확실하고 탄탄한 비즈니스 모델을 개발하면 그만큼 성공할 가능성이 커진다. ●

01
아이디어 검증과 고도화

"이건 정말 획기적인 아이디어 아닌가요? 자금만 있으면 성공시킬 자신이 있습니다."

스타트업을 시작하려는 예비 사업자 10명 중 7명은 이런 말을 한다. 자신의 아이디어에 자신감을 갖는 것은 나쁘지 않다. 하지만 정말 다른 사람은 생각지도 못한 참신한 아이디어가 맞을까?

떠오른 아이디어는 검증해야 한다. 아무도 생각하지 못했을 것 같지만 막상 검증에 들어가면 내가 생각한 아이디어가 처음이 아닌 경우가 많다. 지금 이 순간에도 전 세계에서 수많은 사람들이 다양한 방법으로 사업 아이디어를 찾고 있고, 수많은 신규 기술 개발이 진행 중이며, 획기적인 신제품들이 시장에 나올 준비를 하고 있다. 따라서 기가 막힌 아이디어가 떠올랐다면 제일 먼저 내 아이디어와 유사한 제품이나 서비스가 출시된 것이 있는지 찾아봐야 한다.

인터넷만 잘 검색해도 검증이 가능하다

인터넷이 대중화되기 전에는 비슷한 아이디어나 제품이 있는지 검증하기가 쉽지 않았다. 꽤 많은 시간을 투자해 관련 전문잡지를 뒤지거나 전시회에 참가해야 검증이 가능했는데, 지금은 인터넷으로 쉽고 간단하게 검증할 수 있다.

우선 한글과 영문으로 핵심이 되는 키워드를 여러 개 만들어 보고, 네이버와 구글을 통해 사이트나 웹문서들을 찾아본다. 키워드는 한 단어보다는 아이디어의 핵심이 되는 2개 이상의 단어를 조합해 만들면 된다.

조합된 단어를 통해 검색한 사이트들이나 웹문서에서 내 아이디어와 유사한 제품을 찾지 못했다면 상당히 획기적인 신제품이나 신기술에 대한 아이디어를 낸 것이다. 하지만 똑같지는 않아도 상당히 유사한 아이디어나 제품을 만나게 될 가능성이 훨씬 더 크다.

인터넷 검색을 통해 이미 유사 제품이나 서비스가 있는 것을 보고 실망해서 접어 버린다면 사업가 기질이 있는 사람이라고 할 수 없다. 그런 제품이 존재한다는 것은 고객의 니즈가 있다는 것이고, 이를 제대로 만족시킨다면 돈을 벌 수 있다는 증거를 찾은 것이라고 생각하면 된다.

남들이 미처 생각하지 못하는 완전히 새로운 것을 만드는 사람들을 발명가라고 한다. 의외로 발명가는 돈을 잘 벌지 못한다. 사업가가 아니기 때문이다. <u>스타트업을 창업하려는 사람들에게 필요한 아이디어란 돈이 되는 아이디어이다. 이미 기존 제품들이나 해결책에 대해 고객들이 느끼는 불만을 일정 부분 해소시켜 주는 아이디어만으로도 충분한 사업적 가치가 있다.</u>

사이트들을 계속 검색하다 보면 연관된 단어들이 계속 나타나기 마련이다. 연관된 단어들을 계속 메모하고, 이들 연관 단어들도 조합해 검색을 확대해 본다. 이런 방식으로 내 아이디어와 관련 있는 모든 제품들을 최대한 많이 찾아본다.

어느 정도 찾았으면 이제 유사한 목적을 가진 기존 제품의 세부적인 제품 특징을 조사하고, 내 아이디어와의 차이를 비교해 본다. 내 아이디어 관점에서 그들의 장단점을 생각해봐야 한다. 그런 다음 더 좋은 아이디어는 채택하고, 문제점은 해결할 수 있는 다른 방법을 생각해 본다. 이런 작업들을 반복하다보면 나만의 차별화된 아이디어가 어느 정도 정리된다.

이제 고객들의 불만을 해결할 방법이나 기술에 대해서도 고민해 보고 조사해 볼 차례다. 그 방법이나 기술이 꼭 획기적일 필요는 없다. 기존에 나와 있는 방법이나 기술을 변형하거나 결합하는 것도 훌륭한 솔루션이 될 수 있다.

지식형 제품의 상당수는 IT시스템을 무기로 한다. 이미 IT시스템은 기술이 거의 표준화되어 있다. 처음 인터넷을 이용해 온라인 쇼핑몰이란 형태를 만든 아마존의 창업자들은 발명가이기도 하고, 사업가이기도 했다. 지금은 일상화되었지만 처음 인터넷을 통해 물건을 구매한다는 개념은 너무나 생소했다. 인터넷을 통해 물건을 보여주고, 고객이 주문하고, 주문한 물건을 배달 서비스를 이용해서 전달하고, 인터넷으로 대금을 결제하는 프로세스 하나하나를 정의하는 것 자체가 일련의 발명 과정이었다.

지금도 많은 스타트업들이 새로운 온라인 유통서비스를 창업하고 있다. 기존에는 온라인으로 사고팔지 못했던 영역을 추가로 발굴해, 고객들에게 새로운 편의성을 제공하는 것만으로도 스타트업 창업의 아이디어가 된다.

새로운 기술 자체가 스타트업의 무기일 수도 있다. 사실 많은 스타트업 창업은 회사의 대표가 남들이 가지지 못한 개선된 기술을 가지고 시작한다. 그 기술을 써줄만한 사업이나 제품을 찾아서 자신의 기술을 적용하도록 지원하거나 자신이 직접 만들어서 고객에게 제공하면서 사업을 전개한다.

기술도 검증해야 한다. 자신이 가진 기술 자체가 주는 효용을 먼저 정리해 그 효용을 필요로 하는 제품들이 내가 가진 효용을 어떻게 구현하고 있는지 찾아본다. 그리고 기존의 구현방법보다 훨씬 성능이 좋거나 성능은 차이가 없어도 값싸게 구현이 가능하다면 그 자체로서 사업화의 가치는 충분하다.

이런 작업을 통해서 <u>내 아이디어가 '고객의 어떠어떠한 문제를 어떤 방법이나 기술을 통해 해결해 주는 제품이나 서비스'인가를 정확히 정의해 보는 과정을 아이디어의 고도화라고 한다.</u>

유사한 특허가 있는지도 꼭 확인

어느 정도 아이디어가 고도화되었다면 '특허 여부'도 검증해야 한다. 아무리 좋은 아이디어도 다른 사람이 이미 특허를 취득한 내용이라면 나중에 상당히 골치 아픈 일이 벌어질 수 있다.

가장 극단적인 경우는 고생해서 제품을 개발해 사업을 개시했으나 특허를 가진 상대방이 나를 특허 침해로 고소하고, 사업을 중지시킬 뿐만 아니라 손해배상까지 청구하는 경우이다. 특허의 사용료 계약을 맺고 사업을 유지할 수는 있으나 이 경우에도 기껏 돈 벌어서 특허를 가진 사람에게 상당 부분을 헌납해야 하는 불상사가 일어날 수 있다.

유사한 특허가 있는지를 알려면 '특허 정보넷 키프리스(www.kipris.or.kr)'를 활용하는 것이 가장 좋다. 본격적으로 특허를 출원할 때는 아무래도 변리사를 활용해 선행기술을 조사하고 특허 내용을 작성하는 것이 좋지만 아이디어가 특허 등록이 되어 있는지 확인하거나 다른 사람들의 특허 정보를 확인한 뒤에 나의 사업 모델을 발전시키기 위한 목적이라면 직접 검색하는 습관을 가지는 것이 좋다.

키프리스는 초보자가 쉽게 검색할 수 있는 다양한 도구가 있어 그리 어렵지 않게 접근할 수 있다. 아이디어 고도화 또는 세련화 작업을 통해 정리된 키워드를 넣고 검색해 보면 다양한 특허 내용이 나온다. 특허 제목 앞에 상당수가 공개, 거절 등의 표시가 있고, 일부만 등록으로 구분되어 있다.

특허 정보넷 키프리스(www.kipris.or.kr)

일단 등록된 특허만 검색해 본다. 등록된 특허를 침해하면 나중에 손해 배상을 당하거나 사업이 강제 중단되거나, 해당 특허의 사용료를 내야 하므로 등록된 특허는 세심히 살펴볼 필요가 있다.

공개된 특허도 검색해 본다. 공개의 사유가 여러 가지가 있는데, 대부분은 현재 특허 출원이 된 상태에서 일정 시간이 지나 이런 특허가 출원 진행 중임을 알려주는 목적으로 공개된다. 즉, 특허로 등록될 가능성이 제법 있는 특허란 이야기이므로 주의해야 한다. 특허료를 내지 않아서 취소된 특허도 있다. 이런 특허는 사용해도 상관이 없는 특허이다.

내가 생각하는 것과 유사한 아이디어가 이미 출원 거절되었다면 나도 특허를 낼 수 없다고 봐야 한다. 거절된 아이디어는 대부분 '쉽게 생각할 수 있어서 독창성을 인정받지 못한' 사유로 거절된 것이 많은데 그렇다고 사업성이 없는 것은 아니다. 현재 단계는 사업의 아이디어를 고도화하는 단계이므로 오히려 거절당한 다른 사람의 아이디어들은 내 아이디어를 검증하고 발전시켜 주는 좋은 재료가 된다.

시장과 기술을 파악하려면 논문 검색 필요

논문을 검색하는 것도 도전하려는 사업 아이디어의 시장을 전반적으로 파악하기 위한 중요한 검증 및 아이디어 고도화 방법이다. 또한 문제를 해결하는 좋은 방법을 찾지 못한 경우 논문을 통해 현재 연구 중인 기술을 알 수 있기도 하다. 논문 검색 사이트로는 정부가 운영하는 RISS 서비스(www.riss.kr)가 대표적이다.

RISS 서비스(www.riss.kr)

원하는 키워드를 넣으면 국내외의 석박사 논문뿐만 아니라 주요 저널에 게재된 논문들을 볼 수 있다. 내가 하려는 사업에 대한 환경 분석이나 사업, 기술 동향을 통합적으로 정리한 논문을 얻을 수 있다면 매우 도움이 될 것이다. 간접적인 도움이 될 만한 자료도 생각보다 많이 발견할 수 있다. 특히 문제를 해결할 좋은 방법을 찾지 못한 경우 논문이 큰 도움이 되기도 한다.

현재 관련 분야에 대해 연구 중인 기술이 어떤 것인지도 알 수 있다. 기초 연구 단계일 수도 있고, 상당히 진행된 실용 단계 연구일 수도 있는데, 당장 활용할 수 있는 좋은 기술을 발견했다면 그 연구를 진행한 교수나 연구원을 찾아보자. 제품을 공동 개발하거나 내가 원하는 제품에 적용할 기술 개발을 의뢰할 수도 있다.

02
멘토링과 창업교육 활용하기

어느 정도 사업 아이디어가 구체화되면 이를 사업화할 수 있는 구조로 만들어 가야 한다. 기본적인 사업 골격을 정리하는 작업을 비즈니스 모델 개발이라고 하는데, 필자는 이를 위해 먼저 멘토링을 받거나 창업에 관련된 교육을 받아보도록 권장하는 편이다.

<u>멘토링은 사업을 진행하는 동안 계속적으로 필요하다. 좋은 멘토 한 명을 만나는 것이 사업의 성패를 좌우한다는 이야기가 있을 정도이다. 하지만 사업 아이디어를 구체화하는 과정에서는 다양한 멘토로부터 멘토링을 받아 보는 것이 아주 좋다.</u>

멘토들도 사람이다. 멘토가 살아오면서 경험한 분야가 어느 정도 제한되어 있기 때문에 특정한 멘토가 나의 모든 궁금증을 다 해결해 주지는 못한다. 멘토들의 성향도 다양하다. 대부분은 사업을 하는데 도움이 되는 이야기들을 들려주지만, 멘티가 충분한 준비가 안 되었다고 판단되면 오히려 사업을 말리는 멘토도 있다. 그것이 멘티를 더 도와주는 것이라 믿기 때문

이다. 멘토 한 사람 한 사람의 반응에 너무 연연해하지 말고, 여러 멘토로부터 다양한 이야기를 들어 보는 것이 도움이 된다.

국내에는 창업에 대한 멘토링을 받을 수 있는 여러 창업 지원 기관과 제도들이 있다. 뒤에 설명할 사업화 지원 프로그램에 선정되면 그 프로그램의 일환으로 전담 멘토들이 배정되는 경우가 많다. 하지만 초기 단계에는 일일이 발품을 팔아서 멘토들을 찾아다녀야 한다.

온라인 창업멘토링, 아이디어마루와 창업진흥원 온라인 멘토링

집에서 온라인으로 무료 멘토링을 받을 수 있는 대표적인 곳이 아이디어마루(www.ideamaru.or.kr)이다. 예전에는 창조경제타운이란 이름으로 불리던 곳인데, 자신의 아이디어를 시스템에 등록하고 원하는 멘토를 선택하면 온라인으로 다양한 멘토링을 받을 수 있다.

온라인 멘토링의 최대 장점은 편하다는 것이다. 아이디어마루에는 우리나라를 대표하는 쟁쟁한 전문가들이 많이 포진해 있다. 후학들을 양성하기 위해 재능 기부 차원에서 이런 좋은 일을 기꺼이 해주는 분들이다.

사업 아이템이 속한 산업 분야, 현재 사업이 진행되고 있는 단계, 연구개발이나 자금 등 관심 있는 기능 분야에 따라 다양한 멘토들이 포진해 있다. 자신의 관심사에 가장 적합하다고 생각되는 멘토를 선택해 멘토링을 요청하면 된다. 여러 사람의 멘토를 동시에 선택해 멘토링을 받을 수도 있다.

편한 점도 있지만 단점도 있다. 글로 소통하다 보니 궁금한 점을 묻고, 대답을 들은 후에 다음 질문을 해야 하는데, 그때마다 시간이 많이 걸린다. 게다가 멘토가 바쁘면 아예 응답이 없는 경우도 있다.

멘토링을 잘 받으려면 자신의 사업 아이디어를 구체적으로 설명해야 한다. 멘토가 멘티가 하려는 사업을 잘 이해해야 정확한 도움을 줄 수 있기 때문이다. 그런데 사업 아이디어를 남들이 이해하기 쉽게 글로 정리하는 것이 쉬운 일이 아니다. 이 단계에서 창업교육이나 멘토링을 받는 목적 중의 하나가 비즈니스 모델과 사업계획서를 잘 작성하기 위한 것인데, 설명을 잘해야 제대로 도움을 받을 수 있으니 약간 역설적이기도 하다.

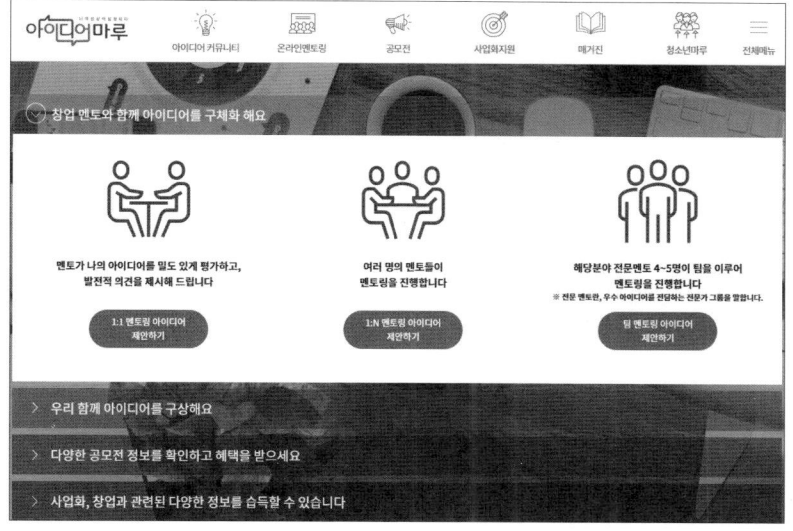

아이디어마루(www.ideamaru.or.kr)

이 글을 쓰는 시점에 창업진흥원(www.kised.or.kr)에서도 온라인 멘토링 서비스를 준비 중에 있다. 책이 출판된 시점에는 멘토링을 제공하고 있을 것이므로 이를 활용하는 것도 좋다. 창업진흥원은 중소벤처기업부(이하 중기부)가 진행하는 창업 지원 프로그램의 상당 부분을 총괄하는 기관이다. 창업진흥원에 등록되어 있는 멘토들은 매우 많다.

창조경제혁신센터 원스톱존

온라인 멘토링이 답답하다면 창조경제혁신센터의 원스톱존을 찾아가면 좋다. 창조경제혁신센터란 스타트업의 아이디어 단계부터 사업화 단계까지를 종합적으로 지원하고자 정부가 설립한 기관이다.

전국에 19개의 창조경제혁신센터가 있는데, 자신이 거주하고 있는 지역과 가장 가까운 혁신센터를 선택해서 창업 관련 상담을 신청하면 된다. 먼저 홈페이지나 전화로 사전신청을 해야 한다. 인천 지역이라면 인천창조경제혁신센터 홈페이지에서 [원스톱존] 메뉴에 원하는 날짜와 상담 분야를 등록하면 된다.

원스톱존 서비스란 창업 과정에서 필요한 창업, 특허, 법률, 자금, 세무, 고용 등 다양한 서비스를 한 곳에서 모두 제공한다는 의미에서 붙여진 이름이다. 혁신센터마다 원스톱존 운영 방식이 조금씩 다르기는 하지만 상당한 수준의 전문가들이 사업 아이디어 고도화뿐만 아니라 다양한 측면에서 창업자를 도와주고 있다.

예를 들어 사업 아이디어 고도화를 지원하는 경영분야에는 전문 창업 컨설턴트가, 법률은 공익법무관이 파견 나와 있다. 자금은 기업은행이나 산업은행, 기술보증기금이나 신용보증기금 등의 전문가가 상주하고, 특허는 변리사, 세무는 세무사가 상주하거나, 1주일에 1~2회씩 서비스를 제공한다. 따라서 사업을 진행하면서 필요할 때마다 수시로 활용하면 된다. 꼭 홈페이지나 전화로 사전 예약을 하고 가야 헛걸음을 하지 않는다.

무료인 대신에 멘토링 시간이 보통 1시간으로 제한되므로 자신의 아이디어나 궁금한 점을 사전에 문서로 정리해 가는 것이 좋다. 멘토링을 통해 아이디어의 사업성이나 내가 앞으로 해야 할 일 등 궁금한 점을 연속적으로 물어볼 수 있어 좋다.

필자의 경험상 원스톱존에는 실로 다양한 사람들이 찾아온다. 한데 아이디어만 있으면 창조경제혁신센터가 사업화를 몽땅 대신해 주는 것 아니냐는 생각으로 찾아오는 사람도 종종 있다. 국가 기관은 스타트업의 창업 과정을 지원하는 곳이지, 대신 사업을 해 주는 곳은 아니라는 것을 명심했으면 좋겠다. 다른 창업 지원 기관도 역시 마찬가지이다.

지자체 운영 창업 멘토링 지원

지자체에서 운영하는 기관들 중에서도 창업 멘토링을 해 주는 곳들이 있다. 대개 지역명에 통상진흥원, 경제진흥원, 산업진흥원이란 이름이 붙은 기관들인데, 해당 기관들이 창업 멘토링 지원 사업을 하는지 확인해 보면 된다. 서울이라면 서울산업진흥원 산하의 서울창업허브가 아이디어 초기 단계의 창업 멘토링을 지원해 준다.

창업 분야가 지식형 사업이나 IoT 분야라면 과학기술정보통신부(이하 과기부) 산하의 K-ICT 창업 멘토링 센터(gomentoring.or.kr)의 오픈 멘토링 제도를 활용할 수도 있다. 홈페이지를 통해 멘토들의 경력을 조회한 뒤 원하는 멘토를 예약하면 해당 전문가들이 비즈니스 모델 수립이나 창업 방향에 대해 조언을 해 줄 것이다. 또한 지역명에 정보산업진흥원을 치면 정보산업에 관련된 지원 기관들이 있으며 이들을 통해 창업 멘토링을 받을 수 있는 곳도 있다.

창업지원단을 운영하며 창업을 돕는 대학들도 많다. 대학생이라면 자신의 대학에 창업지원단이 있는지 확인해 보고 멘토링을 받아도 좋다. 일반인에게 오픈되어 있는 경우도 많으므로, 특히 지방이라면 이를 적극 활용하는 것도 괜찮다.

다만 아이디어 초기 단계여서 구체적인 비즈니스 모델이나 사업계획서가 없는 경우에는 실질적인 도움을 받을 수 있는 곳이 상당히 제한적이다. 대부분 먼저 창업 교육을 받고 사업을 구체화한 다음 다시 찾아오라는 조언을 듣는 경우가 많다. 그러므로 스타트업 창업을 결심했다면 시간을 내서 집중적으로 창업에 대한 교육 프로그램을 이수하는 것이 좋다.

온라인 창업교육

우선 편하게 집에서 온라인 창업교육을 받는 것부터 시작해 본다. 아이디어마루의 온라인 멘토링 메뉴 중 온라인 창업교육 동영상 강의도 상당히 우수한 편이고, 서울산업진흥원의 [기초창업교육]-[스타트업 스쿨 강의]도 들을 만하다.

상당히 우수한 많은 동영상 교육 콘텐츠를 보유하고 있는 K-스타트업 사이트(www.k-startup.go.kr)도 추천할 만하다. K-스타트업 사이트는 중기부에서 운영하는 창업 지원 사이트로 창업 지원 제도에 관한 가장 많은 정보를 모아놓은 곳이다. 기본적으로 즐겨찾기에 등록해 놓고 수시로 검색해 보면 큰 도움이 된다.

하지만 온라인 창업교육은 아무래도 한계가 있다. 일방적인 전달 교육이므로 창업자의 궁금한 점을 충분히 해소해 주지 않는다. 창업자들의 개별 니즈에 맞게 교육을 받으려면 전문적으로 창업교육을 실시하는 기관에 가서 교육을 받는 것이 훨씬 바람직하다.

무료 창업스쿨

무료로 진행하는 창업교육도 많이 있다. 앞에서 소개한 창조경제혁신센터, 대학이나 지자체의 창업 지원 기관, 중기부나 과기부 같은 정부기관의 산하단체 등에서 거의 무상으로 창업교육을 실시한다. 일부 돈을 받는 경우도 있지만 이는 신청만 하고 실제 교육에 열심히 참가하지 않는 사람들을 막기 위한 방편이다.

인터넷에서 창업스쿨, 창업아카데미 등의 키워드로 검색하면 창업교육에 여러 가지 형태가 있다는 것을 알 수 있다. 소상공인 창업, 온라인 쇼핑몰 창업 등 다양한 창업이 있으므로 스타트업 기술 창업을 전문적으로 육성하는 프로그램을 골라서 신청하면 된다.

<u>창업스쿨을 신청할 때도 기본적인 사업계획서를 제출해야 한다. 물론 제대로 된 사업계획서를 준비하기는 어렵지만 최소한 자신만의 창업 아이템을 논리적으로 설명할 수 있는 수준이 되어야 경쟁을 뚫고 무료 창업스쿨의 기회를 얻을 수 있다.</u>

대학 내의 창업지원단들도 대개 창업교육 프로그램을 운영한다. 창업선도대학이란 프로그램으로 해당 학교에 다니는 대학생들만의 학점 이수를 위한 프로그램도 있지만, 일반인들에게도 문을 열어 놓은 대학도 있다.

자신만의 사업계획서를 제대로 작성하는 방법을 배우고, 사업 전개에 대한 멘토링을 받으려면 최소한 강의가 10회 이상이고, 맞춤형으로 개별 멘토링을 제공하는 프로그램을 선택하는 것이 좋다. 그래야 자신만의 비즈니스 모델이나 사업계획서를 작성하는데 도움이 되기 때문이다. 또한 창업교육을 통해 만난 사람들끼리 창업팀을 구성하거나 지속적인 관계를 유지할 수 있는 좋은 멘토를 만날 수도 있다.

K-스타트업 사이트의 [창업교육] 메뉴를 선택하면 현재 접수 진행 중인 창업교육 프로그램이 나온다. 접수 진행 중인 것만 찾지 말고 과거에 진행된 창업교육 프로그램도 확인해 좋은 프로그램을 골라서 가는 것이 좋다. 작년에 진행된 프로그램은 올해도 진행될 가능성이 높으므로 마음에

드는 프로그램이 있으면 전화로 올해 계획을 확인하고 공고가 나기를 기다리면 된다.

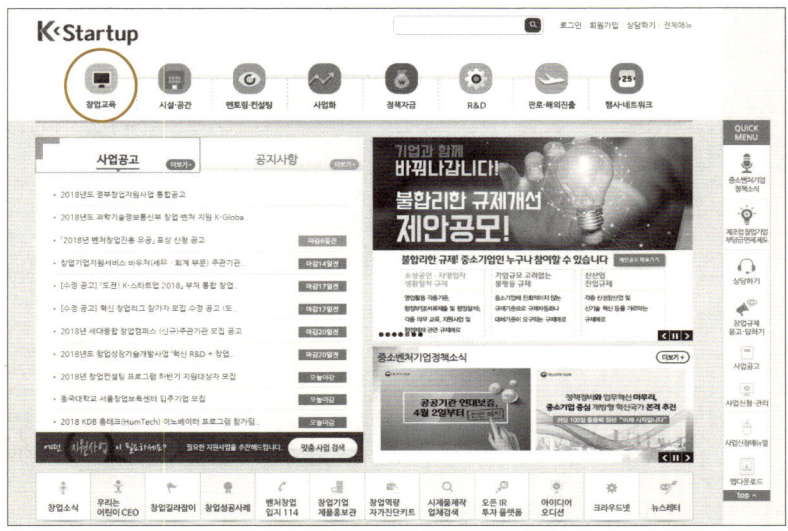

K-스타트업 창업교육 메뉴(www.k-startup.go.kr)

　창업교육 프로그램의 참가 공고문은 사전에 일일이 확인해야 한다. 지원 자격을 보면 창업자의 거주지, 창업 회사의 본점 위치 혹은 청년 창업(보통 39세 이하)과 같이 자격을 제한한 경우가 있기 때문이다. 한편 사업 분야별로 특화된 교육 프로그램도 있으므로 자신의 사업 아이템에 맞는 프로그램을 잘 확인해야 기껏 지원했다가 자격 미달로 떨어지는 불상사를 막을 수가 있다.
　사업화 지원 프로그램에 선정되어야 창업교육을 제공해 주는 경우도 많다. 사업계획서를 제출해 입주 허가를 받으면 창업교육을 제공하는 것인데, 시니어 창업보육센터, 대학의 창업보육센터, 시니어기술센터, 판교 스타트업 캠퍼스, 서울창업허브 등이 대표적이다. 이런 사업화 지원 프로그램의 구조와 도전 방법은 7장을 참조하기 바란다.

지식형 사업의 창업교육 스마트 창작터 프로그램

지식형 사업 창업자라면 스마트 창작터 창업교육 프로그램을 권한다. 중기부에서 주관하는 창업교육 프로그램으로 전국에 있는 다양한 창업 지원 기관이나 민간 창업컨설팅에서 진행한다. K-스타트업 사이트를 통해 스마트 창작터를 진행하는 주관기관을 골라 신청하면 된다. 오프라인 교육을 받으려면 직접 방문해야 하기 때문에 집에서 왕복이 가능한 장소를 선정해야 한다.

스마트 창작터에서는 2018년 기준으로 한 해에 약 5,000명을 대상으로 비즈니스 모델을 고도화하고, 이를 사업화 하는 방법을 온라인, 오프라인 형태로 결합하여 교육한다. 교육만 하는 것이 아니라 학습 성적이 우수한 540팀을 선정해 시장 검증에 필요한 자금을 최대 500만 원까지, 더 나아가 540팀 중에서 또 우수한 팀 135팀을 골라 시제품을 만들 수 있는 자금을 최대 2,000만 원까지 지원해 준다.

최대란 그야말로 예외적으로 받는 지원 금액이다. 현실적으로는 시장 검증 자금의 경우 평균 200~300만 원, 시제품 제작 자금은 1,000만 원 수준을 지원받는다. 시제품 제작 자금을 지원받는 경우 다른 사업화 지원 자금을 받는데 결격 사유가 되는 경우도 있어 다음에 선택할 지원 제도를 고려해 신중히 선택해야 한다.

스마트 창작터 프로그램을 수행하는 주관기관들은 공고문을 통해 확인해 볼 수 있다. 전국적으로 이 프로그램을 제공하는 기관은 20여 개이다. 대학교와 몇몇 창조경제혁신센터 그리고 지역 정보산업진흥원 등 수행 주체가 다양한데, 가능하면 이를 졸업한 뒤에 다른 지원 프로그램과 쉽게 연계할 수 있는 기관을 선택하는 것이 아무래도 좋은 점이 많다.

기타 창업교육

특허가 중요한 신기술 분야의 창업이라면 특허청에서 하는 IP 디딤돌 교육 프로그램도 활용할 수 있다. 창업 교육뿐만 아니라 자신의 기술을 어떻게 특허화하는 것이 좋은지에 대한 멘토링을 받을 수 있는 기회가 된다.

민간 기관에서 진행하는 창업교육도 고려해볼만하다. 예를 들어 온라인 유통(e-Commerce) 분야의 창업을 기획하는 사람에게는 민간 기관에서 유료로 진행하는 교육이 더 현실적인 도움이 될 수 있다. 온라인 유통의 구체적인 실무 지식이나 온라인 마케팅에 필요한 실질적인 팁을 더 많이 제공하기 때문이다.

03
비즈니스 모델 만들기

초기 창업자가 가장 많이 듣는 이야기 중에 하나가 '비즈니스 모델이 뭐야'는 질문과 '비즈니스 모델이 약하다'는 조언이다. 전자의 경우는 창업자의 사업 구상이 아직 고객-고객가치-제품 관점에서 정리가 덜 되었다는 의미이고, 후자는 돈을 버는 방법이 불투명하다는 것이다.

창업 아이디어는 사업화를 해야 돈을 벌 수 있다. 사업화의 핵심 요소들과 이들 간의 관계를 논리적으로 정리한 것을 비즈니스 모델이라고 부른다. <u>비즈니스 모델이란 간략히 이야기하면 ① 어떤 고객에게 어떤 가치를 주는 어떤 제품을 만들 것인가, ② 그 고객에게 어떻게 팔 것인가, ③ 그 제품을 만들기 위해 필요한 자원과 활동은 무엇이고 필요한 조력자가 누구인가 그리고 ④ 이 사업을 통해 어떻게 돈을 벌고, 쓸 것인가를 정하는 4개의 구조로 되어 있다.</u> 아이디어 고도화 단계에서 주로 고객 - 고객가치 - 제품 간의 관계를 고민했다면 이제 고객에게 파는 방법과 제품을 만드는 방법 그리고 돈 버는 방법을 추가로 더 정의해야 한다.

이런 사업의 구조가 정의되어 있어야 사업을 준비하는 과정에서 스타트업이 해야 할 일들이 정리가 된다. 사업 아이디어가 떠올라 기술적인 문제 해결이나 개발 방법에 몰입하다 보면 이런 사업의 모든 요소들을 깊이 고민하지 못하는 경우가 많다. 경영학이나 마케팅 출신 대표들은 주로 파는 것과 돈 버는 쪽에만 관심이 있고, 기술자 출신 대표들은 만드는 것에만 관심이 있다. 하지만 사업화를 하려면 모든 부분이 정리되어 있어야 한다.

사업화 지원 프로그램이나 R&D 지원 프로그램에 도전해 자금을 지원받으려고 할 때 심사위원들이 물어보는 것도 이 범위에서 벗어나지 않는다. 어떻게 만들 것인지가 정의되어 있지 않거나 누구에게 어떻게 팔지가 명확하지 않다면 심사위원들의 공격 대상이 된다. 질문에 제대로 답변을 못하면 아직 사업화할 준비가 덜 되었다는 인상을 주어 좋은 점수를 받지 못한다.

비즈니스 모델 캔버스

비즈니스 모델을 정리하는 방법에는 여러 가지가 있지만 '비즈니스 모델 캔버스'란 방법이 가장 많이 쓰이므로 여기에서도 이 방법을 중심으로 설명하기로 한다.

아래 그림은 비즈니스 모델 캔버스 모델로 최초의 온라인 홈쇼핑 모델인 아마존의 서적 판매를 정리해 본 것이다. 9개의 칸으로 구성되어 있는데 가장 중심에는 고객가치가 있고, 우측 상단에는 고객이 누구이고, 이들과 어떤 관계를 맺는지, 어떤 경로를 통해 파는지를 정의하는 칸이 있다. 좌측 상단은 이런 사업을 하기 위해 필요한 자원이나 활동, 파트너 등을 정의하는 영역이다. 하단에는 돈 버는 방법과 비용 구조를 적는 칸이 있다. 이 9개 칸을 채우는 과정이 비즈니스 모델을 정의하는 것인데, 생각보다 쉽지는 않다.

이제부터 자신의 사업 아이디어에 대해 9개의 칸을 채워보자. 해당 산업에 대해 잘 모른다면 처음에는 조사를 해서라도 자세히 정리해 본다. 하지만 어느 정도 익숙해지면 해당 산업군에서 일반적으로 알고 있는 부분은 굳이 적지 않아도 된다. 남들과 차별화된 접근법이나 생각만을 간략히 적으면 된다.

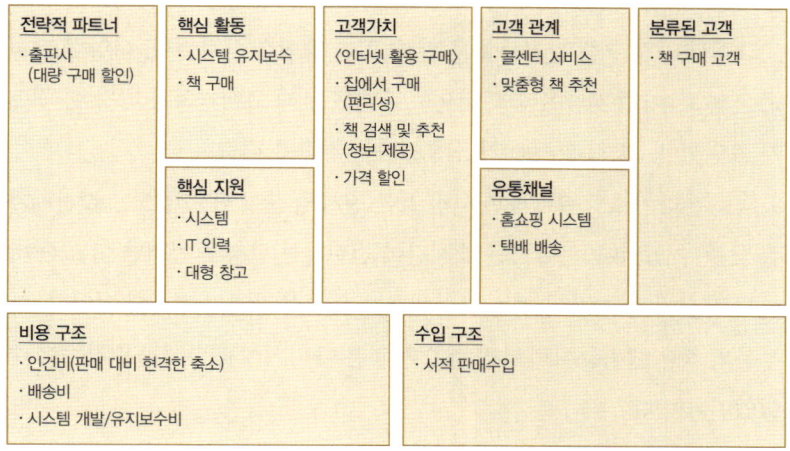

아마존 서적 판매 비즈니스 모델

우선은 A4지 한 장만 있으면 된다. 하지만 주변의 스타트업들이 최종적으로 완성된 A4지를 들고 올 때까지 수십 장에서 수백 장의 A4지가 쓰레기통으로 들어갔다는 점은 미리 알고 시작하는 것이 좋을 것 같다.

제품, 고객, 고객가치 정의가 우선

가장 중요한 것은 사업의 대상이 되는 제품(신기술이나 신제품, 신규 서비스)과 고객 그리고 고객가치를 정의하는 것이다. 여기서는 아마존의 서적 판매 예를 바탕으로 좀 더 구체적으로 생각해보자.

아마존은 처음부터 이런 모습이었을까? 사실 아마존은 처음부터 지금처럼 수많은 제품을 온라인 쇼핑몰을 통해 팔기를 원했다. 하지만 온라인 쇼핑몰이란 개념이 사람들에게 익숙하지 않은데 처음부터 모든 제품을 파는 것으로 시작했다면 어떻게 되었을까? 실패했을 확률이 매우 높았을 것이다. 왜냐하면 아주 많은 거래처를 상대하고, 관리해야 할 요소가 너무 많았을 것이기 때문이다.

그래서 타깃 고객과 제품을 좁힐 수 있는 방법을 생각했다. 다양한 제품군을 놓고, 어떤 제품을 인터넷으로 판매했을 때 고객가치가 가장 클 것인가 고민했다. 그 결과 책이 가장 좋겠다는 결론을 내렸다.

책을 온라인으로 판매하면 서점 같은 전시 공간이 필요 없으므로 판매가를 낮출 수 있었다. 배달하는데 시간이 걸린다는 단점은 있지만 이 또한 바빠서 서점에 갈 시간이 없는 사람에게는 오히려 장점인 경우도 많았다. 대부분의 책은 생필품처럼 당장 필요한 것은 아니기에 배송기간을 감수할 수 있었던 것이다.

어떻게 하면 온라인 유통의 장점을 살릴 수 있을까? 고민 끝에 아마존은 책은 사람들이 전문가의 리뷰나 추천을 보고 주로 구매한다는 점에 주목했다. 온라인의 특성을 이용하면 전문가 추천, 출판사나 저자 소개 같은 다양한 정보를 추가로 제공할 수 있었던 것이다.

결국 아마존은 책을 온라인 판매할 때 다른 제품보다 제공할 수 있는 고객가치가 더 많다는 결론에 이르렀다. 그래서 책부터 판매하기 시작한 것이다. 당연히 목표 고객은 책을 구매하는 고객이 되었다.

아마존 서비스는 인터넷을 통한 서적 판매에 성공한 뒤에도 조심스런 행보를 보였다. 음반이나 CD와 같은 디지털 콘텐츠가 그 다음 타깃이었는데, 이들도 전문가 추천이나 리뷰 같은 정보를 공유하기 쉬운 아이템이었다.

아마존은 사람들이 서적 구매를 통해 온라인 구매에 익숙해지자 다양한 제품을 유통하기 시작했고, 결국 미국에서 유통이 필요한 거의 모든 상품을 제공하며, 전 세계 온라인 쇼핑몰의 표준이 되었다.

이제 우리는 온라인 쇼핑몰에 상당히 익숙하다. 꼭 입어보고 사야한다는 옷조차도 온라인 쇼핑몰에서 사고, 지금은 안경이나 지역 특산품, 보험이나 예금 같은 금융상품 등 온라인 거래가 쉽지 않은 품목까지 장벽이 되는 문제를 해결하는 프로세스들을 속속 추가하면서 온라인 거래를 가능하게 했다.

아마존은 인터넷을 통한 거래 기술이란 신기술을 사업화하여 성공한 사례이다. 하지만 스타트업은 특정 집단의 고객들이 느끼는 문제를 해결하기 위한 신제품을 개발하는 방식으로 접근해 성공한 사례가 더 많은 편이다. 아무래도 스타트업이 가진 기술력에는 한계가 있기 때문이다.

POINT

 고객 관점에서 뒤집어 생각하기

고객–고객가치–제품의 관계 정립에 대해 이야기해 두고 싶은 것이 있다. '뒤집어 생각하기'이다. 신기술이나 신제품이 가진 고객가치의 핵심은 적용하려는 기술이 가진 장점이다. 이들을 필요로 하는 고객을 세분화하여 정의해 보아야 한다. 그리고 내가 제공하려는 신기술이나 신제품이 내가 검토하고 있는 고객들에게 다른 대체재에 비해 충분히 고객가치를 주고 경쟁력이 있는지 생각해 보아야 한다.

고객의 니즈 관점에서 고민하다 보면 제공하려는 제품이나 기술의 모습도 많이 달라질 수 있다. 추가적인 기술이나 아이디어를 결합해야 할 경우도 생긴다. 완전히 다른 기술을 적용하는 것이 더 효과적이라는 생각이 들 수도 있다.

고객과 고객가치가 더 중요하다면 제품이나 기술의 형태를 바꾸는 것도 얼마든지 가능하다. 아마 자신이 가진 기술을 바탕으로 한 창업이라면 쉽지 않은 결정이겠지만 고객가치를 극대화하기 위해 다른 기술과 접목하거나 융합하는 것은 얼마든지 가능하다.

또한 뒤에서 설명할 고객 검증 과정을 거치다 보면 고객들이 내가 가진 기술에 대해 미처 생각하지 못한 새로운 가치를 찾아주거나 새로운 고객군을 추천해 주는 경우도 발생한다. 새롭게 알게 된 고객군이 더 매력적이라면 고객도 얼마든지 갈아탈 수 있다. 그런 경우 새롭게 정의된 고객의 니즈에 맞춰 제품의 형태 또한 바뀔 수 있다.

비즈니스 모델을 만들면서 고객을 정의할 때는 최대한 세분화된 타깃 고객을 목표로 하는 것이 중요하다. 가정 고객, 20대 남자 등 두루뭉수리 한 고객을 설정해서는 제대로 된 고객가치를 정의하기 힘들고, 향후 마케팅을 하기도 매우 어렵다. 책을 구매하려는 사람, 애완견을 가진 사람처럼 분명한 특징을 가진 고객군이어야 한다. 그래서 '분류된 고객'이란 표현을 쓴다.

중개 서비스나 플랫폼 형태의 사업처럼 고객이 2개 군인 경우도 있다. 이 경우 고객별로 중시하는 고객가치가 다르므로 서로 다른 니즈를 동시에 만족시킬 수 있어야 플랫폼 사업은 성공할 수 있다. 고객이 2개 군일 때는 한 칸에 2개 군을 다 적되, 색깔 등으로 서로 구분해야 보기 편하다.

고객가치는 대개 기능적 가치와 심리적 가치로 구분되는데, 이들이 합쳐져서 고객들이 해당 제품에 대해 느끼는 효용 가치가 된다. 이 효용 가치가 가격 가치보다 크다고 느낄 때 사람들은 구매한다. 기능적 가치는 편리함, 시간 절약, 성능의 우수함, 정보 제공 등이 대표적 가치이고, 심리적 가치는 편안함, 예쁜 디자인, 재미, 새로움 등이 대표적 가치이지만 깊이 들어가면 실로 다양한 형태의 고객가치가 존재함을 알 수 있다.

고객가치의 이슈는 고객들이 느끼는 가치가 주관적이란 점이다. 한 제품을 두고도 사람들이 느끼는 가치는 제각기 다르다. 그래서 다양한 제품들이 시장에 존재할 수 있다.

심지어 고객이 처한 상황에 따라서 중시하는 고객가치가 달라지기도 한다. 평소에는 식당을 선택할 때 가격과 맛, 거리 등을 중시하는데, 데이트를 할 식당을 선택할 때는 가격이 비싸고 멀더라도 로맨틱한 분위기의 우아한 식당이 중요한 것과 같은 이치이다.

하지만 한 제품군에 대해 고객들이 중시하는 가치는 상당 부분 일정한 패턴이 있다. 그래서 검증이 필요하다. 스타트업 대표 혼자 가치가 있다고 아무리 주장해도 정작 물건을 사주어야 할 고객들의 생각이 다르면 그 제품은 시장에서 도태되기 때문에 잠재 고객들의 의견을 들어보고, 가치를 인정받을 수 있는지 확인하는 절차가 필요하다.

어떻게 팔 것인가, 판매 방법 정의

파는 방법은 유통채널과 고객 관계로 구성된다. 유통채널을 생각해 보자. 유통채널이란 고객에게 상품에 대한 정보를 제공하고, 제품을 전달해 주며, 대금을 주고받는 일을 하는 곳이다. B2B 제품이라면 영업사원이 직접 이런 일을 하는 경우가 많다. 일반인을 대상으로 한 제품이라면 전문 판매점, 대리점이나 쇼핑몰, 백화점 등이 일차적으로 머릿속에 떠오르는 유통채널이다.

하지만 요즘은 온라인 판매가 중요 유통채널이 되는 경우가 더 많다. 자신만의 홈페이지에 판매기능을 두면 유통채널이 될 수도 있고, 대형 온라인 쇼핑몰에 입점하는 방법도 있다. 제품의 종류에 따라서는 전문 온라인 쇼핑몰을 이용할 수도 있고, 아이디어 상품은 TV 홈쇼핑 채널이 훌륭한 유통채널이 되기도 한다.

앱이라면 애플이나 구글의 앱 스토어에 입점하거나 좀 더 확대하면 통신사나 네이버의 앱 스토어에도 입점해야 한다. 플랫폼 사업이라면 대개 자체 홈페이지가 유일한 유통채널이 된다.

요즘은 제조형 제품이라도 처음에는 자체 쇼핑몰을 구축해 판매하면서, 대형 온라인 쇼핑몰에 입점해 시스템을 연동시키는 것이 비용적인 측면에서 유리하고 안전하다. 온라인 마케팅 활동 등을 통해 충분히 인지도가 올라간 뒤에 유통채널을 확대하는 전략이다. 하지만 고객들의 접근성이 떨어지므로 초기부터 대대적인 성공을 기대한다면 좋은 방법은 아니다.

결국 최종적으로 유통채널은 해당 제품들에 대한 고객의 일반적인 구매 패턴을 보고 신중히 결정해야 한다. 모든 결정의 열쇠는 고객들이 쥐고 있다.

'고객 관계'란 용어 자체는 어렵지만 고객을 유치하고 유지하고 성장시키기 위한 제반 활동이나 제도를 정의하는 것이다. 각종 마케팅 활동, 고객의 불만을 처리하는 고객서비스, 고객을 유지하기 위한 포인트 등의 보상제도, 고객에 대한 분석 등을 포함하는 광범위한 활동이다.

아마존은 고객에 대한 추천 서비스를 실시함으로써 고객 관계 활동을 차별화했다. 고객이 구매한 책들을 분석해 고객이 관심을 갖는 분야에 대한 우수 신간 도서를 추천하는 서비스를 최초로 제공함으로써 고객에게는 좋은 정보를 제공하고, 한편으로는 판매를 극대화했다.

어떻게 만들 것인가, 만드는 방법 정의

만드는 방법은 핵심 활동, 자원, 파트너 3가지를 고민해야 한다. '핵심 활동'이란 이 제품을 개발, 생산하거나 시스템을 유지하기 위해 해야 하는 주요 활동을 말한다.

제조형 사업이라면 우선 R&D를 통해 제품을 개발하고 생산해야 한다. 지식형 사업이라면 시스템의 개발과 유지보수가 기본적인 핵심 활동이 된다. 여기에 사업 아이디어나 제품의 특징에 따라 다양한 여러 가지 추가 활동이 더해질 수 있다. 유통 서비스라면 팔 물건의 선정과 구매, 창고관리 등이 중요한 핵심 활동이다. 내 사업만의 차별성을 부각시키려면 그 차별성을 유지하기 위한 활동들은 모두 핵심적인 활동이 된다.

자원은 흔히 인적 자원, 물적 자원, 자금 등을 의미한다. 한편 특허와 같은 무형 지식 자산도 중요한 자원이 될 수 있다. 내 사업의 차별성을 유지하기 위해 필요한 자원에 대해 고민해 보고 이를 모두 적어봐야 한다.

전략적 파트너란 제품을 만드는데 도움을 주는 외부 업체나 사람을 말한다. 제조형 사업이라면 부품공급사일 수도 있고, 생산을 외주로 준다면 외주생산업체일 수도 있다. 핵심 기술 개발의 일부를 외부에 의뢰한다면 개발 기관도 중요한 파트너가 된다. 지식형 사업은 외주개발회사가 파트너인 경우가 많다.

어떻게 돈을 벌고 쓸 것인가, 돈을 벌고 쓰는 방법 정의

다음은 돈을 벌고 쓰는 방법을 정의해보아야 한다. 수익과 비용 항목을 생각해 보는 것이다. 제조형 사업의 수익은 대개 판매 수익이다. 지식형 사업은 종류별로 다르다. 소프트웨어라면 판매 수익일 수도 있는데, 기본 제품은 무료이고, 부가 기능을 선택하면 돈을 받는 경우도 많다. 게임이라면 기본 게임은 무료나 아이템을 구매하려면 돈을 받는 경우가 흔한 형태이다. 중개 플랫폼인 경우 중개 수수료가 주요 판매 수익이다.

자주 논란의 대상이 되는 것이 광고 수익이다. 서비스 화면 한 구석에 배너 광고를 배치하고, 여기서 수익이 나기를 기대하는 것인데, 생각보다 수익이 크지 않다. 여러 사람으로 운영되는 조직을 먹여 살리기에 충분한 돈을 광고를 통해 벌려면 서비스 이용고객이 수십만에서 수백만 명은 되어야 한다. 광고 수익 이외에 고객을 활용한 추가 수익의 원천을 고민해 보아야 한다. 광고 수익만으로 돈을 벌겠다고 결심했다면 가입자를 늘리는 방법과 더 많은 광고 수익을 올릴 수 있는 방법을 심각하게 고민해야 한다.

마지막으로 비용 구조를 정의해 봐야 한다. 제조형 사업이라면 제품의 제조원가와 유통채널 활용 등 마케팅 경비가 상당부분을 차지한다. 본인이 선택한 방법이나 차별화 포인트를 고려해 중요한 지출항목들을 정리해 본다. 지식형 사업은 주로 인건비와 외주용역비(이것도 일종의 인건비성 경비)가 대부분을 차지한다.

인터넷 결제 기능을 활용하면 신용카드 수수료도 원가의 큰 비중을 차지한다. 특히 중개 플랫폼인 경우 수익은 거래액의 20% 정도를 중개수수료 형태로 받지만, 신용카드 수수료는 거래액 전체에 대해 보통 3% 이상을 내야 한다. 결국 신용카드 수수료가 매출(중개수수료)의 15%(수수료 3% ÷ 매출 20%)를 차지하는 매우 중요한 비용항목이 된다.

마케팅 비용도 고려해야 하다. 이제는 어떤 사업이든 마케팅 경비가 차지하는 비중이 매우 커지고 있으므로 반드시 마케팅 비용이 무엇인지 생각해서 정의해 봐야 한다.

비즈니스 모델 점검 및 활용

이렇게 만든 비즈니스 모델은 9개의 구성요소들이 상호 모순되지 않는 구조를 갖추어야 한다. 아마존의 경우 고객에게 가격할인을 중요한 가치로 제시했다. 기존 매장 형태의 서적 유통과 비교하면 아마존은 온라인 시스템을 운영하는데 추가 경비가 든다. 그럼에도 가격할인을 가치로 제시할 수 있는 이유는 대량구매로 구매 단가를 낮추고, 매장 형태 서점에 비해서 임대료나 고용 인력비용을 대폭 절감할 수 있기 때문이다.

<u>비즈니스 모델은 한번 작업한다고 끝나는 것이 아니다. 바로 뒤에 소개할 고객 검증 작업을 거치거나 시제품 개발이나 제품 상용화 작업을 거치면서 끊임없이 바뀔 수 있다.</u> 예를 들어 추가적인 고객 니즈를 만족시키기 위해 기능 하나를 더 추가해야 한다면 비즈니스 모델 시트를 꺼내들고 고민해봐야 한다. 만드는 작업에 어떤 변화가 생기는지, 수익과 비용은 어떻게 바뀌는지, 고객 관계나 유통채널에 미치는 영향은 없는지 따져봐야 한다.

이것이 사업을 하는 방법이다. 사업 구성 요소 한 구석의 조그만 변화조차 나머지 구성 요소들에 영향을 미친다. 그래서 항상 전체를 보고 사고하

는 연습을 해야 한다. 하나의 변화가 전체에 어떤 영향을 주는지 머릿속에서 자동으로 그려질 수준이 되면 프로 경영자가 될 준비가 된 것이다.

인천창조경제혁신센터(이하 인천혁신센터) 보육기업인 ㈜짐싸의 대표는 원래 프로그래머였다. 분가해서 소형 오피스텔이나 원룸에서 혼자 생활을 하는데 자주 이사를 다녔다. 원룸 이사는 간단하다. 짐은 침대와 여행용 가방 하나, 기타 책과 잡동사니 박스 몇 개가 전부다. 1톤 트럭이면 되는데, 전문 이삿짐센터로 전화하면 항상 큰 트럭이 오고 비쌌다. 그래서 1톤 트럭 기사를 찾아 전화를 하곤 했다.

왜 원룸 이사를 전문으로 중개하는 전문 사이트가 없지? 없다면 내가 만들면 된다고 생각해 창업을 결심했다. 이렇게 만든 '짐싸'에서는 원룸 이사를 원하면 인터넷이나 전용 앱으로 견적을 요청하면 된다. 복수로 견적을 받고, 가격을 비교해 보고, 이사를 도와줄 기사의 얼굴과 인적사항을 확인하고, 다른 사람들이 써놓은 평가를 읽고 결정하면 된다.

비즈니스 모델 자체는 일반 비교견적 사이트에 비해 크게 새로운 것이 없다. 하지만 남들이 안 하는 영역을 먼저 선점하고, 원룸 이사의 특성과 주 고객인 젊은 층, 특히 의외로 많은 여성 원룸 거주자에 맞게 다양한 아이디어를 결합한 것이 주효했다.

국내 이사 건수의 70%는 원룸이나 오피스텔 이사이다. 짐싸를 이용하면 이사를 도와주는 기사들이 자기 얼굴을 걸고 하므로 매우 친절하다. 가격은 이삿짐센터를 이용할 때보다 훨씬 저렴하다. 특별한 아이디어가 아니어서 특허도 없다. 자금도 충분하지 않아 적극적으로 마케팅을 하지도 못했다. 하지만 선점효과와 입소문만으로 고객 수는 폭발적으로 늘어나 현재 원룸 이사 시장 점유율 1위를 굳건히 지키고 있다.

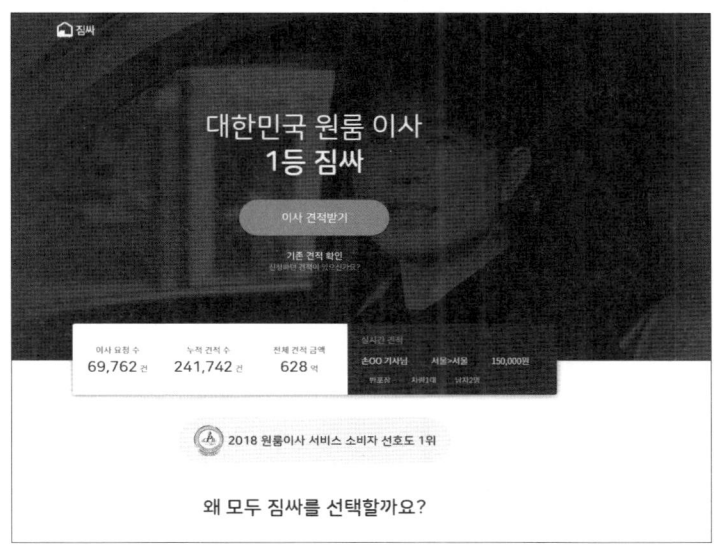

짐싸 홈페이지(www.zimssa.kr)

04
시장 규모 예측 및 경쟁사 분석하기

비즈니스 모델을 만들었다면 이제 시장 규모를 생각해볼 차례다. 창업 방법론에 따라서는 아이디어가 나온 상태에서 비즈니스 모델 수립 전에 먼저 시장 규모를 예측해 보라고 권유하기도 한다. 내가 만든 아이디어를 사줄만한 고객이 극히 적고, 그로 인해 발생할 매출 규모가 사업화하기에 충분하지 않다면 아예 처음부터 포기하라는 의미이다. 상당히 올바른 지적이기도 하다.

국내 벤처캐피털의 일반적인 기준에 따르면 시장 규모가 100억 원 미만인 사업에는 잘 투자하지 않는다. 만약 시장 규모가 100억 원 이내라면 벤처캐피털의 투자 없이 사업할 수 있을지 심각하게 고민해 봐야 한다. 단, 수익성이 좋은 지식형 사업이고 여러 가지 후속 제품을 기획하고 있다면 시장 규모가 100억 원 이하여도 투자를 받을 수도 있다.

시장 규모가 너무 작으면 R&D 지원 자금을 받는데도 불리한 경우가 많다. 상당수의 사업 아이디어는 비즈니스 모델을 나름대로 정립한 이후에야 논리적으로 타당한 타깃 목표시장과 시장 규모가 정해지기 때문에 적어도

이 단계에서는 반드시 점검해 봐야 한다.

시장 규모를 예측하는 방법은 다양하다

해당 산업군이나 주요 제품군의 시장 규모는 대개 인터넷을 통해 쉽게 찾을 수 있다. 온라인 쇼핑몰의 규모를 알고 싶다면 구글이나 네이버에서 '인터넷 쇼핑몰 시장 규모'라고 쳐본다. 많은 자료들이 나올 것이다. 시장에 대한 자료는 정부기관이나 관련 협회 또는 전문 잡지사 등에서 연도별로 만드는 경우가 많다.

인터넷 검색으로 타깃 고객과 제품의 시장 규모가 바로 나오면 운이 좋은 경우다. 인터넷만으로 예측이 어려우면 논문검색 시스템 RISS를 활용해도 좋다. 논문 중에 해당 산업이나 제품에 관한 각종 분석 자료와 시장 규모 자료를 발견할 수도 있다.

<u>인터넷과 논문 검색으로 내가 원하는 타깃 고객의 시장 규모 정보를 찾을 수 없다면 나름대로의 가정을 통해 스스로 만들어 봐야 한다. 이 작업은 생각보다 쉽지 않다. 고객에 대한 분석 자료와 제품에 대한 시장 정보를 결합해야 하기 때문이다.</u>

우선 타깃 고객의 정보는 어떻게 얻을 수 있을까? 이 역시 인터넷을 통해 검색해서 나오면 아주 좋다. 하지만 원하는 정보가 없는 경우에는 다양한 방법을 통해 찾아 봐야 한다. 인구통계나 지역별 통계는 국가통계포털(kosis.kr)이나 국가공간정보포털(www.nsdi.kr), 공공데이터포털(www.data.go.kr), e-나라지표(www.index.go.kr) 등을 많이 활용하는 편이다.

시장 규모를 예측하는데 정답은 없다. 케이스별로 예측하는 방법도 다양하지만 하나의 예제를 통해 예측하는 과정을 살펴보면 사업 아이디어에 대한 자신만의 시장 규모를 예측하는데 도움이 될 것이다.

예제는 아파트 거주자를 활용한 출장세차 플랫폼 사업이 기본 아이디어이다. 이름을 '우리 아파트 세차'라고 붙였다. 아이디어는 출장세차 서비스 제공자가 해당 지역별로 돌아다니느라 많은 시간과 비용을 들이는데, 퇴직자나 집에서 놀고 있는 젊은 아파트 거주자를 활용하면 원가와 시간 모두에서 유리하다는 점에서 착안했다. 단지가 큰 아파트라면 나름의 수요가 있고 적은 시간과 비용으로 세차가 가능해서 충분히 돈을 벌 수 있다는 가설을 세운 것이다.

또한 출장세차는 주로 증기식 세차 방법을 사용하는데 차량에 흠집이 가끔 난다. 이런 불만을 해소하기 위해 '우리 아파트 세차'는 변형된 물 세차 방식을 사용하고, 외부 세차뿐만 아니라 내부 세차까지 서비스할 계획이다. 1,000세대 이상의 아파트를 1차 타깃 시장으로 정했다.

이 사업의 시장 규모를 산출해 보자. 우선 구글에서 '세차 시장 규모'를 한 번 쳐본다. 3~4개 정도의 의미 있는 정보를 발견할 수 있다.

지역		차량 등록 대수(승용차+승합차) 2014.12 현재				비고
		수도권	5대 광역+세종시	기타 지역	전국	
차량 등록 대수(백만 대)		6.7	4.6	5.6	16.9	
세차횟수(만 건)		5,360	3,680	4,480	13,520	8회/년 빈도 추정
기계식	60%	3,220	2,210	2,690	8,110	부동산 비용, 폐수 등 환경 문제. 자동차 이동 및 대기 시간 등 불편 ↓
손세차	15%	800	550	670	2,030	
셀프세차	15%	800	550	670	2,030	
출장세차	10%	540	370	450	1,350	출장 스팀 세차로 시장 이동. 출장세차 점유율 40%까지 확대 전망
	서비스 공급자(명)	2,735	1,878	2,286	6,898	1인 7건/일, 280일/년
	현재 시장 규모(억 원)	1,072	736	896	2,704	출장세차 2만 원/건 기준

세차 시장의 규모

어느 고마운 분이 나름대로 세차 시장을 분석하고 시장 규모까지 예측한 자료를 바로 발견할 수 있었다. 이 자료에는 제공한 기관명이 적혀 있지 않은 것으로 보아 출장세차에 대한 사업계획을 수립한 어떤 분이 직접 작성한 것으로 보인다.

이 자료를 기반으로 나의 목표 시장 규모를 만들어 보자. 전체 시장은 세차 시장 전체를 의미한다. 앞의 자료에는 전체 자동차 등록 대수를 기준으로 기계식, 손세차, 셀프세차, 출장세차로 세차방법을 구분하였고, 1년에 8회 정도 세차를 하는 것으로 보고 있다.

기계식이란 보통 주유소에 같이 붙어 있는 자동세척기로 외부세차만 하는 경우를 말한다. 손세차는 손세차 전문 업체에 맡겨서 내·외부 세차를 같이 하는 경우다. 셀프세차란 동전이나 전용 카드를 대면 물이 나와서 세차할 수 있게 구성된 셀프세차장에 가서 자신이 직접 세차하는 것이다. 출장세차는 우리 아파트 세차의 원조격으로 전화나 인터넷으로 신청하면 고객의 집이나 아파트로 찾아와서 세차해 주는 서비스이다.

전체 세차 건수 중에 출장세차 비율이 10%라고 가정했다. 출장세차를 건당 2만 원으로 가정했는데 외부 세차만을 가정한 것으로 보인다. 서비스공급자는 하루에 7건씩 280일 근무하는 것으로 가정해 필요한 인원수를 산정했다.

그럼 1,000세대 이상 아파트에 주차되어 있는 자동차수는 어떻게 알 수 있을까? 우선 아파트 1세대 당 1대의 차량이 있다고 가정하고, 1,000세대 이상 아파트의 총 아파트 숫자를 알면 될 것이다.

e-나라지표(국가에서 집계하는 종합 통계자료)를 통해 2018년 5월 현재 전국에 아파트가 921만 세대가 있고, 단지가 15,630개가 있어 단지 당 평균 세대수가 589세대란 정보는 찾을 수 있었다. RISS를 통해 유사 논문도 검

색해 보았지만 생각보다 쉽게 찾기가 어려웠다.

결국 네이버 부동산에 들어가서 아파트 정보를 하나씩 찍어보면서 세대수를 확인할 수 있었다. 서울시 강남구 개포동부터 시작해 전국의 아파트를 하나씩 살펴보았는데, 동마다 오른쪽에 뜨는 아파트 이름에 마우스만 대면 세대수 정보를 바로 확인할 수 있어 정보를 얻기는 쉬웠다. 어차피 일정 세대수 이상의 아파트가 타깃 시장이라면 리스트를 확보해야 하므로 사업을 진짜 하려면 필연적으로 해야 할 작업이다.

엑셀로 시, 구, 동, 아파트 명, 세대수 항목을 만들어 놓고 500세대 이상이면 엑셀에 정보를 타이핑하는 단순무식한 방법을 반복했다. 전국의 아파트를 이런 식으로 정리하고 지역별로 크기에 따라 정렬하면 이내 1,000세대 이상의 아파트가 몇 개 단지이고, 거기에 있는 세대수가 몇 개 인지를 합산할 수 있다. 향후 세대수가 좀 더 적은 아파트로 목표를 확대할 경우에도 바로 활용이 가능한 정보가 된다. 아울러 목표로 하는 아파트 이름까지 모두 확보할 수 있으니 금상첨화이다.

하지만 우선 필요한 것은 시장 규모이므로 몇 개 구에 대한 샘플 조사와 추청 작업을 통해 전체 단지 중 10%가 1,000세대가 넘는 것을 확인했다. 그러면 전국에 1,000세대가 넘는 아파트 단지는 1,563단지 정도이고, 평균 1,200세대라고 치면 목표 시장의 자동차수는 약 180만 대가 된다. 여기에 1년에 8회 세차한다는 가정을 넣으면 연간 1,440만 회 세차를 하게 된다. 이중 10%가 출장세차를 하므로 144만 회를 하고, 평균 2만 원으로 계산하면 288억 원이 타깃 고객의 시장 규모가 된다. 충분히 사업을 해볼 만한 시장 규모이다.

경쟁자 분석으로 제품 업그레이드

시장 규모를 어느 정도 예측했다면 경쟁자 분석을 해야 한다. 외부에 보여 줄 때는 우리의 강점을 중심으로 좋은 부분만 정리하면 되지만, 진짜 사업을 하는 관점에서는 냉정한 경쟁자 분석이 중요하다. 그래야 경쟁자를 추월할 수 있는 나만의 제품을 만들 수 있다.

경쟁자나 경쟁 제품의 여러 가지 특징과 비즈니스 모델을 반드시 조사해야 한다. 인터넷을 통해서 1차 조사를 하되, 꼭 현장과 실물을 확인하는 과정이 필요하다. 물리적인 제품이라면 직접 사서 써 보는 것이 좋고, 서비스라면 직접 가입해서 사용해 보아야 한다. 국내뿐만 아니라 외국의 관련 전시회 등에서도 집중적으로 유용한 정보를 얻을 수도 있다.

무엇보다 현재 잘 팔리는 제품이 무엇이고, 그 이유가 무엇인지 생각해 보는 것이 중요하다. 브랜드 인지도 때문인지, 고객에게 어필하는 핵심 고객가치가 강력해서인지, 강력한 유통채널이 있어서인지 등등을 종합적으로 정리해 봐야 한다. 그러면서 제품에 대해 보완해야 할 점과 경쟁제품 대비 나의 장단점을 계속 생각해 본다.

경쟁사 분석의 최종 단계는 대체재를 포함한 고객의 모든 솔루션을 열거해 보고 상호 비교해 보는 것이다. 기능적인 비교표를 만들어 보고, 고객가치를 중심으로 한 비교표도 만들어 본다. 아래 표는 앞에서 예로 든 우리 아파트 세차의 경쟁제품 고객가치 비교표를 만들어 본 것이다.

구분	비용	품질	시간절약	자기만족	신뢰성
자기세차	◎	△	X	X	◎
기계식	◎	X	◎	△	○
손세차	X	◎	X	○	◎
셀프세차	○	○	△	◎	◎
출장세차	X	◎	◎	X	X
우리아파트세차	X	◎	◎	X	○

세차방식의 경쟁제품 비교

이 표는 좋고, 나쁨 정도를 표시한 것으로 외부 제출용으로는 이 정도 수준이어도 괜찮다. 하지만 내부적으로는 모든 칸에 세부적인 내용을 정리하고 고민해 봐야 함은 물론이다. 이런 과정을 거쳐야 최종적으로 고객 검증 과정에서 잠재 고객과 같이 이야기할 제품의 이미지나 모습이 완성된다.

05
비즈니스 모델 고객 검증하기

이제 비즈니스 모델 만들기가 끝난 것인가? 아니다. 어디까지나 지금까지 해 본 것은 스타트업 대표의 머릿속에서 나온 아이디어를 여러 형태의 조사를 거치면서 비즈니스 모델로 발전시켜 본 것에 불과하다.

<u>스타트업이 실패하는 가장 큰 이유가 시장의 수요 부재이다. 즉 스타트업의 대표는 이런 제품을 만들면 고객들이 아주 좋아할 것이라고 생각했지만, 막상 제품으로 내놓으면 관심 있는 고객이 별로 없는 경우가 상당히 많다는 것이다. 이런 불상사를 겪지 않으려면 고객 검증을 철저하게 해야 한다.</u>

첫째, 스타트업이 고객에게 제공하려는 가치가 정말 고객이 심각하게 문제라고 인식하는 것을 해결해 주는 것인지를 따져 보아야 한다. 둘째, 그런 다음 내가 만들려는 솔루션이 고객이 바라는 방식인지도 살펴보고, 셋째 이것이 사업화 가능한 것인지도 점검해봐야 한다.

비즈니스 모델 단계에서는 첫째와 셋째 이슈에 대해 검증한다. 둘째 이슈는 보통 시제품 제작 단계나 제품 상용화 단계에서 검증한다.

고객과의 1:1 인터뷰 검증

　일반적인 검증 방법은 1:1 인터뷰이다. 때로는 FGI(Focused Group Interview)를 사용하기도 한다. FGI란 타깃 고객 여러 명을 모아 놓고, 같이 토론 형식으로 진행하는 인터뷰이다. 1:1 인터뷰에서는 이야기하기 힘든 심층적인 이야기를 끌어낼 수도 있으므로 몇 번 시도해 보는 것이 좋다. 설문조사도 많이 하는데, 필자는 개인적으로 가장 나쁜 검증 방식이라 생각하고 절대로 하지 말라고 이야기하는 편이다.

　고객도 상당히 여러 형태임을 알아야 한다. 특히 기업 고객인 경우 여러 단계의 구매 관계자가 있다. 일반 고객의 경우도 제품을 사용하는 사람과 이를 구매하는 사람이 다른 경우는 매우 흔하다. 예를 들어 아이들 용품은 엄마가 구입한다. 이 경우 사용자와 구매자의 이해관계가 다를 수 있으므로 잘 파악해야 한다.

　구매에 결정적인 영향력을 행사하는 사람도 있을 수 있다. 의료용품의 경우는 환자 보호자가 사서 환자가 사용하지만 구매에 영향력을 행사하는 사람은 의사나 간호사인 경우가 많다.

　<u>1:1 인터뷰를 하는 데도 기술이 필요하다. 먼저 인터뷰할 고객을 정의한다. 인터뷰 대상 고객들이 많이 모여 있는 장소를 찾아가서 인터뷰를 요청한다. 스타트업 창업을 준비하는 사람이라고 솔직히 밝히고, 어느 정도의 시간이 필요한지(시간이 많이 필요하다고 하면 안 됨) 사전에 양해를 구하면 된다. 간단한 선물을 준비하는 것도 응답률을 높일 수 있는 방법이다.</u>

　먼저 해결하고자 하는 문제를 느끼고 있는 고객인지를 확인하는 것이 중요하다. 예를 들어 애완견용 LED 목걸이 사업을 준비한다면 애완견이 있는지, 산책을 어느 정도 자주 시키는지, 언제 주로 하는지 등을 물어본다. 애완견이 있고, 주로 야간이나 새벽에 산책을 시킨다면 잠재 고객이 맞다.

아니라면 인터뷰를 더 진행할 이유가 없다.

 잠재 고객이 확인되면 그 주제에 대해 잠재 고객이 느끼는 문제를 자유롭게 이야기하도록 한다. 절대로 자신의 제품을 먼저 이야기해서는 안 된다. 가장 나쁜 방법이 '이런 문제를 해결할 이런 제품을 만들 것인데, 구매의사가 있느냐'고 묻는 것이다. 그러면 사람들은 제품을 팔려고 한다고 생각하고, 그냥 무조건 좋다고 하거나 관심 없다고 이야기해 버린다. 보통 설문조사가 실패하는 결정적인 이유이다.

 고객의 이야기가 끝나면 고객이 생각하고 있는 대체재의 범위, 이들 대체재를 왜 싫어하고 좋아하는지에 대해 머릿속으로 정리해 보고, 미처 다루지 않은 대체재나 이슈들에 대해서는 추가로 의견을 구한다. 이런 이야기 속에 미처 생각하지 못한 고객가치를 발견할 수도 있다.

 최종적으로 고객이 느끼는 문제를 종합적으로 해결하는 제품이라면 어떻게 생각하는지 동의를 구해 본다. 진짜 마케팅 전문가들은 직접 말로 묻지 않고, 고객의 의견이나 반응을 보고 동의 비율을 확인하기도 한다.

 동의 비율이 높으면 높을수록 사업이 성공할 가능성이 높다. 흔히 마케팅 방법론에서는 70% 이상의 동의 비율이 나와야 성공 가능성이 있다고 한다. 하지만 타깃 고객 즉 인터뷰 대상을 넓게 설정한 경우 동의 비율은 매우 낮게 나올 수 있다. 동의하는 사람과 크게 동의하지 않는 사람의 차이에 대해서도 특징을 찾아내서 타깃 고객을 좀 더 명확히 할 수 있다면 다음 단계에서 크게 도움이 된다.

 가설이 완전히 틀렸다면 이 비즈니스 모델은 가치가 없는 것이다. 새로운 사업 기회를 모색해야 한다. 하지만 가설이 완전히 틀린 경우보다는 미처 생각하지 못한 1~2가지 요소가 추가로 나타나는 경우가 많다. 이때는 내가 제공할 고객가치를 재정의해 봐야 한다. 재정의한 고객가치에 따라 제품의 형태나 필요한 기술이 바뀌거나 추가될 수도 있다.

이 경우 처음부터 지금까지의 과정을 다시 반복해 비즈니스 모델을 재설계해야 한다. 그렇다고 걱정할 필요는 없다. 지금까지 해봤던 작업이라 그리 많은 시간과 노력이 필요하지는 않을 것이다. 설령 많은 시간과 노력이 들더라도 이 과정을 생략하면 나중에 감당하기 힘든 대가를 치르게 된다.

잠재적인 유통채널이나 전략적 파트너와의 미팅

잠재적인 유통채널이나 전략적 파트너와의 미팅은 고객과의 미팅처럼 복잡하지는 않다. 이런 제품을 만들려고 하는데 이런 작업을 대신해 줄 수 있는가? 이런 기술적 이슈가 있는데 해결해 줄 수 있는가? 얼마에 제공해 줄 수 있는가? 잘 팔아줄 수 있는가? 등을 직접적으로 묻는 과정이다.

하지만 아는 사람의 소개로 한두 군데 만나서 이야기해 보면 생각한 것보다 원가가 너무 올라 생각한 판매 가격을 맞출 수가 없다던가, 기술적으로 원하는 품질과 납기를 맞춰줄 수 없다고 하는 경우도 흔히 발생한다. 가능하면 다양한 업체들을 만나 봐야 한다.

진짜로 현존하는 기술이나 협력사 구조로는 해결이 불가능한 상황이라면 사업을 계속 끌고 나갈 수가 없다. 아무리 좋은 아이디어 제품이라도 만들 수 없다면 소용이 없는 것이고, 너무 비싸서 고객이 외면하면 사업이 잘 될 수가 없다. 하지만 많은 경우 의외의 곳에서 답을 찾기도 한다. 이런 경우에 대처하는 방법은 '2장. 시제품 개발 단계'에서 설명한다.

자전거 프레임 안에 위치 추적 장치를 설치하면 고가 자전거의 도둑이 장치를 잘 인식하지 못하고, 알더라도 쉽게 빼내지 못하므로 쉽게 범인을 잡을 수 있다는 아이디어로 출발한 아이디어유닛은 시제품까지 잘 만들어 향후 유통채널이 될 자전거 판매점들에게 엄청난 지지를 한 몸에 받았다.

그런데 제품 생산을 검토하는 도중에 문제가 생겼다. 통신 기능을 제공할 부품으로 스마트폰에서 사용되는 퀄컴의 반도체를 사용할 계획이었는데, 퀄컴은 대규모 제조회사에게만 판매하고, 소량 판매를 하지 않는다는 것이었다. 결국 퀄컴 칩을 사용한 통신모듈을 별도 구매해 문제를 해결했는데, 전략적 파트너와의 관계를 사전에 충분히 검토하지 않아서 값비싼 대가를 치룬 사례이다.

주변 창업자들의 예를 보면 비즈니스 모델은 사업 초기까지 몇 번의 변화를 겪고, 개발 과정과 사업 개시 이후에도 크던 작던 계속 변한다. 비즈니스 모델이 어느 정도 돈이 된다는 확신이 들면 이제 본격적으로 시제품 제작 단계로 넘어갈 준비가 된 것이다.

06
창업팀 만들기

창업팀이란 개인적으로 아이디어 단계부터 시장 출시 단계까지를 함께 하는 사람들이라 생각한다. 물론 경험이 풍부하고, 사업을 추진할 돈도 있고, 아이디어도 본인 것이라면 대표 혼자서도 충분히 창업을 추진할 수 있다. 하지만 현실적으로 창업하기 위해 해야 할 일이 너무 많고, 해결해야 할 문제도 많아 대표 혼자 진행하기는 결코 쉽지 않다. 결국 직원을 고용해야 하는 경우가 많은데, 인건비와 인원을 유지하기 위한 각종 경비 등 초기부터 많은 비용이 필요한 경우도 적지 않다.

한편 한국에선 공동창업이 성공하기 힘들다는 이야기도 있다. 중간에 이견이 발생하고, 이것이 누적되면 감정이 상하고 갈등이 깊어져 조직이 와해되기 때문에 차라리 혼자 하는 것이 더 좋다는 의견도 있다.

<u>사실 필자가 아는 스타트업 중에는 대표 혼자서 끌고 나가는 회사가 더 많다. 하지만 공동창업보다 성공하기까지 시간이 많이 걸리고, 고생도 많이 한다는 점은 확실하다.</u> 지분을 나눠 갖는 공동창업이 아니라도, 적은 보

상을 받으면서 창업의 과정을 도와주는 형태는 다양하다. 창업팀이란 이런 사람들까지를 포함하는 개념이다.

최소한 2~3명 이상으로 구성된 팀이 좋다

좋은 비즈니스 모델을 중심으로 사람들이 모여서 같이 창업과정을 헤쳐나가는 것이 바람직하다. 최소한 2~3명의 핵심적인 사람들이 팀을 구성하는 것이 좋다. 창업팀의 구성멤버들은 되도록 다양한 분야의 인재들이 모이는 것이 한 분야의 전문가들로만 구성되는 것보다 훨씬 유리하다.

이상적인 창업팀으로는 애플사만한 샘플도 드물다. 애플사는 스티브 잡스와 스티브 워즈니악이 창업한 회사다. 애플사를 창업하기 전 잡스는 아타리라는 게임제작사에, 워즈니악은 HP에서 근무하고 있었다.

최초의 개인용 PC로 인정받는 애플컴퓨터 II를 구상하고 기술을 개발하던 사람은 워즈니악이었다. 잡스는 일종의 전자기기 동호회 같은 모임에서 워즈니악이 만들던 제품을 보고 같이 사업을 하자고 졸랐다. 잡스는 기술력은 없지만 제품 기획력이 뛰어나고 고객의 입장에서 편리한 아이디어를 잘 냈다.

두 사람이 잡스의 차고에 사무실을 차리고 처음 만든 것이 '애플 컴퓨터 I'이다. 6502라는 8비트 마이크로프로세스를 장착하고 프로그래밍이 가능한 전자 보드였다. 프로그래밍 한 내용은 카세트테이프에 저장할 수 있게 되어 있었다.

처음 제품은 전자기기 조립에 취미가 있는 사람들에게 파는 것이 목표였다. 제품이 팔리기 시작하자 생산에 필요한 돈을 구하기 위해 투자회사를 찾았다가 당시 유명한 엔젤투자자였던 마이크 마쿨라를 만나게 된다.

마쿨라는 애플의 가능성을 보고 직접 투자했을 뿐 아니라 경영에도 참여했다. 마쿨라는 투자하면서 워즈니악이 HP를 그만두고 애플에서 개발에만 전념하라는 조건을 걸었다. 그러면서 환상적인 3인조 창업팀이 결성되기에 이른다.

스티브 잡스가 제품에 대한 고객 관점의 제품 기획과 영업 및 마케팅을 담당했다면, 이를 실제로 개발하고 키보드와 모니터가 달린 형태의 PC인 애플 컴퓨터 II를 개발한 것은 워즈니악이었다. 반면 마이크 마쿨라는 경영관리 업무를 챙겼다. 회계 장부를 읽을 줄 모르는 스티브 잡스 대신 회계와 인사, 조직, 경영기획과 같은 지원업무를 담당했고, 핵심적으로 필요한 자금 유치를 하는 작업을 진행했다.

애플 II는 프로그램만 바꾸면 여러 가지 게임을 할 수 있는 게임기로 처음에는 프로그래밍에 관심 있는 컴퓨터 마니아들만 관심을 보였다. 하지만 비지캘크라는 프로그램이 등장하면서 완전히 판도가 바뀌었다. 현재 많이 쓰는 엑셀의 전신인 비지캘크와 데이터를 쉽게 저장할 수 있는 플로피디스크 드라이브가 나오자마자 많은 기업 고객들이 업무용 도구로 애플 컴퓨터를 사용하기 시작했다.

애플 컴퓨터 I(왼쪽)과 애플컴퓨터 II(오른쪽)

애플 II는 경영기획부서나 마케팅 부서와 같이 숫자 계산이 많은 부서에서 선풍적인 인기를 누리면서 미친 듯이 팔려나가기 시작했다. 그야말로 대박 상품이 된 것이다.

세 명의 역할 분담으로 승승장구하던 애플은 결국 스티브 잡스의 편집광적인 신제품 개발 집착으로 파국을 맞는다. 애플 II 이후에 특별히 성공한 제품도 없는 상태에서 계속 개발비만 쓰는 스티브 잡스를 애플사의 이사회에서 쫓아내는데 마쿨라도 한 몫을 한다. 이후 애플사가 위기에 처해 스티브 잡스를 재영입할 때 스티브 잡스가 내세운 조건 중의 하나가 마쿨라를 회사에서 쫓아내는 것이었다. 워즈니악은 초기에는 개발의 중추적 역할을 담당했지만 비행기 사고로 잠시 쉬고 돌아온 사이에 너무나 바뀐 개발팀 환경에 적응하지 못하고 스스로 사직하고 만다.

스타트업 대표와 창업팀의 조건

애플사의 사례에서 보듯이 신기술이나 신제품을 만든 사람이 꼭 회사의 CEO가 되지는 않는다. 신기술은 대개 기술자가 개발하는데, 이것을 알아보고 성공적으로 사업화하는 것은 의외로 사업가 기질을 가진 사람이 하는 경우가 많다. 기술자가 직접 창업하면 경영관리, 마케팅이나 관리 업무에 치여 개발도 지지부진해지고, 회사가 엉망이 되는 경우가 많다.

그렇다면 스타트업의 대표는 어떤 사람이 되는 것이 좋은가? 또한 성공하는 스타트업 창업팀의 공통적인 기질과 방법론은 무엇인가?

1998년 애플의 기업 이미지 광고 'Think different'처럼 이를 잘 표현하는 것도 드물 것이다. 이 광고에서는 피카소, 에디슨, 아인슈타인 등 스티브 잡스가 존경했던 인물 19명의 영상이 나오면서 다음과 같은 멘트가 나온다.

"여기 정신 나간 사람들이 있었습니다. 반역자, 문제아, 반항아, 또라이 같은 사람들. 이들은 규칙을 좋아하지 않습니다. 기존의 것을 그대로 받아들이지도 않습니다. 당신은 이들을 좋아할 수도 있고, 싫어할 수도 있습니다. 하지만 그들을 무시할 수는 없을 것입니다. 왜냐하면 그들은 세상을 바꾸었기 때문입니다. 그들은 인류를 한 단계 더 진화시켰습니다. 많은 사람들이 그들을 미쳤다고 했지만, 이제 우리는 그들을 천재라고 부릅니다. 스스로 세상을 바꿀 수 있다고 생각하는 미친 사람만이 실제로 세상을 바꾸기 때문입니다."

혁신성이야말로 스타트업 CEO나 창업팀이 가져야 할 첫 번째 기질이다. 기존의 질서에서 항상 문제점을 찾고, 이를 개선하고자 도전하는 사람만이 새로운 아이디어를 내고, 사업으로 승부를 볼 수 있기 때문이다.

두 번째 필요한 기질은 끈기이다. 안 되도 되게 하려고 끝까지 물고 늘어지는 끈질김이 없으면 금방 지쳐서 포기하고 만다. 검증되지 않은 아이디어를 가지고, 충분한 기술과 경험도 없는 상태에서 새로운 제품과 서비스를 만들어 내고, 그것을 시장에서 성공시킨다는 것은 그야말로 수없이 많은 시행착오와 좌절과의 싸움이다. 그래도 '나는 할 수 있다'고 믿고 끝까지 물고 늘어지는 정신이 없으면 중도에 포기하기 쉽다. 한편 이런 긴 싸움은 엄청난 노동 강도 속에서 버틸 수 있어야 하기 때문에 어느 정도의 체력도 중요한 요소이다.

세 번째는 리스크를 감수하는 정신이다. 스타트업이 성공할 확률은 생각보다 낮다. 대신 성공하면 그 대가가 기대 이상으로 크다. 무조건 리스크를 안고 돌진하라는 것이 아니다. 성공한 사업가이나 예술가들 중에는 리스크를 잘 관리할 줄 아는 분들이 많다.

천재 소리를 듣는 예술가나 기술자들도 모든 것을 걸고 전념했을 때 비극적 결말을 맞는 경우가 종종 있다. 위대한 발명이나 작품을 남겼지만 한평생 불우하게 지낸 분들이 많다. 그나마 후대의 사람들이 그들이 남긴 결과물에 대해 가치를 발견해 향유하면서 천재라고 칭송해 다행이다.

하지만 스타트업은 성공해서 돈을 벌지 않으면 소용이 없다. 스타트업을 창업하거나 창업팀에 참여한다는 것 자체가 리스크이긴 하다. 그러나 성공의 가능성을 최대한 높이기 위해 리스크를 관리하고, 개개인 관점에서는 실패했을 때 다시 재기할 수 있는 구멍을 만들어 놓아야 한다.

우리나라 중소기업 경영의 관행은 사장이 자기 돈, 부모와 친척, 친구의 돈을 몽땅 투자하는 것을 당연시하는 분위기이다. 스타트업은 실패의 가능성이 매우 높기 때문에 절대로 이렇게 해서는 안 된다. 시간과 노력을 올인할 수는 있어도 집안 돈을 몽땅 끌어다 거덜 내는 것은 좋은 방법이 아니다.

엔젤이나 벤처캐피털 등의 도움을 받는 것이 바람직하다. 물론 성공했을 때 과실을 나누어 주어야 한다는 점에서 아깝다는 생각이 들 수도 있지만, 리스크를 분산한다는 점에서는 고마운 존재라고 생각하고 최대한 활용할 수 있어야 한다. 그래야 만약 실패했을 때도 재기가 가능하기 때문이다. 실리콘밸리에서 성공한 스타트업들의 통계를 보면 CEO가 3번째 창업한 기업이 성공할 확률이 가장 높다고 한다.

좀 더 보수적 관점에서 리스크를 관리하는 사례들도 많다. 창업팀을 꾸리고 사업에 참여하면서도 따로 돈을 버는 일을 하는 사람도 많다. 애플의 워즈니악도 애플컴퓨터 회사를 공동창업하고도 HP에 계속 몸담고 일을 했다. 낮에는 회사를 다니고, 저녁이 되면 차고에 모여 기술 개발에 매달린 것이다. 이처럼 우수한 기술 개발자를 창업팀에 끌어들이는 경우, 어느 시점에 회사에 올인하도록 만들지는 본인과 CEO가 충분히 협의하여 결정해야 할 문제이다.

　요즘은 나름 탄탄한 일감을 가진 소프트웨어 개발회사가 스타트업의 개발 과제를 대신해 주는 경우도 종종 있다. 돈을 안 받거나 아주 적은 대가를 받으면서 좋은 아이디어를 가진 스타트업이 성공하면 성공의 과실을 분배하기로 약속하는 것이다. 이런 방식은 전략적 파트너십의 중요한 형태로 서서히 자리 잡고 있다. 이런 형태의 전략적 파트너십 역시 창업팀의 한 유형이다.

창업 동지, 어떻게 만날 것인가

　같은 학교의 동창들, 오랜 세월을 같이 근무한 직장 동료, 가족, 교회, 동호회 모임의 회원 등이 모여 창업팀을 꾸리는 경우가 많다. 이 경우 가장 좋은 점은 서로에 대해 아주 잘 안다는 점이다. 이해관계가 없는 상황에서 친해져서 신뢰감을 쌓았고, 서로 좋아한다면 기꺼이 상당 기간 같이 고생하겠다고 마음먹을 수 있다.

　하지만 좋은 점만 있는 것은 아니다. 가장 이상적인 창업팀은 앞에서 예로 든 애플처럼 아이템에 대한 기획력과 마케팅, 대외활동 능력이 뛰어난 사람을 대표로 하고, 전문 기술자가 기술 개발을 담당하고, 경영관리 능력이 있는 사람이 경영지원업무와 자금을 담당하는 것이다. 그런데 학연이나 회사 동료끼리 모인 팀인 경우 경력이 비슷하고, 관심사도 비슷해 회사가 성장해 가는데 필요한 다양한 경험이 부족하다.

　그래서 창업팀을 구성할 만한 사람을 찾는 작업은 매우 중요하면서도 힘들다. 시간이 많이 걸리는 작업이기도 하다. 어쩌면 신이 내린 특별한 인연을 만나야 창업 드림팀을 만들 수 있다는 생각이 들 정도로 쉬운 일이 아니다.

하지만 창업가 기질이 있는 사람들은 스스로 드림팀을 만들기도 한다. 스티브 잡스가 워즈니악을 찾아낸 것처럼 말이다.

우리나라에는 정부가 창업을 장려하기 위해 만든 공간들이 있다. 지자체들이 서로 열심히 만들어놓은 창업카페는 창업에 관심이 많은 젊은이들이 수시로 드나드는 곳이다. 창조경제혁신센터나 일부 창업 지원 기관들도 창업자들이 서로 만날 수 있는 다양한 기회를 제공한다. 비즈니스 모델 발표회를 하고 같이 일할 사람을 매칭하는 행사를 하는 곳도 있다.

대학이나 정부 산하기관 또는 민간들이 운영하는 창업보육센터나 1인 창조비즈니스센터 같은 곳도 창업팀을 만날 수 있는 장소이다. 이런 기관들의 사무실은 창업동지를 만날 수 있다는 것 이외에도 여러 가지 장점이 있는데 그 내용은 2장에서 자세히 설명한다.

내가 창업가 기질이 충분하지만 좋은 아이템이 없어 사람을 찾는다면 각종 데모데이 장소 같은 곳을 기웃거려 보는 것도 방법이다. 좋은 아이템을 가진 사람을 만나서 교류할 방법을 찾아내고, 서로 이해관계가 맞고 부족한 부분을 채울 수 있다는 확신을 주어 같이 창업팀을 꾸리도록 노력해야 한다.

<u>우리나라엔 의외로 기술자에 의한 창업이 많다. 비즈니스 모델보다는 기술적인 평가를 통해 정부 지원을 결정하는 경우가 많기 때문이다. 내가 마케팅 능력이나 경영관리 능력이 부족하다고 생각되는 기술 창업자라면 내 아이템을 성공으로 이끌어 줄 자질과 리더십을 가진 사람을 빨리 찾아보는 것이 좋다.</u> 지금까지 멘토링을 하면서 도저히 체질에 맞지 않는 마케팅이나 경영관리 업무에 치어서 창업을 포기하는 경우를 상당히 많이 보았다. 혼자 다 끌어안지 말고 부족한 부분은 대신해줄 수 있는 사람을 찾는 것이 성공 가능성을 높이는 방법이다.

애플의 사례에서 보듯이 대기업이나 금융기관 등 큰 조직에서 일하던 사람을 창업팀으로 끌어들이면 여러 모로 유리하다. 좀 더 쉽게 투자 유치를 할 수도 있고, 빠른 시간 내에 회계나 조직관리 같은 지원 업무를 쉽게 안정시킬 수도 있다. 내가 창업하려는 분야의 경험과 네트워크가 많은 숙련된 퇴직 인력을 영입하면 시행착오를 엄청나게 줄일 수 있어 좋다.

이런 점에 착안해 중기부에선 세대융합 창업캠퍼스란 지원 프로그램을 운영하고 있다. 미리 39세 미만 청년과 퇴직 중년층이 매칭되어 지원을 요청하면 최대 7천만 원까지 개발비를 지원해 준다. 심지어 매칭이 안 된 상태에서 신청하면 매칭 상대를 만나게 해 주는 중간 프로그램도 포함되어 있으니 충분히 고려해볼 만하다.

MEMO

2

>>>
시제품 개발 단계

최소한의 기능을 갖춘
시제품 만들기

비즈니스 모델을 만들었으면 시제품을 만들어야 한다. 시제품을 만드는 목적은 첫째가 제대로 된 고객 검증을 하는 데 있다. 둘째는 상용 제품을 만들고, 더 나아가서는 시장 진입에 필요한 돈을 확보하기 위해 투자자나 정부 지원 기관에 어필하기 위한 것이다. 사실 두 가지 목적을 다 달성할 수 있어야 제대로 된 시제품이라고 할 수 있다.

그렇다면 어느 수준으로 시제품을 만들어야 할까? 스타트업의 대표적인 창업 방법론인 린스타트 방법론에서는 처음부터 완전한 제품을 만들기보다는 고객 가치와 제품의 차별적 특징을 보여줄 수 있는 최소한의 기능을 갖춘 제품을 만들라고 권고하고 있다.

시제품 개발 역시 돈이 필요하다. 자기 돈으로 할 수 있다면 가장 좋겠지만 시제품 제작을 지원하는 창업 지원 프로그램들이 많으니 이를 활용하는 것도 좋다. 창업 지원 프로그램에 도전하려면 회사를 설립하고 미리 준비해야 할 것들이 많다. ●

01
시제품 개발계획 세우고 자금조달하기

이제 시제품을 개발할 계획을 세우고, 이를 위한 자금조달을 어떻게 할지 고민해야 할 단계이다. 조달할 수 있는 자금의 규모에 따라 시제품의 완성도나 구현 범위가 달라질 수 있다. 자금조달 규모가 작으면 작은 대로 시제품을 만들어야 하고, 충분한 돈을 확보할 수 있다면 상용 제품에 가까운 제대로 된 시제품을 만드는 것도 가능하다.

시제품 개발 범위와 자금조달은 밀접한 관련이 있지만 여기서는 우선 시제품의 범위를 정하는 방법부터 소개하고, 그 다음 어떻게 필요한 자금을 마련할 것인가를 소개하도록 한다. 하지만 최종적으로는 두 가지의 변수를 조합해 자신에게 맞는 방법을 찾아서 시제품을 개발하는 것이 바람직하다.

어디까지 개발할 것인가

시제품은 고객에게 직접 제품의 형태를 보여주고 시장의 검증을 받기 위한 초보 형태의 제품이다. 투자자에게 어필하기 위한 목적도 있지만 이때도 완벽한 제품일 필요는 없다. 어떤 제품인지를 알 수 있는 정도면 충분하다.

그렇다면 어느 수준까지 시제품을 만드는 것이 좋을까? 정답은 없지만 적은 노력으로 구현할 수 있는 최소한의 범위만을 개발하는 것이 좋다고 본다. 최소한의 범위는 다소 애매하다. 사람마다 생각하는 최소한의 범위는 다를 수 있다. 필자가 생각하는 최소한의 범위는 이렇다.

<u>지식형 제품이라면 대개 소프트웨어 개발을 수반한다. 고객이나 투자자에게 보여줄 것은 결국 화면이 될 것이다. 일단 핵심적인 기능을 보여주기 위한 화면은 꼭 필요하다. 화면을 선택했을 때 다음 화면으로 넘어가는 것도 보여주고, 꼭 필요한 핵심 기능은 반드시 시연할 수 있어야 한다.</u>

하지만 일반적으로 소프트웨어를 구성하기 위해 많은 노력을 필요로 하는 로그인, 고객서비스 기능, 결제, 해당 산업계에서 통상적으로 필요로 하는 마케팅 수단 예를 들면 포인트 제도, 통계 화면 등 나머지 부가적인 부분은 화면조차 만들지 않아도 된다. 초기 화면에 선택 메뉴만 두고, 선택하면 추후 개발한다는 메시지만 떠도 상관없다.

만약 게임이나 콘텐츠 사업이라면 전체 모습 중 고객에게 어필할 수 있는 일부, 예를 들어 10단계로 구성된 게임 중 1단계만 구현해도 된다. 프로세스를 수반하는 경우라면 화면으로는 모든 기능을 제시하지만 뒤에서는 수동으로 제품 기능을 수행해도 된다. 특히 타 시스템과 연동하거나 여러 사람을 연결해서 업무를 처리해야 하는 중개 플랫폼 형태는 이 방법이 아주 잘 먹힌다. 수동이 마음에 걸린다면 자동으로 예제를 처리하는 프로그램을 미리 심어 두어도 괜찮다. 데이터가 필요한 경우에는 흥미를 유발할 만한 가상 데이터를 잘 심어두면 된다.

제조형 제품의 최소한의 범위란 무엇일까? 이 역시 핵심 기능과 형태에 대한 데모만 잘 보여줄 수 있는 모양이면 된다. 굳이 재질과 구체적인 성능까지 보여줄 필요는 없다. 부가적인 세세한 기능들은 작동되지 않아도 된다.

형태를 보여주기 위한 방법으로는 3D 프린팅이 많이 이용된다. 최종 제품을 만들 때 사용할 재료로 만드는 것보다 시간과 돈을 크게 절약할 수 있다. 전자 제품은 제대로 된 회로 설계 이전에 만능 기판을 사용해서 구현해도 상관없다. 하지만 고객가치를 느낄 수 있을 정도로는 모습을 갖추어야 한다.

인천창조경제혁신센터 보육기업인 ㈜그린아이엠티 대표는 원적외선 방식의 가스 그릴에 재료의 회전 기능을 더하는 제품을 개발하고 싶어 했다. 회전 기능이 있는 전기 그릴은 있지만 가스 그릴은 없었다.

대표는 오랫동안 연구한 끝에 강력한 동력을 전달할 수 있는 태엽 기술을 갖고 있었고, 이 기술로 가스 그릴에 회전 기능을 구현할 수 있다고 판단했다. 가스 그릴에서의 회전 기능은 야외에서 고기를 맛있게 굽고 싶다면 꼭 필요한 기능이다. 캠핑장이나 전원주택의 정원에서 고기를 굽고 싶은 사람, 특히 정원에서 파티를 많이 하는 미국인이라면 탐을 낼만한 제품이다.

이 제품의 시제품을 만드는 방법은 단순했다. 기존의 회전 기능이 있는 전기 그릴을 재료로 사용하였다. 여기에서 전기 모듈을 뜯어내고, 대신 시중에서 파는 가스레인지의 가스 모듈을 장착한 뒤에 개발하고 있던 태엽 구동부를 회전축과 연결했다. 이를 이용해 구수하게 닭고기를 굽는 모습을 보여주어 심사위원들을 감탄하게 만들 수 있었다. 아직 태엽의 회전력이나 가스 안전성 등 보완해야 할 점이 많았지만 회전이 가능한 원적외선 방식 가스 그릴이란 시제품으로는 거의 완벽한 모습을 보여주었다.

그린아이엠티의 태엽구동 가스 그릴 시제품

물론 자금 여유가 있다면 최소한의 시제품 개발 범위는 얼마든지 넓힐 수 있다. 하지만 고객 검증을 하기 전에 완성된 제품을 거의 다 구현하는 것은 좋은 방법이 아니다. 고객 검증을 통해 고객들의 니즈나 생각을 확인하면 수정해야 할 부분이 많이 생기므로 처음부터 너무 완벽을 기하면 오히려 시간과 비용을 낭비할 수 있기 때문이다.

어떻게 개발할 것인가

시제품 개발 범위를 결정했다면 시제품을 어떻게 개발할 것인지 계획을 세워야 한다. 시제품의 범위와 형태의 목표를 정하고, 개발 프로세스, 내부에서 할 일과 외주로 줄 일을 구분하고, 일정과 자금계획을 세우는 과정이 필요하다.

시제품 개발을 소화할 수 있는 기술 전문가가 창업팀 내부에 있는지의 여부에 따라 접근하는 방법이 천차만별이다. 전문가가 있어도 모든 것을 혼자서 다 할 수는 없기 때문에 일정 부분 외부의 도움을 받아야 하는 경우가 생기기 마련이다. 개발에 필요한 도구나 재료를 어떻게 조달할 것인가도 고민해야 한다.

외주를 맡길 업체도 미리 알아보고 가능하면 견적을 받아두는 것이 좋다. 그래야 개발에 필요한 소요자금이 어느 정도인지 계획을 세울 수 있기 때문이다.

사실 어느 업체를 활용할지는 끊임없는 고민거리가 된다. 무조건 값싼 업체를 선정했다가 나중에 시간과 돈을 낭비하게 되는 경우도 많고, 그렇다고 돈을 많이 준다고 좋은 품질의 제품이 나오는 것도 아니다.

내부 개발자가 기존에 거래하던 믿을만한 업체가 있다면 고민이 대폭 준다. 같은 창업교육 출신 등 다양한 스타트업들 간의 네트워크는 이런 경우에도 큰 도움이 될 수 있다. 비슷한 일을 먼저 경험한 선배들의 이야기나 추천이 진짜 큰 도움이 되는 경우도 많다. 해당 분야에 박식한 멘토를 소개받아 조언을 구하는 것도 좋다.

한편 이런 일에 대한 전문 중개 사이트들이 생겼으므로 활용해 보는 것도 괜찮다. 제조형 제품 개발의 대표적인 중개 사이트는 아이디어오디션(www.ideaaudition.com)이다. 여러 업체로부터 시제품 제작 견적을 받을 수 있게 지원해 주는 기능이 있으므로 제조 분야라면 기본 정보를 수집하기 위한 수단으로라도 꼭 한번 활용해 볼만하다.

외주 전문 중개 사이트, 아이디어오디션(www.ideaaudition.com)

소프트웨어 개발을 외주 주는 경우에도 중개 사이트를 통해 가격을 확인해 보는 것이 좋다. '프로그램 개발 중개' 또는 'SI 개발 중개' 등의 키워드를 쳐보면 실로 다양한 업체가 나올 것이다. 크게 두 가지 유형의 업체가 있다.

첫째는 이미 개발된 각종 프로그램을 소스 형태로 팔면서 고객의 요구에 맞게 커스터마이즈할 때 추가로 비용을 더 받는 형태다. 내가 원하는 홈페이지나 프로그램과 유사한 패키지를 찾을 수만 있다면 개발비용을 줄일 수 있어 좋은 선택이 될 수도 있다.

두 번째 SI 개발 중개도 형태가 다양하다. 그냥 한 업체에 통째로 맡기기보다는 기획, 디자인과 개발의 단계가 필요함을 인정하고 이를 구분해 외주를 주는 것이 좋다. 필자는 지식형 사업을 하는 스타트업이라면 디자인과 개발은 외주를 주더라도 최소한 내부적으로 소프트웨어를 기획할 수 있는 사람이 창업팀 내에 있어야 한다고 생각한다. 시제품 단계가 끝나서 상용화 단계에 있으면 시스템을 직접 유지·보수할 수 있는 직원을 반드시 회사 내부에 품고 있어야 한다.

　시제품 제작에 필요한 장비나 시험 등을 지원하는 정부 프로그램도 미리 확인해 놓는 것이 중요하다. 요즘은 창조경제혁신센터나 테크노파크처럼 3D 프린터를 무료 혹은 저렴한 비용으로 사용할 수 있게 지원하는 기관들이 많다. 시제품 제작에 금속이나 나무 등의 가공 작업이 꼭 필요한 경우에는 '메이커 스페이스'를 찾아보라. 규모가 큰 메이커 스페이스에는 3D 프린터도 있다. 중기부나 지자체의 지원으로 전국에 여러 메이커 스페이스가 생겨나고 있는데, 비교적 간단한 작업은 최소한의 경비만으로 구현할 수 있다.

　규모가 큰 설비가 필요하다면 테크노파크나 각종 정부 출연 연구소기관 등에서 스타트업에게 장비를 임대해 주는 프로그램을 찾아봐야 한다. 대형 설비를 저렴한 사용료를 받고 빌려주기도 하고, 심지어 대신 작업해 주기도 한다.

　세심히 살펴보면 의외로 큰 도움을 받을 수 있는 기관과 프로그램들이 많다. 무조건 외주업체를 찾는 것보다는 인터넷을 최대한 활용하면 시간과 돈을 절약할 수 있다.

　이런 사전 조사를 바탕으로 구체적인 개발 계획을 수립한다. 최종적으로 실현가능한 일정 계획과 자금계획이 수립되어야 한다. 이 정도가 준비되었다면 다음 단계인 시제품 제작 단계로 넘어갈 준비가 된 것이다.

　<u>스타트업의 모든 일에 완성이란 없다. 지금까지 한 일도 끝난 것이 아니라 앞으로도 계속 반복적으로 진행해야 할 일들이다. 특히 우수한 인력을 창업팀으로 영입해야 하는 작업은 아주 중요한 일이다. 비즈니스 모델도 업그레이드해야 하고, 사업계획서도 단계적으로 완성해 나가야 한다.</u>

시제품 제작 지원 프로그램에 도전하기

내부 자금으로 시제품을 개발할 생각이면 이 부분은 읽을 필요가 없다. 하지만 지식형 제품을 완벽한 창업팀을 내부에 갖추고 모두 자체 개발하는 경우가 아니라면 시제품 제작을 지원하는 프로그램에 의지하는 것이 현명한 방법이다.

창업팀이 개발의 대부분을 소화할 수 있는 지식형 사업이라면 액셀러레이터 프로그램에 도전해 보는 것이 좋다. 제품에 대한 아이디어로 3천만 원에서 1억 원 정도 투자받고 시제품을 개발할 수 있는 프로그램이다. 어느 정도 시제품이 모습을 갖추면 제품 상용화를 위한 자금을 직접 벤처캐피털로부터 투자받을 수도 있다. 전형적인 미국식 방식이다. 창업 과정에 불필요한 시간을 줄일 수 있다는 점이 장점이지만 후속 투자가 꼭 순조로우리란 보장이 없다.

액셀러레이터와는 별도로 국내에는 정부가 주도하는 시제품 제작 지원 프로그램이 많다. 보통 '사업화 지원 프로그램'이란 이름으로 불리는데, 보통 3천만 원에서 많게는 1억 원까지 자금을 지원해준다. 이런 프로그램을 활용하면 최소 기능 제품만 만들어도 문제가 없으므로 초기 시제품을 만들 때 이용하면 좋다.

R&D 지원 프로그램을 통해 시제품을 개발하는 사람도 있다. 시제품 제작을 지원하는 R&D 프로그램들은 대개 1~2억 원 정도의 자금을 지원해주는데, 일정 비율 자기 부담금이 있다. 좋은 점은 대표를 제외한 신규 직원들의 인건비가 지원된다는 점이다. 하지만 중소기업 전체를 대상으로 하는 사업이어서 경쟁률이 높다. 뿐만 아니라 시제품의 완성도에 대한 요구 수준도 높고, 최종 결과에 대해 공인인증 기관으로부터 검증까지 받아야 한다. 앞에서 소개한 최소 기능 제품을 만드는 수준으로는 이 프로그램을

따기 힘들다.

  어떤 프로그램이 더 좋은가는 시제품을 만드는데 소요되는 비용의 규모와 목표하는 시제품의 완성도에 달려있다. 파트 2에 소개한 창업 지원 프로그램의 종류와 각 프로그램에 도전하는 방법을 자세히 읽어보고 자신에게 맞는 것을 선택해 도전하면 된다.

  주변의 많은 스타트업들을 보면 자기에게 맞는 프로그램에 도전하기보다는 여러 가지 프로그램에 다양하게 도전해 보고, 가장 먼저 선정되는 프로그램을 선택하는 경우가 더 많은 것 같다. 꼭 좋은 방법은 아니지만 자기에게 맞는 프로그램에 도전한다고 꼭 되리란 보장이 없어 말리기도 어려운 것이 현실이다.

02
회사 설립과 챙겨야 할 일

이제 더 이상 회사 설립을 미룰 수 없는 단계이다. 물론 예비창업자를 위한 시제품 제작이나 R&D 지원 프로그램에 도전하고 있다면 제품 개발에 대한 협약을 맺은 다음 설립해도 된다. 액셀러레이터와 이야기를 하고 있다면 투자를 받기 직전까지 설립을 미룰 수도 있지만 대부분은 시제품 개발 지원 프로그램에 도전하기 전에 회사를 설립한다.

대표 입장에서는 많던 적던 돈이 들어가고 있을 것인데, 예비창업자 시절에 쓴 돈은 나중에 경비로 인정받지 못한다는 것도 회사 설립을 서둘러야 하는 결정적인 이유이다. 경비가 단순히 비즈니스 모델을 만들기 위해 회의를 할 때 마시는 커피 값 정도라면 굳이 회사를 만들 필요가 없지만, 본격적으로 사전 고객 검증을 하거나 시제품 개발에 미리 착수해 제법 목돈이 들어가기 시작했다면 회사를 설립해야 한다.

회사를 설립할 때는 생각보다 챙겨야 할 것들이 많다. 어찌 보면 사소해 보이는 것도 초보 창업자는 미처 몰라 낭패를 보기도 하니 작은 것 하나라도 놓치지 않고 세세히 살펴보도록 한다.

회사 이름 정하기

　회사를 설립하려면 이름이 필요하다. 회사명이 중요한 이유는 따로 설명하지 않아도 잘 알 것이다. 회사명을 잘 정하면 우리 회사를 쉽게 다른 사람이 기억하거나 내가 하려는 사업을 쉽게 이해하게 만들 수도 있다.

　주변 사람들과 머리를 맞대고 좋은 이름을 여러 개 정했다면 그 이름을 쓸 수 있는지 검증해야 한다. 필자는 개인사업자, 법인사업자, 영문 명칭에 의한 도메인을 사전 검증하기를 권한다. 남이 이미 사용하고 있는 이름이나 도메인은 사용할 수 없기 때문이다. 생각보다 내가 마음에 드는 이름은 이미 다른 사람이 쓰고 있는 경우가 매우 많다.

　개인사업자는 단일 지역 내에 동일하거나 유사한 상호를 등록하지 못하게 되어 있다. 내가 마음에 드는 이름을 등록하면 다른 사람이 우리 동네에서 같거나 유사한 이름을 쓸 수 없지만 다른 지역에서 쓰는 것까지 막기는 힘들다는 이야기이다.

　중요한 것은 법인명이 중복되는지의 여부이다. 대법원 인터넷등기소(www.iros.go.kr)에서 [법인등기]-[열람하기] 메뉴를 이용하면 알 수 있다. 법인 등기부등본을 발급받기 위해서도 자주 찾아봐야 하는 메뉴이다. 일단 회사 구분을 주식회사로 놓고 검색해 보자. 살아있는 등기에 다른 회사의 이름이 있다면 일단 등록이 안 된다고 생각하면 된다.

　영문 회사명도 꼭 검증해야 한다. 법인 등기를 하려면 아예 영문명도 명시하게 되어 있다. 보통 영문명을 홈페이지의 도메인으로 쓰고 싶을 텐데 이것 역시 만만치 않은 경우가 많다. 이해하기 쉬운 단어는 장사꾼들이 모두 등록해 두었다. 특히 영어단어 2개를 결합한 이름은 거의 모두 등록되어 있다고 보면 된다.

도메인 정보를 가장 정확하게 볼 수 있는 곳은 후이즈(www.whois.co.kr)이다. 원하는 영문 명칭을 치면 도메인 성격별로 사용 가능 여부가 표시된다. 아마도 com은 이미 다른 곳에서 사용하는 경우가 많을 것이다. 국내 사업만 한다면 co.kr만으로도 충분하다. 하지만 나중에 글로벌 비즈니스를 생각하고 있다면 com도 같이 확보하는 것이 좋다. co.kr은 남이 사용하고 있는데, kr은 사용가능하다면 좀 고민해 봐야 한다. 우선 co.kr을 사용하는 사람이 누구인지 봐야 한다. 바로가기를 누르면 해당 홈페이지로 바로 연결되어 쉽게 확인할 수 있다. 나와 비슷한 업종이라면 되도록이면 사용하지 않고 다른 이름을 찾아보는 것이 좋다.

개인사업자 vs 법인

회사 형태를 개인사업자로 할 것인지, 법인으로 할 것인지도 정해야 한다. 스타트업은 궁극적으로 투자를 받고 기업공개(IPO)나 인수합병(M&A)을 해야 하는데 그러려면 결국 법인이 되어야 한다. 그래야 지분을 가지고 거래를 할 수 있기 때문이다.

개인사업자는 개인이 하는 사업으로 이익이 날 경우 대표에게 개인소득세가 부과된다. 법인은 대표와는 별개의 인격체이므로 법인세란 것이 따로 존재한다. 그럴 가능성이 별로 없겠지만 개인사업자인 상태로 사업을 잘 해서 이익이 많이 나면 소득세율이 상대적으로 매우 높기 때문에 후회하기도 한다.

<u>하지만 처음부터 법인을 만들어야 하느냐에 대해서는 사람 따라 이견이 많다. 법인은 한번 만들면 관리해야 할 요소들이 많아진다. 설립 자체에도 제법 돈이 든다. 경영학에 대한 기초 지식이 없는 사람에게는 용어 자체가 매우 생소하게 느껴질 수도 있다. 그래서 주변에는 개인사업자로 시작하는</u>

스타트업이 매우 많다. 투자를 받거나 꼭 필요할 때 법인으로 전환하겠다는 것이다. 그리 틀린 생각도 아니다.

다만 개인 사업자로 시작한 다음 나중에 적절한 시점에 법인을 설립하고 통합하는 절차는 간단하지 않다. 법인이 개인회사를 인수하는 절차를 밟아야 하는데 세무사에게 의뢰해야 하고, 상당한 시간과 돈이 소요될 수도 있다. 때로는 이런 것이 R&D 지원 사업을 하는데 걸림돌이 되기도 한다.

개인사업자로 사업자 등록을 하는 절차는 그리 복잡하지 않다. 필요한 서류를 준비해 관할 세무서를 방문해 등록 신청서를 작성해도 되고, 홈택스(www.hometax.go.kr)에서 바로 신청할 수도 있다. 세부적인 내용은 네이버나 구글에서 '개인사업자 등록 절차'로 검색해보면 된다.

개인사업자로 등록할 때 가장 헷갈릴 수 있는 부분이 업태, 업종이다. 홈택스 개인사업자 등록 절차 중에 보면 업종 선택 옆에 테이블을 다운로드하는 기능이 있으므로 자기가 하려는 사업, 특히 매출이 일어날 사업에 대해 코드를 미리 확인하고 입력하면 된다. 매출이 일어날 가능성이 있는 사업이 여러 개면 핵심적인 사업을 주업종으로 하고, 다른 매출 사업은 부업종으로 선택하면 된다. 부업종은 나중에 얼마든지 추가할 수 있다.

사업자 등록을 하려면 사업장의 임대차 계약서가 있어야 한다. 돈이 있어 오피스텔이나 사무실을 임차한다면 아무 문제가 없지만 돈이 없어서 당분간 집에서 작업해야 한다면 좀 따져봐야 한다. 대표가 자기 집에서 창업한다면 임대차 계약서가 필요 없다. 대신 부모님 집에서 창업한다면 부동산 명의자와 무상임대차 계약서를 한 장 써야 한다. 양식은 인터넷에서 쉽게 찾을 수 있다. 부모님 집이 전세나 월세이면 안 된다. 이렇게도 사업장을 확보할 수 없다면 1인 창조비즈니스센터에 문의하면 좋은 방법을 찾을 수 있다. 물론 공짜는 없다.

사업장 소재지는 간단한 것 같지만 한편으로는 신중을 기해야 할 부분이다. 나중에 지자체가 주관하는 지원 사업을 신청할 때 해당 지역의 주소지가 필수이기 때문이다. R&D 지원 프로그램을 신청할 때도 여러모로 영향을 미친다. 지역에 따라 활성화되어 있는 창업 지원 기관도 해당 주소지를 가진 기업을 우선 지원한다.

개인사업자에 비해 법인의 설립 절차는 조금 복잡하고, 이해해야 할 내용도 많다. 미리 설립 절차를 기업지원플러스(www.g4b.go.kr) 사이트 등 인터넷 검색을 통해 충분히 공부하고 시작해야 한다.

법인이란 법으로 정한 인격체이다. 즉 사람이 아닌데도 법으로 정해 경제활동을 할 수 있다. 법인은 여러 종류가 있지만 스타트업은 대부분 주식회사를 만들게 된다. 주식회사란 주주들이 자본금을 내서 설립하지만 설립한 순간부터 주주나 대표와는 별개 인격체이다. 법인이 사업을 하면 법인이 매출을 일으키고, 이익에 대해서 법인이 세금을 낸다.

주식회사가 좋은 점은 주주들이 자기 지분만큼만 책임을 진다는 것이다. 회사가 망하면 투자한 돈을 한 푼도 돌려받지 못하는 것으로 책임을 지는 것이 원래 취지인데, 현실은 대표에게 연대책임을 요구하는 경우가 아주 많다.

법인을 설립할 때 초기 자본금은 크게 부담스럽지 않은 수준이다. 자본금이 10만 원 이상이면 법인을 설립할 수 있지만 최소 1천만 원은 되어야 모습이 우습지 않다. 투자비가 많지 않은 지식형 사업이면 초기 자본금이 많지 않아도 된다. 하지만 나중에 많은 돈이 소요될 것으로 예상되는 제조와 같은 사업이라면 최소 5천만 원은 설립 자본금으로 준비하라고 권고하는 편이다.

법인을 공동창업할 때는 제일 먼저 대표를 누구로 할 것인지를 생각해 봐야 한다. 공동대표도 물론 가능한데, 이 경우 돈을 출자함에 있어 지분율을 정해야 한다.

1인 주주 즉 대표 혼자라도 주식회사를 설립할 수 있다. 다만 이때는 반드시 별도의 감사를 지정해야 한다. 여러 명이 창립 주주인 경우라도 한 사람의 대표가 좀 더 많은 주식을 가지는 것이 좋다. 모든 주주의 지분이 동일하거나 대표의 지분이 적으면 나중에 투자를 받을 때 장애요소가 된다. 회사 내에 분쟁이 생길 때 대표가 확실하게 권한을 행사하고 문제를 수습할 수 있는가를 따지는 것이다.

법인을 설립한다면 최소한 주식회사가 무엇이고, 정관이 무엇인지는 알아야 한다. 나중에 분쟁이 생기면 모든 것은 정관에 따라 판단하기 때문이다. 정관은 보통 주식 발행, 사채, 주주총회, 이사회, 감사, 감사위원회, 계산(재무제표의 작성 및 보고 관련사항) 등의 내용으로 구성된다. 책을 통해서건 인터넷을 뒤져서건 반드시 사전에 충분히 공부할 것을 권한다.

온라인 법인 설립 시스템(www.startbiz.go.kr)

법인 설립은 보통 법무사를 통해 할 수도 있지만 온라인 법인 설립 시스템(www.startbiz.go.kr)을 이용하면 법무사 수수료를 절약할 수 있다. 다만 자본금이 10억 원 이하여야 한다. 또한 복잡한 절차가 들어간 것은 처리하지 못하고, 표준 정관에 의한 것만 처리할 수 있다는 것도 한계다. 사실 정관을 수정할 수도 있는데, 너무 복잡해 별로 권하고 싶지 않다.

이 사이트에 가면 법인 설립을 신청하는 메뉴 외에 미리 절차를 연습하는 메뉴가 있다. 정식으로 신청하기 전에 미리 예행연습을 하면 어떤 순서로 처리하는지, 무엇을 사전에 준비해야 하는지 이해할 수 있어 좋다. 법인을 설립한 뒤에는 개인사업자와 동일한 절차를 통해 사업자등록을 해야 한다.

회사 은행 계정 및 회사카드 만들기

회사는 반드시 주거래 은행을 정해야 한다. 나중에 대출을 받거나 각종 융자 프로그램과 연계하려면 기업은행이 가장 일반적이지만 가까운 시중 은행으로 정해도 별 문제는 없다.

개인사업자는 회사 통장이 큰 의미가 없다고 말하는 사람도 있다. 개인사업자는 결국 개인을 중심으로 소득을 합산하고, 이에 따라 세금을 정산하므로 개인 통장이나 회사 통장을 마구 혼용해도 된다는 것이다. 하지만 어디까지나 개인사업자로 계속 갈 때의 이야기이고, 원칙적으로는 개인사업자라도 회사 돈을 개인 용도로 전용해서 쓰면 안 된다. 회사 돈과 대표 돈을 마구 혼용해서 사용하면 나중에 법인으로 전환할 때 상당히 큰 문제가 되고, 세무 상으로도 불이익을 받을 수 있다. 내가 아는 스타트업은 개인사업자로 사업을 준비하면서 거의 아파트 한 채를 날렸는데, 나중에 법인으로 전환하면서 인정받은 금액은 겨우 20%에 불과했다.

스타트업이라면 개인사업자든 법인이든 처음부터 철저히 회사 돈과 개인 돈을 구분하는 것이 바람직하다. 그래서 회사 통장은 선택이 아닌 필수다. 개인사업자라면 초기 활동비를 입금하고 회사의 모든 활동에 필요한 비용을 회사 통장에서 집행한다.

법인이라면 자본금이 회사 통장에 있을 것이다. 이것으로 모든 비용을 집행해야 한다. 통장에 돈이 없어 급히 대표 개인 돈을 사용할 때도 먼저 회사 통장으로 이체하고 회사 통장을 통해 비용을 집행해야 한다. 귀찮아도 반드시 생활화해야 하는 습관이다.

비용을 집행할 때는 아무래도 카드가 있는 것이 편하다. 일반적으로 세금계산서를 받고 비용을 온라인 이체하거나 회사 카드를 이용해 비용을 집행한다. 현금 지출은 세무상으로 항상 의심 받는 항목이므로 최대한 자제하는 것이 좋다. 꼭 필요한 소액 현금, 예를 들어 경조사비 등을 제외하고는 현금을 직접 사용하지 않도록 조심해야 한다.

<u>요즘은 경조사비도 김영란법에 저촉되지 않게 집행해야 하는 등 점점 현금 사용에 대한 제약이 많아지고 있다. 특히 회사 돈을 대표나 직원의 개인 용도로 쓰는 일은 투자를 안 받거나 기업공개(IPO)를 목표로 하지 않는다면 모를까 절대 금기사항이다. 심지어 급해서 며칠 가져다 쓰고 다시 돌려놓는다 해도 치명적인 결과를 가져올 수 있다.</u>

도메인 등록 및 메일 계정 확보

회사 설립 즉시 해야 할 일이 많은데 필자 생각엔 도메인 등록이 제일 먼저이다. 후이즈나 가비아 같은 도메인 등록 대행 사이트에 가서 수수료 등을 비교해 보고 등록하면 된다. 사이트마다 수수료 정책이 다르지만 서비스는 큰 차이가 없는 것 같다.

한번 등록하면 일정 기간 도메인의 사용 권리가 확보되는데, 기간이 지났는데 돈을 내지 않으면 등록이 취소될 수 있으므로 조심해야 한다. 필자는 회사에 다니던 시절에 여러 개의 도메인을 관리하고 있었다. 불필요한 도메인 몇 개를 정리할 생각에 등록기간 안내 메일이 왔는데도 비용을 납부하지 않았다가 아주 중요한 서비스의 도메인이 정지되어 곤욕을 치렀다. 다행히 서둘러 비용을 지불하고 도메인을 살릴 수 있었지만 자칫 영영 꼭 필요한 도메인을 놓칠 수도 있었던 아찔한 기억이다.

도메인이 확보되면 메일 계정을 그냥 개인 계정으로 사용할지 회사 메일 계정을 만들지도 고민해야 한다. 회사 메일 계정이란 naver.com이나 gmail.com이 아니라 '회사도메인.com'이나 '회사도메인.co.kr' 같은 구조의 도메인을 말한다. 개인적으로는 큰 비용이 들지 않으므로 초기부터 회사 계정을 별도로 만들도록 권하는 편이다. 네이버, 구글, 후이즈 등 여러 회사가 회사 계정 만드는 클라우드 서비스를 제공한다. 인터넷에서 '회사 메일 계정'이란 키워드로 쉽게 찾아 볼 수 있다.

처음에는 모든 메일이 하나로 통합되어 오는 개인 메일 계정으로 일을 하는 것이 편할 수 있다. 하지만 점차 회사가 커질수록 감당할 수 없을 정도로 메일이 많이 온다. 나중에는 회사 일과 개인 일을 구분해 관리하기가 매우 어렵다. 또한 대외적으로도 회사 메일 계정이 있으면 좀 더 성숙한 회사처럼 보인다. 네이버나 gmail을 그냥 쓰면 아주 초창기 회사 같은 이미지를 줄 수밖에 없다.

로고 및 명함 만들기

사람들을 만나기 위해서는 명함이 있어야 한다. 필자는 큼지막하게 '예비창업자 홍길동'이라고 적힌 명함을 보고 감동받은 적이 있다. 예비창업자 시절부터 이름과 연락처, 사업 분야 정도를 적어 부지런히 자신을 어필하는 창업자가 있었는데, 당연히 여러 가지 지원 프로그램에 선정되고 지금은 상용화 제품 제작 마지막 단계를 달리고 있다.

명함을 만들려면 먼저 회사 로고를 만들어야 한다. 로고를 만드는 방법은 많다. 아는 전문 디자인 회사에 의뢰해도 좋고, 인터넷에서 로고 디자인 회사를 찾아 의뢰해도 좋고, 크몽 같은 재능 거래 중개 사이트에서 가서 싸게 제작하는 방법도 있다. 경험상 크몽의 디자이너에게 맡길 때는 너무 싸게 부르는 사람보다는 어느 정도 가격을 부르더라도 제대로 할 것 같은 사람에게 맡기는 것이 좋다. 박리다매이므로 품질은 보장할 수 없다.

요즘은 명함도 인터넷으로 간단히 주문해서 제작할 수 있다. 디자이너에게 받은 로고 파일과 주소 및 이름 등등 필요한 사항을 적고 디자인된 샘플을 선택하면 며칠 만에 만들어 준다.

세무사 선정 및 지출 자료 정리

회사가 만들어지면 회계 및 세무업무를 처리해야 한다. 스타트업은 대개 자체 회계 기장 능력이 없으므로 세무사를 이용할 수밖에 없다. 세무사는 회사의 수입 및 지출 자료를 회계 기장을 통해 정리하고 연말에 결산서류를 만들어 줄 뿐만 아니라 직원들의 4대 보험 업무를 일부 지원하고, 부가가치세나 소득세와 법인세 같은 기업 관련 세금 관련 업무를 대행해 준다.

스타트업의 회계 처리는 처음부터 몇 가지 조심해야 할 일이 있다. 앞에서도 몇 번 언급했지만 투자나 기업공개(IPO)를 위해서라도 처음부터 확실한 틀을 잡아두는 것이 중요하다. 스톡옵션, R&D 지원 자금, 경상개발연구비 등을 회계 처리해보지 않은 세무사는 회사의 결산 자료를 엉망으로 만들 수 있다. 특히 동네에 있는 자영업자 중심의 세무사들은 이런 업무를 잘 모른다.

반드시 스타트업이나 기술 아이템을 가진 중소기업의 회계 업무 경험이 있는 세무사를 선정해야 한다. 잘 모르면 멘토를 통해 물어보거나 자주 왕래하던 창업 지원 기관에게 물어보는 것이 좋다. 너무 멀면 안 되지만 굳이 가까이 있어야 하는 것도 아니다.

<u>흔히 세무사를 선정한 뒤 세금계산서나 영수증만 던져 주면 다 알아서 해 준다고 아는 창업자들이 많다. 그렇지 않다. 그냥 세금계산서만 주면 거래한 회사명을 보고 추정해서 회계 처리를 해 버린다. 그러므로 아무리 사소한 돈 하나도 육하원칙에 따라 지출하는 목적과 상대방, 금액 등을 정확히 적어주고 아래나 뒤에 영수증이나 세금계산서를 첨부해 세무사에게 주어야 한다. 초기에는 예스폼 등 기업 양식을 제공하는 곳에 가서 마음에 드는 양식을 하나 정해 쓰거나 세무사와 의논하여 양식을 정해도 되지만, 발전할수록 더욱 탄탄한 내부관리 체계를 잡아 가야 한다.</u>

직원이 많아지고, 연구소 등이 생기면 조직을 분리하고 자금 및 회계를 관리하는 체계도 분리해야 한다. 보통 돈을 쓰는 부서는 왜 돈을 쓰려 하는지 품의서를 작성하고, 원하는 물건이나 서비스가 들어와서 검수가 끝나면 지출결의서를 작성한다. 지출결의서를 넘겨받은 회계 담당 직원이 자금을 집행하고 세무사에게 자료를 넘겨준다. 최종 자금이체의 비밀번호나 OTP는 대표가 직접 관리하는 경우도 있다.

스타트업이 어느 시점부터 이런 틀을 완성해 갈 지는 대표가 결정할 일이다. 직장 경험이 많은 시니어라면 이미 이런 제도에 익숙한 반면, 그렇지 않은 주니어 창업자들은 이 과정을 상당히 힘들어 한다.

대표가 직장생활 경험이 있다면 더존 그룹웨어와 같이 메일과 회계처리 및 전자결제 등이 통합된 시스템을 초기부터 사용하도록 권장하기도 한다.

또한 지식형 사업과 같이 내부 소통을 많이 해야 할 경우에는 메신저와 프로젝트 관리가 통합된 협업도구를 찾아서 사용하는 것이 좋다.

작업 공간 확보

보통 작업 공간은 사업자 등록증의 주소지인 경우가 많다. 하지만 여러 가지 이유로 사업자 소재지와 실제 작업 공간이 다른 경우도 종종 있다. 예를 들어 지원 프로그램에 따라서는 아예 사업장 주소 이전을 전제로 하기도 한다. 하지만 막상 제공하는 사무실의 위치가 같이 작업할 사람들이나 대표 자신의 집과 너무 많이 떨어져 매일 출근하기가 어려운 경우도 생긴다. 공동 작업을 해야 할 사람은 여러 명인데 막상 제공되는 사무실은 2~3명 밖에 들어가지 못해서 별도 공간이 필요한 경우도 있다. 그래서 1주일에 한 번 정도 등록된 사업장으로 출근해 지원 기관의 각종 지원 정보를 확인하고는 대부분은 다른 곳에서 작업하는 사람도 많다.

한국은 부동산 가격이 만만치 않아 사무실 임대 비용이 비싼 편이다. 그래서 많은 스타트업 대표의 가장 큰 고민거리 중에 하나가 일할 사무실 구하는 것이다.

다행히 싸게 작업 공간을 구할 수 있는 방법은 다양하다. 우선 무료로 쓸 수 있는 작업 공간을 찾아보자. 창업팀 대표나 팀원의 집이 그 중 하나다. 대학생이라면 창업동아리 방을 배정받는 것이 가장 좋다. 아는 분의 사무실 일부를 무료로 빌려 쓰는 것도 대안 중의 하나다.

창업 지원 기관에서 무료로 지원하는 작업 공간도 있다. 시제품 지원 프로그램에서 이야기한 창업사관학교 등이 대표적이다. 스마트벤처 프로그램을 진행하는 곳 중에도 무료 사무실을 제공하는 곳이 있다. 서울시의 서울창업허브(공덕동)도 거의 무료로 이용할 수 있는 사무실을 제공한다.

지원 프로그램을 잘 찾아보면 이처럼 무료로 사무실을 지원하는 옵션을 가진 프로그램들이 가끔 있다. 전국의 창조경제혁신센터의 보육기업이 되고, 그 중에서도 엄격한 심사를 통과하면 무료로 사무실을 얻을 수 있지만 하늘에 별따기처럼 어렵다. 사용할 수 있는 기간이 길어야 1~2년 정도라는 것도 문제다. 그 뒤에는 또 다른 장소를 구해야 한다.

무료는 아니지만 1인 창조기업 비즈니스센터를 이용하는 것도 저렴하게 작업공간을 마련할 수 있는 좋은 방법이다. 1인 창조기업이기 때문에 먼저 회사가 1인 즉 대표만 있는 기업이어야 한다. 예비창업자도 된다. 일단 등록하면 3명까지 직원이 늘어나도 1인 창조기업을 유지한 것으로 인정된다.

1인 창조기업 비즈니스센터를 이용하려면 창업넷(k-startup)에 접속한 후 [시설·공간] 메뉴에서 마지막에 있는 [1인 창조기업 지원센터]를 선택하면 된다. 하단에 지역별 비즈니스센터 리스트가 있으니 위치를 확인한 뒤에 해당 센터들과 먼저 상담한다.

사업내용을 간단히 소개하고 1인 비즈니스센터 인증을 해 줄 수 있는지 물어본다. 사무실을 입주 모집할 계획이 있는지도 확인해본다. 대개 1인 창조기업용은 없는데 다른 사무실이 있다던가 아니면 사업장 주소만 등록하는 것은 가능하다는 등의 여러 옵션을 제시해준다. 물론 가격도 확인해 본다. 그리고 신청 시 등록 확인해 준다고 컨펌을 해주면 정식으로 1인 창조기업 등록 신청을 하면 된다.

이런 번거로운 절차를 거치는 이유는 1인 창조기업에 대해서는 정부가 별도로 지원하는 부분이 있어 그냥 일반 사무실에 입주하는 것보다 싸기 때문이다. 또한 임대료 외에 비교적 다양한 지원 프로그램이 있어 도움이 된다.

일단 1인 창조기업으로 등록되면 꼭 그 센터에 가야만 하는 것은 아니다. 1인 창조기업 비즈니스센터의 입주 공고가 나면 다른 센터라도 지원할 수 있다.

1인 창조기업 비즈니스센터라고 해도 공공형과 민간형의 가격은 하늘과 땅 차이이다. 1인형부터 4인형까지 사무실 종류도 다양하다. 그냥 독서실 칸막이 식으로 되어 있는 곳은 싸고, 정식으로 밀폐된 방은 비싸다. 직접 방문해 보기 전까지는 아무 것도 믿어서는 안 된다.

창업보육센터도 비교적 저렴한 가격에 작업 공간을 제공한다. 1인 비즈니스센터 민간형보다는 창업보육센터가 더 쌀 수도 있다. 왜냐하면 창업보육센터를 운영하는 곳이 대학이나 공공기관, 지자체가 많기 때문이다. 창업보육센터의 현황을 볼 수 있는 곳은 BI-NET 창업보육센터 네트워크 시스템(www.bi.go.kr)이다.

[정보공유하기] 메뉴에서 [센터검색]을 선택하면 전국의 창업보육센터가 나타난다. 마음에 드는 장소에 위치한 센터의 연락처로 직접 전화하거나 인터넷 검색으로 해당 센터의 과거 입주 공고를 찾아보면 가격 수준 등을 미리 확인해 볼 수 있다. 창업보육센터도 역시 지자체나 공공기관이 운영하는 곳은 좀 싸고, 대학이나 민간형은 상대적으로 비싸다.

대학 창업보육센터의 문제는 종종 가장 후진 건물에 큰 방을 준다는 데 있다. 사용 면적만큼 요금이 나오므로 평당 단가가 싸다고 이용료가 저렴한 것은 아니다. 또한 주식을 달라든가 돈을 벌면 일정 금액을 기부해야 하는 부대조건을 붙이는 곳도 있다.

그럼에도 일부 사람들은 대학 창업보육센터를 선호한다. 대학교수와 같이 공동 개발을 하다던가, 산학연 R&D 과제를 하는 경우에는 유리한 부분이 많기 때문이다. 비교적 밥값이 싼 것도 장점이긴 하다. 해당 대학의 학생들을 활용하는 경우에도 유리하다. 또한 후지다고 탓하지 말라. 애플사도 지저분한 스티브 잡스의 집 차고에서 시작했다는 점을 상기해야 한다. 스타트업은 처음에는 무조건 허리띠를 졸라매야 한다.

40세 이상만 들어갈 수 있는 시니어센터나 여성만 들어갈 수 있는 여성특화센터도 있다. 나름 장점이 있으므로 대상이 되면 우선적으로 확인해봐서 손해 볼 것은 없다.

경제적 여유가 좀 있다면 순수 민간형 비즈니스센터를 찾아보라. 네이버에서 비즈니스센터를 검색하면 꽤 많은 센터가 있음을 알 수 있다. 지도를 보면서 원하는 비즈니스센터에 연락해보자. 비즈니스센터도 다 고급은 아니다. 건물 지하에 독서실 구조로 꾸며 놓고 1칸 단위로 영업하는 비즈니스센터도 있는데, 이런 센터는 주로 사업자등록증 주소가 필요한 사람들이 많이 이용한다는 소문이다.

취업규칙 등 기본 사규 제정

창업팀 멤버들이 아직 월급을 가져가지 않는 단계라면 서로 구두로 합의해 회사의 자금을 모으고 집행해도 큰 문제가 없지만, R&D 지원 사업이나 사업화 지원 프로그램에 선정되어 월급을 주기 시작한다면 노동법에 따른 취업규칙 등 회사의 규정들을 하나씩 만들어 가야 한다.

원래 급여를 받는 직원이 있다면 노동법상 반드시 갖추어야 하는 사규가 취업규칙이다. 취업규칙에는 회사의 근로시간, 근로 장소, 정규직과 계약직 등 근로형태, 급여형태(연봉제인지 호봉제인지 등), 성과급이나 복리후생비 등 각종 근로조건을 명시하는 규정이다.

연봉제라면 취업규칙에 의거하여 매년 연봉계약서를 작성해야 한다. 이런 서식들은 인터넷 검색이나 예스폼 등의 기업서식 사이트에서 샘플을 다운 받아 회사 사정에 맞게 가공하면 된다. 가장 중요한 것은 창업팀이 합의를 보는 것이다.

R&D 지원 제도에 도전하면 중간에 회사를 실사하는데 그 과정에서 반드시 물어보거나 자료를 요구하는 것들이 몇 개 있다. 취업규칙은 기본이고, 대개 직무발명 보상 규정이나 보안규정 등을 추가로 보자고 한다.

<u>직무발명 보상 규정이란 직원이 직무 중에 특허를 내든가 좋은 아이디어를 내면 어떤 보상을 해 준다는 내용이다. 직원들에게 매우 좋은 규정이면서도 회사에게도 도움이 되는 규정이다.</u> 보통 직무 중 발명하거나 작업한 내용은 회사에 귀속된다는 내용을 포함한다. 이 규정을 보았다고 사인한 직원이 나중에 퇴사해 회사에서 개발한 프로그램 등을 이용해 다른 회사를 차려 사업하려고 하면 즉시 이 규정에 의거해서 법적 소송을 할 수 있고, 승소할 확률이 매우 높다.

보안규정이나 규칙은 기술 개발이나 고객정보 등 회사의 기밀이 외부로 유출되지 않도록 철저히 관리하기 위한 규정이다. 특히 지식형 사업으로 고객의 개인정보를 취급하는 경우에는 훨씬 까다롭다. 이 경우에는 개인정보보호법에 의거하여 매우 복잡하고 까다로운 사내 규정을 보유해야 한다. 현실적으로 개인정보보호법이 규정하는 수준의 보안을 유지하려면 시스템 구축비용보다 개인정보를 보호하기 위한 구축비용이 더 많이 든다는 자조어린 이야기를 들은 적이 있다. 이에 대한 내용은 제품의 상용화 단계에서 검토해 보기로 한다.

개인사업자는 대표가 기안해서 사인한 문서가 있으면 되지만 법인의 경우 대개 규정은 이사회에서 정하고, 그 이하의 규칙들은 대표이사가 정하게 되어 있다. 규정 혹은 규칙으로 할지는 정관으로부터 일관성이 있어야 하므로 정관에서 정한 내용을 검토해 보고 필요한 형식의 서류를 만들어

놓아야 한다.

4대 보험 가입

월급이 없다면 4대 보험에 가입하지 않아도 되지만 일단 인건비가 지급되는 순간부터 직원들의 4대 보험에 가입해야 한다. 일반 자영업에서는 직원들의 4대 보험을 가입하지 않는 경우가 태반이지만 정부 자금을 받아서 사업할 때는 직원들의 퇴직금 적립, 4대 보험 가입 등이 필수다.

4대 보험이란 국민연금, 국민건강보험, 산업재해보상보험, 고용보험을 말한다. 근로자의 월급이 정해지면 회사는 소득세와 국민연금, 국민건강보험, 고용보험 등을 공제하고 지급한다. 아울러 개인 부담금만큼의 금액을 회사가 추가로 부담해야 한다. 산업재해보상보험은 직원이 근무 중 상해를 입었을 때 보상하기 위해 들어두는 보험으로 직원은 부담하지 않는다. R&D 지원 제도 등에서 인건비에는 퇴직금과 회사가 부담할 4대 보험료를 포함할 수 있다.

한편 대표나 기존 직원의 인건비를 R&D 지원 사업의 현물로 제공한다고 할 때 이를 증빙하는 것도 역시 4대 보험이다. 4대 보험을 납부한 실적이 있어야 대표의 인건비 지불을 인정하는 것이다. 대부분의 스타트업은 초기에 돈이 없어 대표가 월급을 가져가지 못한다. 그래서 대표 월급은 4대 보험료만 납부하고 월급을 미지급금으로 잡아두는 경우가 많다. 원래는 줄 돈이지만 현재 미지급한 상태라는 뜻이다. 이런 미지급한 돈은 나중에 회사에 돈이 생기면 대표가 가져가도 되고, 많은 경우 추후에 필요한 증자 자금으로 활용한다. 보통 퇴직금과 4대 보험을 합하면 회사 부담금은 대표나 직원 연봉의 약 16~18% 정도 규모가 된다.

가입 방법이나 처리는 세무사를 통해도 되고, 직접 4대 보험 회사에 일일이 가입해도 괜찮다. 국민건강보험 관리공단이 통합 운영하는 사회보험 통합징수포털 사이트(www.si4n.nhis.or.kr)에 가입하면 한 번에 4대 보험을 처리할 수 있어 더 편하다.

사회보험 통합징수포털 사이트(www.si4n.nhis.or.kr)

03
제대로 된 시제품을 만들려면?

시제품 개발 과정은 제품 종류에 따라 많이 다르다. 그것을 일일이 여기에서 다룰 생각은 없다. 스타트업 대표나 창업팀이 스스로 헤쳐 나가야 할 문제이다. 개발 계획을 잘 세웠으면 계획에 따라 순차적으로 진행해 가면 된다. 항상 문제는 계획대로 되지 않기 때문에 생긴다.

계획대로 되지 않는 이유는 다양하다. 대표 혼자 끌고 나가는데 절대적으로 힘이 부쳐서 그럴 수도 있고, 설계 자체가 무리인 경우도 있다. 정부 지원 프로그램 때문에 개발 계획이 느슨해지거나 외주업체를 잘 관리하지 못해 문제가 생기기도 한다.

설계 자체가 잘못된 경우는 여기서 다루지 않겠다. 제품마다 체계적인 방법론에 입각해서 작업해야 시제품이 제대로 나온다. 잘 모르면 전문가의 도움을 받아야 한다.

여기서는 대외적인 문제에 대해 집중적으로 집어보기로 한다. 보통 이런 문제들은 제품 상용화 과정에도 똑같이 나타난다. 제품 상용화 과정에서 다시 다루지는 않지만 꼭 명심해 두어야 한다.

때론 정부 지원 프로그램이 독이 된다

　사업화 지원이나 R&D 지원 프로그램 같은 정부 지원 프로그램은 많은 사람을 대상으로 하기 때문에 개발기간을 충분히 주는 편이다. 짧은 경우 6개월이고, 보통은 1년짜리 프로그램이 많다. 정부 지원 프로그램에 도전해 선정되기까지 적어도 4~6개월이 소요되고, 다시 1년 정도의 개발기간을 할당받으면 창업팀 내부에서 뭔가 느슨한 기운이 발생하는 경우가 많다.

　최초 시제품 제작에 1년 이상 시간을 소모해서는 스타트업으로서 경쟁력을 상실한다. 시간과의 싸움이 가장 중요한 스타트업 입장에서는 언제 누가 경쟁제품을 출시할지 모른다는 점을 잊어서는 안 된다. 빨리 개발해 시장에서 승부를 봐야 실패하더라도 다음 기회를 기약할 수 있다. 한편 시간은 그 자체가 돈이기도 하다. 시간이 많이 소요될수록 어떤 이유에서든 들어가는 돈은 더 많아지기 마련이다.

　<u>필자가 생각하는 시제품 개발 과정이란 단지 처음 시제품을 만드는 과정만이 아니다. 최초의 시제품을 만들고, 이를 바탕으로 고객 검증을 거치고, 여기서 발견한 문제들을 해결하기 위해 추가적인 개발을 해야 하는 경우가 많다. 또한 방향전환이 발생하면 완전히 새롭게 시제품을 만들어야 하는 경우도 생긴다. 이 모두가 시제품 개발 과정이라 할 수 있다.</u>

　이처럼 시제품을 개발하는 데는 여러 변수가 있으므로 시제품 제작 지원 프로그램에 도전할 때는 일정 계획을 두 개 준비해야 한다. 자금 지원 프로그램 도전에 필요한 제출용 계획과 내부적으로 관리하는 진짜 계획이다.

　제출용 계획은 여러 변수를 고려해 여유 있게 일정을 짜는 것이 좋다. 일찍 끝냈다고 뭐라고 할 사람은 아무도 없다. 최근에는 일찍 마친 경우에는 메리트를 주는 R&D 지원 제도도 생기고 있다.

　하지만 대개 사업비 사용은 개발이 일찍 끝났다고 빨리 정산해주지 않는다. 마무리가 안 되니 다음 단계로 넘어가기가 찜찜해 아무래도 맥이 빠지는 경우도 발생한다.

필자는 그럼에도 최대한 빨리 시제품 제작을 마무리하고, 고객 검증 과정을 진행하라고 권한다. 사업비 사용 항목에 의도적으로 고객 검증 과정에 들어가는 경비들을 포함시키는 것도 방법이다. 주로 회의비나 교통비, 야근 식대 성격의 경비이다. 이런 경비도 사전에 협의하면 사용할 수 있으므로 적극적으로 편성해두면 진행 속도를 높일 수 있다.

고객 검증을 마치고도 시간과 비용이 남는다면 제품 상용화 작업을 진행하면 그만이다. 이런 경우 협약을 변경해야 할 수도 있는데, 제품 상용화 과정도 어차피 개발 과정이므로 프로그램을 주관하는 기관과 사전 협의만 하면 충분히 변경할 수 있다.

외주 관리가 중요하다

고객의 문제에서 아이디어를 얻고 바로 창업을 결심한 스타트업 대표 중에는 실제 시제품 개발이나 제품 생산에 대한 경험이 없는 분들이 많다. 이런 경우 개발의 상당 부분을 외부에 의존해야 한다. 창업팀 내에 시제품 개발을 기획하고, 외주업체에 제대로 일을 시킬 수 있는 사람이 없으면 문제가 생길 확률이 매우 높다.

가장 좋은 방법은 이런 업무에 대한 기획 경험이 있는 사람을 영입하는 것이다. 꼭 상근 직원이 아니어도 좋다. 멘토일 수도 있고, 파트타임으로 일하는 사람이어도 좋고, 계약을 맺고 일해 주는 엔지니어링 회사나 IT기획 전문 회사라도 괜찮다. 시제품 개발 경비 중에는 '전문가 활용비'란 항목이 있어서 사전에 어느 정도 예산만 책정해 놓으면 충분히 이런 일에 활용할 수 있다.

만약 회사를 활용한다면 전략적 제휴를 맺어서 나중의 과실을 분배하는 약속을 해서라도 프로젝트 기간 내내 같이 하면서 한밤중이라도 내 전화를 기꺼이 받아줄 끈끈한 관계를 맺어야 한다. 자신이 없다면 전체 업무에 대한 기획, 다른 외부업체에 일을 시키는 과정과 검수하는 과정도 외주를 줄 수 있다.

외주에서 문제가 생기지 않으려면 체계화된 방법론에 입각해 일을 해야 한다. 대기업은 제안요청서(RFP)를 작성해 외주사에 주고, 외주사는 이를 바탕으로 어떻게 일을 하겠다는 제안서를 작성하고, 이를 계약서에 포함시켜 일을 진행한다. 여기에는 지체상금이나 품질 수준에 대한 목표 등을 분명히 포함시켜야 한다.

하지만 스타트업이 외부업체와 일을 하려고 하면 이런 대기업 방식의 업무 관행이 잘 안 통한다. 외주사와의 관계에서 을의 입장이 되어 끌려 다니는 경우가 더 많다. 특히 정부 지원금이 선불 지급을 허용하지 않고, 결과물이 나오고 검수한 뒤에 후불로 돈을 주겠다는 경우에는 더욱 문제가 심각해진다.

국내 외주 처리 중소기업은 상당수가 요구사항을 대충 듣고는 알겠다고 말한다. 하지만 결과는 기대한 것과 다른 경우가 많다. 이해하는 방식이나 일하는 방식이 스타트업 대표가 원하는 것과는 다른 경우가 많으므로 반드시 내가 원하는 것을 문서화해야 한다. 내가 해야 할 일과 외부업체가 해야 할 일을 정확히 정의하고, 중간 체크 일정과 커뮤니케이션 방법도 합의해 두어야 낭패를 보지 않는다.

먼저 내가 해야 할 일에 대해서는 최선을 다해서 성심껏 그리고 아주 세부적인 수준까지 정의해서 전달해야 한다. 알아서 해줄 것이란 기대는 절대 금물이다. 많은 일이 그렇듯이 결과는 일을 시키는 사람의 정성에 의해 좌우된다.

또한 외주를 줄 때는 되도록 2~3개 회사 간에 경쟁을 시키고, 본인들이 해 주겠다는 내용을 확약 받아야 한다. 그 회사들이 여태까지 한 작업 내용 등을 사전에 확인하여 믿을만한 회사인지 검증하는 것도 빼먹으면 안 된다.

품질 수준과 일정에 대해서도 확실한 목표를 정해야 한다. 이렇게 까다로운 조건을 제시하면 비용을 더 요구하기도 한다. 어느 정도 비용을 더 주더라도 까다로운 업무 절차에 동의하는 회사를 선택하는 것이 좋다. 처음에는 이런 절차들이 시간을 많이 소모하는 불필요한 작업처럼 보이지만 나중에는 오히려 시간을 절감한다는 것을 알게 될 것이다.

필자의 경험상 가장 어려운 분야가 IoT 분야이다. IoT 제품의 경우 외형은 일반 제조업에 근거하고, 내부에는 전자회로 기판이 들어가며, 통신을 바탕으로 앱이나 웹과 연결되어야 한다. 일반적인 앱이나 웹 프로그램 이외에 전문적인 소프트웨어를 개발해야 하는 경우도 많다. 사실 이런 융합 제품을 실제로 잘 기획해 주는 엔지니어링 회사나 사람은 국내에 매우 드문 형편이다. 하지만 최근에 많은 창업자들이 도전하는 분야이기도 하다.

아이오틴(주)은 약 복용을 잊지 않도록 도와주는 스마트약통 '메디알람'을 개발해 판매 중인 스타트업이다. 대표는 항상 정해진 시간에 약을 먹어야 하는 지병을 가진 아내를 위해 제품을 개발하기로 결심했다.

6개월 챌린지 프로그램에 선정되어 시제품 제작을 진행했는데, 여러 외주업체 중 한 군데가 문제를 일으켰다. 같은 프로그램을 진행하던 동기들이 도와주어 일을 수습하긴 했지만 결국 돈도, 시간도 애초 계획했던 것보다 훨씬 많이 들고 말았다.

필자 주변에도 하루에 3번씩 꼭 정해진 시간에 약을 먹지 않으면 안 되는 분이 있는데, 현재 스마트약통의 도움을 톡톡히 받고 있다. 예전에는 약을 빼먹었다가 응급실에 실려 간 적이 두 번이나 있었는데, 메디알람을 사용한 이후로는 한 번도 그런 일이 없다. 약을 안 먹으면 보호자에게 바로 연락이 와서 조치를 취하게 도와준다.

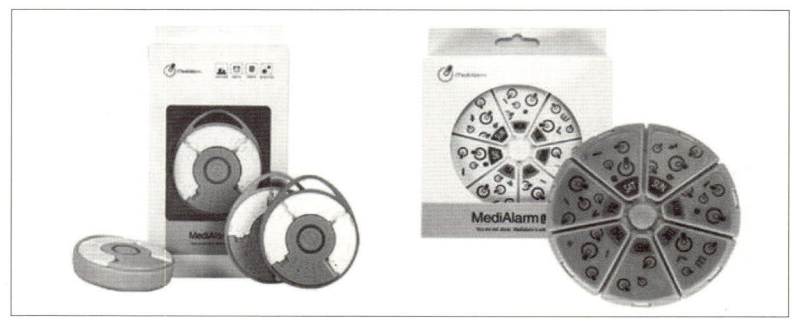

메디알람 제품의 모습

집중적인 일정 관리가 필요하다

내부 일정계획에 따라 타이트하게 일정을 관리해도 결국 원하는 일정대로 진행되지 않는 경우가 많다. 제품의 디자인이나 웹 화면 디자인이 마음에 들지 않을 수도 있고, 내부 검토를 해 보니 여러 가지 문제가 있어서 기능을 추가해야 할 경우도 생긴다. 이런 저런 이유로 재작업이 불가피하게 발생한다.

한 분야의 재작업은 전체 일정을 지연시킨다. 모든 작업에는 순서가 있고, 앞 단계가 끝나지 않으면 다음 단계가 진행되지 못하는 경우가 많다. 결국은 모든 것이 끝나야 끝났다고 할 수 있다. 일정을 잘 관리하려면 특히 가장 시간이 오래 걸릴 것으로 판단되는 일련의 개발 과정을 집중 관리해야 하는데, 이를 '크리티컬 패스(critical path) 관리방법'이라고 한다.

일정 관리에서 종종 무시되는 부분이 테스트 시간이다. 테스트는 많이 할수록 좋다. 그래서 개발 일정에 테스트 과정도 충분히 반영해 두어야 한다. 국내 개발자들은 테스트 시간을 그다지 중시하지 않는 경향이 있다. 하지만 반드시 충분한 테스트를 거쳐서 필요한 수정사항을 수정하는 것까지 고려해 일정을 관리해야 한다.

개발자 입장이 아니라 고객 관점에서 테스트해 보아야 한다. 사람들은 사용 매뉴얼에 적힌 대로만 제품을 사용하지 않는다. 엉뚱한 순서나 방식으로 제품을 다루기도 하므로 제품에 무지한 고객을 가정해 테스트를 해봐야 한다.

시제품 관련 행정업무도 잘 챙겨야 한다

사업화 지원 프로그램들은 비용의 최종 집행 관리를 관리기관이 직접 수행하는 경우가 많다. 반면 R&D 지원 프로그램은 돈의 집행 관리를 기업에게 직접 맡긴다.

사업화 지원 프로그램의 경우에는 비용을 하나 집행할 때마다 외주업체와 스타트업, 관리기관이 3자 계약을 한다. 이런 행정업무로 인해 개발 일정이 상당히 지연되는 경우도 많다. 관리기관의 내부 행정업무 때문에 1~2달씩 계약이 지연되는 경우도 본 적이 있다. 기껏 외주업체와 가격을 조정해놨더니 관리기관의 계약부서가 더 깎아달라고 해서 외주업체 사장이 일 안하겠다고 팽개치는 경우도 발생한다.

당초 생각했던 것과 개발 내용이나 방법이 달라질 수도 있다. 변화에 유연하게 대처할 수 있는 것이 스타트업의 장점이다. 그런데 내용이나 방법이 달라지면 필연적으로 비용에도 변화가 생길 수밖에 없다. 당초 예산과는 다른 방법으로 예산을 사용하거나 항목을 바꿔야 할 경우도 생긴다.

필자의 경험상 당초 계획대로 비용을 집행하는 팀은 20%도 안 된다. 결국은 변경해야 하고, 이때 반드시 프로그램의 계약이나 관리를 담당하는 사람과 사전에 협의해야 한다. 변경에 따른 문서 작업을 요구하면 해 주어야 한다. 때로는 정책상 변경이 불가능한 부분도 있다. 그런 부분은 나의 실수이므로 깨끗이 인정하고 창업팀 내부의 돈으로 해결하는 등 다른 방법을 찾아야 한다.

프로젝트가 마무리될 때가 되면 개발 결과 보고서를 작성해 제출해야 한다. 당초 계획한 내용은 무엇이고, 어떻게 개발했고 그 결과가 어떤지 보고서를 만들어야 한다. 정산도 해야 하는데 비용 집행한 내용을 최종 변경된 계약서에 있는 순서대로 재정리해서 보고해야 된다. 사업화 지원 프로그램의 경우에는 비용 집행 건마다 미리 자료를 만들므로 마지막 정산 작업이 그리 힘들지는 않다.

반면 R&D 지원 프로그램은 R&D 관리 시스템에 비용을 사용할 때마다 내역을 등록해야 한다. 중기부 프로그램처럼 입력해야만 돈이 집행되는 경우도 있다. 하지만 정산 작업은 프로젝트가 끝난 뒤에 정리하게 된다. 정리해서 보고하는 주체도 스타트업 자신이다. 세무사가 대신해 주지 않는다. 따라서 비용을 집행할 때마다 필요한 서류들을 체계적으로 잘 정리해 두어야 한다.

돈을 쓸 때는 급하기 때문에 정신없이 집행하다 영수증이나 받은 서류를 잊어버리거나 정산에 필요한 서류를 아예 받아두지 않아 누락시키는 경우가 많다. 입증하지 못한 비용은 물어내야 한다. R&D 지원 프로그램을 경험한 사람 중에 다시는 안 한다고 손사래를 치는 분들이 있다. 대개 관리를 잘 못해 돈을 다시 물어낸 분들이다. 사업할 때 관리 업무는 귀찮더라도 꼭 해야 하는 업무임을 명심해야 한다.

04
시제품 고객 검증, 어떻게 할 것인가

시제품이 완성되었으면 실제 고객에게 테스트를 해 본다. 이 단계의 고객 검증은 고객이 제품을 사용할 마음이 있는지, 당초 의도한 가설대로 사용하는지, 이 제품에 대해 돈을 지불할 의사가 있는지 확인하는 것이다. 가장 중요한 과정임에도 의외로 많은 스타트업들이 이를 무시하고 다음 상용화 단계로 넘어갔다가 큰 낭패를 보곤 한다.

일반적인 고객 검증 방법

시제품의 고객 검증 방법은 제품 종류 별로, 그리고 제품이나 서비스의 완성도에 따라 상당히 다를 수 있다. 일단 일반적인 테스트 방법은 다음과 같다. 이를 자신의 제품에 맞게 스스로 더 발전시켜 테스트를 진행해볼 것을 권한다.

1단계 : 먼저 핵심적인 목표 고객과 확장된 목표 고객 모두를 테스트 대상으로 선정한다. 어떤 고객인지는 구분해두고 만나야 한다. 그리고 고객가치에 관한 테스트에서 했던 것처럼 시제품이 제공하려는 고객가치에 관심 있는 고객인지를 확인하는 질문을 한다. 먼저 시제품을 보여주면 안 된다. 전혀 관심이 없는 고객이라면 테스트 대상에서 제외한다.

2단계 : 시제품을 보여주고 시제품의 특징에 대해 자세히 설명한다. 시제품이 제공하는 고객가치에 얼마나 관심을 가지는지 그리고 시제품에 대해 얼마나 호의적으로 반응하는지 정성적으로 평가한다. 직접 시연해 보이고, 경우에 따라서는 직접 조작해보도록 한다.

3단계 : 호의적 반응을 보이는 고객이라면 어느 정도의 가격이면 구매 의향이 있는지, 개선이 필요한 점이나 추가적으로 필요한 기능은 무엇인지, 유통채널은 어떻게 하면 좋겠는지 등을 묻는다.

4단계 : 고객 검증을 통해 나온 데이터들을 모아서 자체 평가를 한다. 어차피 정성적인 평가이므로 절대적인 답은 없다. 일단 긍정적인 반응이 많거나 제품을 일부 보완하면 충분히 사업성이 있다고 판단될 경우 제품 상용화 단계로 넘어가면 된다. 하지만 고객들의 반응이 신통치 않거나 기대한 것과는 완전히 다른 반응이 나왔다면 새로운 방향을 모색할지 여부를 결정해야 한다.

지식형 제품인 경우에는 화면의 디자인이나 캐릭터, 유저 인터페이스 등이 중요한 요소를 차지한다. 2개 정도의 대안을 가지고, 3단계의 고객 반응 테스트 과정에서 대안의 차이점을 설명하고 어떤 디자인을 더 마음에 들어 하는지 관찰해 본 뒤 최종 결정하는 것도 좋은 방법이다.

앱이나 웹을 기반으로 한 서비스, 온라인 게임 등은 제품의 완성도가 높다면 한 단계 더 나가서 실질적인 고객 테스트를 해 볼 수도 있다. 흔히 알파테스트란 이름으로 불특정 다수를 대상으로 시험해 보는 것이다. 하지만 아직 완성도가 낮다면 제품 상용화 단계에서 진행하는 것이 더 좋다.

알파테스트는 목표 고객층을 대상으로 인터넷으로 홍보한 다음 일정 집단을 모집해 이들을 대상으로 진행하는 테스트이다. 완성도가 높다고 자신한다면 일정 기간 무료로 사용할 수 있다는 등의 보상책을 제시하고, 문제점을 메일이나 설문응답 형태로 알려 주면 더 큰 보상을 해 주겠다는 등의 조건을 걸고 테스트를 진행하는 것이다.

이런 테스트를 할 때는 세세한 부분까지 고객의 반응을 측정할 수 있는 프로그램을 미리 만들어 놓고 진행해야 한다. 최종적으로는 정식 버전에 대한 가입 의사나 지인에 대한 추천 의사 등을 물어본다.

상용화 단계에서 개발 예정인 것은 미리 메뉴나 기능키를 만들되, 다음 버전에서 제공한다는 점을 분명히 해 놓으면 쓸데없는 실망감을 사전에 차단할 수도 있다. 개선했으면 좋겠다고 생각하는 점을 적어 보내면 사례를 하는 등으로 주관식 고객 의견을 수렴하는 기능도 있으면 좋다. 때로는 엉뚱하면서도 의외의 좋은 아이디어를 얻을 수 있다.

고객 검증 작업은 체계적이고 과학적으로 설계되어야 한다. 테스트 진행은 개발자보다는 마케팅 담당자 등 다른 사람이 진행하는 것이 더 바람직하다. 개발자들은 때때로 고객에게 자신의 의도를 강요하기 때문이다. 물론 테스트에 핵심 개발자도 참여해야 한다. 대신 입을 다물고 있어야 한다.

테스트 방법에 대해 잘 모르겠고, 경제적으로 여력이 된다면 전문가의 도움을 받는 것도 권장한다. 우리나라에는 이런 업무를 대행해 줄만한 좋은 외부 기관들이 많지 않다는 것이 문제이긴 하다. 최소한 멘토들의 도움을 받던, 마케팅이나 제품 개발 관련 서적을 통해 충분히 공부를 하던 나름대로 충분히 준비한 후 고객 검증을 진행해야 한다.

방향 전환이 답일 수도 있다

스타트업의 의도대로 고객이 100% 만족하는 경우란 없다. 대부분 어떤 부분에선 제법 심각한 문제가 나타나기도 하고, 고객의 반응이 당초 개발 의도와는 다르게 나타나기도 한다. 심혈을 기울인 부분에 대해서는 시큰둥하고, 신경을 그리 쓰지 않은 부분을 아주 좋아할 수도 있다. 의도하지 않은 가치를 찾아내거나 새로운 사용 용도를 제안하는 경우도 생긴다.

문제는 고객 검증의 결과가 전반적으로 부정적으로 나왔을 때이다. 부분적인 보완 정도로는 도저히 시장에서 좋은 반응을 얻지 못할 것이라는 판단이 든다면 방향 전환을 고민해야 한다.

부정적인 반응이란 극단적으로 고객들이 왜 이런 제품이나 서비스가 필요한지 모르겠다고 하던가, 기존의 다른 제품이나 서비스가 더 편하다고 하던가, 차별화 요소라고 자신했던 것에 대해 큰 가치를 두지 않던가, 사용법이 너무 어려워서 나라면 안 쓰겠다고 하던가, 공짜라면 모르겠지만 돈 내고는 안 쓸 것 같다거나 의도한 수준의 가격을 지불할 의사는 없다는 등의 반응이다.

최악의 경우 이 단계에서 사업을 접을 수도 있다. 하지만 여기까지 해 온 경험을 바탕으로 개발이나 사업의 방향을 완전히 새로 개편하는 것을 '피벗(Pivot)'이라고 한다. 피벗으로 성공한 대표적인 제품으로는 3M의 포스트잇을 들 수 있다. 원래 3M은 강력 접착제를 개발하려 했는데, 실수로 접착력이 약하고 끈적임이 적은 접착제를 만들었다. 그런데 이런 접착제도 쓸모가 있을 수 있다는 내부 의견을 수용해 추가적인 아이디어를 도출했다. 결국 이것을 이용해 벽면이나 칠판, 종이 등에 쉽게 붙였다 떼었다 할 수 있는 포스트잇을 개발해 시장에 큰 반향을 불러 일으켰다.

비아그라도 방향을 전환해 성공한 사례다. 비아그라는 당초 협심증을 위해 개발된 제품이었는데, 테스트 과정에서 발기부전 치료라는 효능이 있음을 알고 완전히 이 방향으로 특화되도록 보완하여 크게 성공한 제품이다.

방향 전환의 방법은 다양하다. 자세한 것은 5장에서 소개했다. 방향 전환 원리는 간단하다. 지금까지 일을 해 오면서 발견한 사실 중에 스스로에게 가장 큰 가치가 있다고 생각하는 것을 물고 늘어지는 것이다. 고객이나 고객가치, 제품, 기술 등이 그 대상이다. 그 중에 가장 중요하고, 돈이 되며, 이제는 해볼 만하다고 자신이 붙은 점을 물고 늘어져서 그것에 초점을 맞춰 방향을 전환하면 된다.

3 >>> 제품 상용화 단계

제품 완성도 높이고, 알릴 준비하기

제품 상용화 단계에서 가장 먼저 해야 할 일은 최종 제품의 스펙을 확정하는 일이다. 시제품을 고객들로부터 검증받아 만들어야 할 제품의 최종적인 이미지가 확정되었다면 그 제품의 상세한 기능과 디자인, 품질 수준이나 성능 목표 등을 정할 수 있다.

또한 구체적인 일정 계획을 세우고 필요한 자금 규모를 산출한 후 본격적으로 자금조달에 나서야 한다. 이 단계에 이르면 자기 자금이나 사업화 지원 프로그램으로는 부족한 경우가 대부분이어서 R&D 지원 프로그램 등 정부 지원 자금이나 벤처캐피털 등의 투자자금이 필요하다.

최소한으로 필요한 직원들을 채용하고, 초기 조직문화를 셋업하는 것도 매우 중요한 일이다. 마지막으로 제품의 마케팅 계획을 수립해야 한다. 마케팅은 결국 비용의 제약을 받으므로 초기에 전개할 마케팅과 단계적으로 확대할 마케팅의 순서를 정하는 것도 매우 중요하다. ●

01
제품 상용화 계획 수립하고 자금조달하기

　제품 상용화 계획이란 출시할 제품을 만들기 위한 과정을 계획하는 것이다. 제품의 종류에 따라 준비하는 과정이 많이 다르다.

　순수 제조 제품이라면 대량 생산에 필요한 금형을 준비해야 하고, 전자 제품이라면 회로를 설계하고, 들어가야 할 부품의 종류와 스펙 등을 확정해야 한다. 생산 방법에 대한 세세한 계획도 중요하다. 바이오나 화학제품이라면 들어가야 할 물질의 조합이나 생산 방법 등을 정해야 한다. 지식형 제품도 시제품을 제작할 때 손대지 않는 기능 중 출시에 꼭 필요한 기능의 리스트를 확정하고, 개발에 착수해야 한다.

　제품 종류별로 상용화 준비 내용이 다르지만 자금을 마련하는 방법도 차이가 있다. 여기서는 제조형 제품과 지식형 제품 중에서 공통적으로 중요한 부분을 살펴보고 어떻게 자금을 마련할 수 있는지 살펴보자.

제조형 제품의 상용화 계획 수립

먼저 최종 제품의 스펙을 결정해야 한다. 시제품을 검증해 보완해야 할 사항을 반영한 최종 제품의 모습을 모델링할 필요가 있다. 들어가야 하는 부품의 스펙도 하나씩 정확하게 정의해야 한다. 전자제품인 경우 들어갈 기판의 모습과 부품의 위치와 회로의 연결방법 등도 확실히 설계해야 한다.

들어갈 부품들을 조달하는 과정에 대한 정의도 필요하다. 표준화된 부품을 구입할지 또는 구입할 수 있는 부품이 없다면 어떻게 만들어야 하는지도 결정해야 한다. 원재료를 가공하는 절차인지, 사출 등을 통해 만드는 것인지 등도 정의할 필요가 있다. 특히 겉모양을 구성하는 부품들은 대규모로 생산할 경우 대부분 금속가공이나 플라스틱 사출 등을 필요로 하는데, 그럴 경우 금형을 사전에 제작해야 한다. 원하는 부품을 제공해 주는 협력사를 선정하는 작업과 부품 생산이나 최종 조립을 맡아줄 업체를 조사하고, 사전 협의하는 절차도 필요하다.

제품이 완성되는 프로세스를 정밀하게 설정해야 한다. 일단 생산이 결정되면 일사천리로 작업이 진행될 수 있게 전체 그림을 그려놓아야 안전하다. 제품 생산에 병목이 생기지 않게 준비하는 것도 중요하다. 때로는 구매하는데 시간이 너무 많이 걸리는 품목이 생산의 발목을 잡기도 하므로 대응 방법을 찾아봐야 한다.

자체 생산 여부도 매우 중요한 변수이다. 만약 일부 공정을 직접 생산하기로 했다면 공장을 설립해야 한다. 공장 설립 과정은 인터넷에 '공장설립 절차'를 찾아보면 된다. 수많은 사이트에서 정보를 제공하지만 개인적으로는 한국산업단지공단의 FactoryOn 사이트(www.femis.go.kr)를 추천한다. 공신력도 있고, 공장 설립에 대한 무료상담을 해주고, 온라인으로 신청할 수 있게 지원하며, 다른 공장의 현황 정보까지 알려주는 사이트이다.

공장을 설립하려면 부동산 문제를 포함해 대단히 골치 아픈 문제들을 고민해야 한다. 자금도 많이 들어가 대부분의 스타트업들이 초기에는 외주에 전적으로 의존하는 경우가 많다. 그래서 여기서 심층적으로 다룰 계획은 없다. <u>제조업을 한다고 반드시 공장을 가져야 하는 것은 아니다. 자기가 제품을 기획하고, 재료를 조달하고, 자기 명의로 외주를 주고, 자기 명의로 판매한다면 제조업으로 인정받는다. 예를 들어 글로벌 기업인 나이키 같은 회사는 자기 공장이 아예 없다.</u>

FactoryOn 사이트(www.femis.go.kr)

완성된 제품의 성능과 품질 목표를 사전에 정하는 것은 매우 중요하다. 이것은 핵심 부품의 성능과 품질을 결정하는 지침이 된다. 이런 내부 기준은 협력사를 선정하거나 부품을 조달할 때 반드시 지켜져야 할 기본 규범이 되어야 한다. 가격이 싸다고 부품 하나를 기준에 미달하는 것을 사용했다가 제품 전체가 불신당하는 일은 아주 흔하다. 정부가 정한 각종 기준을 만족시키는지도 확인해 봐야 한다. 특히 사전 인증을 받아야 하는 제품인 경우에는 해당 기준을 충족하는 부품을 선정하고, 제품을 설계하도록 주의해야 한다.

제품 자체 이외에도 준비해야 할 사항은 많다. 매뉴얼이나 포장재 등 세세한 부분까지 신경 써야 한다. 단순한 부분까지도 계획을 세워 준비해야 낭패를 보지 않는다.

상용화 과정에서 해야 할 일이 정해지면 이에 따라 일정 계획과 자금계획을 세운다. 내부적인 업무분장도 해야 한다. 그 다음에는 내부적으로 소화가 가능한 작업부터 진행하면서 필요한 자금을 준비해야 한다. 사실 작업의 연속성을 위해서는 필요한 자금을 사전에 조달해 놓는 것이 가장 바람직하다.

지식형 제품의 상용화 계획 수립

지식형 제품의 경우 시제품 제작과 상용화 과정의 경계가 잘 구분되지 않는 경우가 많다. 시제품을 만들 때 개발계획을 제대로 세웠다면 특별히 상용화 단계의 계획이라고 할 만한 것도 없다. 자금 문제가 없고, 고객 검증에서 적당한 수준의 긍정적 신호를 얻었다면 일부 방향을 보완한 다음 계속 개발하면 그만이다.

나름대로 추가적으로 개발해야 할 부분에 대한 일정 계획을 세우고, 필요한 외주 계획, 테스트 계획과 운영 시스템 구축 계획 등을 보완하면 된다. 추가로 개발 인력이 필요한 경우에는 인력을 보충할 계획도 세워야 한다.

여기서는 개발한 결과물을 내부적으로 공유할 수 있는 도큐먼트 작업을 집중적으로 따져보자. 지식형 제품을 준비하는 스타트업 대표에게 어떤 방법론으로 개발하고 있느냐고 물어보면 대부분 애자일 방법론으로 하고 있다고 말한다. 애자일 방법론은 한 번에 100% 완벽한 결과물을 만드는 것이 아니라 재빨리 결과물을 만들고 끊임없이 수정과 보완을 통해 완성도를 높이는 방식이다. 스타트업에게 필요한 방식이지만 때때로 주먹구구식으로 개발하고 있다는 말처럼 들리는 것도 사실이다.

<u>지식형 제품을 개발할 때는 나름대로의 방법론이나 철학이 있어야 한다. 특히 나중의 유지보수를 위해 꼭 도큐먼트를 철저하게 정리할 필요가 있다. 처음에는 다양한 대안에 대해 수없는 토론 끝에 체계적으로 결정하지만 시스템이 복잡해지고, 고객 검증을 거치면서 여러 가지가 변경되면 회사 내부 사람들조차도 현재 시스템에 들어가 있는 세부적인 원칙과 프로세스가 무엇인지 모르는 일이 종종 발생한다.</u>

개발자 머릿속에만 현재의 시스템에 대한 최종 모습이 남아 있다. 개발자가 한 명이면 그나마 괜찮지만 시스템이 복잡해져서 여러 명의 개발자가 참여하는 경우에는 도큐먼트 정리와 주기적인 상호 확인 과정을 거치지 않으면 시스템 내부에 프로세스의 오류가 발생하면서 고객 입장에서는 황당한 일이 벌어지게 된다.

개발자만 시스템 전체를 파악하고 있으면 회사나 제품에 문제가 생겼을 때 모든 사람이 개발자만 쳐다보게 된다. 개발자는 새로운 기능을 추가 개발해야 하고, 경우에 따라서는 시스템의 유지보수도 지원해야 하는 등 너무나 해야 할 일이 많다. 심지어 마케팅 부서나 대표조차 개발자의 처분만 기다리는 일이 종종 발생한다.

이런 개발자가 너무 힘들어서 퇴직을 하거나 병원에 드러눕기라도 하면 그야말로 큰일이다. 최악의 경우 회사가 사업을 계속 유지할 수 없는 극단적인 상황에 몰릴 수도 있다. 회사 대표가 개발자이기도 한 경우에는 종종 대표가 회사 업무의 가장 골치 아픈 병목이 되는 경우가 빈번하게 발생한다.

이런 일을 방지하려면 회사의 시스템에 대해 개발 초기부터 모든 사람이 공유할 수 있는 도큐먼트를 설계하고 현행 유지하는 것이 필수다. 개발 초기부터 꼭 도큐먼트 목록을 정리하고, 작은 사항이 변경돼도 반드시 도큐먼트 목록에 있는 정보들을 업데이트하는 습관을 가져야 한다. 그렇게 만든 도큐먼트를 회사 내 필요한 사람들이 공유해야 함은 물론이다.

<u>필자는 종종 블루프린트, 즉 청사진 기법을 통해 시스템의 모습을 정리해 두도록 권장하는 편이다. 청사진 기법은 특히 어떤 프로세스를 가지고 움직이는 제품에 아주 적합하다.</u>

청사진 기법은 흔히 서비스 디자인 방법론의 대표주자로 불린다. 개발 초기에 청사진 기법을 활용하면 IT에 대한 지식이 없는 사람들도 서비스의 모습을 그리는 작업에 참여할 수 있다. 하지만 개발이 종료되면 이를 업데이트하지 않는 경우가 많다.

시스템의 DB 설계나 형상정보, IT적인 구현 내용 등도 도큐먼트의 현행화가 항상 필요하고, 개발자들끼리는 공유해야 한다. 하지만 다른 부서의 사람들은 봐도 이해할 수가 없다.

회사의 시스템에 대한 정보를 이해하는 데는 경험상 아래 그림과 같은 청사진만한 것이 없다. 따라서 최종 도큐먼트 목록에 시스템의 청사진도 항상 추가해야 한다.

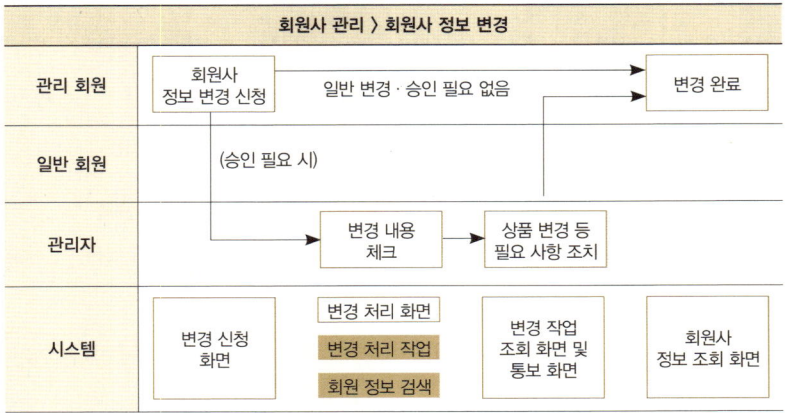

청사진 도큐먼트 샘플

청사진에는 일을 하는 관계자들이 먼저 나타나고, 이를 지원하기 위해 시스템이 하는 일에 대해 프로세스별로 그림이 그려져야 한다. 일이 진행되는 하나의 칸 별로 일을 처리하는 규칙과 기준이 필요하다. 시스템에 대해서도 사용되는 화면이나 시스템에 적용되는 규칙이나 로직이 정리되어 있어야 한다.

시스템에 변경이 있을 때마다 회의하는 것을 습관화하면 모든 사람들이 이런 청사진을 보는 것에 익숙해진다. 그러면 어떤 문제가 생겨 궁금한 점이 있으면 개발자에게 전화하지 않고 내부 시스템에 공유되어 있는 청사진을 찾아보면 된다.

청사진 도큐먼트를 현행화하여 유지하면 여러 가지 측면에서 장점이 많다. 개발과정에서 요구사항을 정리할 때, 협력업체에게 정확한 업무지시를 할 때, 회사 내의 상시적인 정보 공유의 수단으로 쓰일 뿐만 아니라 새로운 변경 사항이나 기능을 추가할 때 기존의 프로세스나 시스템에 어떠한 영향을 줄 것인지 평가할 때도 매우 유용하게 활용할 수 있다. 또한 새로운 사람이 회사에 들어왔을 때 회사의 제품을 교육시키는 수단으로도 아주 좋다.

상용화 단계의 자금조달 방법

상용화 단계에 필요한 자금의 규모는 시제품 단계에 비해 매우 커진다. 상용화 계획을 통해 필요한 자금 규모가 결정되었다면 이를 조달하기 위한 계획을 세워야 한다. 이 경우의 자금조달 방법으로는 R&D 지원 프로그램, 정책자금 대출, 벤처캐피털이나 엔젤클럽 등으로부터의 투자가 대표적이다. 한 가지 방법만으로 불충분하다면 이들을 결합해 조달할 수도 있다. 이들에 도전하는 방법은 PART 2에 있는 내용을 참조하면 된다.

가장 인기 있는 프로그램은 R&D 지원 프로그램의 하나인 'TIPS 프로그램'이다. TIPS 운용사로 등록된 회사로부터 1억 원 이상 투자를 받으면 5억 원의 R&D 지원 자금과 기타 마케팅 자금이나 해외 진출 자금을 추가로 받을 수 있다. 경쟁률이 매우 높은 편이지만 창업팀의 스펙이 좋고, 아이템 자체의 기술 경쟁력이 매우 뛰어나다면 제품 상용화 초입 단계에도 도전해볼 만하다.

어떤 자금조달 방법을 선택하든 대개 4~6개월의 시간이 소모된다는 점을 감안하고 계획을 짜야 한다. 그래서 시제품 개발에서 상용화 단계로 업무 단절 없이 바로 넘어가려면 미리 몇 달 전에 상용화 계획을 수립해 움직이는 것이 현명하다. 업무 절차상으로는 모순이지만 이런 일들을 잘 해내는 스타트업이 일을 잘 하는 스타트업이다.

R&D 지원 프로그램에 도전할 때는 특허를 사전에 출원할지 결정해야 한다. 사업화 지원 프로그램의 경우도 마찬가지이다. 제품의 특성이 아이디어 성격이 강하고, 아이디어가 노출되면 다른 사람이 쉽게 구현할 수 있는 아이템들이라면 미리 출원해 두는 것이 좋다. 아무리 심사위원들이 보안 각서를 쓴다고 해도 어떤 경로로든 유출될 가능성이 있기 때문이다.

또한 벤처기업 인증이나 연구소 설립도 사전에 해두는 것이 유리하다. 벤처기업 인증을 받거나 연구소를 설립해 두면 도전할 수 있는 R&D 지원 프로그램의 폭이 대폭 넓어진다. 지원 금액도 초기 기업들이 선호하는 창업성장과제 등보다 훨씬 더 많다.

특허 출원 방법과 지원 제도

특허를 미리 출원해 두면 사업화 지원 프로그램이나 R&D 지원 프로그램용으로 제출할 사업계획서에 특허와 관련하여 쓸 말이 생겨 좋다. 반드시 기재하는 난이 있는데, 비워두면 상당히 없어 보인다. 결국 심사위원들에게도 크지는 않지만 영향을 미친다.

하지만 특허의 가장 중요한 목적은 내가 하려는 사업을 보호하는 것이다. 나중에 내 사업모델이나 제품을 베껴 경쟁 제품을 만드는 기업이 생겼을 때, 그 상대가 다른 중소기업이든 대기업이든 특허가 등록되어 있으면 일단은 주장할 근거가 생기는 것이다. 손해배상 청구를 하거나 피해에 대한 합의 청구도 가능하다. 반드시 성공하는 것은 아니지만 일단 없는 것보다는 훨씬 낫다.

한편 각종 정부 지원 프로그램의 심사위원들이나 멘토들도 결국 사람이라 완전히 믿을 수는 없다. 멘토링을 받거나 심사를 받는 과정에서 자기와 이해관계가 있는 사람이 하는 사업과 유사한 아이템이 나오면 아무리 비밀

보장 각서를 쓰더라도 슬쩍 이야기를 할 수도 있다. 하지만 일단 특허가 출원되어 있으면 아무래도 조심하게 된다. 특허가 출원되어 있는 아이디어를 가지고 남이 사업을 하면 오히려 특허가 더 빨리 등록되고, 확실한 대항을 할 수 있는 조건이 되기 때문이다.

일반인이 특허 출원서를 작성하기는 매우 힘들다. 특허 특유의 어법이 있는데, 설명을 들으면 그런가 보다 하지만 수많은 훈련을 하지 않으면 작성하기가 어렵다. 따라서 전문가인 변리사에게 부탁해야 한다. 변리사를 잘 선택하는 것이 결국은 핵심이다.

스타트업의 특허는 보통 돈이 잘 안 되기 때문에 변리사들이 좋아하는 아이템이 아니다. 중소기업이나 대기업과 연간 몇십 건이나 몇백 건을 처리하는 것이 좋지, 한 건을 위해서 제법 많은 시간을 빼앗기는 스타트업 특허는 아무래도 수익성이 없다. 그럼에도 불구하고 변리사를 잘 만나면 그 특허만으로 팔자를 고칠 수도 있는 것이 특허이다.

특허에 대해서 잘 모르면 지역별로 있는 창조경제혁신센터 원스톱존의 특허 담당 변리사에게 물어보거나 해당 지역 지식재산센터의 중소기업 IP 바로지원 서비스를 활용하는 것이 좋다. 신청하는 곳은 지역 지식재산센터 홈페이지에 바로 연동되어 있다. 무료로 상담해 주면서 내 사업이 특허를 낼 수 있는지, 낸다면 어떻게 하는 것이 좋은지 특허와 관련해 많은 것을 알려 준다. 네이버에서 (지역명)지식재산센터라고 치면 홈페이지 주소가 나올 것이다.

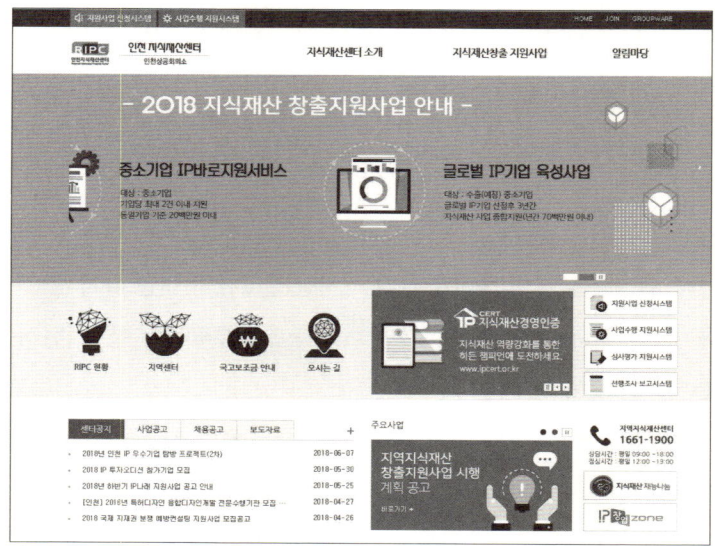

인천지식재산센터 홈페이지(www2.ripc.org/regional/incheon/main.do)

특허의 출원 방향이 결정되면 중소기업 IP 바로지원 서비스 중의 하나인 특허맵 지원 서비스를 활용하는 것이 가장 좋다. 신청하는 곳은 지역 지식재산센터 홈페이지(biz.ripc.org)에 바로 연동되어 있다.

심사 후 신청 내용이 좋아 지원 선정이 되면 가장 적합한 변리사를 소개해 주고, 특허 등록 비용의 70%를 정부가 지원해 준다. 뿐만 아니라 지역의 기술 혁신기관(예를 들어 테크노파크 등)과 함께 기술 개발도 지원해 준다. 신청하면 디자인이나 브랜드의 등록도 자금을 지원해 주며, 해외 특허 등록 절차에 대해서도 상당 금액을 지원해 준다. 보통 매년 2월부터 시작해서 예산이 소진될 때까지 진행하므로 지역에 따라(특히 서울, 경기 등) 하반기쯤 가면 예산이 소진되어 마감한다는 공고가 뜨는 경우가 많다.

먼저 기술의 차별성을 잘 정리해서 상담해 주는 담당자에게 잘 설명해야 한다. 특허에서는 혁신성이라고 하는데, 남들이 일반적으로 생각하지 못하는 나만의 독특한 아이디어라야 특허가 된다. 그 경계가 상당히 애매하다. 이미 유사한 특허가 있거나 공개된 경우에는 당연히 거절되지만, 그렇지 않음에도 특허 신청이 부결되는 사유를 보면 '통상적인 사람이 충분히 생각해 낼 수 있는 아이디어'라는 이유가 상당수이다.

하지만 통상적인 사람이 생각할 수 있는 아이디어의 경계가 무엇인지는 애매하다. 특히 업무 프로세스를 IT 시스템을 활용해 새로운 사업 모델을 만드는 특허를 BM 특허라고 하는데 좀처럼 승인이 떨어지지 않는다고 한다. 신제품을 만드는 경우에도 신제품 전체를 특허라고 생각하면 안 된다. 그 제품의 구성요소는 여러 가지가 있을 것이고, 남들이 하는 대로 따라한 부분도 많이 있을 것이다. 남들과 차별화된 그 부분만 정리해서 특허를 출원해야 한다.

타이밍을 놓쳤는데 특허를 꼭 출원해야 한다면 결국 자비로 변리사를 이용해야 한다. 창조경제혁신센터나 테크노파크의 담당자나 멘토에게 지역에서 가장 훌륭하고, 내 업종에 맞는 변리사를 추천받아 보라. 변리사마다 특기가 있다. 과학기술에 대한 지식이 박식해야 하므로 모든 분야를 커버하는 변리사는 없고 전공과목이 있기 마련이다. 특히 BM 특허란 특별히 대학에서 가르치는 과목이 아니기 때문에 더욱 전문가를 구하기 힘들다. 특허의 혁신성에 대한 애매함 때문에 특허청 심사관에게 잘 어필하는 능력을 가진 변리사가 우수한 변리사이기도 하다.

특허에 대한 자신감 없이 어설프게 출원하는 것은 오히려 독이 될 수 있다. 일단 거절되면 진짜 필요할 때 잘 정리된 내용조차 특허가 반려될 수 있기 때문에 변리사와 의논하여 확실하게 출원에 대한 확신이 있을 때 출원해야 한다.

연구소 설립 및 벤처기업 인증

　여기서 연구소란 국가가 인정한 일정 요건을 갖춘 기업부설연구소를 의미한다. 그냥 회사 조직도에 연구소라고 쓰면 되는 것이 아니다. 일정 요건이란 인적 요건과 물적 요건을 말한다.

　인적 요건은 3년 이내 스타트업인 경우 연구소와 다른 부서 조직을 조직도 상에서 분리하고, 연구소에 연구 전담인력을 최소한 2명 이상 확보해야 인정받을 수 있다. 연구원은 지식 기반 서비스업인 경우 전공 구분 없이 학사 이상이면 되고, 다른 업종인 경우에는 반드시 이공계 학사 이상이어야 한다. 다른 부서 조직에도 대표 이외에 반드시 1명 이상의 직원이 있어야 하므로 대표를 포함해 4명 이상인 경우에만 신청할 수 있다. 직원 여부의 증빙은 4대 보험 가입으로 판단한다.

　물적 요건이란 원래는 다른 조직과 연구소를 별도 공간으로 꾸미는 것을 원칙으로 하지만 스타트업은 칸막이로 다른 부서와 구분해도 인정받는다. 칸막이에 'XX회사 기업부설연구소'와 같이 연구소 현판만 붙이면 된다.

　연구소로 일단 등록되면 여러 가지 혜택을 받는다. 일단 연구원들 연봉의 25%를 세액 공제받을 수 있고, 주요 R&D 지원 사업의 기본 요건이 충족되기 때문에 자금지원에 도전할 수 있다. 금융기관 자금을 대출받을 때도 우선 심사 대상이 되며, 대출 이자율에도 혜택을 주는 금융상품을 활용하는 것도 가능하다.

　연구소의 요건이 되면(4인 이상) 한국산업진흥기술협회의 기업부설연구소 신고관리 시스템(www.rnd.or.kr)을 통해 신고하면 된다. 인터넷 상에서 '기업부설연구소 설립'을 치면 설립 컨설팅을 하는 회사가 꽤 많이 나타난다. 하지만 요건만 만족된다면 산업기술진흥기술협회에 문의하고 차분히 진행하면 크게 어렵지 않다. 별도로 돈을 들일 필요가 없이 신고관리 시스템의 내용을 충분히 숙지하고, 게재되어 있는 양식과 샘플을 다운받아서 회사의 내용을 솔직히 적기만 하면 된다.

기업부설연구소 신고관리 시스템(www.rnd.or.kr)

필자가 아는 기업 중에는 창업성장과제에는 핵심 모듈에 해당하는 기술 부분만 지원해 신청하고, 직원을 채용하여 인적 요건을 만족시켜 연구소를 설립한 뒤, 개발할 기계 전체를 산업통상자원부(이하 산업부) R&D 지원 사업에 신청해 시제품 개발 자금 전체를 조달한 기업이 있다. 정부 개발 과제에서 동일 제품이나 동일 기술을 여러 부처에서 자금 지원을 받는 것은 원칙적으로 불법이지만 이처럼 핵심 부품과 전체 제품을 분리하여 신청하는 것은 얼마든지 가능하다.

벤처기업 인증은 가능하다면 받는 것이 좋다. 인증을 받았을 때 누릴 수 있는 혜택이 다양하기 때문이다. 금액이 큰 R&D 지원 사업에 도전할 수 있는 기본 요건이 됨은 물론이고, 법인세 및 소득세를 4년간 50% 감면받고, 자산을 취득한 경우에도 창업일로부터 취득세는 75%, 재산세는 50% 감면받을 수 있다. 또한 코스닥 심사에서도 우대를 받으며, 각종 정책자금을 대출받을 때도 혜택을 받는다. 병역특례를 2회 부여 받을 수 있는 자격을 갖추고, 벤처 등록 후에는 특허를 출원할 때 우선 심사를 요청할 수 있다.

벤처기업 등록 절차는 벤처확인 및 공시시스템인 벤처인(www.venturein.or.kr)에서 찾아보면 된다. 제도가 급변하고 있는데, 가장 최근 제도를 확인할 수 있는 사이트이다.

벤처인 홈페이지(www.venturein.or.kr)

02
직원 채용 및 초기 조직 문화 셋업하기

제품 상용화 단계에는 일반적으로 마케팅 계획을 수립하고, 회사의 예산 및 경비를 관리하고 경우에 따라서는 투자 유치 등을 담당할 인력을 충원해야 한다. 물론 개발 인력을 추가로 영입해야 할 수도 있다. 이는 영업과 관리라는 측면이 가세하면서 기존의 연구개발 중심 문화의 변화를 의미한다. 특히 마케팅이나 관리 분야의 경력자들을 영입하는 경우에는 지금까지 경험해 보지 못한 조직 내의 갈등과 팀 간의 파워 게임 같은 현상들이 생겨난다. 어떻게 이것들을 헤쳐 나가야 할 것인가?

이 분야에 대해서는 많은 참조자료들이 있다. 여기서는 필자가 멘토링해 주는 수준으로 간단히 짚어볼 예정이지만 진짜 이 문제가 심각하다고 느끼는 대표라면 공부를 많이 해야 한다. 정답은 없으므로 자기만의 방법을 찾아 보다 현명하게 조직을 이끄는 것이 중요하다. 스타트업 대표의 리더십과 이를 바탕으로 한 강력한 조직문화 셋업만이 해결책이다.

조직 진단과 설계가 우선

우선 조직에 대한 사전 진단 및 조직 설계부터 해야 한다. 다음 단계인 시장 진입 및 성장 단계에 이르기까지 회사가 해야 할 일을 리스트로 만들어 보고, 대략적이나마 필요한 신규 인원수와 채용인력이 갖추어야 할 직무 경험이나 능력을 정의해 본다. R&D 지원 프로그램에 도전했다면 사업계획서를 작성하면서 신규 고용 칸을 채우기 위해 이미 해 보았을 것이다. 하지만 이제는 단순히 R&D 사업 지원 목적이 아니라 최소한 향후 2~3년을 보고 진짜 그림을 그려봐야 한다.

조직이 꼭 팀제를 의미하는 것은 아니다. 앞으로 일어날 일을 염두에 두고 각자 맡을 일을 분업화하여 정하면 그것이 바로 조직이다. 보통 이 단계에 필요한 것은 관리업무, 영업업무(또는 마케팅), 개발업무에 대한 업무분장이다. 처음엔 개발 담당자가 연구개발과 생산관리를 겸직할 수 있지만 시장 출시 단계에 이르면 분리하는 것이 좋다.

<u>인원이 많지 않다면 굳이 팀이라고 이름을 붙이지 않아도 좋은데, 의외로 대외적인 접촉을 하다보면 팀 호칭이 필요함을 느끼게 된다. 대기업에서는 영업을 담당하는 직원의 명함에 대리, 과장 등의 직위나 팀 호칭 대신 영업 대표란 애매한 직함을 찍는 것이 일반적인데, 필자 생각에 상당히 배울 만한 점이다.</u>

단계별로 필요한 인력의 규모도 산정해 본다. 필요 인력의 경험이나 급여 수준까지 그림을 그려봐야 한다. 처음부터 월급을 많이 줄 수 없다면 성과급이나 스톡옵션 등 좋은 사람을 유치하는데 필요한 약속들도 같이 구상해 내야 한다.

이런 내용들을 창업팀 사람들과 공유하는 것이 중요하다. 물론 1인 창업인 경우라면 필요 없는 과정이다. 하지만 창업 인원이 단 두 명만 돼도 반드시 이를 사전에 공유하는 것이 좋다. 특히 한국 사람들은 같은 회사 내 다른 사람의 직급이나 급여에 민감하다. 나중에 들어온 사람들이 더 좋은 조건을 제시받는다면 창업팀 내부에서부터 균열이 생기고 대표를 불신하기 시작한다. 만약 필요하면 창업팀 사람들의 대우를 올려 줄지에 대해서도 충분히 사전 협의를 해야 한다.

이를 바탕으로 회사의 조직 및 인사 규정을 만드는 것이 좋다. 취업규칙과 연동하여 인사와 관련된 지침을 정해 차후 직원들이 불만이나 갈등을 표출할 때를 대비한 판단 기준을 만드는 것이다. 처음부터 완벽할 필요는 없다. 최소한의 규정이라도 정해놓고 차차 수정해도 괜찮다.

공개 채용 사이트에 미리 가입해서 무엇이 필요한가를 한번 살펴보라. 그리고 경쟁적 위치에 있는 회사들이 제공하는 정보를 미리 벤치마킹해 복리후생제도를 포함한 우리 회사만의 인사 제도를 사전에 정의해 두어야 한다.

조직 내에 대리, 과장, 부장 등의 직제를 둘 것인가의 여부는 한국 사회에서 상당히 민감한 문제이다. 한국의 정서상 나이 많은 사람들을 그냥 이름으로 부르기는 어색하므로 '김 과장님', '이 부장님'과 같은 직제 호칭을 두는 것이 소통하는 데는 편하다. 하지만 일단 이것이 기업문화로 자리 잡으면 뭔가 서열을 두는 느낌이 들면서 조직 갈등의 원인이 되기도 한다. 직제 상 높은 사람에게 뭔지 모를 권한과 권위가 부여되는 느낌이 들고, 팀 내 또는 팀 간에 이견이 생겼을 때 높은 호칭을 가진 사람이 결정을 주도하려는 경향이 나타나기도 한다.

필자가 아는 스타트업의 경우 영어식 이름을 하나씩 만들어서 그냥 영어 이름으로 서로를 호칭하는 것을 본 적이 있는데, 스타트업 대표의 경영 철학이 녹아들어 있는 좋은 케이스이다. 대표를 포함해서 서로 영어 이름을 부르면서 호칭에 녹아 있는 위계질서를 없애버리고 조직원이나 조직 간에 수평적인 조직문화를 형성하려는 시도이다.

어떻게 직원을 채용할 것인가

일부 사업화 지원 프로그램과 대부분의 R&D 지원 프로그램은 인건비를 지원해준다. 게다가 4대 보험 및 퇴직금 등의 회사 부담금까지 지원해주기 때문에 회사 부담을 최소화할 수 있다. 하지만 기껏 이런 프로그램들에 선정되어도 좋은 직원을 채용하기란 쉬운 일이 아니다. 어렵게 채용해도 오래 버티지 못하고 나가버리는 경우도 많다. 필자의 경험으로 보면 공채 형태로 스타트업에 합류한 사람 중에 1년을 버티는 사람이 50%가 채 안 된다.

스타트업 입장에서 가장 좋은 채용 방법은 직접 발굴이나 아는 사람을 통한 추천이다. 아이디어 단계나 시제품 단계에서 많은 네트워크를 형성하면 같이 일할 수 있는 사람을 지속적으로 찾을 수 있어 좋다. 직접 대면하면서 사전에 회사의 비전을 이해시키고, 단계적으로 설득하는 것도 좋은 공략법이다.

작은 아르바이트를 주고 미리 같이 일하는 경험을 쌓는 것도 좋다. R&D 지원 제도에는 인건비 이외에 '전문가 활용비'란 비용 항목으로 특정 주제에 대해 개인에게 외주를 줄 수 있는 제도가 있다. 그 개인이 다른 조직에서 월급을 받고 있어도 큰 문제가 없다.

아는 사람을 통한 추천도 바람직하다. 회사를 잘 아는 사람이라면 일하려는 사람과의 궁합을 고려해 추천해 줄 수도 있다. 이 방법이 공모를 통해 뽑는 것보다는 더 조직 안착률이 높다는 것이 필자 경험이다.

지인 채용이나 추천으로 채용이 힘들다면 결국 공모해야 한다. 국내의 많은 스타트업 대표들이 제일 먼저 떠올리는 것이 잡코리아나 사람인, 리쿠르트 같은 사람 모집하는 사이트일 것이다. 하지만 이 외에도 다양한 방법이 있다.

워크넷(www.worknet.go.kr)

먼저 국가나 지자체가 운영하는 고용 지원 기능을 활용하는 방법이다. 고용노동부가 지원하는 사이트로는 워크넷(www.worknet.go.kr)이 있다. 채용 지원뿐만 아니라 교육훈련, 인재 정보, 일자리에 대한 각종 기업 자금 지원 제도 등에 관한 정보들을 종합적으로 제공해주는 사이트이다. 다만 이

사이트에는 청년들보다는 주로 나이가 든 경력자들이 많이 들어온다. 퇴직 후 실업수당 등을 받으려면 반드시 가입해야 하기 때문이다. 비교적 적은 급여를 받는 일자리 알선도 여기서 많이 이루어진다.

요즘엔 경험이 풍부한 퇴직자들이 일자리를 찾는 경우가 많다. 생각보다 급여 수준에 대한 요구도 높지 않아 이런 분들을 찾아서 제대로 조직에서 잘 활용할 수 있다면 적은 돈으로 우수한 경력을 갖춘 사람을 채용할 수 있다. 아직도 대표보다 나이가 많은 사람을 불편하게 생각하는 사람도 많은데, 이제 일자리 세계는 그런 문제를 뛰어넘는 단계임을 알아야 한다.

고용지원센터를 직접 방문해도 좋다. 특히 일자리 창출과 관련된 지원제도(채용 관련 지원금)를 상세하게 알려면 현장에 가서 직접 이야기를 들어 보는 것이 중요하다. 스타트업의 복잡한 케이스별로 되는 것과 안 되는 것 등을 잘 이해하려면 현장에서 부딪혀 보는 것이 좋다.

지자체나 여러 정부기관들도 일자리를 알선한다. 서울시는 서울일자리포털(job.seoul.go.kr), 인천은 인천일자리종합센터(incheon.work.go.kr)를 두고 일자리를 알선하는데, 여기도 대부분 경력 있는 중장년층이 많이 들어온다.

대졸 신입사원이나 경력이 그리 많지 않은 사람을 뽑을 생각이라면 이들이 취업정보를 얻기 위해 많이 방문하는 사이트를 이용해야 한다. 그러려면 먼저 회사의 홈페이지를 잘 만드는 것이 중요하다. 회사의 홈페이지에 회사의 비전, 제품 등을 소개하고 채용하려는 인재상 및 복리후생제도 등을 상세히 적어야 한다. 그런 다음 홈페이지 공지사항에 인재 채용에 대한 공고를 한 후 이 정보를 취업 사이트와 연동하거나 직접 입력하면 된다.

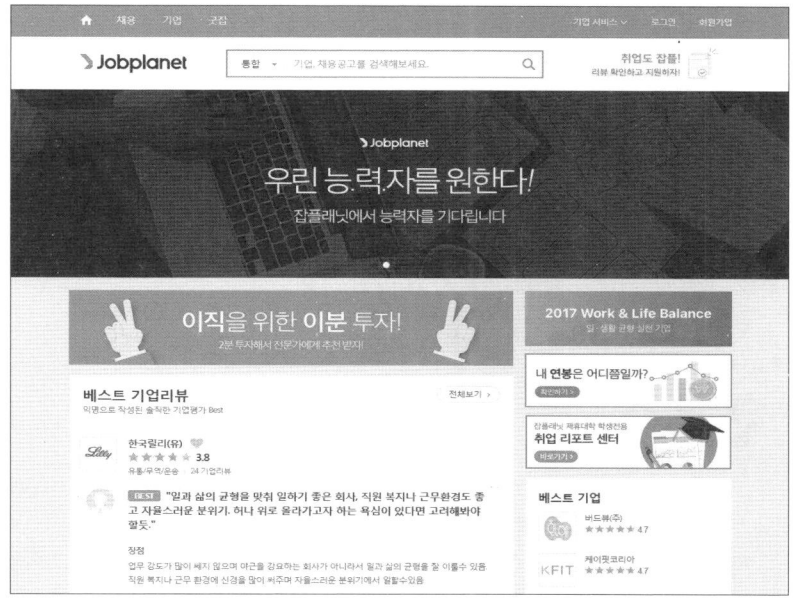

잡플래닛 홈페이지(www.jobplanet.co.kr)

　잡플래닛(www.jobplanet.co.kr)은 대표적으로 기업에 대한 상세한 정보뿐만 아니라 회사의 지원자들이나 회사 내부 직원, 심지어 이직자들이 남긴 기업에 대한 평가 정보까지 공유하는 사이트이다. 그래서 젊은 사람들에게 인기가 많다. 스타트업 입장에서도 좋은 인재를 채용할 수 있는 바람직한 창구가 된다. 문제는 한번 이 사이트 내에서 안 좋은 평가를 받으면 이후에 좋은 사람을 채용하기가 점점 힘들어지므로 제대로 인사관리를 할 준비가 되었는지 자문해 본 다음 도전하는 것이 좋다.

멘토, 고문 자문 위원회 활용

정식 조직원은 아니지만 회사가 인적 자원을 활용할 수 있는 방법으로 멘토, 고문, 자문위원회 등이 있다. 이런 제도도 적절히 활용할 줄 알아야 한다.

시제품 제작 단계 이후부터는 아이디어 단계보다 도움을 받을 수 있는 멘토들의 폭이 상당히 넓어진다. 창업 지원 프로그램을 진행하면 여러 형태

> **POINT**
>
> **채용 면접, 이렇게 하면 성공한다**
>
> 좋은 직원을 뽑으려면 면접은 필수다. 면접은 대표 혼자 보기보다는 창업팀 사람들이 여러 번에 걸쳐 다양한 각도로 보는 것이 중요하다. 최소한 같이 일할 사람들에 의한 실무 면접과 대표 중심으로 보는 2단계 면접을 하는 것이 좋다. 실무 면접을 통해서는 그 사람이 가지고 있는 기능적인 측면을 집중적으로 점검하고, 대표 면접을 통해서는 회사에 충성할 것인지, 다른 조직 사람들과 협업을 잘 할지 등의 인성적인 관점을 점검한다.
>
> 스타트업은 자신이 갑이라고 생각하는 대기업의 채용과는 다르다. 다른 업체를 염두에 두고 있는데 시간이 남아서 연습 삼아 면접 보러 온 사람도 있고, 여러 가지 옵션 중 하나로 생각하고 온 사람도 있을 것이다. 특히 우수한 사람일수록 스타트업에 목을 맬 이유가 없다.
>
> 그래서 스타트업은 면접에 앞서 회사를 소개할 간단한 스토리를 준비할 필요가 있다. 면접을 통해 오히려 회사를 알리고, 장점을 적극적으로 홍보해야 한다. 너무 길지 않게, 하지만 사람들이 충분한 관심을 가질 수 있는 회사의 스토리를 소개한다. 비즈니스 모델을 만들게 된 과정과 여태까지 해 온 일, 비전 그리고 앞으로 해야 할 일에 대해 이야기한다.
>
> 지원자에게 질문할 때는 일반적인 질문(경력이나 기술적 능력, 주거지, 출퇴근 시간 등) 외에 회사에서 지원자의 능력을 시험할 수 있는 시나리오를 2~3개 만들어서 하는 것이 좋다. 문제점을 어떻게 접근하는지를 보면 해당 지원자의 성격이나 문제 해결 능력 등을 쉽게 파악할 수 있다. 특히 대표 혼자인 회사라면 면접 과정에 멘토나 코치와 같이 경험이 많은 사람을 2명 이상 참여시켜 같이 인터뷰하라. 다른 사람

의 멘토를 만나게 된다. 중기부의 중소기업 지원 제도를 찾아보면 중소기업 멘토링 및 컨설팅 지원 제도가 있다. 기술보증기금이나 중소기업진흥공단의 프로그램에도 자금 컨설팅뿐만 아니라 경영 전반에 대한 멘토링이나 컨설팅을 지원하는 제도가 있으니 최대한 활용하는 것이 좋다.

고문은 회사가 최소한의 월 보수를 지불하고 대표와 주기적으로 만나는 멘토링 활동을 의미한다. 직원이 아니므로 4대 보험에 들지도 않고 의사 결

의 질문에 대해 어떻게 대답하는지도 충분한 판단 자료가 되고, 질문하는 요령이나 사람을 판단하는 기준들도 배울 수가 있다.

서두르지 말고 충분히 검증을 거쳐 신중하게 사람을 채용해야 한다. 마음에 들지 않는데 급한 마음에 채용하면 오래 버티지 못하거나 강제 퇴직을 명해야 할 정도로 일을 못하는 경우도 있다. 일반적으로 스타트업에서 오래 버티는 사람의 특징은 특정 분야에 대해 깊은 지식을 가진, 프라이드 높은 전문가보다는 다양한 지식을 갖춘 제너럴리스트에 가까운 사람이라고 한다.

최소의 인력으로 운영해야 하는 스타트업 조직의 특성상 전문 분야 한 가지 뿐만 아니라 경우에 따라 전천후로 다양한 직무를 동시에 수행할 수 있는 사람이 더 좋고, 직무 만족도도 높다는 의미이다. 어차피 스타트업에 필요한 기술은 내부에서 공부하면 된다. 지식보다 중요한 것은 열정과 가능성이다. 경우에 따라서는 1차 면접 후 열정과 가능성을 알 수 있는 조그만 숙제를 주어, 2차 면접 때 그 결과를 들으면서 판단할 수도 있다.

종종 스타트업 대표들이 실수하는 유형 중 하나가 대표 자신과 비슷한 사람을 뽑는 것이다. 부족한 인적 구성에 비슷한 기능을 잘하는 사람을 하나 더 뽑는 것은 도움이 안 된다. 자신과 비슷한 사람에게 먼저 호감이 가는 것은 당연한 일이지만, 바둑 용어로 중복된 포석으로 돌을 낭비하는 꼴이 된다. 오히려 회사에 없는 기능이나 기술을 가진 사람, 대표의 이야기에 반대 의견을 말할 수 있는 사람에게 관심을 가져야 한다. 반대를 이야기하는 사람에게 귀 기울일 수 없다면 큰 사업가로 성장하기는 힘들다.

정권도 없고, 따라서 책임도 없다. 하지만 자문 계약 형태로 계약을 맺어야 회사의 비용 집행 근거가 생긴다.

고문은 대표의 고민을 들어주고 자신의 의견을 말해주는 기본 멘토링 활동 이외에 회사에 도움이 되는 정보를 수집해 주기도 하고, 간단한 업무를 대행해 주기도 한다. 시간이 많이 소요되는 일을 맡길 때는 특별 계약을 맺을 수도 있다. 일종의 컨설팅 계약이 되는 것이다.

자문위원회는 국내에서는 별로 활성화되어 있지 않은 제도이기는 하지만 충분히 활용할만한 가치가 있다. 자주 거래하는 전문가 집단, 예를 들어 관련된 전문 분야 교수, 변리사나 세무사, 법률 전문가 등 영향력이 있는 사람들을 모아서 자문위원으로 위촉하고, 회사의 진행과정 중간 중간에 의견을 구하면 된다.

회의 때는 일정액의 거마비를 준다. 물론 관련된 일감은 해당 회사에 우선적으로 주는 것이 전제가 되어야 한다. 일정 주기로 이런 사람들을 모아서 회사의 진행상황을 설명하고, 식사도 하면서 회사와의 커뮤니케이션을 유지한다. 그러면 수시로 변하는 관련 분야의 제도에 대해 좋은 정보를 얻을 수 있고, 진짜 필요할 때 저렴한 비용으로 큰 도움을 받을 수도 있다.

바람직한 조직문화 만들기

우리나라 청년들이 중소기업이나 스타트업을 싫어하는 이유는 너무 일이 많다는 것이다. 요즘 청년들은 월급보다 삶의 질을 더 중시한다. 안타깝게도 스타트업은 모든 구성원들이 일이 많지 않으면 경쟁력을 유지하기 어렵다. 모든 직원이 창의적이고, 도전적이며 열심히 일하도록 만들면서 번아웃이 안 되도록 하는 것이 스타트업 대표가 해야 할 가장 중요한 조직 관리이다. 그런 관점에서 대표가 해야 할 일을 한번 정리해 본다.

우선 직원들이 대표를 신뢰하게 해야 한다. 먼저 솔선수범하고 노력하며, 어떠한 상황에도 쉽게 흔들지 않는 모습을 보여 주어야 한다. 회사의 비전에 대해 이야기하기 좋아하고, 회사를 운영하는데 중요하다고 생각하는 가치를 정리해 벽에 붙이고 이를 바탕으로 의사를 결정하는 것도 중요하다. 그러면 직원들도 자연스럽게 기업문화를 받아들이게 된다.

갈등을 두려워하면 안 된다. 사람이 있으면 갈등이 생기는 것은 당연하다. 갈등을 빨리 표면화하여 문제가 커지기 전에 토론하게 하고, 그래도 정리가 안 되면 자신이 정한 일관성 있는 가치를 기준으로 갈등을 정리해 주어야 한다.

일을 주면, 반드시 중간 피드백을 받는 것도 중요하다. 책임은 최종적으로 대표가 지는 것이지만, 업무 담당자의 권한과 책임에 대해서도 자신의 입장을 설명해야 한다. 가장 중요한 것은 권한위임이다. 일단 권한을 위임했다면 그 일의 책임은 담당자에게 넘어간 것이다.

하지만 경험이 없는 사람에게 권한을 위임하고 처음부터 잘해주기를 기대하면 안 된다. 자주 이야기를 하면서 문제를 해결할 방법에 대한 아이디어를 공유하고, 지식을 전달하고 멘토를 소개하는 등 계속 지원해주어야 한다. 하다못해 고생하는 이야기를 들어주는 것만으로도 대단한 동기부여가 된다. 권한위임을 했다면 부분적으로 실패했더라도 격려하고 재도전할 기회를 주는 것은 필수이다.

필자가 아는 A회사는 새로운 개념의 디자인 플랫폼을 시도하는 회사로 1년 사이에 5명의 신입사원을 뽑았는데, 모두 1달을 못 버티고 그만두었다. 어쩔 수 없이 대표 혼자 제품을 개발했는데, 출시를 앞두고 일이 너무 많아져서 감당이 안 되는 지경이 되었다. 그래서 고민 끝에 젊은 친구 2명을 동시에 뽑았다.

대표는 매일 아침 직원들과 같이 커피 한 잔 하면서 대화하는 것으로 하루를 시작했다. 당장 해야 할 일만 이야기하지 않고, 대표의 과거 경험과 회사의 설립 동기, 회사와 연관성이 있는 사회적 이슈에 이르기까지 다양한 이야기를 하려고 노력하였다.

<u>2명을 같이 뽑은 것이 나름 주효한 부분이 있었다. 어려운 일은 서로 도우면서 하는 점이 좋았다. 또한 직원들이 대표가 잘 모르는 인터넷 검색을 통해 새로운 정보를 찾아 줄 때마다 격려를 하니 서로 회사에 도움이 되는 행동을 하기 위해 경쟁을 하기도 했다. 그러면서 직원 두 명이 모두 6개월 만에 회사의 핵심 멤버로 자리를 잡았다. 두 사람의 능력차가 보이기 시작하는 3개월째에 업무를 나누었는데, 이 또한 두 사람 모두 계속 일을 할 수 있게 하는데 큰 역할을 했다.</u>

경영학의 조직론에는 썩은 사과란 용어가 있다. 조직에 해악을 끼치는 존재란 의미이다. 때로는 중간 관리자일 수도 있고, 아주 우수한 기술자일 수도 있으며, 심지어 대표의 친인척이나 최근에 뽑은 신입사원일 수도 있다. 어떤 사람이든 이런 존재가 한 명이라도 있으면 조직은 급격하게 열정을 잃어 간다. 이런 사람을 정리할 능력이 없으면 스타트업은 성장할 수 없다. 대표는 때때로 큰 용단을 내려야 한다.

대표는 새로 뽑은 직원의 내부 멘토가 되어야 한다. 물론 조직이 커지면 해당 부서의 팀장에게 이런 역할을 떠넘길 수도 있지만 회사 초기에는 이것도 대표의 몫이 된다. 그렇다고 신입 직원에게 모든 정보를 설명하는 역할을 전부 다 하라는 것은 아니다. 회사의 비전이나 큰 그림에 대해 설명하고, 내부 교육 계획을 세워서 다른 직원들이 자신이 알고 있는 지식을 전달하게 하여, 회사와 관련된 그림들이 빠르게 신입직원의 머릿속에 자리 잡도록 도와주어야 한다.

아무리 우수한 사람이라도 새로운 조직에 적응해 능력을 발휘하려면 어느 정도 시간이 필요하다. 가장 중요한 점은 회사와 회사가 처한 환경에 대해 빠르게 이해하는 것이다. 멘토링 과정을 통해 직원이 회사에 대해 이해하는 수준을 점검하고, 개선 아이디어를 내도록 하거나 자기 직무에 대한 계획을 세우도록 유도하여 빠른 시간 내에 자신의 자리를 돕도록 도와주어야 한다.

03
제품 상용화 작업 진행과 고객 검증

 계획을 제대로 세웠다면 계획대로 상용화 작업을 진행하면 된다. 여기서는 상용화 계획 단계에서 종종 간과되는 부분에 대해 집중적으로 검토해 본다. 어찌 보면 사소해보일 수도 있지만 제품의 완성도를 높이고, 효율적으로 제품을 생산하기 위해서는 꼭 점검해야 할 사항들이다. 꼼꼼하게 확인한 후 다 완성한 다음에는 가능한 한 고객 검증까지 하는 것이 좋다.

유저 인터페이스 중요

 고객들은 편한 유저 인터페이스를 기대한다. 매뉴얼을 보지 않고 제품에 붙어 있는 버튼만 보더라도 직관적으로 사용법을 알 수 있는 유저 인터페이스를 갖춘 제품을 선호한다. 의외로 많은 제품이 너무 많은 기능을 넣으려고 하다 지나치게 사용법을 복잡하게 만들어 실패한다.

 물론 기능이 다양한 것은 단점이 아니다. 기능이 다양하면서도 사용법도 이해하기 쉬우면 그것만큼 좋은 제품이 없다. 제품마다 유저 인터페이스의 트렌드가 있는데, 이를 잘 조사해 최대한 반영하는 것도 중요한 일이다.

물론 자신이 있다면 새로운 인터페이스에 도전할 수도 있다.

애플사는 획기적인 유저 인터페이스를 통해 성공한 대표적인 기업이다. 예전에는 복잡한 명령어를 배우고, 매뉴얼을 옆에 두고 수시로 찾아보지 않으면 컴퓨터를 사용하기 힘들었다. 하지만 애플사가 매킨토시란 컴퓨터에 마우스란 장치를 달고 그래픽에 의해 명령을 선택하도록 재디자인하면서 컴퓨터 사용법에 대한 새로운 전기를 마련했다. 마이크로소프트가 윈도우 시리즈를 통해 빠른 속도로 따라가긴 했지만 현재 우리가 사용하는 PC의 새로운 사용체계를 최초로 만든 것은 애플사이다.

그 이후에도 애플사는 새로운 방식의 유저 인터페이스로 계속 성공가도를 달렸다. 한국 기업이 가장 먼저 개발해 세계적인 히트 상품인 된 MP3도 애플사가 손을 대자 바로 판도가 바뀌었다. 아이팟이란 이름의 새로운 MP3를 출시하면서, 이 제품을 원형 모양의 휠 구조 버튼 몇 개로 모든 명령을 가능하게 만들었다. 스티브 잡스는 사람들이 원하는 노래를 듣기 위해 버튼을 세 번 이상 누를 필요가 없기를 바랐다고 한다. 물론 아이팟의 성공이 이것 때문만은 아니었지만 상당히 중요한 요소로 작용했던 것은 사실이다.

아이팟 이후 출시된 아이폰은 앱이란 개념의 소프트웨어 단위를 아이콘으로 만들어 쉽게 선택할 수 있게 만들어서 큰 성공을 거두었다. 아이폰은 유저 인터페이스가 기존 제품과 차별화를 이루고 시장에서 성공하도록 하는데, 얼마나 큰 역할을 하는지를 잘 보여준 예임이 분명하다.

제품의 고객 검증 과정에서 중요하게 체크해야 할 부분도 바로 이것이다. 고객이 쉽게 제품이 의도한 기능을 찾아서 잘 사용하는지 검토해 보고, 문제가 있다면 최대한 고객 입장에서 재설계해야 한다. 특히 제품을 설계할 때 자주 사용하는 기능을 전면에 배치하여 직관적이며, 최소한의 버튼

조작으로 사용할 수 있도록 하는 것을 원칙으로 하는 것이 중요하다.

지식형 제품도 마찬가지이다. 사람들에게 이미 익숙한 메뉴의 화면 배치나 기능 선택 방식을 무시하면 안 된다. 나만의 독창성 관점에서 재설계하는 것을 너무 내세우면 실패하는 경우가 많다. 사람들은 새로 배우는 것을 싫어한다. 애플 정도의 파격적인 디자인 변경을 내세우고, 사람들이 감탄하면서 배우도록 할 정도가 아니라면 지나친 모험은 조심하는 것이 좋다.

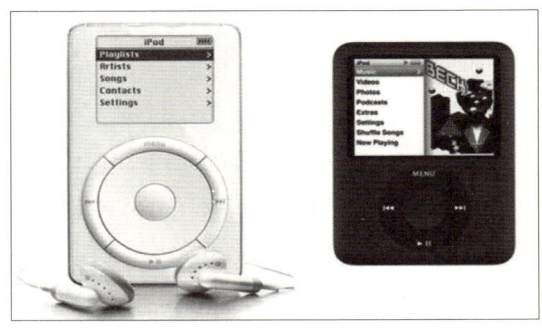

아이팟 초기 모델(왼쪽)과 3세대 모델(오른쪽)

조립 순서와 방법 결정

이것은 제조형 제품에 해당되는 사항이다. 대기업 공장에는 종종 설계실이란 조직이 따로 있다. 연구소에서 최종 개발한 제품을 생산 관점에서 다시 뜯어 고치는 조직이다. 이 조직은 연구소에서 개발한 제품을 실제 생산 라인에서는 조립하기가 어려운 경우가 많기 때문에 쉽게 조립할 수 있는 구조로 제품을 수정하는 일을 한다.

하지만 스타트업은 이런 조직이 따로 없다. 따라서 제품을 설계할 때 미리 조립 공정을 염두에 두어야 한다. 이런 배려가 되지 않은 상황에서 외주 생산을 맡기면 여러 가지 문제가 발생한다. 조립에 걸리는 시간이 늘어나고, 이에 따라 외주 단가도 급격히 올라가며, 불량률도 자동으로 높아진다.

단위 제품의 테스트 방법 결정

이 역시 주로 제조형 제품에 해당되는 이야기이다. 스타트업의 제품 중에는 유독 불량률이 높은 제품들이 있다. 일단 불량이 나면 고객들의 신뢰도는 급격히 떨어진다. 반드시 개별 단위 제품별로 최종 테스트를 거쳐야 한다.

스타트업 제품의 불량률이 높은 이유는 조립 공정을 담당하는 회사와 가격 조율을 하다 비용 문제로 단위 제품 테스트를 생략하거나 아주 기초적인 테스트만을 진행했기 때문인 경우가 많다. 요즘 대기업 공장은 핵심적인 대부분의 제품 생산과정은 외주를 주고, 마지막 단위 제품들의 테스트와 포장 작업만을 수행하는 경우가 많다. 그만큼 개별 제품의 테스트를 중시 여긴다.

사전에 단위 제품의 완결성을 어떻게 테스트할 지를 사전에 설계하고, 꼭 최종 조립할 때 포함시켜야 한다. 의외로 돈이 많이 들 수도 있지만 간과하면 결과는 매우 참담할 수 있다.

사용자 매뉴얼도 상품의 일부다

제품이나 판매용 소프트웨어에는 제조물책임법에 의거해 인쇄 형태의 사용자 매뉴얼이 있어야 한다. 앱이나 웹 형태의 서비스 시스템도 원칙적으로 사용자 매뉴얼이 필요하다. 물론 직관적으로 알 수 있고, 기능 자체가 간단하다면 필요 없을 수도 있다. 하지만 웹이나 앱의 기본적인 기능을 잘 모르는 사람도 사용할 수 있으므로 꼭 종이 매뉴얼은 아니어도 메뉴 한 구석에 이용자를 위한 매뉴얼을 포함하는 것이 바람직하다.

사용자 매뉴얼은 고객 친화적 용어를 사용해 만들어야 한다. 매뉴얼을 개발자에게만 맡기면 개발 당시 사용하던 용어를 그대로 사용하는 경우가 많다. 어려운 한자 용어나 영어식 전문용어가 튀어 나온다. 고객 관점에서 이용의 편의성이나 사용법에 대한 궁금증을 풀어주는 것이 아니라 기술적 차별성을 강조하는 개발 요약 매뉴얼이 되는 경우가 종종 있다.

<u>상용화 준비 단계에서 반드시 고객 중심의 용어 통일 작업을 해야 한다. 그리고 그 용어가 회사에 뿌리를 내릴 수 있도록 노력해야 한다. 용어가 가지는 의미는 매우 중요하다. 실제적으로 사용하는 용어가 그 사람들의 사고를 지배하는 사례는 아주 많이 있다. 그래서 고객 중심으로 이해하기 쉬운 포괄적인 용어 사용을 생활화하면 좀 더 사고의 폭이 넓어지고 유연한 사고를 할 수 있다. 고객 중심의 친절한 매뉴얼을 만들면 고객으로부터 불필요한 전화를 받는 일이 줄어들고, 혹시 전화나 홈페이지로 문의가 온다 해도 대응하기가 쉽다.</u>

한편 최근에는 유튜브를 통한 사용법 전달이 대세이다. 제품 홍보의 일환으로 올린다면 마케팅 영역일 수도 있지만, 유튜브에는 사용법을 자세하게 소개하는 매뉴얼 형태의 동영상도 많이 올라오고 있다. 마케팅용, 매뉴얼용 2가지를 모두 준비해서 올리는 것이 고객 입장에서는 더 좋다. 종이로 된 매뉴얼보다 동영상을 보면서 남들이 조작하는 모습을 보면서 조작 방법을 배울 수 있기 때문에 훨씬 고객들이 이해하기 쉽다는 장점이 있다.

필자가 아는 IoT 제품 스타트업 B사는 매뉴얼의 사소한 실수로 고생을 심하게 한 적이 있다. 출시되기 직전에 마켓플레이스에서 다운받은 앱과 제품을 연동하는 메뉴 이름을 하나 바꾸었다. 하지만 매뉴얼은 예전에 개발한 모습 그대로 인쇄가 되었다.

막상 제품이 출시되자 제품이 작동이 안 된다는 항의가 빗발쳤다. 단지 매뉴얼과 화면의 용어 하나가 다를 뿐이었지만 사용자 입장에서는 매뉴얼대로 작동이 안 된다는 데 분노를 느꼈던 것이다. 매뉴얼을 다시 인쇄하고, 포장된 제품을 뜯어서 새 매뉴얼로 교체하여 재포장하고, 중간 중간 구매 고객의 항의 전화에 사과하면서 응대하느라고 거의 한 달의 시간을 허비해야 했다.

포장재 디자인 및 단위 포장 방법의 결정

제품 단위의 포장도 잘 디자인해야 한다. 이것도 주로 제조형 제품에 해당하는 이야기지만 판매용 소프트웨어도 포장이 필요하다. 전체적으로 보면 사소해보일 수도 있지만 제품의 첫 인상을 좌우하기 때문에 간단한 문제라고 생각하면 안 된다.

스타트업 제품 중에는 포장재 디자인이 너무 무성의하거나 포장재의 재질이 너무 싸구려로 느껴지는 경우가 많다. 물론 원가 절감은 중요한 요소이다. 하지만 문제는 고객이 제품 자체도 값싸고 후지다고 느끼는 데 있다. 원가를 조금 절감하려다 제품 가치를 하락시키는 우를 범해서는 안 된다.

제품 내에 들어가야 할 물건들, 제품 및 각종 부속 부품, 매뉴얼 등도 확실하게 위치를 정해야 한다. 스티로폼의 사용이나 비닐의 사용 등 세세한 부분까지 단위 제품의 포장 방법을 결정해야 한다. 최종 조립 생산 과정에서 철저하게 이를 지키도록 주기적으로 검사해야 함은 물론이다. 스타트업 제품 중에는 종종 한두 가지가 빠져서 판매되는 경우가 허다하다. 최종 조립을 담당하는 사람들이 성의를 다하지 않은 탓이다. 이런 부분이 고객 클레임의 원인이 된다.

자체 홈쇼핑 기능을 가지고 택배로 제품을 전달할 때는 한 단계 더 포장해야 하는지를 검토해야 한다. 택배 이동 중 제품이 훼손될 수 있기 때문이다. 박스의 모양이나 크기도 신경 써야 한다. 보통 박스는 직육각형 형태가 무난하고, 박스가 너무 작으면 파손되거나 분실될 위험이 크다. 그래서 사이즈가 작거나 기본 포장의 모양이 독특하다면 2단계 포장을 준비해야 한다.

물류의 종류에 따른 여러 가지 요소들을 사전에 검토해서 포장 방법을 연구해 두어야 생산성을 높일 수 있다. 대량 운반이 필요한 경우에는 여러 개를 하나의 커다란 박스에 담는 포장 단위와 방법도 사전에 준비해야 한다.

지식형 제품의 운영체계 및 보안 관련 준비 사항

웹이나 앱을 기반으로 한 서비스들은 이를 지원하는 운영 서버가 있게 마련이다. 일부 게임 등 스마트폰에서만 모든 작동이 끝나는 경우를 제외하면 대부분 그렇다. 예전에는 자체 전산실을 만들어서 운영 서버를 관리하는 것을 선호했지만, 요새는 서버의 경우 서버 임차나 클라우드 컴퓨팅을 활용하는 것이 대세이다.

운영 서버에 관련해 반드시 챙겨야 할 요소 중 하나는 확장성이다. 웹이나 앱 서비스는 한번 입소문이 나면 급격하게 고객이 늘어난다. 이때 발 빠르게 서버 용량을 확대하지 못하면 바로 고객의 불만이 터져 나온다. 고객은 오래 기다려 주지 않기 때문에 시스템의 반응속도가 조금만 느려져도 불만을 토로하고, 이것이 일정 수준 이상이 되면 서비스를 포기하고 떠나 버린다.

따라서 처음부터 고객이 늘어났을 때를 대비해 운영 시스템을 설계해야 한다. 서버의 운영 상태나 고객의 증가 수, 시스템 접촉횟수 등 각종 지표를 모니터링할 수 있어야 하고, 사전에 정한 일정 수준이 되면 즉시 서버의 개수를 늘려 대응할 수 있어야 한다. 따라서 처음부터 여러 개의 서버를 동시 운영하는 체계로 설계, 구축되어 있지 않으면 프로그램을 수정하고, 추가적인 서버를 임차하고, 시스템의 구성을 바꾸다가 고객이 참아주는 시기를 놓쳐버릴 수가 있다.

개인정보와 시스템 보안에 관한 내용도 준비해야 한다. 이 부분이 지식형 사업자의 고민거리이다. 사실 스타트업 중에는 국내에 있는 정보보호 관련 법률 자체를 잘 모르거나 아예 관심이 없는 스타트업들이 많다.

대부분의 지식형 제품들은 고객의 ID, 패스워드, 기타 인적사항을 수집한다. 제조형 사업자가 자체 쇼핑몰을 운영하는 경우도 마찬가지다. 고객의 다양한 패턴을 분석하기 위해, 유료 서비스나 고객별 맞춤서비스를 제공하기 위해, 고객에게 추가 제품을 팔기 위해 등등 여러 가지 목적으로 다양한 고객 관련 정보를 수집한다.

하지만 서비스가 한참 유명해지고 잘 나가다가 신문지상에서 고객 정보 유출이 보도되고, 정부로부터 조사를 받는 등의 일이 벌어지면 한순간에 사업이 망가진다. 고객은 신뢰를 접고 경쟁 사이트로 자리를 옮기고, 심지어 집단 소송을 걸기도 한다.

사실 신문에는 상당히 커다란 주요 시스템 관련 정보 유출만 보도되기 때문에 고객들은 잘 모를 수도 있지만, 검찰에 불려 다니고 벌금을 물고, 사이트 전면에 정보 유출 사실을 공고하는 지식형 사업자가 생각보다 꽤 많다.

물론 가장 좋은 방법은 사전에 준비하는 것이다. 우선 정보통신망법이나 개인정보보호법 같은 관련 법령을 검토해 보고, 내부적으로 필요한 정보보호 관리 규정이나 개인 정보 처리 방침 등을 마련해야 한다. 회사가 최소한으로 해야 할 보안의 범위를 정하고, 제품 상용화 단계에서 이를 구축해야 한다.

요새 서버 임차보다 비싼 클라우드 컴퓨팅을 방식을 선호하는 이유는 방화벽 등 기본적인 서버 보안에 대한 솔루션을 같이 제공해 주기 때문이다. 실제로 서버 임차의 경우 최소한으로 필요한 보안 솔루션을 구비하는 비용을 들이다 보면 배보다 배꼽이 커지기도 한다.

한국인터넷진흥원 홈페이지(www.kisa.or.kr)

지역별로 한국인터넷진흥원에서 운영하는 정보 보호 지원 센터가 있는데 이를 활용해 보는 것도 좋은 방법이다. 이 기관들은 해당 지역 내에 있는 웹사이트 등의 문제점을 진단해 주고 솔루션을 제안해 주는 역할을 한다.

바로 보안등급 인증을 신청하면 등급을 잘못 받을까 우려해 꺼리는 경우가 많은데, 실제로는 컨설팅 차원의 지원도 많이 하므로 컨설팅을 요청하는 것으로 시작하는 것이 바람직하다. 진단을 받은 스타트업들이 보안 솔루션을 구입해 보안체계를 강화하는 것에 대해 최대 300만 원까지 비용을 지원하기도 한다.

제품 상용화 단계의 고객 검증과 인증

실제로 제품 상용화 단계에 따로 고객 검증을 하는 경우는 많지 않다. 하지만 가능하다면 추가적인 고객 검증을 권장한다. 진행 방법은 시제품 개발 단계의 고객 검증 방법과 다르지 않다.

제조형 제품의 고객 검증이 잘 안 되는 이유 중의 하나는 그것이 생산 과정과 바로 연결되어 있기 때문이다. 대기업은 최소한의 제품을 직접 생산하고, 이를 가지고 최종 테스트 및 고객 검증을 진행하는 경우가 많다. 하지만 스타트업은 최소한의 제품만을 생산하도록 외주업체들이 잘 협력해 주지 않는다. 외주업체가 이야기하는 최소한의 물량 자체가 스타트업에게는 상당한 부담이 되는 경우가 많다.

설령 외주업체의 도움을 받아 필요한 최소 물량을 생산했더라도 고객 검증을 통해 새롭게 발견된 자질구레하지만 중요할 수도 있는 개선사항을 반영하기가 쉽지 않다. 이 단계에서 설계 변경은 쉬운 일이 아니다. 특히 금형 수정 등 상당한 돈이 들어가는 작업이 수반되는 경우에는 더욱 그렇다.

지식형 제품인 경우에는 베타테스트란 이름으로 고객 검증을 실시하는 일이 종종 있다. 시행 방법도 알파테스트와 다르지 않다. 최종적으로 완성된 시스템이나 소프트웨어를 가지고 일종의 무료 평가단을 모아서 고객 반응을 테스트하는 것이다. 지식형 제품의 좋은 점은 고객 검증을 통해 발견된 문제들을 다시 수정해 최종 제품화하는 것이 가능하다는 점이다.

스타크래프트로 유명한 블리자드란 회사는 베타테스트 결과가 마음에 들지 않으면 몇 년에 걸쳐서라도 다시 재개발해 출시하는 것으로 유명하다. 대대적인 마케팅 행사를 거쳐 출시한 제품의 참패를 몇 번 경험하면서 생긴 회사의 핵심 경영 원칙이다.

하지만 린스타트업 방법론 지지자들은 바로 시장에서 승부를 보는 것이 더 좋다고 이야기한다. 쓸데없이 시간을 낭비하는 것보다 시장에서 평가받고, 문제점을 피드백 받으면서 지속적으로 수정해 나가면 된다는 것이다.

이에 대해 필자는 정답은 없다고 생각한다. 굳이 나눈다면 패키지 형태의 소프트웨어라면 그래도 베타테스트를 하는 것이 좋고, 온라인으로 즉시 대응이 가능한 앱이나 웹 서비스, 온라인 게임 형태라면 필요 없다는 생각 정도인데 스타트업 대표들이 스스로 판단하길 바란다.

제조형 제품인 경우 사실 시급한 것은 국가에서 지정하는 강제 인증이다. 강제 인증에 해당하는 제품이 인증 없이 제품을 시판하는 경우에는 다양한 법적 제재가 따르므로 꼭 사전 인증을 받아야 한다.

현재 국내에 법정 강제 인증 제도는 70여 개가 있다. 주로 국민의 안전을 위해 전기, 전자파, 가스, 건설자재, 자동차 부품, 건설 등등의 최소 기준 요건을 정해놓은 것이다. 제조형 스타트업의 제품들은 대개 국가통합 인증마크인 KC 인증을 획득해야만 한다. KC 인증은 주로 많은 인증대상이 되는 13개 법정인증제도를 통합해 부르는 용어이다. 하지만 제품 종류별로 인증 방법과 인증기관이 다르므로 스타트업 제품이 어떤 인증을 필요로 하는지는 e-나라 표준 인증 사이트(www.standard.go.kr) 등을 통해 확인하면 된다.

수작업으로 조립한 제품으로 우선 인증을 받을 수도 있다고 하는데, 원칙적으로는 공장에서 생산된 제품을 가지고 모델별로 인증을 받아야 한다. 따라서 모델이 다양한 경우에는 인증에 필요한 기간과 비용도 상당한 부담이 되기도 한다.

POINT

 특수 검증, 임상시험

바이오나 의료기기에 도전하는 스타트업도 많다. 요즘 벤처캐피털의 투자 트렌드를 보면 지식형 사업 분야보다 바이오를 더 선호하는 추세이다. 지식형 사업보다 오히려 수익성이나 주가가 높은 경우가 종종 있기 때문이다.

그런데 이 분야의 스타트업들이 가장 어려워하는 부분 중의 하나가 임상시험이다. 건강식품이 아니고 의약품으로 분류되면 반드시 임상시험을 거쳐야 한다. 건강과 관련된 보조기구나 기계들도 병원에서 사용하려면 임상시험을 요구하는 경우가 많다.

정확한 것은 식약청의 기준을 참조해 임상시험과 인증의 필요 여부를 결정해야 한다. 법적으로 임상시험이나 인증이 꼭 필요하지는 않더라도 의사들이 적극적으로 추천해 주어야 잘 팔리는 물건들은 거의 임상시험에 가까운 증거를 제시해야 한다. 그래야 의사들이 환자들에게 안전하다는 확신을 가지고 추천해 줄 수 있다.

임상시험은 돈도 많이 들고 상당한 기간이 소요된다. 더 큰 문제는 임상시험을 해 줄만한 병원을 잡기가 쉽지 않다는 것이다. 덕분에 바이오나 헬스케어의 스타트업들은 다른 분야의 스타트업들보다 훨씬 더 많이 오랜 기간 동안 고생한다.

창조경제혁신센터에 있을 때 인천에 있는 대형병원과 협의해 임상시험이 필요한 보육기업 아이템들에 대해 프레젠테이션 하고, 일부 아이템에 대해 임상시험 협조 승인을 받은 경험이 있다.

04
마케팅 계획 수립과 사전 마케팅 활동

아무리 좋은 제품도 안 팔리면 소용이 없다. 스타트업 대표들은 종종 너무나도 좋은 자기 제품을 사람들이 몰라준다고 짜증을 내곤 한다. 그럴 때마다 필자는 다른 사람들이 만든 신제품을 찾아본 적이 얼마나 있는가 묻곤 한다. 본인도 다른 스타트업이 만든 제품을 찾아본 적이 없으면서 다른 사람들이 스스로 자기 제품을 찾아봐주기를 바라는 것은 욕심에 불과하다. 남들이 알려주기 전에, 아니면 TV나 인터넷 상에서 우연히 보기 전에 스스로 신제품을 찾아보는 사람은 흔치 않다.

그래서 마케팅 계획을 철저하게 수립하는 것은 좋은 제품이나 서비스를 개발하는 것만큼이나 중요하다. 제대로 된 마케팅 계획을 수립하지 않고 시장에 진입하면 많은 에너지와 비용만 낭비하고, 탈진하기 쉽다.

하지만 전문가가 아닌 이상 내 제품에 적합한 마케팅 계획을 잘 세우기는 쉽지 않다. 그래서 필자는 먼저 마케팅 계획을 세워본 후 여러 사람의 멘토링을 받아보고, 마케팅을 수행할 업체들로부터 다양한 제안을 받아본 후 최종 결정하라고 권하는 편이다. 경제적 여유가 있다면 마케팅 계획을 수립해 주는 컨설팅 용역을 맡겨도 좋다.

타깃 고객 정하고 포지셔닝 메시지 만들기

흔히 마케팅 계획이란 제품(Product), 가격(Price), 유통(Place), 홍보/판촉(Promotion) 4P를 먼저 정의하는 것이라고 말한다. 여기서 제품이란 실제 제품이 아니고, 제품-고객-고객가치의 관계를 정의하는 것을 말한다. 타깃 고객이 누구인지 정의하고, 그들에게 어떤 카피 문구와 포지션으로 다가갈지를 정하는 것이다. 아울러 브랜드명도 정해야 한다.

흔히 SWOT 분석을 거쳐 STP(시장세분화) 전략을 세우라고 말하는데, 솔직히 이런 작업을 해 본 적이 없는 스타트업 대표라면 아무리 고민해도 제대로 된 STP 전략을 세우기 힘들다. 그래서 핵심적인 내용에 대해서만 고민해 보도록 권한다.

먼저 가장 쉽게 접근할 수 있는 가장 작은 타깃 고객과 시장을 정의해 본다. 줄이고 줄여서 가장 작은 사이즈의 고객과 시장을 먼저 정의해 보고, 이들에게 접근하는 유통채널과 홍보 및 판촉방법을 고민해 보자. 만약 고객이 너무 분산되어 있어 유통채널이 복잡하거나 홍보 및 판촉을 하기 힘들다면 타깃 고객을 잘못 정의한 것이므로 다시 정의해 본다. 가장 접근이 쉬운 고객을 우선 타깃팅하고, 그 다음 점차 고객 범위를 넓히면 된다.

타깃 고객이 정해지면 이들에게 전달할 메시지를 정한다. 타깃 고객의 어떤 문제를 해결해 주고, 경쟁사보다 어떤 점이 더 좋으며, 업계의 누구도 하지 않는 약속이나 보장까지를 포함하면 훌륭한 포지셔닝 메시지가 완성된다. 이를 아주 간략하게 만들어야 하는 것이 문제이다. 좋은 점을 10가지 나열하는 것이 아니라 고객의 마음을 사로잡을 한 가지를 물고 늘어져야 한다.

오토바이 회사로 유명한 할리 데이비슨의 포지셔닝 메시지가 유명하므로 인용해 본다.

"개인의 자유가 줄어드는 이 시대에 미국에서 카우보이가 되고 싶은 사람들을 위해 크고 웅장한 오토바이를 만드는 유일한 오토바이 회사"

포지셔닝 메시지에 대해 이해했으면 아래의 빈칸을 채워서 한번 만들어 본다. 경우에 따라서는 이것도 길다. 제품을 고객에게 어필하는 단 한 줄의 카피가 더 많이 사용된다.

> (우리 회사 제품명)은 (경쟁사 제품의 일반적 특징)을 제공하는 제품과는 달리 (타깃 고객)에게 (핵심 고객가치)를 제공하는 (제품군)입니다.

다음으로 중요한 과제는 브랜드명을 정하는 것이다. 회사명과 동일한 브랜드명을 사용하는 것도 좋다. 하지만 회사의 비전이 커서 단계적으로 여러 가지의 제품군을 가질 계획이라면 처음부터 회사명과 브랜드를 달리 가져가는 것도 방법이다.

브랜드 전략도 아주 중요하므로 전문 서적을 통해 공부하거나 멘토링을 받아 보고 먼저 원칙을 정한 다음 진행할 것을 권한다. 아무 준비 없이 사내 공모하여 팀원들의 의견을 들어보고 대표가 결정하는 방식으로는 좋은 결과를 기대하기 어렵다.

가격을 결정하는 3가지 원칙

가격 결정은 원래 상당한 전문성을 요구하는 작업이다. 그렇다고 스타트업 대표가 가격 계획을 세우는 경영학 이론을 몽땅 공부할 수도 없는 노릇이다. 결국 많은 경우 직관적으로 결정할 수밖에 없는데, 이때 꼭 고려해야 할 부분이 몇 가지 있다.

첫째, 가격은 시장이 정한다는 말을 명심해야 한다. 이 말의 의미는 고객이 용인하면 아무리 비싼 가격도 옳지만, 고객이 받아들이지 않으면 내 딴에는 아주 싼 가격도 틀린 가격이란 말이다. 고객은 원가를 따지지 않는다. 고객가치에 비추어 만족스러우면 기꺼이 대가를 지불하고 제품이나 서비스를 구매한다. 특히 경쟁 제품이나 대체재와 비교했을 때 더욱 그렇다.

둘째, 가격은 한번 정하면 올리기 힘들다. 처음에는 싸게 팔아서 인지도를 높인 다음 가격을 올리면 되지 않느냐는 생각을 하는 창업자들이 많다. 없으면 당장 굶어 죽는 생필품이라면 이 전략이 통할 수도 있다. 기름 값이나 농수산물 가격은 국제 시세나 작황에 따라 춤을 춘다. 그래도 생필품이라 가격이 올라도 살 수밖에 없다.

하지만 가전제품의 가격은 10년 전이나 지금이나 거의 비슷하다. 신기술이 적용된 새로운 제품이 상위 가격을 차지하고 이전 제품은 더 낮아지므로, 사실은 성능 대비 가격이 엄청나게 떨어지고 있는 것이다. 생필품이 아닌 경우라면 가격을 올리면 고객은 떠난다는 사실을 명심하라.

새로운 제품을 가장 먼저 사주는 사람들을 '얼리어답터(Early Adopter)'라고 한다. 이들은 사실 가격에 그리 구애받지 않는다. 스타트업이 주는 고객가치의 메시지가 마음에 들면 덜컥 물건을 사주는 사람들이다. 하지만 이런 사람들은 그리 많지 않다. 이들이 제품을 사준 이후에 구매에 나서는 나머지 대다수를 차지하는 고객들은 가격에 매우 민감하고, 브랜드를 따지며, 주위의 많은 사람들이 제품을 검증한 이야기를 들은 뒤에야 주머니를 연다. 궁극적으로 이들 시장을 공략하려면 가격을 낮출 여력도 있어야 한다. 대량 생산을 하면 여러 가지 이유로 원가가 싸진다. 더 싸진 원가는 가격을 낮추어 더 많은 고객을 확보하는데 사용해야 한다.

셋째, 제조형 제품의 경우 제조원가가 가격의 30%가 넘지 않는 것이 좋다. 좀 더 정확하게는 제조에 들어가는 변동비가 30% 이하여야 한다. 요새는 제품의 원가에서 마케팅 비용이 차지하는 비중이 30~40% 이상을 차지한다. 이 외에도 인건비 및 기타 관리비용이 들어가므로 제조원가를 30% 이하로 맞춰야 영업이익률을 20~30% 수준으로 유지할 수 있다. 종종 마케팅 비용을 고려하지 않고 덜컥 가격을 정했다가 마케팅을 못해서 제대로 시장에 자리 잡지 못하고 사장되는 경우를 보곤 한다.

앱이나 웹 기반의 사업이나 게임 및 소프트웨어 사업 등은 제조원가가 따로 없다는 점에서 유리한 부분이 있다. 인건비가 경비의 대부분을 차지하는 경우가 많다. 그런데 이 영역에서는 요즘 기본 서비스가 무료인 경우가 너무 많아 제조원가가 따로 없어도 상황이 썩 유리하지만은 않다.

고객에겐 공짜이고 광고만으로 수익을 기대하는 서비스들 중 상당수는 실패한다. 흔히 100만 고객 기준이란 표현을 쓰는데, 어느 정도 자주 들어오는 고객이 100만 명은 되어야 광고로 먹고 살 수가 있다는 말이다. 이런 경우에는 빠른 시간 내에 고객수를 늘리기 위해 총력을 기울여야 하는데, 여기에도 막대한 마케팅 비용이 수반되는 경우가 많다. 요즘 게임들은 대부분 게임 자체는 무료이고, 아이템을 사려면 돈을 지불해야 하는 형태로 서비스된다. 이 경우에도 초기 고객을 대량 확보해야 하는 기본 명제는 같다.

플랫폼 비즈니스는 중개 수수료를 먹고 사는 경우가 대부분이다. 요새는 대부분의 중개 수수료율이 20% 수준이고, 이를 더 낮추는 스타트업도 많다. 거래액이 매출액이 아니고, 중개 수수료가 매출이며 이를 통해 먹고 사는 구조를 짜야 한다.

제품 성격에 따라 적합한 유통채널도 다르다

유통채널이란 고객과 만나서 고객에게 제품이나 서비스의 장점을 소개하고, 설득하며 구매로 이끌어 내는 기능을 하는 모든 사람이나 기업을 말한다. 고객에게 제품을 직접 전달하고, 대가를 지불받거나 클레임에 대한 처리를 담당하기도 한다. 한 마디로 영업 현장이다. 제품 상용화 단계에서는 바로 이 유통채널을 검토해보고 시장 출시 시점과 성장 단계에서 사용할 유통채널의 확장 전략을 구체화해야 한다.

먼저 내가 만든 제품이나 서비스의 유통채널과 체계, 업무 관행 등을 사전에 철저하게 파악해야 한다. 유통채널별로 특징이 있고, 업무 관행 및 요구조건들이 다르다. 다양한 유통채널 중에서 회사의 전략에 맞는 유통채널이 무엇인지를 고민하고 결정해야 한다. 경우에 따라서는 여러 개의 유통채널을 활용해도 좋다. 새로운 유통방법이 없는지도 고민해 봐야 한다.

유통채널에 따라서는 OEM을 요구하는 경우도 있다. 자신의 회사명을 사용할 수 없어서 내가 만든 제품이 고객 입장에서는 유통 회사의 제품이 되고 나는 단순한 납품업자가 되는 것이다. 점점 유통의 파워가 강해지고 있기 때문에 제품을 팔기 위해서는 어쩔 수 없이 이를 수용해야 하는 경우도 많다.

유통망에 제품을 납품할 때의 계약 형태는 크게 두 가지다. 하나는 납품과 동시에 파는 형태로 처리되어 대금을 받는 형태이고, 다른 하나는 팔린 만큼만 대금을 지불하고, 재고는 언제든지 반납할 수 있는 형태이다. 당연히 전자의 경우가 유통 회사에 수수료를 많이 줘야 하지만 대신 자금 회수가 빠르다는 장점이 있다.

보통 B2B 성격의 제품은 회사 내의 영업사원이 유통채널 역할을 한다. 스타트업인 경우에는 대표가 핵심 영업사원 노릇을 해야 한다. 영업 실무자가 1차적인 영업을 해도 어느 정도 이야기가 진행되면 대표가 나서서 해당 기업의 높은 분을 상대하거나 프레젠테이션 하는 역할을 해야 하기 때문이다.

하지만 직접 영업만으로는 한계를 느끼는 경우가 많고, 고객의 유형에 따라서는 거의 직접 영업이 불가능한 곳들도 있다. 그러면 해당 고객군에 대한 제품을 취급하는 곳을 대리점으로 두거나 위탁 영업을 해야 하는 경우도 많다.

<u>B2B 영업에서 필자가 가장 중요하다고 느끼는 것은 우수한 최초 고객을 확보하는 것이다. 어느 정도 규모가 되는 대부분의 회사는 회사 내에 구매 규정이 있고, 기본적으로 사전에 공급업체로 등록하고, 경쟁 입찰을 기본으로 한다. 그런데 공급업체로 등록하는 필수 요건 중에 하나가 납품실적이 있어야 한다는 것이다. 최초 고객을 만들기 위해 찾아다니는데, 납품실적을 가져오라고 하니 답답한 일이다.</u>

다음 단계로 부딪히는 문제는 경쟁 입찰이다. 경쟁자가 없는 독창적이고 혁신적인 제품을 만들었는데 입찰해야 한다니 답답한 노릇이다. 나더러 경쟁자를 만들어 오란 말인가?

물론 예외는 있다. 하지만 대부분의 기업 구매담당 부서는 굳이 원칙을 훼손하려고 하지 않는다. 그 제품을 쓸 부서가 강력하게 예외를 적용해 주어야 한다고 구매 부서를 설득해 주어야 한다. 설득 논리가 약하거나 구매를 요청하는 사람의 조직 내 파워가 약하면 먹혀들지 않는다.

기업에서 가장 좋은 논리는 기존에 사용하던 대체재보다 훨씬 싸다는 것이다. 차선책은 이 제품을 구매하면 회사의 직접적인 경비를 몇 배 줄일 수 있다고 주장할 수 있어야 한다. 하지만 만약 측정이 불가능한 정성적인 이유(인력 효율 증대 등) 등으로 설득하는 경우라면 대부분의 구매부서는 고개를 옆으로 휘젓는다.

　기존에 있던 제품을 대체하는 것이라면 감가상각비가 남아있는가도 따져야 한다. 아직 잔존가치가 남아 있는 상태라면 그 잔존가치를 포함하여 몇 배의 이익을 제공하기 전까지는 고개를 끄떡여 주지 않는다. 해당 제품을 구매하는 순간 회사는 기존 제품의 남은 잔존가치를 모두 비용 처리해야 하기 때문에 당해 연도의 손익계산서에 악영향을 주기 때문이다.

　스타트업 제품은 신뢰할 수 없다는 경영진의 한 마디가 장애가 되기도 한다. 특히 그 회사가 스타트업 제품을 사용했다가 실패한 경험이 있으면 더욱 그렇다. 최대한 인적 네트워크를 동원해 목표한 기업의 핵심 의사결정자와 사전 교류를 할 수 있어야 한다. 대기업 출신들로 구성된 스타트업의 성공 확률이 높은 이유 중의 하나가 바로 이런 최초 판로 개척에 아주 유리한 부분이 있기 때문이다.

　특정 유통망을 사용할 수밖에 없는 고객군도 있다. 고객군 별로 독특한 유통 체계가 형성되어 있는 경우이다. 예를 들어 학교에 납품하려면 반드시 그 기관에 주로 납품하는 에이전시를 껴야 하는 경우가 많다. 그리고 그 에이전시는 영업비용이 많이 든다며 일반 유통 수수료보다 훨씬 큰 수수료를 요구하는 경우가 비일비재하다. 수수료가 너무 커서 포기하려고 하면 대신 시중에서 파는 단가보다 높게 책정하라고 권하기도 한다. 실제로 모델명만 살짝 바꾸어 시중 가격보다 높게 납품하는 사례를 본 적도 있다.

　또한 대기업들은 아이템 성격별로 특정 회사를 거쳐야만 납품이 가능한 구조인 경우도 있다. 예를 들어 대기업에 납품할 컴퓨터 하드웨어, 소프트웨어는 그룹 내 전문 SI 회사를 거쳐야만 한다. 시스템 통합이란 관점에서 보면 일견 타당성도 있지만, 경우에 따라서 고객사인 대기업의 이익보다 자신의 이익에 더 충실할 수도 있다는 점을 염두에 두고 접근해야 한다.

<u>B2C 제품은 유통채널이 다양하다. 크게 보면 전시와 판매를 하는 장소를 가진 유통채널과 온라인 판매에 의한 유통채널이 있다. 크라우드 펀딩도 유통채널로 활용할 수 있고, TV 홈쇼핑이 강력한 유통채널로 활용되기도 한다. B2C 사업은 한 가지만의 유통채널보다는 여러 가지 유통채널을 결합해 사용하는 경우가 많다.</u>

이마트나 롯데마트, 홈플러스 또는 다이소와 같은 대형 마트에 입점하기란 쉽지 않다. 대형 마트는 취급하는 제품들을 엄격하게 관리하며, MD(Merchandiser)라는 상품기획자의 심사를 통과해야 한다. 하지만 너무나 많은 제품이 입점을 원하기 때문에 웬만한 경쟁력을 갖춘 상품이 아니면 통과하기 어렵다. 또한 제한된 장소에 많은 제품을 전시해야 하므로 되도록 고객들이 많이 찾는 제품을 중심으로 매장을 구성하려고 한다. 즉, 구매 수요가 많은 제품이 아니라면 기술력이 뛰어나거나 가격 경쟁력이 있다고 해도 들어가기가 쉽지 않다.

부산창조경제혁신센터(이하 부산혁신센터)는 롯데 그룹과 연결되어 있고, 유통 분야를 특화사업으로 진행한다. 부산혁신센터는 전국의 창조경제혁신센터의 보육기업으로 등록된 스타트업 제품들 중에서 매월 심사를 거쳐 롯데 그룹의 여러 가지 유통망에 제품을 판매할 기회를 제공한다.

제품에 따라서는 전문 유통점들이 훌륭한 유통채널이 되기도 한다. 애완견 동물과 관련된 제품이라면 이미 동네마다 자리 잡은 애완동물 샵이 중요한 유통채널이 될 수 있다. 전자제품이라면 하이마트뿐만 아니라 여러 가지 형태의 전문 대리점들을 고려해볼 만하다.

요즘에는 온라인 판매도 빼놓을 수 없다. 인터넷 쇼핑몰은 상대적으로 입점하기도 쉽고, 수수료도 오프라인 쇼핑몰보다는 훨씬 싸다. 하지만 거의 모든 제품이 들어와 있으므로 차별화되는 부분은 없다. 자체적인 쇼핑몰을 구축한 뒤 이를 온라인 쇼핑몰과 연동해서 파는 형태도 있고, 인터넷 쇼핑몰 자체의 가상 점포에 입점해 파는 형태도 있다.

수수료가 아깝다고 자체 쇼핑몰만을 고집하면 의외로 고전하는 경우가 많다. 우리나라에서 11번가나 G마켓, 쿠팡, 위메프, 티몬 등의 영향력은 대단히 크다. 각 사이트마다 특징들이 다르고, 조건도 다르므로 주요 사이트별로 조건을 미리 확인하고, 어디에 입점할 지를 신중히 선정해야 한다.

인터넷 쇼핑몰도 전문적인 제품만 취급하는 곳이 인기 있는 영역이 있다. 그런 경우에는 전문 쇼핑몰과도 계약을 추진해야 한다. 예를 들어 전자부품을 자주 구입하는 하드웨어 개발자들은 유명한 쇼핑몰보다는 디바이스 마트와 같은 전문 쇼핑몰을 찾는다.

인천혁신센터 보육기업인 수인시스템은 원래 질량분석기의 분석모듈을 개발하던 회사였다. 질량분석기란 대기 중에 있는 가스의 성분을 분석해내는 장치이다. 흔히 보는 유해가스 탐지기계들은 센서에 의해 특정 가스에만 반응하는 방식이지만, 질량분석기는 질량을 분석하여 대기 중에 포함된 모든 종류의 가스를 한꺼번에 알 수 있다.

국내 유수 연구기관과 공동 개발하여 기존 화생방용으로 큰 차량에나 들어가던 질량분석기를 손바닥만 한 크기로 줄일 수 있었다. 제품 상용화에 성공하면 향후의 활용가치는 무궁무진하다. 하지만 아직 상용 제품까지는 갈 길이 멀어서 캐시카우를 확보해야 했다. 이를 위해 전자제품을 개발할 때 많이 사용하는 칩저항 키트에 도전해 보기로 했다. 연구개발 끝에 업계에서 주로 수작업으로 작업하던 칩저항 키트 생산과정을 자동화하여 다른 경쟁 업체에 비해 크게 제조원가를 줄일 수 있었다.

수인시스템은 수인스토어란 자체 쇼핑몰을 구축해 시중가격보다 훨씬 싼 가격에 공급하고 있지만 당초 생각한 만큼 급속도로 매출이 늘어나지 않고 있다. 대부분의 매출이 자체 쇼핑몰보다는 전문 쇼핑몰들에서 나오는데, 전문 쇼핑몰들은 수인시스템 브랜드가 아닌 OEM으로 자기 브랜드로만 판매한다. 그런데 수인시스템의 납품가격과 상관없이 다른 업체에서 공급하는 유사 제품과 같은 가격으로 판매해 전문 쇼핑몰에서는 최종 고객에 대한 가격경쟁력을 유지하기 쉽지 않은 것이다.

수인스토어는 지속적으로 자기 판매의 비중을 높여 시장 점유율을 높일 수 있는 방법을 고민했다. 시장 규모가 크지 않고 단일 품목이므로 마케팅 비용을 크게 늘리는 것을 망설이다가 결국엔 기존 전문 쇼핑몰과의 협력 관계를 강화하는 방향으로 선회하고 말았다. 고객 입장에서는 칩저항 키트만을 사는 것이 아니라 다양한 전자부품을 한꺼번에 구매한다. 당연히 다양한 전자부품을 한 번에 살 수 있는 편한 쇼핑몰을 선호하게 되어 있다. 브랜드 파워의 중요성과 고객의 구매 행태를 다시 한 번 생각하게 하는 사례이다.

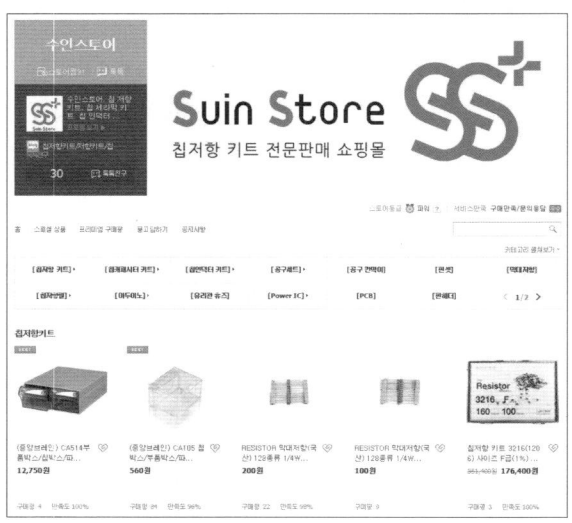

수인시스템의 수인스토어 쇼핑몰(www.suinstore.com)

제품이 혁신적이고 사람들에게 흥미를 유발시킬만한 B2C 제품이라면 초기 마케팅 방법으로 크라우드 펀딩을 활용하는 것도 바람직하다. 크라우드 펀딩의 여러 방식 중 후원기부형(리워드형)을 통해 최초 제품을 팔면 초기 생산에 필요한 자금을 고객으로부터 미리 얻을 수 있다는 장점이 있다. 또한 흥행에 성공하면 브랜드를 미리 확보할 수 있어서, 후속적인 영업에도 크게 도움이 된다.

하지만 실패하면 안 좋은 소문이 널리 퍼져서 초기 시장 진입이 매우 어려워진다. 따라서 크라우드 펀딩을 이용하려면 철저한 준비가 필요하다. 이는 시제품을 싸게 제공하는 것을 조건으로 자금을 모집하는 것인데, 크라우드 펀딩 중개업체 중에 일부만이 이 방식을 제공하므로 정확히 찾아보고 절차를 협의해야 한다. 자세한 것은 9장의 크라우드 펀딩 부분을 참조하라.

B2C 제품의 또 다른 선택은 TV홈쇼핑이다. 한국의 많은 주부들이 홈쇼핑 채널을 시청한다. 요새는 퇴직한 50~60대 남자들도 많이 본다고 한다. 이들을 타깃으로 한다면 TV 홈쇼핑은 상당히 강력한 초기 유통채널이 된다. 단점은 유통 수수료가 평균 판매가의 40%에 달한다는 것이다. 생각보다 준비할 사항도 많고, 홈쇼핑 MD의 마음에도 들어야 하는 등 거쳐야 하는 관문도 많다.

한 가지 대안은 먼저 공용홈쇼핑을 활용하는 것이다. 정부에서 운영하는 공용홈쇼핑은 상대적으로 시청률은 높지 않지만 공공성 때문에 중소기업 제품을 많이 취급해 주고, 수수료가 매우 싸다. 일반 유통채널보다 훨씬 싸다. 창조경제혁신센터들은 보육기업의 좋은 제품을 공용홈쇼핑에 추천해 주는 역할을 한다. 물론 선정은 담당 MD가 하게 되어 있어, 혁신센터가 추천해 준다고 모두 방송을 할 수 있는 것은 아니다.

많은 지식형 제품들은 홈페이지가 유일한 유통채널이다. 고객을 모으고, 서비스를 제공하고, 경우에 따라 비용을 처리하는 것 모두 홈페이지에서 이루어진다. 중개형 플랫폼이라면 공급자와 수요자 양측에서 고객을 모아야 하고, 정보를 제공하거나 매칭해 주고, 수금과 정산이 하나의 시스템에서 이루어진다.

모바일 앱의 형태라면 애플의 앱스토어와 구글의 플레이스에 등록해야 한다. 요새는 국내의 네이버나 다음, 통신사의 앱 스토어에도 반드시 등록하는 것이 좋다고 한다. 유료 앱의 경우 달러와 카드 결제를 꺼리는 사람들이 많아 이들 앱 스토어를 통한 다운로드도 상당수 늘어나고 있다고 한다. 모바일 웹 기반 서비스도 모바일 앱으로 초기 화면을 연동할 수 있게 하여 고객의 접근성을 높이는 것이 대세로 보인다.

애플 앱 스토어나 구글 마켓플레이스에 등록하는 것도 제법 시간이 걸린다. 때문에 미리 인터넷 검색 등을 통해 절차를 확인해 두고 만반의 준비를 해 두지 않으면 당초 계획했던 오픈 시기를 맞추지 못할 수도 있다. 특히 애플은 검증을 까다롭게 하기 때문에 시간이 더 많이 소요된다고 한다. 또한 정책이 수시로 바뀌어서 예전에는 가능했던 기능이 갑자기 등록 불가 사유가 되기도 하므로 개발 중에도 수시로 등록 요건을 확인해야 한다.

해외 수출을 목표로 한다면 해외 유통을 담당하는 업체들과의 사전 조율이 필요하다. 국내보다 훨씬 더 조건이 까다로운 경우가 많다. 특히 제조 제품인 경우 먼저 해당국의 강제 인증을 취득해야 한다. 고객 AS를 할 수 있는 체계를 요구하는 경우가 많은데, 이 부분에 대한 합의가 이루어지지 않아 수출을 포기하는 경우를 종종 목격한 적이 있다. 스타트업이 외국에 전국적인 AS망을 갖추는 것은 현실적으로 불가능하기 때문이다.

외국이라고 유통채널의 종류가 다를 것은 없다. 하지만 업무관행은 국가

별로 조금씩 다르다. 원하는 국가의 제품 유통 업체, 전문 쇼핑몰, 인터넷 쇼핑몰 업체, 크라우드 펀딩 업체 등을 조사하여 검토해야 한다. 수출이기 때문에 추가로 거쳐야 하는 관세, 물류, 해외 배송 등은 좀 더 복잡한 문제가 많으므로 사전에 철저히 절차를 확인하고 문제가 없도록 준비해야 한다.

제품 출시 전 기사 홍보와 홈페이지 등록 필요

유통채널을 확보했다고 마케팅 준비가 끝난 것은 아니다. 제품을 소비자에게 알리는 것은 회사의 책임이기 때문이다. 고객이 우리 회사의 제품을 인지하고, 구매를 검토하게 만들려면 진짜 치열한 머리싸움을 해야 한다. 본격적인 홍보와 판촉 활동은 제품 출시 이후에 이루어지겠지만, 사전에 준비해야 할 요소도 많다. 여러 가지 옵션들 중 어떤 것들을 선택해 실행할 지를 미리 계획해두지 않으면 출시 이후에 우왕좌왕하게 되어 비용 대비 효과를 극대화하기 힘들다.

<u>상용화 단계에서부터 체계적인 홍보 활동을 하는 것은 매우 중요하다. 우선 신문기사나 인터넷 신문에 회사의 이름이 최소한 몇 회 이상 노출되도록 해야 한다. 개발이 완료되었다는 기사, 시장에 출시한다는 기사, 투자를 유치했다는 기사 등이 대표적으로 노출이 가능한 기사이다.</u>

상당수 사람들이 새로운 제품이나 회사를 접하면 제일 먼저 인터넷을 통해 검색한다. 잠재적인 투자자도 마찬가지이다. 따라서 인터넷 신문 등을 통해 사전에 가능한 한 많은 기사들이 소개되면 고객이나 투자자로부터 좋은 반응을 끌어낼 수 있다.

스타트업의 기사는 기자가 직접 취재해서 지면에 올라오는 경우는 지극히 드물다. 우리 회사를 어떻게 알려야 하는지 프로세스를 잘 모른다면 전문대행사를 찾아 의뢰하는 것도 나쁘지 않다. 이들은 대개 해당 분야를 담당하는 각 인터넷 언론사의 기자들 메일 리스트를 가지고 있으며, 오랜 관계를 통해 바쁜 기자들을 대신해 홍보 소스를 제공해 주는 역할을 해 온 업체들이다. 네이버 등에서 '언론홍보대행사'를 찾아보면 이런 일을 전문으로 대행하는 기업들이 생각보다 많은 것을 알 수 있다.

비용은 크게 부담스러운 수준은 아니기 때문에 최대한 머리를 써서 많은 기사가 시장 진입 단계 전에 노출 될 수 있게 노력해야 한다. 대개 회사에서 먼저 알릴만한 내용을 기사 초고로 작성한다. 단순히 회사를 소개하는 자료만으로는 기사가 잘 되지 않는다. 육하원칙에 따라 뭔가 시점 상으로 끊어지는 이벤트가 있어야 한다. 우리 회사가 획기적인 신제품을 개발했다, 신제품의 고객 검증단을 모집한다, 고객 검증을 했더니 어떤 재미있는 결과가 나왔다 등등의 기사거리를 만들어 내야 한다. 이미 잘 알려진 스타트업의 기사를 인터넷에서 찾아보면 작성하는데 도움이 된다.

기사 홍보와 더불어 회사를 알리는 홈페이지도 미리 만들어야 한다. 지식형 사업이든, 제조형 사업이든 상관없이 홈페이지는 꼭 필요하다. 고객이나 투자자 입장에서는 제품을 인지한 순간에 인터넷 상에서 검색해서 우호적인 신문기사와 회사 홈페이지가 있어야 신뢰도가 높아진다.

B2B 제품이라면 대개 회사와 제품의 간단한 소개 페이지 정도면 충분할 수도 있다. 하지만 B2C 제품이라면 제품의 온라인 판매 기능을 포함할지, 고객의 AS 접수 기능을 포함할 지를 결정해야 한다. 투자나 전략적 제휴를 원하는 사람을 위한 콘택트 포인트를 포함시키는 경우도 있다. 이것 역시 다른 스타트업의 홈페이지를 참조하면서 결정하면 된다.

완성된 홈페이지는 주요 검색엔진에 등록해야 빠른 시간 내에 정확히 노출될 수 있다. 예를 들어 네이버라면 네이버 웹마스터도구(webmastertool. naver.com)에서 등록해야 한다. 이 사이트는 웹 표준을 잘 지켜서 검색이 용이한지도 진단해 주고, 네이버를 통해 얼마나 검색되었는지도 알게 해 준다. 구글, 다음 그리고 다른 유명 검색 엔진에도 유사한 서비스가 있으므로 '웹사이트 등록방법'과 같은 키워드로 최대한 노출되게 한다. 보통은 웹사이트 제작회사가 해 주는데, 가장 기본적인 것만 등록해주거나 아예 안 해주는 경우도 있으므로 반드시 체크해 봐야 한다.

만약 투자를 받아서 충분한 마케팅 비용을 사전에 확보한 경우라면 광고도 고려해 볼 수 있다. 투자를 받은 경우 빠른 시간 내에 성과를 내는 것이 중요하므로, 비교적 돈이 많이 들지만 단기간 내에 고객 유치 효과를 거둘 수 있는 수단인 광고를 고려해 봐야 한다.

스타트업의 좋은 친구, 온라인 마케팅

스타트업의 초기 시장 단계에 TV 광고나 신문광고는 감당하기 힘들다. 우리나라에는 벤처기업의 TV 광고를 70%까지 할인해 주는 제도가 있다. 그렇더라도 몇 달간 몇 개의 채널에 광고를 하는데도 최소 몇십억 원의 자금이 필요하기 때문에 시장 진입 이후에 성공해서 후속 투자를 받아 빠른 시간 내에 고객을 전면적으로 확대하려고 할 때나 사용할 수 있다. 야놀자, 직방, 배달의 민족과 같은 서비스들이 이런 과정을 통해 TV 광고를 할 수 있었다.

텔레마케팅도 고려할 수 있다. 역시 어느 정도 자금 여력이 있어야 한다. 원하는 고객군의 전화번호를 확보한 텔레마케팅 업체와 연계하여 직접 제품을 판매하는 것이고, 판매 실적에 따라 대가를 지불한다. 제품의 성격이 인터넷을 별로 활용하지 않는 장년층을 겨냥한 것이라면 고려해 볼 만한 방법이다.

결국 스타트업이 적은 돈으로 할 수 있는 가장 좋은 마케팅 수단은 온라인 마케팅이다. 온라인 마케팅은 온라인상의 광고를 포함해 다양한 활동을 의미한다. 보통 검색엔진 최적화, 이메일 마케팅, 온라인 광고, 소셜미디어 마케팅, 유튜브 등의 동영상 홍보, 체험단 운영 등등 생각보다 다양한 방법이 있다. 어떤 온라인 마케팅 매체를 어떤 단계로 확장하면서 사용할 것인지도 계획을 세워야 한다.

제품이나 타깃 고객 별로 실로 다양한 방법이 있어서 여기서는 기본적인 개념만 소개할 예정이다. 하지만 스타트업 대표나 마케팅 담당자라면 반드시 교육이나 책자 등을 통해 충분히 온라인 마케팅에 대해 공부해야 한다. 전체적인 윤곽을 잡은 뒤에 온라인 마케팅 대행업체와 상의해서 예산 범위 내에서 효과를 극대화할 수 있는 마케팅 계획을 세워야 한다.

'검색엔진 최적화'는 원하는 키워드를 쳤을 때 내 사이트가 상위에 뜨게 만드는 방법을 말한다. 예를 들어 네이버에서 '방문세차'를 쳐 보면 먼저 파워링크나 비즈사이트란 이름의 사이트들이 가장 위에 나오는데, 이것들은 모두 방문세차란 키워드를 돈 주고 산 것이다. 이것이 네이버 수익의 대부분을 차지하는 검색광고이다. 그 밑에 해당 단어가 들어간 블로그나 지식iN이 나오고, 그 밑에 방문세차란 키워드에 연동된 사이트들이 노출된다.

돈이 많다면 매달 진행되는 키워드 경매에 도전하면 된다. 그러면 파워링크나 비즈사이트 리스트에 이름을 올려 회사 홈페이지를 연동할 수 있다. 하지만 생각보다 키워드 경매 가격은 비싼 편이다. 돈을 많이 낼수록 상위에 노출시켜 주기 때문에 키워드 하나에 한 달에 몇십만 원에서 많게는 몇천만 원씩 지불하는 경우도 있다.

하지만 돈이 없다면 사이트 소개하는 곳에라도 내 이름이 뜨도록 만들어야 한다. 그것도 되도록 위쪽에 뜨게 하면 훨씬 좋다. 내 사업과 관련하여 연관성이 있는, 되도록 많은 단어에 대해 사이트 소개에서 상위에 소개되도록 만드는 노력을 검색엔진 최적화라고 한다. 여기에도 많은 노하우가 있는데, 너무 사람들에게 많이 알려지면 검색엔진을 운영하는 회사에서 종종 세부적인 룰을 바꾸기도 한다. 그래서 전문가의 손길이 필요하다.

이메일 마케팅은 이메일 리스트를 확보하고 있는 광고 대행업체에게 이메일로 회사 및 제품 소개 이메일을 보내게 하고, 마지막엔 제품 구매와 연동되는 홈페이지의 URL을 배너와 문장, 아이콘 형태로 삽입하는 마케팅을 말한다. 요즘엔 개인정보보호법에 의해 사전 동의가 없으면 불법이어서 국내에서는 그리 활성화되지 못하고 있다. 그래서 회사의 홈페이지에 회원가입을 하고, 마케팅 정보 제공에 동의한 사람들에게만 지속적으로 회사에게 알려주고 싶은 후속 정보를 제공하는 수단으로 사용하는 것이 일반적이다.

온라인 광고에는 위에서 이야기한 검색광고 이외에 배너광고와 소셜미디어형 광고가 있다. 배너광고는 내가 타깃으로 하는 고객들이 자주 찾는 웹사이트나 앱에 네모난 배너 형태의 광고를 넣는 것을 말한다. 배너를 클릭하면 우리 홈페이지로 연동되도록 되어 있다.

광고 가격을 책정하는 방법도 여러 가지다. 보통은 우리 홈페이지에 연동되어 들어온 수를 카운트하여 돈을 지불하는 방식을 많이 선호한다. 요새는 고객의 클릭수를 높이기 위해 배너의 형태도 단순한 네모 모양을 탈피해 다양한 형태가 나오고 있다. 소셜미디어형 광고는 대표적으로 페이스북을 꼽을 수 있는데, 페이스북을 보면 항상 2번째 칸에 내 친구가 추천한 아이템이라고 하면서 페이스북 기사 형태를 가진 제품 광고가 나타난다.

소셜미디어 마케팅이란 블로그, 카페, 페이스북, 트위터 등을 통해 제품의 여러 가지 특징, 고객 체험이나 사용 후기, 제품과 관련된 다양한 이야기를 소개하는 활동을 말한다. 회사가 직접 운영하기도 하고, 체험단이나 파워 블로거와 같은 다른 사람을 활용하기도 한다. 아무래도 회사가 직접 이야기하는 것보다는 직접 사용해 본 다른 사람의 이야기를 더 듣기 원하기 때문에 체험단이나 파워 블로거를 활용하는 것이 중요하다.

유튜브 동영상을 활용한 마케팅은 사실 소셜미디어 마케팅의 한 종류이다. 최근 들어 젊은 고객들은 신제품 이름을 접했을 때, 유튜브를 많이 찾아본다고 한다. 네이버에서 검색되는 것은 텍스트이지만 유튜브를 통해서 검색되는 것은 제품에 대한 생생한 체험 영상이다. 텍스트보다는 보는 시간이 많이 소요되지만 훨씬 직관적으로 이해할 수 있고, 정확하게 내용을 알 수 있다. 물론 이들 중의 상당수는 제조 회사가 만들어서 올린 제품 소개 동영상이거나 모집된 체험단들이 무료로 제공된 제품을 사용해 보고 나서 찍은 뒤에 올리는 동영상들이다.

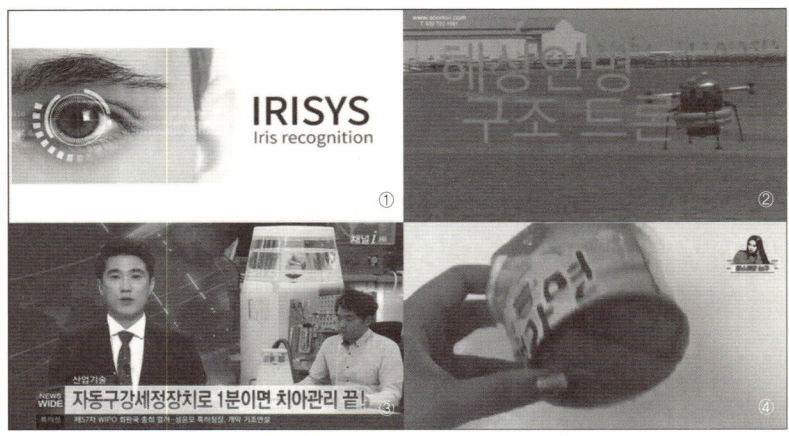

유튜브에서 찾아본 인천혁신센터 보육기업 동영상

유튜브에서 인천혁신센터의 보육기업 동영상을 몇 개 찾아보았다. ①㈜아이리시스는 비싼 외국 업체 것을 쓰지 않고 독자적으로 개발한 홍채인식

알고리즘을 보유한 홍채인식기계 전문업체이다. ②의 드론은 세계적으로도 보기 드문 해상인명 구조 드론을 생산하고 있는 ㈜숨비의 동영상이다. ③은 노약자를 위한 자동 구강 세정 장치를 개발하여 간병인의 수고를 덜어주는 ㈜닥터픽의 동영상이고, ④는 해외여행할 때 너무나 편리한 작은 컵라면 여행라면의 동영상이다.

마케팅 관점의 체험단 활용은 광고대행사를 통해 타깃 고객군에 해당되는 사람들을 선별하여 체험단을 모집하고, 이들에게 무료로 제품을 제공한 뒤에 그 사용 후기를 소셜미디어나 유튜브에 올리게 하는 것이 주요 프로세스이다. 최근 들어서는 가장 중요한 마케팅 수단이므로 적극 활용할 것을 권장한다.

전시회 참가도 마케팅이다

기업들은 여러 가지 목적으로 전시회에 참가한다. 제품 출시 이후에는 주로 국내외의 유통채널을 확보하기 위해 참가하고, B2B 제품인 경우에는 직접 고객을 만나기 위해 참가하기도 한다. 상품군별로 국내 및 해외의 유명 전시회를 조사하고 참가비용 및 시기 등을 점검해야 한다.

전시회 참가는 부스 할당에 따른 비용부터 인테리어 비용, 브로슈어 제작비용, 경우에 따라 직원들의 출장비용이나 임시적인 외부 인력 활용 비용까지 대단히 많은 돈과 노력이 드는 마케팅 활동이다. 따라서 출시하려는 제품에 따라 꼭 필요한 경우에만 활용하도록 전략을 잘 세워야 한다. 여기저기 많은 전시회를 쫓아다니기보다는 효과를 기대할 수 있는 전시회 하나만 찍어서 준비하는 것이 바람직하다.

㈜닥터픽은 전 세계 최대 IT전시회라고 할 수 있는 CES 2018에 참여해 'Best of CES 2018 Top 10' 수상의 영예를 안았다. 이를 통해 해외로부터

많은 구입 문의가 들어오고, 본격적인 수출이 가능하게 되었다. 또한 세계 3대 디자인 어워드인 'iF 디자인 어워드 2018' 프로페셔널 콘셉트 부문에서 본상을 수상했다. 닥터픽의 제품은 타인의 도움 없이는 정상적인 구강관리가 힘든 노약자나 장애인에게 획기적인 제품이다. 간병인들의 수고를 크게 덜어 준다. 뿐만 아니라 일반인들에게도 새로운 양치의 패러다임을 제공한다.

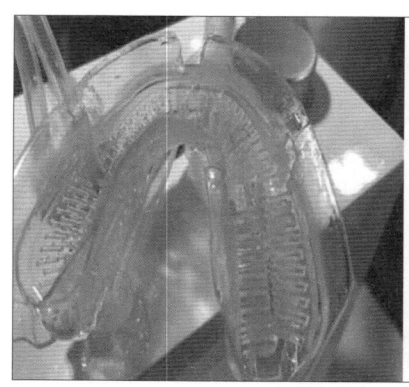 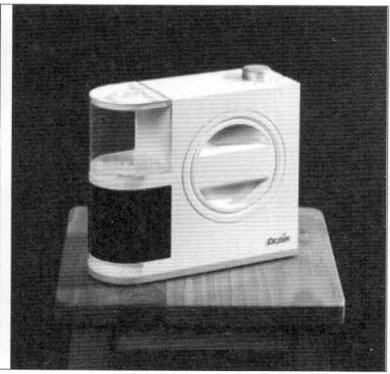

닥터픽 제품의 마우스피스(왼쪽)와 메인 본체(오른쪽)

전시회 중에는 상용화 단계나 그 이전 단계부터 참가할 수 있는 전시회가 종종 있다. 스타트업들의 제품을 모아서 전시하는 다양한 행사가 있는데, 이런 경우에는 대부분 부스 및 인테리어 비용까지 무료로 제공되어 브로슈어만 준비하면 되는 경우가 많다. 창업 지원 기관과 다양한 연줄을 맺고 있으면 이런 전시회의 초대를 자주 받게 된다. 투자자와 연결해 주기 위해서건, 정부의 활동을 소개하기 위해서건, 심지어 채용을 연결하기 위한 행사까지 생각보다 다양한 행사가 마련되어 있다.

필자는 시제품만 가진 상태라도 이런 전시회는 꼭 몇 번 참가해볼 것을 권하는 편이다. 물론 회사가 원하는 고객들이나 유통채널이 해당분야에 대한 직접적인 관심을 가지고 모여 있는 행사가 아니라서 고객의 반응은 중구난방이거나 기대한 효과를 얻지 못하는 경우도 있다.

하지만 전시회를 준비하려면 반드시 브로슈어 등 회사를 마케팅 하기 위한 기본 도구들을 갖추게 되고, 인력이 부족한 스타트업 입장에서 거의 전 직원이 동원되어 행사에 참여하게 된다. 이 과정을 통해 잠재 고객의 반응을 직접 눈으로 확인하고, 기대치 않은 투자자의 관심을 끌기도 한다. 무엇보다 이런 경험을 통해 개발자를 포함한 회사의 구성원들이 제품을 출시한다는 것이 무엇이고, 고객을 상대로 제품을 판다는 것이 어떤 것인가를 체험하는 것이 중요하다.

>>> 시장 진입 단계

자금, 조직, 마케팅 삼박자가 맞아야 시장에서 성공한다

드디어 고생스럽게 준비한 제품이나 서비스를 시장에 출시하기 위해 마지막 준비를 하고, 시장에 내놓는 단계이다. 항상 걸리는 것이 자금 문제이다. 초기 물량을 생산하고, 마케팅을 하려면 많은 돈이 필요하다.

또한 이 단계에서는 본격적으로 회사에 수입과 지출이 발생하므로 자금 관리가 매우 중요해진다. 정교하게 자금계획을 세우고, 제대로 된 사업계획서를 작성하고, 초기에 필요한 자금을 준비해야 한다. 회사의 조직이나 프로세스도 기존의 개발 중심에서 마케팅 중심 체계로 전환해야 한다.

제품에 대한 출시 계획이 완료되고, D-day가 잡히면 본격적인 시장출시 작업에 들어간다. 제조형 제품이라면 필요한 재료를 구입하고 상용화 단계에서 선정한 외주사와 실질적인 계약을 하고, 실질적인 생산에 들어간다. 생산된 제품을 최종 점검하고 초기에 활용키로 한 유통채널에 물건을 전달한다. 지식형 사업이라면 운영 환경을 셋업하고, 데이터를 초기화해야 한다.

그리고 뭔가 의미 있는 행사 등을 통해 제품을 시장에 출시한다. 마케팅을 집중해서 시장과 타깃 고객에게 회사와 제품을 알리기 위해 총력전을 펼친다. 그리고 결과를 기다려야 한다. ●

01
시장 진입 계획 수립하고 자금조달하기

효과적으로 시장에 진입하고, 성장하려면 생각보다 많은 돈이 필요하다. 이때 필요한 자금을 제대로 조달할 수 있느냐는 사업의 성패를 좌우하는 중요한 요인이 된다.

시장에 제품을 출시하면 바로 돈이 마구 들어올 것이라 생각했다면 큰 오산이다. 상당 기간 동안 오히려 돈은 더 많이 들어간다. 대부분의 창업자가 손익분기점은 잘 이해한다. 매출과 비용이 같아질 때부터 손익계산서 상의 수치상 이익은 발생한다. 하지만 현찰은 매출이 발생한다고 바로 들어오지 않고, 매출을 일으키기 위해서는 선행적으로 들어가는 돈이 있게 마련이다.

지식형 사업은 마케팅 자금과 인건비성 경비 이외에는 특별히 들어가는 돈이 없기 때문에 상대적으로 자금 압박이 덜하다. 하지만 제조형 사업에서는 재고 부담과 자금결제 조건 때문에 소요 자금이 늘어만 간다.

제조형 사업의 재고, 자금계획의 키포인트

제조형 사업은 재고란 것이 있다. 우선 물건을 팔기 전에 만들어야 한다. 외부 유통채널을 이용하면 기본적으로 고객에게 전시해 놓고 팔기 위해 최소한의 재고를 유지해야 한다. 예를 들어 말단 대리점 한 곳에 처음 10개를 주고, 5개 이하가 되면 추가 주문을 하라고 하면 기본적으로 항상 대리점 한 곳당 10개의 물건이 필요하다고 계산할 수 있다. 팔린 물건 만큼은 추가로 생산해서 보충해 주어야 한다.

물론 유통채널에 납품하고 바로 돈을 받는 구조라면 일단 재고에 따른 비용 부담은 훨씬 덜하다. 회사가 유통채널에 납품하는 순간 매출이 발생하고, 받을 돈이 생긴다. 대신 재고의 부담을 유통채널이 진다. 그래서 많은 유통 마진을 요구하는 것이다. 유통 마진을 고객 판매가의 30~50% 정도 요구하는 경우도 흔하다. 재고를 유통채널이 맡는 경우에도 회사 차원에서 기본적인 재고는 가지고 있어야 한다. 그래야 추가 주문이 들어왔을 때 즉시 대응할 수 있다.

팔리는 만큼만 판매수수료를 주는 경우라면 유통 마진을 줄일 수 있다. 대신 재고의 부담은 온통 회사가 부담해야 한다. 잘 팔리면 괜찮지만 생각보다 판매가 잘 안 되면 재고에 따른 현금 압박을 심하게 받을 수밖에 없다.

이렇게 유통채널이나 자신의 창고에 쌓아 놓은 제품의 제조비용은 손익계산서 상에는 반영하지 않는다. 하지만 재료를 공급한 회사나 조립을 해준 외주업체에게는 주어야 할 돈이다. 처음에는 유통구조가 단순하다고 해도 찾는 고객이 많아지고, 제품이 소문이 나서 거래하자는 유통채널의 종류가 늘면 늘수록 그 규모는 상당히 커진다.

이해하기 쉽게 자금 흐름과 손익계산서 예제를 만들어보았다. 시장에 진입할 때 1,000개를 생산하고, 매출이 확대됨에 따라 팔리는 물량 + 유통 확대에 따른 예비 물량을 생산한다고 가정하였다. 또한 돈은 매출 발생 후 한 달 뒤에 들어온다고 가정하였다.

1) 자금 흐름 예제

구분	1월	2월	3월	4월	비 고
매출		1,000	2,000	3,000	
(판매수량)		100	200	300	판매 단가 = 10원
현금유입	0	0	1,000	2,000	1달 뒤 입금 가정
현금지출	3,500	1,400	2,000	2,600	
- 제조비용	3,000	600	900	1,200	제조 단가 = 3원
(제조수량)	1,000	200	300	400	판매수량+유통확대 물량 생산
- 판매수수료	0	300	600	900	매출연동경비지출(비율 30%가정)
- 인건비 등	500	500	500	500	고정비성 경비
현금 과부족	-3,500	-1,400	-1,000	-600	

2) 손익계산서 예제

구분	1월	2월	3월	4월	비 고
매출	1,000	2,000	3,000		
매출원가	0	300	600	900	=판매수량×제조단가
(판매수량)	0	100	200	300	
영업비용	500	800	1,100	1,400	
- 판매수수료	0	300	600	900	
- 인건비 등	500	500	500	500	고정비성 경비
영업이익	-500	-100	300	700	

손익계산서 상으로는 3월부터 영업이익이 나기 시작했다. 팔린 물건의 제조원가만 비용항목인 매출원가로 반영하기 때문이다. 하지만 자금 흐름 관점에서 보면 필요한 돈이 줄어들기는 하지만 4월까지도 계속 현금이 부족하다. 이런 과부족 자금을 모두 모아서 조달해야 할 자금으로 계산해야 한다. 일단 현금 흐름이 플러스로 돌아서면 회사가 상당히 여유로워진다.

스타트업 중에는 재고 비용을 줄이기 위해 온라인 판매만 하는 곳도 많다. 그러면 아무래도 고객에게 다가갈 기회가 줄어들어 매출 확대에는 부정적인 영향을 미친다. 하지만 인터넷 마케팅이 크게 발전하고, 고객들이 온라인으로 물건을 사는 비중이 크게 높아지고 있어, 필자는 제품의 종류에 따라 다르기는 하지만 사업이 일정 단계에 이르기 전에는 이 방법을 권하는 편이다.

특히 B2B 사업의 경우 납품한 후에 내 손에 돈이 들어오기까지 최소 3~6개월이 소요된다는 점을 명심해야 한다. 게다가 업종별로 관행이 다르고, 심지어 거래하는 기업들마다 지불 조건이 다를 수 있으므로 사전에 어느 정도의 자금이 묶여야 하는지 정확히 파악해 두어야 한다.

사업계획서 작성과 자금계획

이 단계에 이르면 사업에 필요한 비용 요소들은 대부분 결정된다. 이를 바탕으로 사업계획서를 작성해야 한다. 이미 조사된 자료들을 바탕으로 전사적 관점에서 사업계획서를 작성한다. 일반적인 사업계획서의 목차는 정해져 있는데, 자기 회사 특성에 맞게 변형해서 쓰면 된다.

1. 사업 개요	2. 창업자 소개	3. 제품 개요(복수 가능)	4. 시장 분석
1) 사업 개요 2) 회사 비전 3) 제품 구성	1) 창업자 소개 2) 보유 역량 3) 창업팀 소개	1) 제품 개요 2) 제품 필요성 3) 제품 용도 4) 보유 기술 현황 5) 기술 차별성	1) 시장 현황/전망 2) 경쟁 환경 분석 3) 고객 환경 분석 4) SWOT 전략
5. 사업 전략	**6. 운영 계획**	**7. 재무 계획**	**8. 수익성 분석**
1) 사업 방향 2) 핵심 사업 전략	1) 개발 계획 2) 구매/조달 계획 3) 생산 계획(필요시) 4) 마케팅 계획 5) 조직/인원 계획 6) 시설 계획(필요시)	1) 투자 계획 2) 매출 계획 3) 비용 계획 4) 추정 손익계산서 5) 자금조달 계획	1) 손익분기점 분석 2) 현금흐름 분석 3) 경영지표 분석 4) 리스크 분석

사업계획서 목차 예시

이전 단계에도 R&D 지원 자금을 받거나 벤처캐피털을 설득하기 위해 사업계획서를 작성했을 것이다. 대개 심사위원이나 투자자를 설득하기 위해 큰 그림을 보여 주기 위한 계획서로 개발 계획을 제외하고는 막연하게 작성한 경우가 대부분이다. 하지만 현 단계에서 필요한 것은 내부용 사업계획서이다. 솔직하고 디테일하게 작성해야 한다. 특히 개발과 구매/조달, 생산, 마케팅 계획들이 서로 연관성을 가지고 논리적으로 연결되어야 한다.

다음에는 디테일한 수준의 재무계획을 작성해야 한다. 앞에서 말한 활동들을 수치화하는 것이다. 먼저 투자 계획과 매출 계획을 세워보고, 이에 따라 손익계산서를 작성해 본다. 이를 바탕으로 자금계획을 세워야 한다.

외부용은 대개 5년 정도의 기간에 걸쳐 장기적인 모습을 보여주는 형태로 작성된다. 하지만 내부용 사업계획서는 월 단위까지 고려해 자세한 수준의 자금계획을 세워야 한다. 그래야 필요한 자금이 정확히 산출된다.

먼저 투자비를 계산해 본다. 투자란 새로운 연구개발 장비 구매나 공장 설립에 필요한 자금을 말하는데, 이것들은 여러 해에 걸쳐서 비용으로 나눌 수 있기 때문에 따로 계산한다. 단, 토지를 사거나 사무실을 임대했을 때의 임대보증금은 감가상각을 하지 않는다. PC나 사무집기 등은 신규 인력 당 얼마로 계산하면 편하다. 많은 중소기업들이 신제품을 개발하는 경우 인건비나 제반 경비를 합쳐서 건설가계정이란 자산으로 등록했다가 매출이 발생하면 감가상각을 하는 경우도 많은데 R&D의 비중이 매우 큰 바이오 같은 사업에서는 처음부터 이 방식을 적용하는 것도 좋다.

다음은 매출액을 계산해 본다. 여기에는 상당히 많은 가정이 들어간다. 그런 가정을 먼저 기록하고 이를 수치로 표시해 본다. 물론 가정이 바꾸면 숫자도 바뀐다. 여러 번 가정을 바꾸어 가면서 회사의 모습을 시뮬레이션 해보려면 엑셀 같은 도구를 잘 다루는 사람이 회사 내에 있어야 한다.

매출의 산출 근거는 구체적이어야 한다. 타깃 시장의 규모, 예상 고객 수, 고객 당 제품 판매개수, 제품의 가격, 시장점유율 등을 가정하여 '판매한 제품의 수량 × 가격'이 매출이다. 회사 입장에서는 이런 매출을 일으킬 수 있는 확실한 자신감과 근거가 있어야 한다. 보통 경쟁제품과 비교해서 시장 점유율을 보면 허황된 수치인지 아닌지 판단할 수 있다.

손익계산서는 예상되는 매출액과 이에 따라 소요되는 경비를 계산하여 얼마나 이익이 나는가를 수치로 보여주는 재무제표이다. 자기 스스로 사업의 미래 모습을 예측해 보는 효과도 있고, 투자자들에게 회사의 미래 모습을 보여주어 투자를 설득하기 위해서도 필수적으로 필요한 서류이다. 투자자는 이를 통해 회사의 미래가치가 얼마나 되는지를 가늠하여 회사의 기업가치를 평가하고, 투자 여부를 결정하게 된다.

외부용은 보통 5년 치를 계산한다. 미래 회사의 매출 및 손익 흐름을 볼 수 있는 최소 단위이다. 스타트업의 경우 보통 첫해에는 적자가 나고, 매출이 늘어나는 다음 해부터 점점 이익이 늘어나는 경우가 많다. 손익계산서에서 사용하는 계정과목은 정부가 정한 것이므로 임의로 바꾸지 말고 반드시 해당되는 항목을 사전에 이해하고 정확한 용어를 사용해야 한다.

비용의 산출 근거도 마찬가지 원리이다. 우선 가장 먼저 매출원가가 있다. 매출을 일으키기 위한 제품의 순수 원가이다. 유통업이라면 팔 물건을 구매하기 위해 사용한 돈의 합이다. 제조업이라면 판매한 물건을 제조하기 위해 들어간 제조원가의 합이다. 매출원가라고 부르는 이유는 생산할 때마다 제품의 매출원가가 조금씩 다르므로, 정확하게 판매한 제품의 원가만을 합치라는 의미이다. 100개를 팔았는데 50개는 30원에, 50개는 28원에 제조했다면 제조원가는 50×30+50×28원 = 2,900원이 된다. 하지만 계획을 세울 때는 복잡하므로 '제품 당 제조단가 × 판매 수량'으로 계산한다. 제조원가는 재료비, 외주용역비가 주를 이룬다. 지식형 사업은 매출원가가 없는 경우가 대부분이다.

다음 매출과 관련된 경비를 계산해 본다. 광고 선전비(순수 광고비, 마케팅 외주용역에 드는 비용), 판매수수료(유통망에 지불할 수수료), 자체 쇼핑몰을 운영한다면 신용카드 결제수수료와 배송료 등이 대표적이다. 각각의 산출근거도 매출액 산출에 사용한 판매수량에 단가나 비율을 곱해서 계산한다. B2B 사업이라면 접대비도 매출액의 적당 비율을 정해서 책정해야 한다.

인원 관련 경비도 있다. 먼저 연도별로 인원수를 산정한다. 왜 필요한지, 어떤 수준의 연봉을 주어야 하는 인력인지도 산출해 본다. 그리고 각 인원별 연봉을 합하면 기본 인건비가 된다. 여기에 복리후생비로 16~20% 정도를 계상한다. 주로 인건비와 4대 보험료 회사 부담금 및 복리후생비, 퇴직금, 회의비 이외에 간단한 명절 선물이나 야간 식대를 합친 수준이 된다. 만약 직원들에게 추가적인 회사 특유의 복리후생제도를 운영할 계획이라면 그 비용도 추가로 잡아야 한다.

자산 관련 경비는 대표적인 것이 감가상각비이다. 중요한 자산마다 회사에서 사용기간을 정해 그 기간 동안 나누어서 비용을 나누어 계상하는 것이다. 예를 들어 고가의 테스트 장비 구입이 예상된다면 5년에 걸쳐 감가상각비를 잡을 수 있다. 자산을 사지 않고 임차한 경우에는 지급임차료란 항목으로 계상하면 된다. 클라우드 컴퓨팅 서비스를 이용하는 경우가 대표적이다. 임차한 사무실의 관리비도 여기에 계상해 둔다.

<u>스타트업 자산 관련 경비 중 중요한 것이 경상개발연구비이다. 매출이 발생하는 제품의 유지보수나 개선 작업에 드는 경비 혹은 신제품 개발을 위해 투입하는 비용이다. 벤처기업의 연구개발 노력을 평가할 때 따지는 것이 매출액 대비 연구개발비 비율이다. 연구개발 비중이 높을수록 향후의 발전 가능성이 높다고 평가하며, 이 비율이 어느 정도 이상 되어야 우수한 회사로 평가한다.</u>

향후에 추가적으로 신제품이나 신모델을 출시할 계획이 있다면, 시장 출시 전에 개발비가 반영되어야 한다. 이미 시제품 제작 및 상용화 과정을 거치면서 어떤 비용이 드는지 경험했다. 연구개발에 든 돈은 인건비성 경비, 자산 관련 경비, 기타 경비를 모두 포함하여 경상개발연구비로 책정한다. 정부로부터 받은 R&D 지원 자금도 연구개발에 투입된 것이므로 경상개발연구비로 책정한다.

그밖에도 회사를 경영하려면 실로 다양한 형태의 경비가 많이 필요하다. 이를 개별적으로 추정하는 것은 불가능하므로 매출액의 5% 등 일정 비율로 가정하여 비용을 설정하면 된다.

매출에서 이들 경비를 빼면 영업이익이 된다. 영업이익은 회사의 자금창출능력을 평가하는 중요한 잣대가 된다. 영업이익에서 은행 대출 이자 등의 영업외비용을 빼면 경상이익이 되고, 여기서 법인세를 차감하면 당기순이익이 된다.

　손익계산서를 작성했다면 주식시장에 상장한 유사 업종 회사와 비교해 보는 것도 좋다. 유명한 회사의 홈페이지 회사소개 중 투자정보에 관련된 항목을 보면 대개 IR 보고서가 있다. 여기에 재무제표와 함께 투자자에게 간단히 회사의 재무상태를 설명하기 위한 IR 자료들이 있는데, 이를 보면 스타트업이 제대로 성장하면 갖추게 될 손익 구조를 이해할 수 있다. 대개 5~6개의 계정과목이 비용 전체의 80%를 차지하는데, 내가 세운 계획과 비교해 큰 차이가 있다면 손익계산서를 잘못 작성했을 수도 있으므로 검토해 봐야 한다.

(단위: 10억 원)

구분	1Q14	비율
매출	638.0	100%
-광고	477.1	75%
-콘텐츠	131.5	21%
-기타	29.5	5%
영업비용	448.2	70%
영업이익	189.8	30%
법인세·차감전이익	189.4	30%
당기순이익	128.9	20%

구분	1Q14	비율(매출)	비율(비용)
매출	638.0	100%	
영업비용	448.2	70%	100%
-인건비	135.2	21%	30%
-지급수수료	167.1	26%	37%
-광고 선전비	41.7	7%	9%
-감가상각비	34.0	5%	8%
-통신비	27.5	4%	6%
-복리후생비	16.3	3%	4%
-기타	26.4	4%	6%

출처 : 네이버 홈페이지>투자정보>IR 자료실

TR 보고서 샘플: 네이버의 주요 수익 및 비용항목(2014년 1/4분기)

표에서 볼 수 있는 네이버의 손익계산서는 네이버 홈페이지에서 얻은 자료를 기초로 가공한 것이다. 최근에는 IR 자료의 형태가 바뀌어서 계정과목별 비용구조를 알기 어려워 예전 자료를 참조했다. 네이버는 6개 계정과목이 전체 비용의 94%를 차지한다. 인건비와 복리후생비가 큰 비중을 차지하고, 콘텐츠 제공자 등에게 주는 지급수수료, 광고 선전비, 감가상각비, 서버 연결비용인 통신비가 비용의 대부분을 차지함을 볼 수 있다.

이제 자금 소요 및 조달 계획을 세울 차례이다. 자금 소요를 계산하는 방법은 여러 가지가 있지만 대표적인 방법을 소개한다. 재무제표 중 하나인 현금흐름표를 통한 산출 방식이다. 먼저 영업활동의 자금 창출 여력인 '영업이익 + 감가상각비(현금 미지출경비)'를 계산한다. 이것이 현금의 유입 원천이 된다.

현금 지출 요인도 계산한다. 나갈 돈을 계산하는 방식이 아니라 증가 요인을 더하는 방식이다. 보통 투자비, 재고 증가금액, 외상매출금 증가금액을 합치면 된다. 재고 증가금액은 첫해엔 최초 제조비용 모두를 잡고, 다음해부터는 판매수량 증가에 적정재고율을 곱하여 구하고, 외상매출금 증가금액도 매출액 증가액에 적정 비율을 곱해서 구하면 된다. 자금결제가 통상 3개월이라면 3/12월 = 25%를 잡으면 된다.

상당히 어렵다고 느끼는 사람들이 많고, 사실 글로는 어떻게 설명해도 이해하기 어렵다. 내부적으로 재무계획을 세울 수 있는 사람을 키워야 한다. 없다면 전문가의 도움을 받을 수밖에 없다.

자금조달 방법

R&D 지원 자금은 제품의 생산 자금이나 마케팅 자금으로 사용할 수 없다. 사업화 지원 프로그램 중에는 이런 초기 마케팅 자금을 지원하는 프로

그램들이 있으므로, 잘 찾아서 활용하는 것이 바람직하다. 하지만 아무래도 필요한 규모에는 훨씬 못 미치는 소액인 경우가 많다.

이 단계의 대표적인 자금조달 방법은 벤처캐피털의 투자자금과 정책자금 대출이다. 일반적으로 이들을 조합해 필요한 자금을 마련한다. 이런 자금에 도전하는 방법은 Part 2의 해당 내용을 찾아보도록 한다.

정책자금은 정부가 지원해 비교적 싼 이자로 대출받을 수 있는 자금이다. 기술보증기금이나 신용보증기금, 중소기업진흥공단 등을 활용하면 이런 자금들을 대출받을 수 있다. 본인 명의 또는 부모님 명의의 아파트를 담보로 자금을 확보하는 일은 최대한 말리고 싶다.

지식형 사업의 경우 벤처캐피털은 투자의 전제조건으로 일정 부분의 가입자 확보나 초기 매출 발생 등을 요구하기도 한다. 지식형 사업은 비교적 적은 비용으로 시장 진입이 가능하기 때문에 정책자금을 이용해 일단 시장에 진입해 일정 부분 가입자를 확보 후에 본격적인 마케팅 자금 마련을 위해 벤처캐피털 문을 두들기는 시나리오도 가능하다. 이 방법은 기업가치를 높이는데도 도움이 되므로 자금 마련에 큰 어려움이 없다면 추천하고 싶은 시나리오이기도 하다.

02
조직 재구성하고 업무 프로세스 정립하기

  제품 출시를 서둘러 진행한 뒤에 사람이 부족해서 조직이 패닉 상태가 된 후에 성급하게 직원을 채용하는 경우가 많다. 하지만 너무나 바쁘고, 뒤죽박죽인 상태로 몇 달을 보내는 사이에 더 많은 고객을 잡을 기회를 놓치고, 심지어 잡은 고객마저 떠나는 사태가 벌어지기도 한다.

  사전에 조직을 정비하고, 조직별 업무분장을 디테일한 수준까지 정의해야 한다. 업무분장을 했다고 일이 돌아가지 않는다. 특히 고객과 관련된 일은 영업, 생산, 연구개발이나 유지보수 업무 등이 맞물려 돌아가야 하는 경우가 많으므로 주요한 업무에 대해 내부 프로세스를 정의해야 한다. 조직별로 일하는 순서를 정하는 것이다. 그리고 조직별로 신규로 필요한 인력을 산정한 다음 채용하고, 사전에 예행 연습을 해 봐야 한다. 신규 인력이 회사에 안착하는 과정도 섬세하게 관리해야 한다.

개발 중심에서 영업 및 마케팅 조직으로 전환 준비

시장에 제품을 출시하면 회사의 업무 중심이 연구개발에서 영업 및 마케팅으로 바뀌게 된다. 어제까지 회사 내의 모임에서 제품의 개발이나 최초 생산 관련된 내용이 주요 화두이고 대화 주제였다면, 출시와 동시에 오늘 판매한 제품의 개수나 새로 가입한 고객 수 등이 메인 주제가 된다. 언론 등에 나온 회사나 제품에 대한 평가나 인터넷 상에 올라온 고객의 반응이 온통 화제가 된다.

고객이나 영업과 관련해 해야 할 일들이 폭주하기 때문에 스타트업 대표들은 자연스럽게 관심을 이 분야로 돌릴 수밖에 없는데, 개발 관련 업무를 하던 사람들은 뭔가 허전함을 느끼게 되는 경우가 많다. 그리고 고객의 불만사항이나 추가적인 요구사항 그리고 사소한 제품의 결함이나 부족한 사항 등이 쏟아지면 여태까지 회사 내의 스타였던 개발 조직의 팀장은 졸지에 죄인이 되는 분위기도 나타난다. 사전 준비만 하고, 회사에서 지금껏 큰 목소리를 내지 못 하던 영업부서의 팀장은 연일 회사에서 가장 목소리를 높이는 사람이 된다.

여태까지 모든 일을 한 자리에 모여 협의하면서 진행해 왔다면, 출시와 동시에 그런 일이 거의 불가능하다는 것을 깨닫게 된다. 각자가 업무를 쪼개서 자기 일에 충실해야 하고, 어떤 일이 닥쳤을 때 모든 직원이 어떻게 해야 하는지 사전에 알고 있어야 조직의 생산성이 높아진다.

먼저 조직을 확실하게 설계하고 업무분장을 확실하게 정의한다. 제조형 기업이라면 구매 및 생산 관리, 영업/마케팅, 연구개발, 관리업무 등으로 직원들의 업무를 확실히 구분해야 한다. 지식형 기업이라면 마케팅, 유지보수, 연구개발, 관리업무로 구분하는 것이 일반적이다. 유지보수 업무와 연구개발을 분리하지 않고 진행하는 경우도 많지만 당장 필요한 유지보수 업무에 파묻혀서 다음 단계에 필요한 기능이나 신제품 개발 업무가 소홀해지기 마련이다. 하지만 핵심 개발자가 1명이고 모든 것이 그 사람 머릿속에만 있다면 이를 쪼개기가 쉽지 않은 것도 현실이다. 여러 가지 어려움은 있겠지만 꼭 필요한 최소 인력은 어떻게든 확보해야 한다.

이 단계에서 대표는 새로 영입하는 직원들과 창업 멤버들의 차이를 고민해야 한다. 창업팀은 여태까지 많은 고생을 해 왔고, 적은 월급을 마다하지 않고 회사의 비전을 공유하면서 일해 온 사람들이다. 반면 이 단계에 입사하는 직원들은 회사를 일하는 직장으로 여기고 들어온다. 창업팀 멤버들은 주인의식으로 똘똘 뭉쳐서 이 회사가 내 회사라는 의식이 강하지만, 새로 들어온 직원들은 기본적으로 월급 받은 만큼만 일하겠다는 생각이 강하다.

창업팀과 새로 뽑은 직원들이 융합되어 하나의 조직처럼 일하려면 일정 기간 시간이 필요하다. 그래서 최소한 제품 출시 몇 달 전에 미리 사람을 뽑아야 한다. 회사의 비전과 제품의 특징에 대해 공유한 뒤에 자신의 업무를 스스로 설계할 수 있게 도와줘야 한다.

기껏 뽑은 직원들이 소외감을 느끼는 경우도 많다. 개발팀이나 스타트업 대표는 이 단계에서 해야 할 일이 너무나 많아서 일일이 새로 입사한 사람을 신경 쓸 여력이 없다고 느낀다. 그래서 여태까지 만든 자료를 던져 주고는 본인들이 알아서 공부하고 실력을 갖추어 주기를 기대한다. 하지만 어떤 사람도 지난 1~2년 동안 회사가 쌓아온 온갖 노하우를 제대로 된 전달 교육 없이 단기간 내에 파악할 수 있는 사람은 없다. 신입사원은 더욱 그렇다.

특히 회사마다 사용하는 용어가 다르기 때문에 이해하기 힘든 경우가 많다. 앞에서 고객에게 사용할 용어를 재정의해야 한다는 이야기를 했지만, 여전히 회사 내의 많은 사람들 특히 개발팀들은 자신들만의 용어를 쓰는 경우가 많다.

　한국말을 쓴다고 다 이해할 수 있는 것이 아니다. 어떤 개념을 나타내는 일반 명사를 회사 고유 용어로 사용하는 경우 처음 대화에 끼어 든 사람은 어리둥절할 수밖에 없다. 당연히 국어사전에도 그 뜻이 나오지 않는다. 새로 온 사람들이 이런 용어들을 이해하고, 대화에 참여하려면 의외로 많은 시간이 소요된다. 따라서 자료를 놓고 용어 하나하나를 설명해 주는 과정을 거치지 않으면 창업팀이나 대표와 대화하기 힘들고 자신의 실력을 발휘하기 쉽지 않다. 청사진 기법을 도큐멘트하여 이런 과정에 사용하라는 의미가 그것이다.

　창업 초기에는 전 직원이 회사의 모든 것을 숙지하는 것이 좋다. 제품 출시 과정 또는 여러 가지 성장 과정마다 전 직원이 동원되어야 하는 사건이나 이벤트가 있게 마련이다. 이런 이벤트나 공동 경험을 가지면 회사가 다급할 때는 다른 팀의 직원 역할도 마다하지 않고 도와줄 수 있는 문화를 셋업하는데 도움이 된다. 상호 OJT를 통해 서로의 업무에 대해 공부하도록 해야 한다. 급할수록 돌아가라는 말이 있는데, 특히 새로 온 사람을 우리 사람으로 만드는 과정에는 꼭 맞는 말이다.

업무 프로세스 정립

　이 단계에서 중요한 것은 여러 번 회의를 하면서 앞으로 닥칠 중요한 일들에 대해 프로세스를 정립하는 일이다. 기본적인 조직의 기능이나 업무분장은 경영학 교과서나 예스폼 등의 인터넷 사이트에서 쉽게 찾을 수 있다. 하지만 막상 회사 내 업무 프로세스에 대한 자료는 찾기가 힘들다. 왜냐하면 프로세스는 제품이나 서비스의 특징, 회사 조직이나 구성원들의 역량에 따라 회사마다 전부 다르고, 수시로 바뀌기 때문이다.

팀 내의 프로세스는 팀원들끼리 알아서 정해도 된다. 하지만 팀 간에 협력이 필요한 프로세스는 사전에 충분히 논의해서 합의해 놓아야 한다. 또한 아무리 정교하게 미리 프로세스를 정해 놓아도 예상치 못한 새로운 일이 생기게 마련이다. 이럴 때 어떻게 해야 하는지도 미리 정해 놓아야 한다. 합의된 프로세스는 반드시 문서화를 해 둘 필요가 있다. 대표적으로 청사진 기법을 쓰는 것이 필자 경험상 가장 좋다.

또한 팀 내의 일이건, 팀 간의 일이건 고객이나 제품에 관련된 일은 반드시 양식을 만들어 관리하는 것이 좋다. 일의 단위, 담당자별로 어떻게 처리했는가를 기록에 남기면 나중에 문제가 생겼을 때 쉽게 확인할 수 있다. 이런 양식들도 예스폼 등의 사이트에서 쉽게 샘플을 찾을 수 있으니 회사에 맞는 양식을 골라서 쓰거나 변형해서 사용하면 된다.

인원이 몇 명 안 되니까 그냥 카톡(또는 업무용 메신저)이나 메일로 모든 업무를 처리한다고 생각하면 나중에 큰 사고를 유발할 가능성이 높다. 문제가 생길 때마다 과거의 카톡이나 메일을 뒤지느라 생산성은 급격하게 떨어지고, 서로의 책임 전가로 조직은 엄청나게 시끄러워진다. 일반적인 업무의 커뮤니케이션은 카톡이나 메일을 쓰더라도 고객과 관련된 업무는 사전에 정의된 양식과 정형화된 양식의 커뮤니케이션을 활용해야 업무 누락 사고를 줄이는데 도움이 된다.

요새는 협업도구 등의 이름으로 좀 더 이런 업무를 정형화할 수 있는 툴들이 많이 나오고 있다. 이런 도구를 사용하면 대기업들처럼 프로세스를 모두 전산화할 수는 없어도, 누가 업무처리를 지연시키고, 업무를 누락하고 있는가를 찾거나 다양한 협업 업무를 진행하는데 도움이 된다.

국산 협업도구 샘플 화면

프로세스를 정의한다는 것은 고객이나 제품에 대해 생기는 각종 이슈들에 대해 조직들 간에 처리하는 업무 순서, 주고받을 서류 양식과 데이터 그리고 일을 처리하는 기본 원칙과 도구를 정하는 것이다. 특히 팀 간의 업무 전달을 어떻게 하는 것인지 확실하게 정의하는 것이 중요하다. 조직 내 해당 업무의 담당자와 업무 담당자 부재 시의 보조 담당자까지도 정해두어야 한다.

제조형 제품이라면 추가 생산 프로세스가 정리되어야 한다. 재고가 어느 정도일 때 추가 생산에 착수할 지를 정해놓아야 순조롭다. 현장의 재고는 영업부서가 알고 있다. 필요한 재료의 구매와 생산업체에 대한 의뢰는 누가 할 것인지, 검수와 돈 지불, 창고 입고는 어떻게 하는지도 정해야 한다. 유통채널에 전달하는 것도 누가 어떤 절차로 진행하는지도 따져 보아야 한다.

특히 팀 간의 업무 전달을 어떻게 할 것인지 확실하게 정의해 둔다. 중요한 업무에 대해서는 업무 담당자 외에 부담당자도 정해 두어야 한다. 지식형 사업이라면 장애 상황이나 시스템 에러, 고객의 요구사항이나 새로운 아이디어, 시스템의 개선사항 등을 개발팀에 전달하는 프로세스와 어떤 것부터 개발해야 하는지를 결정하는 프로세스를 셋업하는 것이 매우 중요하다.

모든 조직에서 비용 집행에 대한 프로세스는 항상 이슈이다. 현업 부서는 일을 빨리 하기 위해서 내가 원하는 대로 빨리 비용이 집행되기를 희망한다. 하지만 관리부서는 기본적으로 자금 입출을 관리하고, 부족하다고 생각되면 사전에 자금을 조달해야 하고, 회계나 세무 상의 위법사항이 있는지 점검하는 등 해야 할 일이 많다. 자금 관리에 따른 리스크를 줄이기 위해 상대적으로 보수적일 수밖에 없다.

종종 그 보수성이 지나치면 정작 일을 해야 할 부서들이 사업을 전개할 의욕을 상실하는 경우도 있다. 갈등을 최소화하려면 자금을 집행할 때 어떤 양식과 절차를 겪어야 하는지 미리 권한 위임 요령이나 프로세스를 만들고, 대표를 포함해 현업 부서와 사전에 충분히 협의해야 한다.

<u>필자가 생각하기에 가장 중요한 프로세스는 고객 AS 프로세스이다. 고객으로부터 접수된 다양한 고객 불만을 어떻게 처리하느냐 하는 문제이다. 실로 많은 스타트업이 이 프로세스를 소홀히 했다가 실패하기도 한다. 제품이 출시되면 간단한 사용법 설명에서부터 고장이나 하자의 처리 요구, 근본적인 기능상의 문제, 환불 요구 등 실로 다양한 문제들이 고객으로부터 접수된다.</u>

가장 먼저 '누가 고객 클레임을 어떻게 접수하느냐의 문제'부터 정의해야 한다. 보통은 영업팀 내에 AS를 담당할 직원을 둔다. 클레임을 접수하는 방법은 홈페이지를 통하는 방법과 대표전화에 의한 콜센터 방식이 있다.

홈페이지를 통한 방식에서는 오픈된 형태의 접수와 댓글 방식의 응대 방식을 취하면 클레임뿐만 아니라 고객이 제품에 대해 느끼는 만족감도 같이 표현되는 경우가 많다. 빠르고 정확하게 응대해 주면 고객의 신뢰도가 높아질 수 있다. 하지만 클레임의 양이 많으면 고객들은 제품을 점점 불신하게 된다. 종종 접수내용은 오픈하고, 응대 내용은 비밀번호 등 고객만 볼 수 있는 방식을 취하는 경우도 있는데 필자의 생각에는 가장 안 좋은 방식이다.

요즘에는 통신사에서 콜센터 대표 전화번호를 임대해 주는 사업을 하기도 한다. 고객 클레임 내용을 녹음해 준다든가 여러 명의 전화로 동시 응대를 할 수 있게 해 주는 기능도 제공한다. 덕분에 스타트업도 콜센터를 운영하는 것이 논리적으로는 가능해졌다.

이 방법은 고객의 클레임 내용이 고객 상호간에게 오픈되지는 않고, 고객 입장에서 가장 빠르게 고객서비스를 제공받을 수 있는 방법이다. 하지만 이 제도를 운영하기는 결코 쉽지 않다. 회사 내 모든 사람이 이 일을 하기 싫어한다. 담당자를 한 명 전담 지정하면 회사에 사표를 낼지도 모른다. 감성 노동의 대명사이기 때문이다.

일단 접수된 클레임은 종류별로 처리 프로세스가 정의되어야 한다. 간단한 사용법 조작에 대한 문의나 운송 지연 등의 문제라면 비교적 쉽다. 같은 질문이 반복되기 때문에 응대자가 제품에 대해 잘 숙지하고 있다면 바로 응대 방법을 결정하고 해결할 수 있다.

하지만 제품의 고장이나 오작동, 환불 요구 등의 접수 내용은 미리 처리 프로세스가 정해져야 하고, 처리 과정도 다른 부서의 협조를 얻어야 한다. 필자의 경험상 가장 좋은 방법은 콜센터 담당 직원이 고객에게 즉시 회사가 이렇게 해 주겠다는 말을 할 권한을 갖는 것이다. 그리고 약속한 것은 무조건 지킨다. 타 부서에서 보기에 타당하지 않다면 나중에 수정된 프로세스를 만들면 된다.

부당한 요구를 하는 고객들도 있다. 그런 고객들을 대비해 이런 저런 경우에는 안 된다는 룰을 잔뜩 만들면 블랙 고객을 상대해야 하는 콜센터 입장에서는 처리가 너무 힘들어진다. 고객과 목소리를 높이며 실랑이하는 것보다는 우리가 당신이 잘못한 것을 알지만 그래도 고객이 원하는 대로 해주겠다고 설명하고 인심 쓰는 것이 회사 전체로 보면 훨씬 더 생산적인 경우가 많다.

제품 교체나 환불처리 약속 등을 고객과 하면 즉시 담당 부서에서 최우선 순위로 후속 처리해야 한다. 한편 제품의 고장이나 오작동 문제라면 관련부서로 내용을 전달해 생산 과정상의 문제인지, 설계상의 문제인지 원인을 파악해야 한다.

지식형 사업인 경우에는 신속히 처리되어야 할 요구사항도 많이 접수된다. 특히 장애나 기능상 오류와 관련된 사항이 그렇다. 장애 상황이라면 개발부서나 유지보수 부서에게 해당사항이 핫라인으로 전달되어야 한다. 대표부터 팀장, 담당자에게 이르기까지 한꺼번에 전파하는 것이 좋다. 기능상 오류 등은 정확하게 내용을 접수해 개발부서나 유지보수 부서로 보낸다. 시스템이 어느 정도 안정화될 때까지는 신규 개발보다 이런 이슈들을 우선적으로 처리해야 한다. 초기에는 유지보수 업무 담당자가 해결하지 못해 개발자가 투입되어야 하는 이슈들이 많이 생기게 마련이다.

시간이 걸리는 조치 요구사항이나 시스템적으로 대체 수단이 있는 사항들은 다른 부서들의 요구사항 및 신규개발 과제와 묶어서 우선순위를 결정하는 프로세스를 진행해야 한다. 우선순위를 결정하는 것은 개발부서 단독으로 해서는 안 된다. 대표를 포함한 영업팀이 함께 위원회 형태로 주기적인 회의를 거쳐 의사결정을 진행하는 것이 바람직하다.

03
사업 개시 준비와 D-day

모든 준비가 끝났다면 이제 시장에 제품을 출시할 타이밍이다. 먼저 D-day를 정하고, 역산하여 각 부서의 사람들이 D-day를 위해 할 일을 정의해 본다. 필자는 'D-day 작전서'라고 종종 부르는데 한 장으로 요약된 일정 계획서를 만든다. 제품 출시를 위해 일정별로 각 부서가 해야 할 일을 역산하여 정리한 것이다. 이런 계획 하에 예를 들어 D-30일에 최초 제품 생산 발주를 시작으로 각 부서가 자기 일을 전개하기 시작한다.

앞에서 사업 개시를 위해 준비했던 모든 것을 한꺼번에 진행해야 한다. 이 과정은 제품의 특징마다 다르므로 여기서는 대표적인 분야만을 중심으로 설명한다. 특히 회사가 개발 모드에서 사업 모드로 전환되는 기점이 되는 D-day에 맞추어 철저한 마케팅 준비를 갖추어야 한다.

제조 아이템 생산

제조형 사업이라면 가장 먼저 최초 제품을 생산해야 한다. 재료 구입부터 시작해서 사출, 중간 부품의 생산, 가공 등의 작업이 동시다발적으로 이루어진다. 그리고 이들이 최종 조립라인으로 모여 최종 제품으로 조립된 뒤 테스트를 거쳐 포장까지 완료하면 끝난다.

생산에 앞서 재료 구매 및 외주 관련 협력업체들과 계약을 체결하는 것이 먼저다. 가격, 결제조건과 물량, 소요 시간 등을 확정해야 한다. 초기 물량을 정하는 일은 늘 고민스럽다. 물량에 따라 제조 가격이 달라지기 때문이다. 물량이 많으면 가격이 낮아지지만 리스크를 줄이기 위해 혹은 자금 여력이 없을 때는 비용이 올라가도 최소한의 물량을 만드는 것이 최선이다. 하지만 일정 수량 이하는 아예 작업이 불가능해 중간재를 필요 이상으로 많이 생산해야 하는 경우도 있다. 그럼에도 최소 수량을 고집하면 계획했던 단가보다 훨씬 높아지는 경우도 발생한다. 특히 플라스틱 사출 공정이나 PCB 공정 등이 필요한 경우에는 이런 이슈가 많이 발생한다.

자금 지불 조건도 이슈가 될 수 있다. 흔히 최소한의 계약금을 주고, 물건이 완성되어 납품한 뒤에 돈을 지불하면 된다고 생각하지만 스타트업에게는 그런 조건조차 허용되지 않는 경우가 많다. 종종 거래업체들은 스타트업에게 과도한 계약금을 선불로 요구한다. 기존에 거래가 있었던 것도 아니고, 현재 매출도 없고, 신용도 확인이 불가능하다는 것이 이유다. 따라서 자금이 미리 준비되어 있지 않으면 생산 진행 자체가 불가능한 경우도 종종 발생한다.

최초 생산한 중간재나 제품을 쌓아 둘 창고 공간이 없어서 쩔쩔 매는 경우도 본 적이 있다. 부피가 크지 않다면 생산 협력업체와 상의하여 보관을 부탁할 수도 있지만 많은 경우 창고를 사전에 계약해서 제품을 보관할 수 있게 준비해야 한다.

유통채널 준비

초기에 활용할 유통채널에 최초 생산한 제품들을 전달해야 한다. 유통채널 뿐만 아니라 다양한 이해관계자에게도 보내야 한다. 리뷰 기사 등이 필요하다면 리뷰 기사를 써 줄 사람에겐 가장 먼저 제품을 보내야 한다.

유통채널과는 사전에 계약이 체결되어 있어야 함은 물론이다. 또한 유통채널에 단순히 제품을 전달하는데 그쳐서는 안 되고, 어떻게 전시되는지, 고객의 동선이나 시선의 흐름을 고려해 눈에 잘 띄는 장소에 전시했는지도 확인해 봐야 한다.

애완견 전용 LED 목걸이를 제작한 네오팝은 애완동물 숍을 통해 제품을 출시했다. 제품 크기가 작아서 눈에 띄기 어렵다고 판단해 상당히 크고 예쁜 전용 전시 키트를 만들어 애완동물 숍에 제공했다. 나름대로 좋은 아이디어였고, 초기에 제품을 알리는데 도움이 되었지만 규모가 작은 애완동물 숍 입장에서는 너무 많은 공간을 차지해 기대했던 것만큼 전시 키트를 활용해주지는 않았다. 하지만 이런 시도 자체가 좋은 이미지를 주어 애완동물 숍에서 적극적으로 제품을 팔아주는 효과를 가져왔다.

네오팝의 애완견 전용 LED 목걸이

만약 자체 쇼핑몰 기능을 가지고 유명 온라인 쇼핑몰에 입점하는 경우라면 온라인 쇼핑몰 및 택배회사와 사전 계약을 완료한다. 스타트업 입장에서 특수 조건을 기대하기는 힘들고, 대형 업체들이 정해 놓은 계약 및 가격 체계에 따를 수밖에 없다. 또한 온라인 쇼핑몰 시스템과의 연동 기능도 필요하면 개발이 완료되어 연동시험을 마쳐야 한다.

사업 자체가 온라인 유통 사업이라면 직접 공급자로부터 대량으로 물건을 사서 온라인으로 소비자에게 파는 형태부터 공급자와 소비자의 판매를 연결해 주는 형태 등이 있을 수 있다. 어떤 경우든 팔 물건이 준비되어 있어야 하고, 필요하다면 사전에 구입도 해야 한다. 창고나 배송 등 물류 관리도 원활하게 프로세스가 진행되는지 확인해야 한다.

회사 내부 프로세스 리허설

앞의 사람들이 뭔가 해 주어야 내가 할 일이 생기는 사람들은 이 시기에 내부 프로세스의 리허설을 해 보는 것도 좋은 방법이다. 이미 약속한 내부 프로세스를 실전처럼 연습해 보는 것이다.

<u>스타트업들은 이런 작업을 무시하는 경우가 상당히 많다. 하지만 서비스업에서는 이런 연습과정이 반드시 필요하다. 비행기나 백화점에 관한 TV 드라마를 보면 이런 내부 프로세스에 대한 연습 과정이 스토리의 상당 부분을 차지하고, 주인공이 난항을 겪는 코스이기도 하다. 특히 고객과 만나는 접점 관리를 매우 중요시 여겨야 한다. 한번 나쁜 인상을 받은 고객은 돌아오지 않을 뿐만 아니라 회사에 대한 나쁜 소문을 퍼트린다. 그래서 첫 인상이 매우 중요하다.</u>

회의실에 앉아서 정한 여러 가지 내부 시나리오를 실제 발생 가능한 샘플 과제로 만들어서 직접 처리해 보자. 동시다발적으로 처리할 몇십 개의

업무를 정해 아침에 던져주고, 어떻게 회사가 돌아가는지를 점검해 보아야 한다. 처음에는 우왕좌왕하는 모습을 보게 될 것이고, 이건 어떻게 해야 하는지 서로 묻거나 대표에게 해결해 달라고 가져오는 모습도 보게 될 것이다. 드라마나 대기업이 운영하는 조직처럼 기계적으로 돌아가는 수준을 목표로 하긴 어렵지만 구성원 모두가 최소한 자기에게 떨어진 업무를 누구에게 물어보지 않고 처리하는 수준은 되어야 오픈 준비가 되었다고 할 수 있다.

지식형 사업은 운영 시스템 준비

지식형 사업인 경우 우선 운영 시스템부터 정비해야 한다. 서버 환경을 점검해 필요한 시스템 프로그램 등을 깔고, 최종적으로 개발한 프로그램을 설치한다. 필요한 테스트를 거치면 데이터를 초기화하여 정해진 시간에 시스템을 오픈하면 된다.

운영 환경 내에서 다시 한 번 서비스 기능이 완벽하게 작동하는지 점검해야 한다. 보안 시스템이나 도구들, 각종 통계 기능도 최종 점검하고 테스트해봐야 한다.

운영 서버 환경의 용량이나 성능도 점검해야 할 주제이다. 가장 중요한 테스트 항목 중의 하나는 응답 시간이다. 즉, 고객이 어떤 메뉴를 선택했을 때 미리 정한 기준 내에 응답이 되는가를 테스트하는 것이다. 이것은 보통 부하시험과 동시에 진행된다. 미리 정한 목표수의 고객이 동시에 접속해도 시스템이 이를 잘 견뎌내는지 검사하는 것이다. 예전에는 로드러너 등 비싼 소프트웨어를 별도로 설치하지 않으면 안 되었지만, 요새는 마크로 등 오픈 소스 등을 활용해서도 어느 정도 테스트가 가능하다.

새롭게 개발하거나 수정한 프로그램을 운영 시스템에 반영하는 절차나 주기에 대해서도 미리 정의해야 한다. 장애가 나서 긴급하게 반영해야 하는 경우를 제외하고는 일정한 주기를 유지하는 것이 바람직하다. 너무 자주 변경하면 고객이 짜증을 낼 수도 있고, 그렇다고 업데이트 주기가 길면 고객의 요구사항이 제대로 반영되지 않는다는 느낌을 받게 된다.

특히 소프트웨어 패키지 사업을 하는 경우라면 형상관리도 매우 중요하다. 특히 B2B 고객을 상대로 한 소프트웨어의 경우 우리나라의 현실에서는 패키지로서 사용하는 것이 아니라 고객의 입맛에 맞게 커스터마이즈를 요구하는 경우가 많다. 이를 제대로 관리하지 않고 무조건 들어주는 형태가 유지되면 나중에는 기능의 업데이트 등 소프트웨어의 유지보수 관리가 매우 힘들어진다.

특수한 경우를 제외하고는 패키지는 패키지로서 사용되어야 한다. 특정 고객의 특정한 니즈도 모든 고객들이 사용하는 전체 패키지의 하나의 기능을 추가하는 형태로 일반화해 업데이트하고 버전 관리를 하는 것이 바람직하다.

인천혁신센터 보육기업인 ㈜옵티로는 인터넷 쇼핑몰 통합 재고관리 소프트웨어를 파는 회사이다. 주로 여러 개의 대형 쇼핑몰에 입점해 제품을 판매하는 소형 e-커머스 업체들이 타깃 고객이다. 대형 쇼핑몰마다 형식이 다른 주문정보가 쏟아져 들어오므로 이를 수작업으로 통합해 재고 및 물류 관리를 하는 일은 대단한 노력을 필요로 한다. 이 소프트웨어는 이 작업을 자동화해 준다.

옵티로가 처음 제품을 출시하자 회사에서 쓰는 용어나 프로세스에 맞게 패키지를 수정해 줄 것을 요구하는 고객들이 많았다. 초기에는 어쩔 수 없이 수용했지만 점차 이것이 유지보수의 큰 문제점이 되었다. 기능 하나를 업그레이드하려고 해도 커스터마이즈한 많은 버전을 모두 손봐야 하는 것이다.

이제 기존 고객에게는 커스터마이즈한 제품을 제공하고, 제품을 최초로 사용하는 고객들에게는 일정 기간 동안 무료 서비스를 하면서 철저하게 패키지 기능을 제공하고 있다. 결국 기존 고객에게는 추가로 고가의 서비스를 제공하는 방향으로 전환하고, 신규 고객에게는 패키지를 중심으로 패키지 전체의 기능을 업그레이드하는 통합 형상관리를 추진하는 중이다.

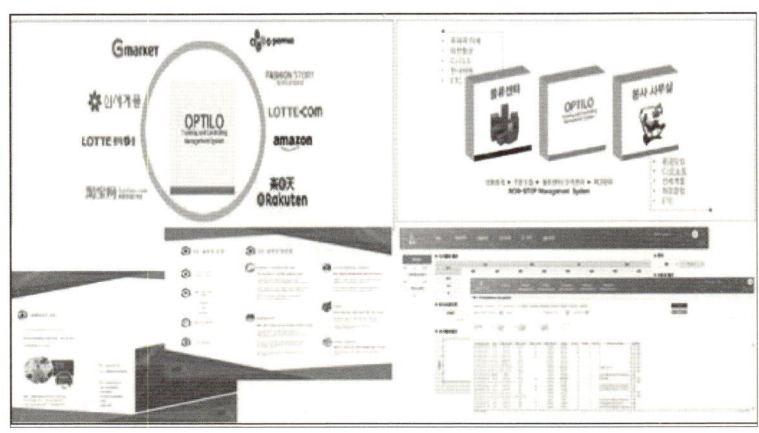

옵티로 상품 소개

D-day 선정 및 마케팅 활동 집중

고객들에게 최초로 제품을 판매하거나 서비스를 개시하는 날을 D-day라고 한다. 자영업 같은 개인 사업자야 가게 문을 열고 처음 손님을 받는 날이 D-day이다. 지식형 제품 중 시스템에 의존하는 서비스들은 시스템 오픈일이 D-day라고도 할 수 있다. 하지만 제조형 사업자는 성격상 딱 그런 날이 있다고 하기는 힘들다.

미리 홈페이지를 오픈했더니 친지를 통해 아니면 진짜 의외의 주문이 들어올 수도 있다. 유튜브 동영상을 미리 올려놓았더니 어떻게 알고 회사로 구매 방법을 문의해오기도 한다. 하지만 그렇다고 이를 D-day라고 하지는 말자. 스타트업 입장에서는 의미 있는 마케팅 활동을 집중해 타깃 고객에게 대대적으로 제품을 홍보한 날을 D-day로 정하는 것이 좋다.

D-day에는 뭔가 타깃 고객에게 어필할 수 있는 이벤트가 있어야 한다. 타깃 고객들이 주로 찾는 전시회나 행사에 곁다리를 껴서 뭔가 조그만 행사를 해도 좋고, 지자체나 심지어 평소 좋은 관계를 맺고 있는 창업 지원 기관과 공동 행사를 해도 좋다. 스티브 잡스처럼 전 세계 기자들을 모아서 폼 나는 호텔에서 제품 발표회를 하진 못하더라도 머리만 쓰면 저렴한 비용으로 비슷한 흉내 정도는 얼마든지 낼 수 있다.

인터넷 상에서 우리 제품에 대한 인상을 남길 만한 흥미로운 인터넷 공모 행사를 해도 좋다. 그리고 그 이벤트가 신문이나 인터넷 매체를 통해 홍보가 되도록 사전에 홍보 대행업체와 협조한다. 일부 신문에는 대표의 인터뷰 기사도 실리게 한다. 관심 있는 타깃 고객들이 D-day를 전후해 우리 회사와 제품을 최소한 몇 번이고 마주칠 수 있게 하는 것이 좋다. 그러기 위해서는 한 가지 수단만으로는 부족하고 다양한 수단을 복합적으로 동원해야 한다. 즉, 다양한 마케팅 수단을 동시다발적으로 활용해, 일정 기간 집중적으로 정보를 퍼부어야 한다는 뜻이다.

뭔가 남들과는 다른 충격적인 이벤트를 하는 것을 게릴라 마케팅이라고 한다. 요새 젊은 친구들은 톡톡 튀는 아이디어가 많으므로 진짜 게릴라 마케팅다운 마케팅이 되도록 기획해 보자. 아이디어가 남다르면 언론이나 고객의 관심 대상이 된다.

자금이 부족한 스타트업이라면 집중적인 마케팅보다는 효과를 검증하면서 한 가지씩 마케팅을 하는 것이 좋지 않은가 하는 생각도 든다. 하지만 마케팅 이론과 실제에 따르면 고객들은 듬성듬성 제공되는 정보를 기억하지 못한다고 한다. 그래서 마케팅 비용의 절반 정도는 초기 마케팅에 집중 투자해야 한다.

물론 지속적인 마케팅 활동은 계속해야 한다. 특히 돈이 별로 안 드는 인터넷 마케팅 수단들은 최대한 동원해 회사와 제품을 알리는 노력을 해야 한다. 초기에 시간적 여유가 있는 직원들은 남는 시간을 마케팅 활동에 집중해야 한다. 대기업은 신입사원 연수과정 중에 이들을 길거리에 내보내 제품을 홍보하는 전단지를 돌리거나 물건을 팔도록 한다. 이는 오랫동안의 경험에서 비롯된 중요한 조직 활동이다. 스타트업이라고 해서 대기업이 잘하는 일을 배우지 말란 법이 없다.

최선을 다하고 이제 결과를 기다린다.

MEMO

5

>>>
지속적 성장 단계

성공보다
지속적 성장이
더 어렵다

성공적으로 시장에 진입했다고 끝은 아니다. 제품도 라이프사이클이 있어 언젠가는 매출이 정체되고, 결국 쇠퇴하게 된다. 지속적인 성장을 하고, 조직이 계속 발전하려면 더 많은 일들을 해야 한다. 시장으로부터 인정받은 고객가치와 기술을 확장하는 방법을 찾고, 기존 제품의 문제점을 개선하고, 새로운 기능을 추가한 신제품을 지속적으로 내놓아야 한다. 매출을 키우기 위해 유통채널을 확대하고, 외국으로 수출하거나 현지 서비스를 추진할 수도 있다.

회사의 혁신적인 기업 문화를 유지하는 것도 매우 중요하다. 제품 하나가 성공했다고 나태해지면 서서히 회사는 쇠락의 길을 걷게 된다.

자금 확보도 관건이다. 손익분기점을 넘었어도 한 단계 도약하려면 다시금 목돈이 필요하게 마련이다. R&D 지원 자금을 계속 활용하는 것이 좋은데, 더 이상 정책자금을 받기 어렵다면 시중 은행과 거래를 트거나 추가적인 투자를 받는 것도 방법이다. 회사의 매출과 이익 실적이 재무제표 상에 누적되기 시작하면 코스닥 시장에 상장해 자금을 조달할 수도 있다.

이 단계가 되면 회사는 더 이상 스타트업 대표 개인 것이 아니다. M&A 제안이 오기도 하는데, 대표는 여태까지 키워온 것에 대한 보상을 받고 새로운 길을 모색할지, 아니면 계속해서 회사를 책임질 지 결정해야 할 순간이 오기도 한다. ●

01
3가지 시장 반응 유형과 대처방법

　각고의 노력 끝에 제품을 시장에 출시했다. 이에 대한 시장의 반응은 크게 3가지로 구분할 수 있다. 매출이나 가입자가 서서히 늘다가 점차 급격하게 성장하는 경우, 조금 늘다가 정체되는 경우, 아예 처음부터 미미한 경우가 그것이다.

　각각의 경우 향후 해야 할 일이 제각각 다르다. 매출이 정체되거나 아예 미미한 경우에는 방향 전환이 필요하다. 물론 지금까지 투자한 돈과 노력이 아까워 방향 전환을 하기가 쉽지는 않지만 결단을 해야 한다. 최악의 경우 폐업을 결심해야 할 수도 있지만 폐업도 창업의 한 과정이다. 폐업을 하더라도 깨끗하게 마무리를 해야 다음을 기약할 수 있다.

매출이 크게 성장하는 경우

　매출이나 가입자가 서서히 늘다가 점차 급격하게 성장하는 유형은 모든 스타트업이 꿈꾸는 모습이다. 매출이 크게 성장하는 것은 제품이 고객의 니즈에 맞고, 가격이 합리적이며, 고객의 여러 가지 요구를 적기에 잘 대응하고 있다는 증거이다. 아울러 목표 고객을 잘 설정하여 효과적인 마케팅 활동을 벌인 결과이다.

매출을 지속적으로 증가시키려면 타깃 고객의 범위를 점차 확대하고, 그에 걸맞은 마케팅 활동을 꾸준히 전개해야 한다. 단순히 고객의 입소문에만 의존하고 시장이 커지기만을 기다리면 성장 속도가 느릴 수밖에 없다. 초기 고객(얼리어답터)들이 보여주는 뜨거운 반응을 다른 사람들에게까지 확산할 수 있는 이벤트들을 지속적으로 만들어 내야 한다. 성장을 가속화하는 방법에 대해서는 뒤에 소개한 '03. 지속적 성장을 위한 전략'에서 다시 자세히 설명하기로 한다.

매출이 늘다가 정체되는 경우

매출이 늘다가 갑자기 정체되는 이유는 여러 가지다. 시장 자체가 작았을 수도 있고, 처음에 타깃 고객을 적게 설정했을 수도 있고, 고객에게 기대한 추가 매출이 발생하지 않았을 수도 있다.

일단 매출이 어느 정도 발생했다는 것은 초기 마케팅이 어느 정도 성공했고, 얼리어답터들이 관심을 보였다는 의미이다. 그럼에도 더 이상 확대가 되지 않는다면 빠른 시간 내에 원인을 분석해 보아야 한다.

제대로 된 원인을 파악하려면 다양한 각도로 정보를 분석할 수 있는 시스템이나 체계가 필요하다. 지식형 제품이고, 미리 고객의 움직임을 분석할 수 있는 통계 시스템을 구축해 두었다면, 비교적 수월하게 원인을 파악할 수 있다.

반면 제조형 제품은 그런 정보를 확보하기 쉽지 않다. 이런 경우에는 블로그 마케팅 등 인터넷 상의 고객 반응들을 철저히 들여다 볼 필요가 있다. 매출이 늘다 정체되는 몇 가지 경우를 살펴보자.

첫째, 처음부터 제품이 목표로 하는 시장 자체가 아주 작은 경우이다. 시장 자체가 작으면 원래 먹을 것이 별로 없다. 확보한 기술을 기반으로 목표 시장을 확대할 수 있는 추가 제품을 만들어야 한다.

둘째, 타깃 고객을 적게 잡아 충분히 확산이 안 되는 경우이다. 일차 목표로 한 타깃 고객의 반응은 좋은데 추가로 다른 고객군으로 확대가 안 되는 것이다. 이것은 절대로 나쁜 현상이 아니다. 어쩌면 계획대로 진행되고 있다는 증거이기도 하다. 빠른 시간 내에 제품을 어필할 수 있는 추가적인 타깃 고객군을 설정해 마케팅 활동을 강화하면 매출을 늘릴 수가 있다.

제품이 B2B용이거나 특정 집단을 겨냥한 제품인 경우, 타깃 고객이 카페 및 블로그를 중심으로 모여 있지 않은 경우라면 인터넷 상에서 입소문을 내기 쉽지 않다. 회사가 개입한 의도적인 인터넷 홍보를 지속적으로 시행해야 한다. 이런 경우에는 해당 제품군 관련 전문 전시회에 나간다던가 해당 제품군을 다루는 전문 잡지에 리뷰 기사를 싣는 것이 입소문 마케팅보다 더 중요할 수도 있다.

셋째, 유통채널이 충분하지 않은 경우이다. 얼리어답터 고객이 일단 인지했더라도 그 제품을 살 수 있는 유통채널이 충분하지 않으면 매출이 확산되기 힘들다. 고객이 쉽게 접근할 수 있는 유통채널을 지속적으로 확대해야 판매가 확산될 수 있다.

넷째, 경쟁사의 발 빠른 대응이 원인이 되기도 한다. 강력한 경쟁자의 출현을 감지한 경쟁사가 기존 제품의 가격을 낮춰 가성비가 우수한 스타트업 제품의 장점을 무력하게 만드는 것이다. 특히 가격이 가장 강력한 무기였을 경우 스타트업이 받는 타격은 더 심각하다. 그래서 대기업이나 시장 지배적 업체가 있는 제품에 대해 가격을 경쟁무기로 삼는 것은 스타트업에게는 그리 성공적이지 않은 사업전략이다. 상당수 고객이 구매할 때 가격보다는 브랜드를 우선시하기 때문이다.

마지막으로 얼리어답터들이 마케팅에 설득되어 제품을 구매한 뒤에 제품에 대해 뭔가 불만을 가진 경우이다. 마케팅은 성공적이었지만 제품에는 뭔가 부족한 점이 있다는 것이다. 이런 경우는 인터넷 상에서의 고객 후기나 반응을 통해 어느 정도 짐작할 수 있다. '아이디어는 좋은데, 제품에 이런 저런 문제가 있더라'는 소문이 돌기 시작하면 판매가 확대되기 힘들다.

의외로 이런 사례가 많다. 막상 써보니 홍보 내용과 다르다던가, 불량한 제품이 배송되었다던가, 고장이 자주 난다던가, 제품의 고객가치가 기대에 못 미치거나, 가격 대비 그리 훌륭하지 않다든가 등의 부정적인 평가는 종종 스타트업의 발목을 잡는다.

제품이나 가격의 문제라면 본질적인 문제이기 때문에 해결이 쉽지 않다. 고객들에게 어필하기 위해 실제보다 과도하게 고객가치를 표방하여 제품을 홍보한 경우에 고객들이 금방 노골적으로 실망감을 드러내기 때문에 대단히 위험하다. 마케팅 담당자나 대행사가 원래 홍보는 그런 거야 하면서 과도한 슬로건을 내세울 때 막았어야 했다.

어떤 고객에겐 충분한 효과가 있는데, 다른 고객에겐 그렇지 않은 애매한 경우도 있다. 이런 때는 빠른 시간 내에 원인을 찾아서 추가적으로 정확한 정보를 제공함으로써 효과가 있는 고객을 중심으로 마케팅을 집중해 신뢰감 회복과 확산 활동에 필요한 동기를 주는 것이 중요하다.

제품의 품질 이슈에 대응하는 방법은 그 근본적인 원인에 따라 천차만별이다. 제조원가를 낮추려고 선택한 값싼 부품 하나가 문제일 수도 있고, 처음 설계 자체에 문제가 있거나 조립 공정에서 품질 관리가 제대로 안 된 경우도 있다.

급히 서둘러 다음 생산 제품부터 문제가 해결되거나 빠른 업데이트를 통해 시스템적인 문제가 해결된다면 그냥 밀어붙여도 된다. 하지만 제품 자체에 좀 더 근원적인 문제가 있다면 뒤에서 설명할 방향 전환을 심각하게 고민해 봐야 할 수도 있다.

의외로 고객서비스에 대한 불만이 가장 흔하다. 배송이 느리다던가, 받은 제품에 구성요소가 하나 빠졌다던가, 물건이 마음에 안 들어서 환불요청을 했는데 제때 처리해 주지 않는다든가 등 실로 다양한 이유가 있다. 이런 부분에 대해 신속히 처리하고 대응하지 않으면 인터넷에서 부정적인 이야기가 널리 퍼져 나가서 더 이상 고객을 확대하기가 어려워진다.

판매나 고객 증가가 미미한 경우

시장 출시 이후에 스타트업 제품의 판매나 가입자 증가가 기대했던 것에 비해 많이 못 미치는 경우는 생각보다 매우 많다. 필자도 스타트업과 함께 이 문제를 심각하게 들여다 본 적이 여러 번 있다.

첫 번째 유형은 돈이 없다는 이유로 제품만 만들어 놓거나 사이트만 오픈해 놓고 고객이 찾아오기를 기다리는 경우이다. 이 경우라면 빚을 내서라도 마케팅을 해 보라고 권한다.

기술자 출신의 창업자 중에는 뭔가 차별화된 제품만 만들면 사람들이 저절로 알아주고, 당연히 떼돈을 벌 것이라는 환상을 가진 분들이 의외로 많다. 일단 마케팅을 해 봐야 원인을 알 수 있다.

두 번째 유형은 타깃 고객이나 마케팅 방법을 잘못 설정한 경우이다. 나름대로 어렵게 돈을 마련해서 마케팅 활동에 쏟아 부었다고 생각하지만 이 돈이 고객을 유치하는데 제대로 사용되지 않고 공중으로 날아간 케이스이다. 다시 제대로 된 마케팅을 하면 성공할 수 있다.

필자가 아는 회사 중에 피부가 민감한 사람에게 좋은 저자극 화장품을 개발한 C 회사가 있었다. 그 회사 대표는 나이가 있는 남자인데, 이것이 모든 여성들에게 좋다고 생각해서 광고대행사에 젊은 여성 전체를 타깃으로 마케팅을 할 것을 요구했다.

광고대행사들은 처음에는 자신들의 의견을 제시하지만 결국 회사 대표가 해 달라는 대로 한다. 실패한다고 해도 크게 책임감을 느끼지 않는다. 젊은 여성 전체를 놓고 하는 마케팅은 그야말로 밑 빠진 독에 물 붓기다. TV 광고 정도는 해야 고객에게 메시지가 도달할 수 있다. 몇천만 원 수준의 마케팅으로는 어림도 없다. 그리고 피부가 안 좋은 사람이 왜 젊은 여성만 있는가? 저자극 화장품은 이미 많은 종류가 있지 않은가?

필자는 저자극 화장품을 필요로 하는 사람들을 체험단으로 모아서 화장품을 써 보게 하고 직접 체험기를 인터넷에 올리는 마케팅을 제안했으나 이미 총탄이 다 떨어진 상태였다. 결국은 주변에 피부 질환이 있는 사람들을 대상으로 조금씩 영업을 시작했다. 다행히 제품이 좋아서인지 조금씩 인지도도 올라가고 매출이 발생하고 있다.

세 번째 유형은 개발 시간을 너무 끌어서 다른 강력한 대체 상품이 먼저 시장을 선점한 경우이다. 이미 새로 나온 대체 상품보다 특별히 우수한 점이 없기 때문에 고객의 관심을 끌기 힘들다.

마지막 유형은 고객 검증을 제대로 하지 않아 고객들이 제품을 외면하는 것으로 가장 심각한 경우에 속한다. 대표의 머릿속으로만 고객가치가 있다고 주장하는 제품으로 고객 입장에서는 고객가치를 충분히 느끼지 못하는 것이다. 다른 대체재를 사용하지, 굳이 이 제품을 사용하려고 하지 않는다.

이 외에도 고객의 행동습관을 근본적으로 바꾸도록 요구하거나 사용법이 어려워서 고객이 외면하는 경우도 있었다. 고객이 일을 하기 위해 여러 가지 도구를 결합하여 사용하는데, 이 도구를 쓰면 다른 도구들과 호환성이 없어 외면하는 경우도 보았다.

 이처럼 고객들이 제품을 외면하는 이유는 다양하다. 솔직히 마지막 유형에 해당하는 경우가 매우 많다.

02
방향 전환, 피벗(pivot)

당초 예상한 것만큼 매출이 오르지 않는 경우에는 직원이나 경제상황을 탓할 것이 아니라 뭔가를 해야 한다. 많은 경우 철저한 원인 분석과 그에 상응하는 대책을 마련해 추진하지 않고, 생각나는 대로 이것저것 찔끔찔끔 손을 댄다. 하지만 자금이 부족하고, 적자가 누적되며, 직원에게 월급을 주기 위해 대출을 받아야 하는 지경이면 뭔가 결단이 필요하다.

이 단계의 방향 전환은 앞 단계들의 방향 전환과는 근본적으로 성격이 다르다. 상당히 리스크가 큰 의사결정을 해야 한다. 계속 끌고 갈 것인가 말 것인가를 결정해야 할 수도 있다.

원인을 알아야 방향 전환이 쉽다

기대했던 것만큼 매출이 일어나지 않으면 회사 분위기는 당연히 좋지 않을 것이다. 이런 상황이 벌어지면 사람들은 대부분 자기 탓을 하기보다는 남의 탓을 하기 마련이다. 직원들은 뒤에서 대표의 무능을 탓하고, 개발팀은 영업팀을 욕하고, 영업팀은 처음 비즈니스 모델이 잘못 되었다던가, 기술 개발이 엉망이어서 그렇다고 서로를 탓한다. 이런 분위기가 오래 가면 직원들은 하나 둘 이탈하기 시작한다. 특히 창업팀의 일부나 기껏 영입해 온 핵심인재가 다른 회사에 이력서를 내러 다니는 기색이 보이면 매우 심각한 상황이 된 것이다.

<u>일단 회사를 계속 끌고 나가면서 기어이 성공하겠다고 결심했다면 방향 전환을 해야 한다. 실패의 원인을 잘 분석했다면 방향 전환의 방향을 잡는 것은 그리 어렵지 않다. 눈에 보이는 1차적인 원인이 아니라 근본적인 원인을 찾아야 한다. '5 Why' 기법을 써보자. 어떤 현상의 원인을 찾아보기 위해 다섯 번 '왜?' 라고 물어보는 것이다. 다섯 가지 이유를 찾으라는 것이 아니다. 한 가지 원인을 찾았다면 그 원인이 왜 생겼는지 따져보고, 다시 그 원인이 생긴 이유를 따져 보는 식으로 깊이를 더해 원인을 분석해봐야 한다. 그래서 가장 핵심적인 원인을 찾으면 그 원인을 해결하기 위해 노력하면 된다.</u>

조직원 모두가 머리를 맞대고 이런 분석 작업을 하면 흐트러진 조직의 분위기를 재정비하는데 도움이 된다. 무엇을 해야 하는지도 명확해지고, 그 문제만 해결하면 성공할 수 있다는 자신감이 다시 생긴다면 우선 조직의 와해는 막을 수가 있다.

내부적인 역량으로 분석이 잘 안 된다면 외부의 도움을 받는 것도 좋다. 창업 지원 기관의 멘토링을 받는 것도 좋고, 중소기업진흥공단이나 지방중소벤처기업청에서 운영하는 중소기업 컨설팅 프로그램을 이용해도 괜찮다. 진단뿐만 아니라 경우에 따라서는 자금 대출 등 지원 제도와 연결해 주기도 한다. 문제 분석이 끝나야 방향 전환도 합리적으로 할 수 있다.

방향을 전환하는 방법도 다양하다

이 단계의 방향 전환 방법은 몇 가지 형태로 요약될 수 있다. 첫째, 고객을 잘못 정의한 경우에는 새로운 고객을 탐색해야 한다. 마인드맵을 기반으로 한 맞춤형 기업 교육 시스템을 개발한 ㈜지니어스팩토리는 첫 번째 고객을 국내의 유명 음식 체인점으로 설정해 비교적 성공적으로 첫 번째 영업 사례를 만들어 냈다. 물론 그 체인점의 대표와 미리 잘 알고 지내던 사이여서 가능했던 일이다. 하지만 다음 타깃을 국내 대기업으로 잡고 영업을 시작하면서 상당히 어려움을 겪을 수밖에 없었다.

제품을 보여주면 아주 잘 만들었다면서 극찬을 아끼지 않고, 심지어 수차례의 프레젠테이션을 거치고 해당 실무자들이 곧 채택될 것이라고 암시를 주기도 했다. 그런데 막상 경쟁 입찰 방식으로 공모하면 이상한 일이 벌어졌다. 기술적인 부분까지 대부분 오픈하면서 몇 개월에 걸쳐 정성을 들였는데, 막상 까보면 실제로는 관련 기술이 거의 없는 업체가 선정되어 버리는 것이다. 물론 뒷이야기를 들어보면 회사에 이미 연줄을 가진 회사였다.

몇 차례 국내 대기업에게 배신(?)을 당하고, 회사의 대표는 현재 미국의 실리콘밸리에 가 있다. 좀 더 공정한 환경이 보장되는 미국 대기업 시장을 겨냥하기 위해서다. 미국이란 환경에 적응하기 위해 초반에는 악전고투를 했지만, 글로벌 스타트업의 명예라고 할 수 있는 레드헤링 주최 글로벌 탑 100 위너에 당당히 선정되었다. 지금은 추가 개발한 협업 도구와 결합해 기업 내의 교육이나 홍보 수단으로도 활용할 수 있는 글로벌 경쟁력이 갖춘 제품으로 라인업이 완성되었다. 관계자의 말에 따르면 조만간 큰 성과를 보여줄 수 있을 것이라 한다.

지니어스팩토리의 제품 소개 화면

둘째는 기술적 피벗이다. 개발 과정에서 확보한 핵심 기술을 활용할 다른 방법을 찾는 것이다. 의외로 이런 사례들은 많다. 앞에서 소개한 포스트잇이나 비아그라 같은 경우가 대표적이다.

고객가치에 대한 접근은 문제가 없으나 적용한 기술 솔루션이 문제인 경우도 있다. 이 경우에는 다른 기술을 찾아 신 모델을 통해 제품을 보완하거나 아예 형태 자체를 바꾼 신제품을 만들기도 한다.

셋째는 제품을 완전히 바꾸어서 성공한 피벗 사례도 있다. 종종 스타트업 교과서에 많이 등장하는 슬랙이 대표적이다. 슬랙은 메신저에 기반을 둔 기업용 협업도구이다. 기업용 메신저라고 보면 된다. 기본적으로 팀 내에서 이루어지는 모든 커뮤니케이션을 공개하는 것이 특징이다. 보통 소프트웨어 회사나 IT개발팀, 스타트업에서 많이 사용된다. 기업용으로 기본 기능은 무료이지만 우수한 몇 가지 기능을 사용하려면 돈을 내야 한다.

이 제품을 만든 회사는 타이니 스펙(Tiny Speck)이다. 현재 이 회사의 기업가치는 몇 조 원에 이른다. 원래 이 회사는 게임회사였다. 하지만 출시한 게임은 참패를 면치 못했다. 문을 닫을지 고민하는 와중에 개발 과정의 생산성을 높이기 위해 자체적으로 개발해서 사용하던 업무 협업도구를 상품화해 보자는 아이디어가 나왔다.

이 협업도구는 기본적으로 기업형 메신저에 프로젝트 관리기능과 커뮤니케이션의 오픈 기능, 검색기능 등 상식적인 몇 가지 기능을 추가한 것이었다. 이 제품은 출시하자마자 대박을 쳤다. 특히 프로젝트를 중심으로 일하는 기업체 구성원들의 니즈에 잘 맞았다. 필자는 스타트업들에게 이런 협업도구를 써보라고 권한다. 현재는 슬랙뿐만 아니라 다양한 협업도구가 나와 있다. 스타트업의 구성원들 간의 생산성을 높이는데 아주 좋다.

넷째, 타깃 시장을 피벗하는 경우도 종종 있다. 기껏 개발한 제품이 최초의 타깃 시장에서 외면당하는 일은 자주 있다. 하지만 기대하지 않았던 고객들이 그 제품의 사용처를 찾아주는 경우가 종종 있다. 그 고객들이 모여 있는 시장을 새로운 타깃 시장으로 겨냥해 새로운 마케팅 전략을 세워서 재 출시하는 것이다. 경우에 따라 추가적으로 제품을 보완해야 할 수도 있지만 고객만 있다면 그 정도 수고야 아무것도 아니다.

마지막으로 수익 모델을 피벗해야 하는 경우도 종종 발생한다. 특히 지식형 사업은 종종 수익이 기대에 못 미쳐 회사 경영이 어려워지는 경우가 많다. 일단 무료 서비스를 통해 가입자를 최대한 끌어 모아도 수익모델이 없다면 회사를 경영하기 힘들다. 일반적인 배너 형태의 광고 수익모델로는 가입자가 늘어나도 기대한 수익을 내기 어려운 경우도 많다. 따라서 머리를 짜내서 이들을 기반으로 한 수익 모델을 적기에 만들어야 한다.

국내에서 가장 성공한 SNS라고 하면 아이러브스쿨과 카카오톡이 있다. 아이러브스쿨은 결국 수익모델을 마련하지 못해 문을 닫았다. 카카오톡은 게임 퍼블리싱 사업을 시작하면서, 기존에 확보한 수백만 명에 이르는 가입자들을 활용해 본격적으로 돈을 벌기 시작했다. 이와 유사한 기능인 페이스북은 지금 세계적인 기업이 되었다. 글 속에 글처럼 생긴 광고를 슬쩍 삽입하는 좋은 아이디어를 추가한 결과이다. 솔직히 나와 자주 연락하는 친구의 이름을 추천자로 하여 슬쩍 광고를 끼어 넣는 모습이 종종 거슬리지만 페이스북을 쓰려면 감수해야 할 부분이다.

최후의 방향 전환 프로그램, 폐업

가능한 모든 방법을 동원해서 수익을 창출하려고 노력해도 안 된다면 최후의 방법으로 폐업이나 사업 중단을 고려해야 한다. 그리고 그러한 결정은 우리가 TV 드라마에서 보듯이 회사의 대표가 은행에 큰 빚을 져서 신용불량자가 되고, 집에 차압 딱지가 붙기 전에 이루어져야 한다.

<u>스타트업에게 폐업은 다시 사업을 시작하기 위한 하나의 사업 전략이어야 한다. 실리콘밸리에서 성공한 기업은 평균 2~3번의 실패를 경험했다고 하지 않았던가? 그럼에도 불구하고 한국의 스타트업 대표들은 이상할 정도가 끝장을 보려고 하는 성향들이 강하다.</u>

시제품 단계나 상용 제품 준비 단계에서의 폐업은 상대적으로 그리 어렵지 않다. 실제로 많은 스타트업들이 시장 진입 단계 이전에 스스로 포기하는 경우가 많다. 하지만 시장 진입 이후의 폐업은 주변의 시선이나 직원들의 안타까운 눈길, 투자자의 무언의 질책에 이르기까지 심리적으로 결단을 내리기 어렵게 만드는 요소들이 많다.

일반적으로 스타트업 대표들이 충동적으로 폐업을 결정하는 시기는 자금이 떨어졌고 더 이상 조달이 불가능하다고 판단하는 때이다. 하지만 사실 자금이 판단 기준이 되면 안 된다. 스타트업 폐업의 판단 기준은 비즈니스 모델에서 가정한 여러 요소 중에 결정적인 하자가 발견된 경우이다. 특히 고객의 니즈를 제대로 파악하지 못한 경우라면 자금이 떨어지기 전이라도 폐업을 결정해야 한다.

한편 기대에는 못 미치지만 매출과 수익이 발생하고 있고, 외부 투자자로부터 투자도 받았고, 혁신 제품이어서 시장 형성에 시간이 걸린다면 다시 한 번 뛰어 다닐 필요가 있다. 우리나라에는 생각보다 여러 가지 지원 제도가 존재한다. 금융기관도 회사가 단기적으로는 어려우나 일정 시간이 지나면 살아날 수 있다고 하면 일반적인 잣대만으로 따지진 않는다. 투자자들도 가능성이 있는 사업이라면 추가 투자를 고민해 줄 수도 있고, 좋은 기술력이 있다면 M&A를 주선해 주기도 한다. 창업도약 패키지란 이름으로 3년 이상 된 기업의 어려움을 지원하는 R&D 정부 지원 프로그램도 있다.

필자는 사업 중단이나 폐업의 기준도 내부적으로 미리 정해 두어야 한다고 생각한다. 예를 들어 '올해 말까지 고객수가 얼마에 도달하지 못하면 폐업한다' 등의 기준을 세워놓고 그대로 실천하는 것도 좋은 방법이다.

사업 중단과 폐업은 비슷하면서도 다르다. 사업 중단이란 회사 명의만 살려두고, 팀원들은 일단 제 살 길을 찾아간다는 의미이다. 분명 사업 성공의 가능성은 있는데, 사업 추진 시기가 너무 빨랐다든가 일정 기간 지난 후에 다시 모이기로 합의했다면 충분히 가능한 방법이다. 다만 지출하는 비용이 제로가 되어야 하는데, 사업자인 경우 통장 잔고에 대한 이자나 회계사 비용은 계속 발생해 부담이 될 수 있다. 재무제표 작성 방법을 배우면 회계사의 도움 없이 직접 신고가 가능하다.

사업 중단이 더 좋은 것은 아니다. 폐업을 해야 재기에 더 유리한 부분도 있다. 우리나라엔 재도전을 지원하는 프로그램이 여러 개 있는데 회사가 살아 있다면 지원받기가 오히려 어려워진다. 그렇다면 폐업이 더 유리할 수도 있다.

　재기를 원한다면 폐업도 깔끔하게 처리해야 한다. 특히 국가나 은행을 상대로 한 절차에 하자가 있으면 나중에 재도전이 어려워진다. 개인사업자는 세무서에 폐업 신고 절차를 거치면 된다. 다만 폐업에 따른 부가가치세 문제가 복잡하다. 원칙적으로 팔리지 않고 창고에 남아 있는 재고나 감가상각이 남아 있는 고정자산에 대해 부가가치세를 물리는 등 세법상으로는 맞지만 폐업을 결심한 사람에게는 이상하게 보이는 여러 가지 제도가 있다. 그래서 세무사와 상의하고, 시간적 여유를 가지고 처리해야 한다.

　법인인 경우에도 일단 세무서에 폐업 신고를 한다. 법인은 법으로 정한 사람이므로 이를 등기에서 삭제하려면 회사를 설립할 때보다 더 복잡한 절차를 밟아야 법인 자체가 등기부등본 상에서 청산된다. 하지만 세무사에 폐업 신고 후 5년이 지나면 자동 청산되므로, 금방 재 창업할 상황이 아니라면 이 방법이 더 편할 수도 있다.

　필자는 폐업할 때 사람에 대한 신뢰를 잃지 않는 것이 가장 중요하다고 생각한다. 오랫동안 팀을 같이 한 사람들은 서로를 잘 알기 때문에 언제든지 다시 소중한 파트너가 될 수 있다.

　투자자가 있었다면 충분히 폐업을 결정한 사유와 과정에 대해 납득할 수 있게 설명해야 한다. 일반적으로 경험이 많은 투자자일수록 아이템보다는 사람에 투자한다. 신뢰를 잃지 않는다면 오히려 재기를 도와줄 중요한 원군이 되어 줄 수도 있다. 출원 중이거나 등록된 특허와 같은 무형자산들도 미리 명의변경 등의 조치를 해 놓아야 한다.

03
지속적 성장을 위한 전략

스타트업은 첫 번째 제품을 가지고 시장 진입 초기에 성공적으로 고객을 확보하고, 매출이 제법 오른다고 방심해서는 안 된다. 영원한 것은 없기 때문이다. 회사는 끊임없이 성장해야 한다. 회사가 성장하기 위해 겪게 될 여러 가지 일들에 대해 살펴본다.

고객 가속화 이론

마케팅 이론에서는 3가지 측면에서 고객을 계속 가속화해야 한다고 한다. 이를 고객 깔때기 이론이라고 하는데, 처음 단계는 신규 유치이고, 다음은 고객을 유지하는 것이고, 다음은 고객을 확산하는 것이다. 새로운 고객을 끊임없이 만들어 내고, 이들을 나의 고객으로 계속 유지하면서 새로운 매출을 창출하고, 또한 이들이 다른 고객을 끌어오도록 유인하거나 우리 회사의 다른 제품을 사도록 유도하는 것이다. 이런 구조가 상호 시너지를 내고 돌아가야 매출이 지속적으로 성장할 수 있다.

고객 깔때기 이론은 흔히 서비스를 제공하거나 소비성 성격의 제품인 경우에는 잘 들어맞는다. 하지만 고객이나 가구당 1개 정도 소요하는 제조형 제품이라면 '고객 유지'의 의미가 모호할 수 있다. 이때는 그냥 잘 사용해 주는 것, 제품에 대해 호감을 유지하는 것, 문제가 생겼을 때 회사가 잘 해결해 주는 것 정도의 의미로 해석하면 된다.

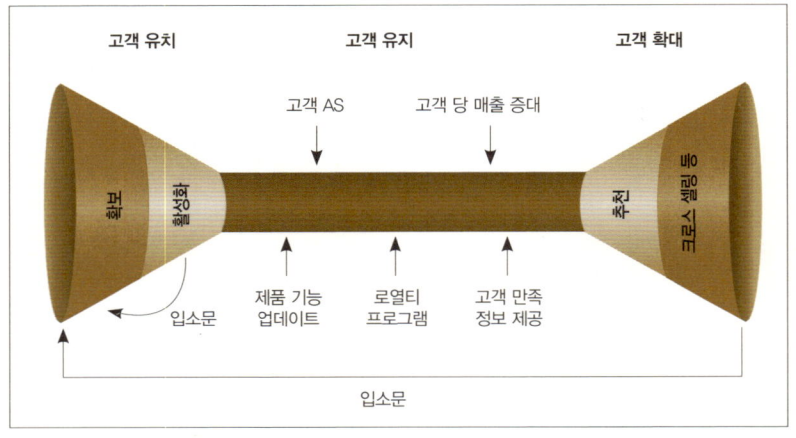

스타트업의 고객깔때기 모형

고객 유치 활동은 소위 영업이나 마케팅 활동이다. 신규 고객을 늘리려면 목표 타깃 고객을 단계적으로 확대해 그들에 맞는 마케팅 전략을 전개해야 한다. 지역적으로 확대할 수도 있고, 유통채널을 확대하는 것도 가능하다. 새로운 타깃 고객을 위한 이벤트를 준비할 수도 있고, 그들의 라이프 사이클을 분석하여 새로운 접근방법을 만들어 낼 수도 있다. B2B라면 해당 분야에 대해 경험이 있는 영업사원을 신규 채용하고, 신규 목표가 된 고객군에 맞는 제안서를 새롭게 준비해도 좋다. 해외로 판로를 넓힐 수도 있다.

고객을 활성화한다는 의미는 특히 지식형 제품에서 강조되는 말인데, 한 마디로 자주 쓰게 만드는 것이다. 소프트웨어를 다운만 받거나 제품을 사기만 하고 쓰지 않으면 소용이 없다. 자주 쓰게 유도하는 활동도 중요하다.

고객을 유지하기 위한 활동은 실로 다양하다. 첫째가 고객 A/S다. 여러 가지 이유로 제품이나 서비스에는 하자가 발생할 수 있고, 이에 대해 고객은 불만을 표시한다. 말도 안 되는 요구를 하는 블랙 고객도 있기 마련이지만 기본적으로는 '고객이 왕이다'란 생각을 버려서는 안 된다. 당장은 회사가 조금 손해를 보더라도 과감하게 고객을 만족시키는 방법으로 대응해야 한다.

둘째는 고객 당 매출액을 늘리는 다양한 활동이다. 매출은 결국 '고객 수 × 고객 당 매출액'으로 산출된다. 일단 유치한 고객이 더 많은 매출을 올릴 수 있게 노력해야 한다. 제조형 제품 중 소비성 제품이나, 지식형 제품은 이런 활동이 매우 중요하다. 어떻게 하면 고객이 더 많이 사용하거나 매출을 올려줄지 고민을 거듭해야 한다. 제품이나 서비스에 반영해야 할 부분도 있을 것이고, 다양한 마케팅 활동을 통해서 이룰 수도 있다.

아마존의 경우를 보면 끊임없이 새로운 제품에 대한 홍보 메일을 보낸다. 신기하게도 그 제품은 내가 꼭 필요로 하는 제품인 경우가 많다. 그래서 다른 광고성 메일은 삭제하지만 아마존의 메일은 읽어보는 경우가 많다. 나의 구매 패턴을 컴퓨터로 분석해 기존에 산 물건과 연계된 물건이나 나의 취향에 맞는 물건들을 골라서 추천해 주기 때문이다.

셋째는 제품의 기능 업데이트이다. 이 또한 주로 지식형 제품에 해당된다. 처음부터 기획한 기능 업데이트 시나리오가 있다면 충실히 이행하려고 노력해야 한다. 하지만 시장과 고객의 반응에 따라 우선순위는 얼마든지 바뀔 수 있다. 고객이 가장 필요로 하는 것을 먼저 업데이트해야 한다.

제조형 제품의 업데이트는 쉽지 않다. 새로운 모델이나 신제품을 만들어야 하는 것이라면 상당한 노력과 기간이 필요하기 때문이다. 하지만 다음 추가 생산과정에서 반영할 수 있는 사소한 것이라도 찾아서 끊임없이 업데이트를 해야 한다. 하다못해 자주 오는 질문에 대해 사용자 설명서에 누락된 부분을 업데이트할 수도 있고, 포장에 불만이 많다면 이를 개선할 수도 있다. 문제가 있는 부품을 더 질 좋은 부품으로 바꿀 수도 있다. 당장 적용이 어려운 불만사항은 신제품 개발에 반영한다.

넷째는 로얄티 프로그램이다. 기본적으로 포인트 제도 정도는 운영해야 한다. 남들이 다 하기 때문에 오히려 안 하면 불이익을 받는다. 하지만 고객들의 충성도를 높이고 싶다면 더 좋은 프로그램이 없는지 고민하고 개발해 봐야 한다.

<u>마지막으로 다양한 고객 만족 정보 제공이다. 일단 물건을 산 사람은 대개 해당 제품에 대해 긍정적인 생각을 갖는다. 하지만 남들의 이야기를 통해 그것을 끊임없이 확인하고, 증명하고 싶어 한다. 확신이 생기면 다른 사람들에게도 전파하려고 노력한다. 블로그 마케팅과 같은 인터넷 마케팅 활동을 지속적으로 해야 하는 이유가 여기에 있다. 시장 진입을 위해 1회성으로 그쳐서는 안 되며, 시장 진입 이후에도 끊임없이 이런 활동을 전개해야 한다.</u>

초기에는 회사가 의도적으로 제품에 관련한 좋은 정보가 생성되도록 유도하는 것이 바람직하다. 회사 명의로 운영되는 홈페이지나 블로그, 페이스북도 중요하지만 사람들은 다른 사용자의 이야기에 더 귀를 기울인다. 제품 체험단 등을 지속적으로 운영하여, 이들이 좋은 글을 쓰거나 동영상을 올리도록 유도하는 것도 방법이다. 구매 고객들을 위한 이벤트를 기획하는 것도 좋은 방법이 될 수 있다.

소위 악플이나 거짓된 나쁜 소문, 사소한 불만사항에 대한 침소봉대 같은 글들이 올라오기도 한다. 제품에 실망한 고객일 수도 있고, 혹은 경쟁사의 직원이 올린 글일 수도 있다. 이런 것에도 적극적으로 대응해야 한다. 거짓은 거짓이라고 분명히 밝히고, 불만사항에 대해서는 정중히 사과하고, 이를 어떻게 개선하겠다는 약속을 적극적으로 천명하는 것도 방법이다.

조직 내에 이런 인터넷 마케팅 활동을 책임지는 직원이 있어야 한다. 직원이 직접 수행하기 힘들다면 외주를 주어서라도 해야 한다. 매일 인터넷상에서 회사명과 제품명을 검색해 올라온 내용을 확인하고 대응하는 것이 결코 쉬운 일은 아니지만 꼭 필요한 일이다.

고객의 확산을 유도하는 활동도 연구가 필요하다. 고객 확산의 핵심은 고객들이 친구나 다른 사람들에게 제품을 추천해 주는 활동이다. 고객들이 알아서 추천해 주기를 기다리지 말고 이를 적극적으로 유도할 수 있는지 고민해 봐야 한다.

지식형 제품들은 신규 회원 가입 시 추천자를 명기하게 하고, 추천자에게 혜택을 주는 방법을 종종 사용한다. 예를 들어 우리 제품을 3명 이상에게 추천해서 사게 하고 그 신규 고객의 이름과 전화번호를 등록해 주는 사람에게는 10만 원짜리 상품권을 주는 식이다. 추천 고객에게 전화를 걸어 확인한다는 단서를 적어 놓으면 쉽게 거짓말을 하기 어려울 것이다.

고객 깔때기 이론에서는 확산활동으로 크로스셀링 등을 강조하지만 스타트업에게는 쉬운 일은 아니다. 크로스셀링은 관련된 제품을 서로 팔아 주는 것을 말한다. 회사가 여러가지 제품을 팔고 있다면, 다른 제품도 사도록 유도하는 것이다. 다른 회사 제품을 크로스셀링하기도 한다. 예를 들면 연관성이 높은 사이트와 서로 연동할 수 있는 배너를 설치해서 각자의 고객들로 하여금 두 개의 사이트를 넘나들도록 유도하는 경우를 들 수 있다.

데스밸리의 극복

모든 제품은 수명이 있다. 영원한 제품이란 없다. 제품은 보통 진입기를 거쳐서 급격한 매출 증대를 가져오는 성장기를 거치고, 매출 증가가 거의 없는 성숙기를 거친 뒤에 마지막으로 쇠퇴기를 거쳐 시장에서 사라진다. 제품에 따라 그 수명이 길기도 하고 짧기도 하다.

모든 제품이 정상적인 라이프사이클을 거치는 것은 아니다. 많은 제품이 진입기에서 어느 정도의 매출을 발생시키다가 더 이상 확산을 못하고, 주저앉는다. 이런 것을 '데스밸리(death valley)'라고 한다. 우리나라에서는 창업 3년쯤 지나 제대로 성장하지 못하는 기업들을 데스밸리에 빠졌다고 표현하기도 하지만, 데스밸리의 정확한 의미는 출시한 제품이 얼리어답터 단계에 머물고 일반적인 고객들의 마음을 열지 못해 더 이상 매출이 늘어나지 못하고 주저앉는 경우를 말한다.

기본적으로 일반 고객들은 뭔가 새로운 것을 시도하기를 꺼린다. 이왕이면 기존에 써오던 방식이나 브랜드를 고집하는 경우가 많다. 특히 기존의 제품과 사용법이 다르거나 새로운 개념을 이해할 필요가 있다거나 그 제품과 같이 사용해야 할 다른 제품과의 관계가 바뀌어야 하는 경우에는 쉽게 마음을 바꾸려고 하지 않는다.

이런 것을 고객의 전환비용이라고 하는데, 실제로 고객이 새로운 제품을 사용하기 위해 치러야 하는 모든 대가를 합산하는 것을 말한다. 새로운 제품을 구입하는 경비뿐만 아니라 이를 공부하고 익히는데 드는 노력, 새로운 제품을 채택하기 위해 추가로 드는 주변 환경의 변화 비용 등을 모두 포함한 것이다. 이런 전환비용이 큰 제품은 비록 해당 제품이 아무리 싸고 품질이 우수하다고 하더라도 일반 고객의 마음을 열지 못한다.

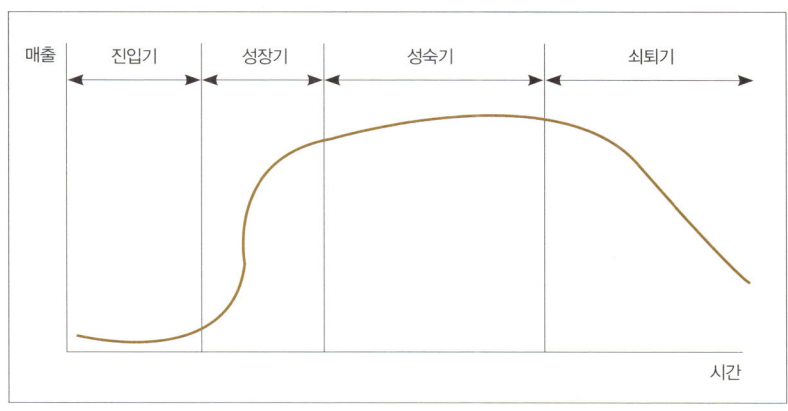

일반적인 제품의 라이프사이클

그나마 요즘은 인터넷을 통한 다양한 홍보수단이나 고객들 간의 정보교류 수단이 많이 생겨 이런 데스밸리 현상이 많이 줄어들었다. 얼리어답터들이 제품에 대해 열렬한 반응을 보이는 글이나 동영상이 일반 고객을 예전보다는 훨씬 쉽게 움직이는 것이다. 일반 고객들의 특징은 자기가 일단 사면, 남들에게도 이를 전파하려고 노력하는 경향이 있어 제품 확산에 큰 도움이 된다. 인터넷 상의 불만 고객이나 제품 평에 대한 관리가 아주 중요한 핵심적인 이유이다.

B2C 제품은 비교적 입소문을 통해 데스밸리를 극복할 수 있지만 B2B 제품은 훨씬 까다로운 경우가 많다. 진짜 혁신적인 신개념의 제품은 시장에서 그리 쉽게 통하지 않기 때문이다. 실무부서는 쓰고 싶어도 구매부서의 경쟁 필수 원칙 등이 이를 가로 막기도 하고, 스타트업 제품에 대한 불신이 판매를 막기도 한다.

경우에 따라서는 인적 네트워크를 동원한 로비와 오랜 기간의 설득이 필요하다. 전문 잡지의 리뷰나 구독률이 높은 중앙지나 전문신문에 이 제품을 도입해 성공한 사례들이 실리도록 유도하는 것도 중요하다. 스타트업 대표보다는 초기 제품을 채택해 준 기업의 임원들이 직접 나서서 경험담을 들려주도록 만드는 것이 훨씬 더 효과적이다.

일단 데스밸리를 통과해 제품이 성장기에 진입하면 제품의 매출은 J커브를 그리면서 상승한다. 회사는 축제 분위기가 되고, 금방이라도 모두 백만장자가 될 것 같은 분위기에 휩싸인다. 하지만 이 세상은 그리 호락호락하지 않다. 경쟁이란 것이 항상 기다리고 있기 때문이다.

경쟁 제품의 출현

고객에게 좋은 반응을 얻은 제품에게는 반드시 경쟁 제품이 생기게 되어 있다. 하지만 경쟁이 스타트업에게 반드시 나쁜 것만은 아니다. 특히 새로운 시장을 창출하는 신개념의 제품이라면 경쟁자와 같이 경쟁하는 것 자체가 뉴스거리가 되면서 시장을 빨리 키우는 원동력이 되기도 한다. 시장을 같이 키우면서 우리 회사가 시장을 리드해 나갈 수만 있다면 경쟁자는 오히려 고마운 존재가 된다.

스타트업을 종종 열 받게 하는 것이 짝퉁 제품의 출현이나 대기업의 시장 진입이다. 아이디어 상품의 경우엔 아주 쉽게 짝퉁 제품이 출현한다. 특히 제조형 제품인 경우 중국의 힘은 실로 무섭다. 특허를 출원해 놓아도 무용지물인 경우가 상당수이다. 하지만 이것도 결국 돌파해야 할 문제 중의 하나일 뿐이다. 많은 제품의 광고나 홍보물에서 '유사품에 주의하시고, 유사품은 이런 저런 문제가 있다'는 내용을 본 적이 있을 것이다. 스타트업도 역시 그렇게 대응하는 수밖에는 방법이 없다.

특허 등이 있다면 법적인 대응도 검토해 볼만하지만 사실 스타트업은 손해배상 소송을 잘못하다가 패가망신하는 경우가 의외로 많다. 빠른 시간 내에 적당히 타협해 특허료를 받는 것으로 새로운 수익원을 만들어 내고, 상대의 경쟁력을 떨어뜨리는 것도 좋은 방법일 수도 있다.

흔히 2위 사업자 전략이라고 불리는 기업 전략이 있다. 고생해서 새로운 혁신제품을 만들기보다는 남들이 잘 만든 제품을 흉내 내서 마케팅으로 승부하는 전략이다. 연구개발에 드는 노력이 상대적으로 크지 않고, 만약 막강한 브랜드나 유통채널을 선점하고 있거나 예쁜 디자인을 잘 만들 수 있는 능력이 있다면 아주 좋은 경영전략이다. 국내의 상당수 대기업이 초기에 이런 전략을 통해 성장했다는 점을 기억하라.

대기업이 기껏 시장을 한참 만들고 있는 우리 영역에 침범해 들어 왔을 때는 마음가짐을 단단히 해야 한다. 공룡과의 무의미한 싸움이 될지, 다윗과 골리앗과의 싸움에서처럼 현명한 다윗이 될 지는 스타트업이 어떻게 하느냐에 달려 있다.

대기업은 많은 자원을 가지고 있고, 특히 매스마케팅에 능숙하다. 시장이 작으면 들어오지 않는다. 내 영역에 들어왔다는 것은 내 제품의 미래 확장성이 매우 높다는 점을 인정했다는 것이다. 무의미한 마케팅 싸움을 벌이는 것은 좋지 않다. 자금이 부족한 스타트업이 절대로 성공할 수 없는 전략이다. 오히려 대기업이 시장을 창출하는 과정에 편승하면서 대기업과 나와의 차별성을 계속 고객에게 어필해야 한다.

어차피 대기업도 일개 팀이 이를 담당하며, 무한정의 자원을 가진 것은 아니다. 하지만 대기업이 기존에 가진 다른 자원이나 제품들을 엮어서 레버리지를 형성하면 경쟁이 쉽진 않다. 대기업과의 경쟁 상황에서 회사가 어떻게 해야 할 지는 이를 추진하는 대기업의 내부에 대해 정확한 정보를 수집한 뒤, 싸움을 계속할지 항복할지를 결정해야 한다.

선점 효과가 큰 제품을 가지고 있다면 금상첨화이다. 이런 제품이라면 대기업과의 경쟁에서 두려워할 필요가 없다. 보통 네트워크형 제품은 선점효과가 크다고 한다. 쓰는 사람이 늘어나면 기하급수적으로 더 많은 사람들이 사용할 수밖에 없는 제품이다. 온라인 게임, SNS, 어플리케이션 소프트웨어, 다양한 플랫폼 등과 같은 지식형 제품들이 대표적이다. 이런 제품들은 경쟁자가 다음에 들어와도 시장을 빼앗기가 쉽지 않다. 이미 중요고객들이 이전 제품의 네트워크에 잡혀 있고, 그 네트워크는 계속 확산되기 때문이다.

예를 들어 아래아한글과 같은 경우 대학생들이 무료로 사용하고, 공무원들이 쓰면서 많은 사용자를 확보했다. 이미 너무나 많은 리포트나 문서들이 아래아한글로 작성되었고, 공공기관에 제출하는 신청서도 아래아한글로 되어 있다. 그러니 마이크로소프트사의 워드가 아무리 기능적으로 더 우수하다고 해도 아래아한글을 대체할 수 없다. 게다가 아래아한글은 한글 자체로만 보면 더 편리한 기능도 수두룩하다.

경쟁제품이 품질이나 가격 측면에서 더 우수하다면 우리 회사의 제품은 점차 사양길로 접어든다. 브랜드 가치를 어느 정도 선점했다면 성숙기를 거쳐 쇠퇴기로 진행할 것이고, 아직 충분한 브랜드를 쌓지 못한 단계라면 바로 쇠퇴기로 직행할 수도 있다. 그래서 항상 전 세계의 유명 전시회 등에 참가해 보거나 인터넷 등을 통해 다른 업체들의 동향을 들여다봐야 한다. 그리고 항상 기능이 업그레이드된 신제품이나 다음 주기에 회사를 먹여 살릴 새로운 제품을 준비해야 경쟁에서 밀리지 않는다.

신제품 전략

회사가 지속적으로 성장하려면 최초에 출시한 제품만으로는 버티기 힘들다. 결국 그 제품도 수명이 있어 조만간 쇠퇴기에 접어 들 것이기 때문이

다. 흔히 캐시카우라고 부르는 돈이 되는 아이템이 있다면 항상 그 여력을 이용해 스타라고 불리는 새로운 제품을 준비하는 것이 바람직하다.

　새로운 제품을 준비하는 방법은 여러 가지다. 첫째는 기존의 고객가치에 초점을 맞춘 제품 전략을 추구하는 것이다. 일단 고객가치에 전념한다는 것은 기존의 제품을 계속 업그레이드하는 것을 말한다. 고객들이 우리 제품에 갖는 호감을 강화할 수 있도록 계속적으로 이를 지원할 신기술을 도입하거나 고객의 불편사항을 확장하여 기능을 추가하는 것이다. 이를 통해 원가를 낮추고 품질을 높이는 신모델을 계속적으로 만들어 낸다.

　지식형 제품이라면 AI나 빅데이터와 같은 신기술을 추가로 도입해 제품의 기능을 개선하고 이를 고객에게 어필하는 것도 좋은 방법이다. 이런 노력은 2위 사업자 전략의 경쟁자를 지속적으로 앞설 수 있는 힘이 되기도 한다. 매년 발표되는 아이폰이나 갤럭시폰의 신모델이 대표적인 예라고 할 수 있다.

　둘째는 기존에 확보한 고객들이 좋아할 만한 신제품을 찾아보는 것이다. 회사에 호감을 가진 고객들은 우리 회사가 만든 신제품에 대해서도 일단은 긍정적인 마인드를 가지고 바라보는 경향이 있다. 그래서 기존 고객층이 느끼는 여러 가지 니즈를 분석하여 회사가 도전할만한 아이템을 찾아서 제품을 개발하는 것이다.

　때로는 신기술이 필요할 수도 있고, 뒤에서 소개할 전략적 제휴를 활용할 수도 있다. 여태까지 겪었던 제품 개발의 고통이 두렵고, 새로운 기술팀을 꾸려야 하는 부담감도 만만치 않을 것이다. 하지만 이미 확보한 고객이 있어 상대적으로 수월하게 마케팅을 할 수 있다는 것이 가장 좋은 장점이다.

　셋째는 회사가 확보한 독창적인 기술을 이용해 다른 분야로 확대하는 신제품을 기획하는 것이다. 기술을 확대한다는 관점에서 기술 개발 과정이

상대적으로 쉽다는 장점이 있다. 하지만 새로운 시장에 직면해야 하고, 우리 회사를 모르는 고객들을 대상으로 새로운 마케팅을 시작한다는 것은 역시 만만치 않은 부담으로 작용한다.

가장 좋은 신제품 확대 전략은 둘째와 셋째가 결합된 제품을 만드는 것이다. 기존 고객들을 대상으로 기존 기술을 확대해서 신제품을 만들 수만 있다면 리스크도 적고, 효과도 크다. 하지만 이런 아이템을 찾는 것이 그리 쉽지만은 않다.

가장 최악의 경우는 회사 내에 없는 기술로 한 번도 경험해 보지 않은 고객층을 겨냥한 제품을 선택하는 것이다. 의외로 기껏 고생해서 성공가도를 달리는 스타트업들이 이런 선택을 한다. 그리고 참패를 면치 못하고, 그나마 있는 기존 제품의 수익성만 까먹고 마는 경우가 많다.

전략적 제휴

<u>또 한 가지의 지속적 성장 전략은 전략적 제휴이다. 전략적 제휴란 확대 해석하면 통상적인 상거래가 아닌, 특정 기업과 조건이 달린 특정한 관계를 맺는 모든 행위를 말한다.</u>

먼저 남들이 인식하는 나의 강점이 무엇인지를 파악해야 한다. 그리고 그 강점을 지속적으로 키우기 위해 다른 기업들과 특수한 계약을 맺는다. 전략적 제휴에서 가장 중요한 점은 상호 윈윈할 수 있는 포인트를 찾는 것이다. 서로의 약점을 보완해 주는 역할을 하고, 서로의 강점을 주고받을 수 있어야 전략적 제휴 관계가 성립된다.

예를 들어 우리 회사가 특정 고객층에 아주 좋은 이미지를 확보하였고, 마케팅 능력이 매우 뛰어나다고 하자. 그러면 그 고객층이 필요로 하는 다른 혁신 제품을 내가 직접 개발하지 말고, 다른 스타트업의 개발 제품에서 찾는 것이다. 그런 제품이 있다면 전략적 제휴 관계를 맺어 OEM으로 생산해 내 브랜드로 시장에 출시하면 된다. 만약 그 스타트업이 마케팅을 할 인력이나 자금이 부족하다면 기꺼이 같은 배를 타려고 할 것이다.

기술력이나 생산능력이 우수하다면 우리 기술을 써 줄만한 우수한 기업을 찾아보는 것도 방법이다. 그 기업의 신제품에 필요한 혁신 부품을 만들어 주고, 대가를 받을 수도 있다. 신제품 전체를 만들어서 OEM 납품을 해 줄 수도 있을 것이다. 굳이 마케팅으로 골치를 썩지 말고 기술 기업으로 계속 성장하는 것도 좋은 전략이다.

우리 제품에 꼭 필요한 부품을 제공하는 업체와는 독점 거래 계약을 맺을 수도 있다. 다른 업체들이 그 부품을 사용하지 못하게 함으로써 경쟁력을 유지하는 전략이다. 그리고 그 부품의 지속적인 개선을 요구하며 공동 R&D를 진행할 수도 있다.

전략적 제휴의 형태는 실로 다양하다. 핵심 포인트는 주고받을 것이 있고, 서로 불만이 없게 윈윈할 수 있어야 한다는 점이다. 어느 한 쪽에 일방적으로 유리한 제휴는 결국 깨지게 되어 있기 때문이다.

04
기업의 혁신문화 유지

 스타트업 중에는 조로 증세를 보이는 기업들도 있다. 너무 일찍 늙어버린다는 의미이다. 필자의 경험상 조로 현상은 스타트업이 높은 기업가치를 인정받아 대규모 투자를 받거나 초기 제품이 이익이 많이 나서 많은 성과급을 지급한 때부터 생긴다. 회사에 자금 여유가 생길 때부터 오히려 조직이 활력을 잃어버린다는 것은 실로 아이러니하다.
 기업 내부의 역량이 끊임없이 성장해야 기업도 성장한다. 가장 중요한 것이 혁신문화를 유지하여 끊임없이 혁신을 가속화하는 것이다. 그러기 위해서는 무엇보다 먼저 대표가 공부해야 한다.

대표가 먼저 공부해야 한다

 성장하는 중소기업 대표가 알아야 할 이야기는 너무나 많다. 특히 경영전략이나 하이테크 마케팅 이론에 대해 공부하고, 주변 경영환경의 변화나 신기술 트렌드 등을 끊임없이 공부해야 한다. 그리고 충분히 고심한 뒤에 단계적으로 회사 내에 접목하는 것이 중요하다.

해외에는 몇백만 원씩 하는 유명 경영학자의 강연이 많다. 여기에는 중소기업 대표들이 많이 참석한다. 여기에 참석하는 대기업 실무자들과 중소기업 대표는 하는 행동이 다르다. 실무자들은 노트를 꺼내 놓고 열심히 적는다. 하지만 이미 그 사람의 책에 나와 있는 내용을 요약한 것이 대부분이다.

중소기업 대표들은 수첩을 꺼내 놓는다. 그리고 강연이 끝날 무렵 단 한 줄 정도를 수첩에 적는다. 그리고 1년 뒤에 강사에게 감사 레터를 보낸다. 당신이 이야기해 준 어떤 것을 회사에 적용해서 큰 재미를 보아서 감사하다는 편지이다.

스타트업 대표도 다르지 않다. 너무 이것저것을 동시다발적으로 실천하려고 들면 오히려 조직이 혼란스럽다. 스타트업 조직은 작은 변화도 감당하기가 쉽지 않다. 모든 변화는 원래 처음에는 혼돈과 생산성 저하를 가져오지만 정착되면 효과가 크다는 점을 이해하고 오직 한 가지씩 정해서 일관된 실천을 해야 한다. 내부의 저항도 극복해야 할 사항이다. 그리고 그것이 자리를 잡으면 다음 변화를 시도해야 한다.

기업의 혁신문화를 유지하는 방법

조직의 조로 현상은 여러 형태로 나타난다. 대표적인 증세가 대표나 직원들의 관심사가 고객에게 향하지 않고, 내부적인 이슈나 주가 같은 것에 쏠리는 것이다. 조직은 급격히 확대되는데 갈등만 커지고 뭔가 성공적인 활동을 하지 못한다. 신제품은 나오지만 시장의 반응은 별로인 형태로도 나타난다. 뭔가 회사 안팎의 이슈가 생겼을 때도 이에 대한 대책회의 결과가 일단 이전에 하던 대로 하자는 것이고, 당장 해야 할 행동지침이 나오는 것이 아니라 누구도 책임지지 않는 애매한 결론이 나오는 경우가 많다.

이런 현상의 밑바탕에는 대부분 리더십의 문제가 깔려 있다. 대표가 차를 바꾸고, 사무실을 치장하는 데 신경 쓰면 직원들도 뭔가 본인의 실속을 차리는 일에 관심을 가진다. 승진이나 성과급 등 조그만 이슈들에 대해 불만이 생기고 서서히 일에 대한 열정을 잃어 간다. 회사 전체의 이익보다는 우리 부서나 나의 이익이 우선이 된다.

조직 관리와 리더십은 그래서 매우 중요하다. 지속적으로 성장하는 스타트업을 가보면 직원들의 눈이 살아 있다. 이야기를 해 보면 자기 일에 대해 몰입하고, 열정적이다. 이런 조직의 특징을 요약한 컬처앰프의 분석을 보면 다음과 같다.

> 1) 대표 및 조직의 리더십을 신뢰한다.
> 2) 조직 내에서 승진하거나 다른 자리로 옮길 기회를 찾는다.
> 3) 조직의 성공이 자신에게 매우 중요하다고 생각한다.
> 4) 자기 분야에서 나는 기여를 하고 있다고 생각한다.
> 5) 회사의 비전은 직원들에게 동기를 부여한다.

이런 문화를 형성하기 위해 리더를 어떤 일을 해야 할까? 우선 항상 공부하고 솔선수범해야 한다. 직원들에게 권한을 위임하고, 실패를 용인하고, 새로운 시도를 격려하는 것도 중요하다. 조직 단계가 복잡해질수록 사장실에 앉아서 결재만 하는 것이 아니라 사무실 밖으로 나와 끊임없이 직원들과 현장과 고객의 문제에 대해 대화해야 한다.

직원들과 주기적으로 회사의 비전에 대한 생각과 혁신에 대해 이야기할 필요가 있다. 회사에 대한 불만이 쌓이지 않도록 새로운 제도나 규정을 만들고 직원들과 왜 이런 변화가 필요한지 공유해야 한다. 구글의 두 창업자는 본사 직원 3,000명을 한 달에 한 번씩 식당에 모아 놓고, 그동안 있었던 회사의 주요 변화에 대해 설명하고, 왜 그런 결정을 했는지 설명하려고 노력했다고 한다. 직원들의 자유로운 질문에 솔직하게 답변하여 이해를 구하고, 영업 비밀에 해당되는 내용에 대해서도 기본적인 방향성을 설명하려는 노력을 아끼지 않았다.

우리가 흔히 생각하는 스톡옵션 등의 보상이나 높은 급여와 성과급은 생각보다 혁신문화에 미치는 영향이 크지 않다. 물론 성과에 대한 적절한 보상은 필요하다. 회사가 이익이 많이 나는데도 스타트업 초기의 적은 급여를 강요하는 것은 말이 안 된다. 성과에 따른 적절한 직원 보상이 없다면 사람들은 실망하고 떠날 궁리를 하게 된다. 그리고 조직이 필요로 하는 우수한 사람을 계속 영입하는 데도 방해가 된다.

하지만 보상이 특히 한국사회에서 조직의 분열을 초래하는 원인이 되곤 한다는 점도 유의해야 한다. 연봉에 일정 비율로 나누어주는 성과급은 연봉이 적은 저직급자의 불만을 초래한다. 평가를 통해 우수 등급을 받은 사람에게 더 많은 성과급을 주는 방식도 평가의 공정성 때문에 항상 문제를 일으킨다. 정답은 없지만 원칙을 정하고 이해를 구하고 최대한 투명하고 공정하게 집행하는 수밖에 없다.

필자는 성과급과 포상을 섞어서 집행하는 방법이 가장 좋지 않을까 생각한다. 포상도 나눠 먹기 식은 무의미하다. 기업의 성장에 확실한 도움을 준 행동에 대해서만 상을 줘야 한다. 잘하는 사람은 여러 번 반복해서 줘도 상관없다. 그리고 그것이 승진 등과 연결되어야 한다. 중요한 것은 이번에는 못 받거나 부족하다고 느껴도 다음에는 기회가 있다고 생각하게 만드는 것이다.

회사가 끊임없이 혁신할 수 있게 프로세스를 정립해야 한다. 그리고 그 프로세스의 정점에 항상 대표가 관여해야 한다. 경영학 교과서에 수도 없이 많은 방법론이 있는데, 우리 회사에 맞는 한두 가지만 채택해서 꾸준히 실행하면 된다.

　마지막으로 대표가 고객을 잊어버리면 안 된다. 어느 정도 성공하면 대표는 너무나 바쁘다. 내부적인 일에 대한 의사결정 뿐만 아니라 외부 행사에도 자주 불려 다닌다. 지자체나 금융기관, 창업 지원 기관의 초청 행사, 지역 내 중소기업 모임 등에도 참석해야 한다. 성장하려면 이런 네트워크는 매우 중요하다. 하지만 대표의 머릿속에서 고객과 현장에 대한 관심의 비중이 낮아질수록 결국 회사는 서서히 늙어가고 만다.

05
성장 단계의 자금조달

손익분기점을 넘어서 현금 흐름이 플러스가 되면 더 이상 외부로부터의 자금을 조달할 필요가 없을까? 대답은 '아니다'이다. 기업이 성장하는 과정에서 회사 내부 자금으로는 부족해 외부에서 자금을 추가로 조달해야 하는 경우는 비교적 자주 발생한다. 드디어 해외에 지사를 설립할 수도 있고, 해외로부터 대규모 주문을 받고 대량 제품을 생산해야 할 수도 있다. 혹은 혁신적인 신제품을 개발하기 위해, 공장을 짓기 위해, 심지어 자기 사옥을 사거나 다른 회사를 인수하기 위해 자금은 늘 필요하다.

성장기 자금조달 방법

7년 이내의 기업에 대해서는 다양한 R&D 지원 제도가 있다. 신제품이나 신기술을 계속 개발하려면 이런 제도를 잘 활용해야 한다. 비밀스런 프로젝트라면 곤란하지만 통상적인 개발 수준이라면 적당한 수준에서는 R&D 지원 제도를 활용하는 것이 좋다.

이때가 되면 대부분 대표가 아닌 연구소장이 과제 책임자가 된다. 기술자들은 대부분 까다로운 행정업무가 수반되는 R&D 지원 과제는 달갑지 않다. 당연히 회사 돈으로 개발하는 것이 더 편하다. 외부의 전문가에 의해 감시당하고 평가받는 R&D 지원 제도는 대표 입장에서 연구개발 조직의 행태를 잘 관찰할 수 있는 도구가 되기도 된다.

아울러 독자적인 개발뿐만 아니라 다른 기업과의 협업을 통한 개발도 장려하도록 한다. 혼자서는 항상 힘이 부족하므로 다양한 우호 세력들을 다양한 형태로 갖추는 것이 좋다. 다른 기업과의 공동 개발은 필연적으로 전략적 제휴와 계약을 수반한다. 윈윈할 수 있는 기회를 마련하라.

자금 흐름이 흑자이면 자금을 조달하는 것은 크게 어렵지 않다. 정책자금이 해당되지 않는 항목이라 할지라도 시중 은행에서 너도 나도 돈을 써 달라고 조른다. 주거래 은행을 통해 평소 좋은 관계를 유지하고, 필요할 때 손을 내밀면 잘 도와주게 되어 있다. 좋은 관계란 예금을 주거래 은행 중심으로 예치하고, 당장 필요 없어도 약간의 돈을 대출받는 등의 행동을 말한다. 자금의 규모와 성격에 따라서는 수출입은행이나 산업은행 같은 대형 국책은행으로부터 저리로 자금을 받을 수도 있다.

벤처캐피털도 관심이 많을 것이다. 이들을 통해 추가적인 투자를 받을 수 있다. 흔히 투자 단계를 엔젤투자 단계, 시리즈 A, 시리즈 B, 사모펀드 단계 등으로 구분하는데, 어느 정도까지 받았는가에 따라 다음 단계 투자처를 물색하면 된다.

기업가치가 상당히 높아졌기 때문에 높은 배수로 추가 투자를 받을 수 있다. 심지어 기존에 투자한 벤처캐피털이 이를 권고하기도 한다. 이자가 발생하지 않으므로 투자를 선호하는 사람도 있다. 하지만 추가 투자를 받을 때는 대표의 지분율에 대해 심각하게 고민해야 한다.

마지막 자금조달 방법은 코스닥 상장 즉 IPO이다. 이제 불특정 다수에게 회사를 공개해 필요한 자금을 조달하고, 일상적으로 주식을 거래하게 하는 것이다. 정부가 상장 요건을 많이 완화해서 스타트업들이 코스닥에 접근하기가 점점 쉬워지는 추세다. 상장에 필요한 요건이나 절차 등 자세한 것은 11장을 참조하기 바란다.

많은 스타트업 대표가 꿈에 그리던 것이다. 이제 부자의 꿈을 실현할 수 있는 것이다. 하지만 대표의 지분 관리는 그리 쉬운 것만은 아니다.

대표의 지분 관리

스타트업을 돕는 창업 지원 제도를 창업 생태계라고도 부르는 이유가 뭘까? 자연 생태계에서 유래된 말인데 생태계란 혼자서 존재하는 것이 아니라 서로 연계되어 돕고 공생한다는 뜻이 있다. 식물은 꽃을 피우고 꿀을 생산하여 벌에게 먹이를 제공한다. 한편 벌은 꿀을 먹는 과정에서 자연스럽게 꽃의 번식을 돕는다. 하지만 생태계는 또한 먹고 먹히는 구조이기도 하다. 먹이사슬로 불리는 구조에 따라 약자는 강자에게 먹힌다. 그러면서 존재하는 개체의 숫자들을 균형감 있게 유지한다.

<u>스타트업은 창업 생태계를 통해 성장에 많은 도움을 받는다. 하지만 어느 정도 성장하면 호시탐탐 회사를 노리는 포식자도 있음을 명심해야 한다. 이를 보호하는 유일한 수단이 회사의 우호지분을 잘 관리하는 것이다.</u>

우호지분이란 내 편을 들어주는 지분이란 뜻이다. 친인척의 지분, 창업 팀 멤버들이 가지고 있는 지분, 회사 직원들의 가지고 있는 우리 사주 등이 대표적이다. 성장 초기까지는 대개 벤처캐피털 지분도 우호지분 역할을 한다. 하지만 회사가 어렵거나 다른 목적이 있다면 이런 우호지분은 언제든지 늑대로 돌변하거나 변심할 수 있다.

필자와 친한 어느 공대 대학교수분은 창업을 두 번 했다. 두 회사 중 첫 번째 회사는 현재 코스닥 상장 중이다. 하지만 교수님에게는 주식이 한 주도 없고, 경영권도 없다. 첫 번째 회사는 빼앗겼다고 표현한다. 젊은 시절이라 경험이 없었고, 오로지 기술 개발만 잘하면 되는 줄 알았다. 아무 생각 없이 여기저기서 돈을 가져다 썼다. 대표의 지분도 30% 이하 수준이 되었다.

우여곡절 끝에 시장에 제품을 출시했는데, 급격하게 돈에 쪼들리게 되었다. B2B 제품이고 생산설비인 로봇 제품이라 자금 회전이 매우 느렸기 때문이다. 대출을 받으려고 해도 한도가 차서 더 이상은 금융권에서 대출을 받기도 어려웠다.

부도 직전이 되자 투자한 벤처캐피털이 자금을 제공할 사람을 소개해 주었다. 그런데 그 사람은 대표가 지분을 넘길 것을 제안했다. 끝까지 버티다 결국 부도 직전에 모든 지분을 넘기고 월급쟁이 사장이 되었다. 주식가치도 크게 인정받지 못했다. 1년 뒤에 회사를 나온 그에게 남은 것은 생색내며 건네준 약간의 퇴직금 이외에는 아무 것도 없었다. 이 회사는 현재 코스닥 상장 중이다.

두 번째 경험은 그래도 좀 나았다. 개발이 완료되고 돈에 쫓기기는 마찬가지였다. 그래서 M&A 제안에 응할 수밖에 없었다. 하지만 이번에는 좀 더 여유를 갖고 제법 많은 돈을 받아 가계에 도움을 줄 수는 있었다.

<u>자금관리가 매우 중요하다. 이자율이 싸거나 투자를 해 준다니 기뻐서 마구 외부 돈을 끌어들여서는 안 된다. 항상 허리띠를 졸라매고 적은 돈을 활용하여 이익이 나는 회사 구조를 만드는 것이 매우 중요하다. 그렇지 않으면 원치 않는 인수합병을 당할 수 있다. 게다가 여태까지 고생한 대가를 거의 인정받지 못할 수도 있다. 이를 방지하려면 대표와 우호세력의 지분을 철저하게 관리해야 한다.</u>

코스닥 상장 전까지 대표와 친인척 등 진성 우호지분을 50% 이상으로 유지하라고 권유하는 멘토들이 있다. 하지만 지식형 사업에서는 가능할지 몰라도, 돈이 많이 들어가는 제품형 사업은 30% 이상을 유지하기도 쉽지 않다. 필자는 최소한 30% 이상은 유지하라고 권유하는 편이다.

대신 이사회를 잘 구성하는 것이 중요하다. 먼저 정관 등을 통해 회사의 주요 정책을 이사회를 통해 정하도록 한다. 그리고 이사회를 최대한 대표에게 우호적인 사람들로 구성한다. 이사회는 지분율로 결정하는 것이 아니다. 머릿수에 의한 다수결로 결정한다. 우리나라 재벌들이 매우 적은 지분율로도 회사를 장악할 수 있는 이유이다.

다른 우호세력의 지분은 크게 믿을 것이 안 됨을 명심해야 한다. 코스닥에 상장하면 거의 모든 우호세력들의 지분율은 급격하게 줄어든다. 본격적으로 처분에 나서기 때문이다. 그들도 오랫동안 이익 실현을 기다려 왔기 때문에 뭐라고 할 수 없다. 결국 믿을 것은 대표와 아주 가까운 사이의 지분들뿐이다.

코스닥에 상장할 때 대표의 주식은 보호예수 대상이 된다. 6개월이나 1년 동안 팔지 못한다는 말이다. 주가가 올라도 숫자로만 부자이다. 하지만 조급하면 안 된다. 조금만 더 참으면 된다. 참는 기간 동안 회사를 키우면 주가는 더 올라서 더 큰 부자가 된다.

이제 여유를 가지고 본인의 의도 하에 M&A에 응하거나 적당한 스케줄에 따라 일부 지분을 정리하여 이익을 실현할 수 있는 시기가 온다. 고생한 스타트업의 대표에 대한 우리 사회의 보상이다.

Part 2
창업 지원 제도의 이해와 도전

창업 생태계와 창업 지원 제도

창업 지원 제도의 구조를 알면 '돈'이 보인다

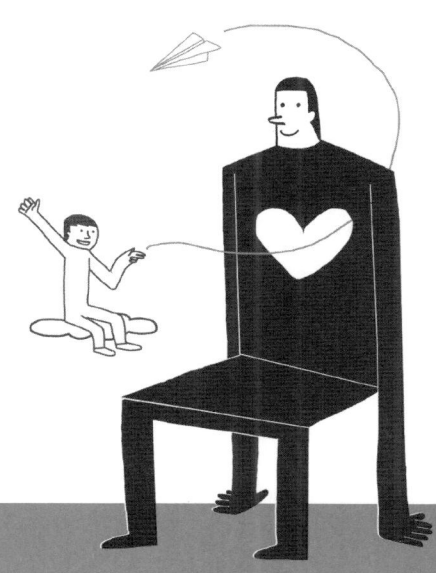

스타트업은 약하다. 이런 약한 스타트업이 성공할 수 있도록 도와주는 다양한 창업 지원 제도가 있다. 스타트업이 성공하려면 이런 창업 지원 제도를 효과적으로 잘 활용하는 것이 중요하다.

'지원'이란 사실 일방적으로 도와준다는 의미가 강하지만 사실 스타트업을 그냥 도와주는 일은 없다. 실제로는 서로 뭔가를 주고받는 것이다. 가장 일방적으로 많이 주는 것처럼 보이는 정부만 해도 챙기는 것이 있다. 국가의 미래 먹거리를 창출하는 일은 의외로 스타트업에게서 나오는 경우가 많다. 스타트업이 중소기업으로 성장하는 경우 일자리를 창출해 주는 원동력이 된다.

이렇게 서로 주고받는다는 입장에서 창업 지원 제도보다는 창업 생태계란 용어를 많이 사용한다. 스타트업은 꼭 다양한 창업 생태계의 제도들을 이해하고 자신만의 활용 방법을 고민해봐야 한다. ●

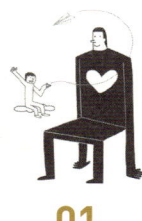

01
창업 생태계를 구성하는 이해관계자는 누구?

　우리나라처럼 다양한 종류의 창업 생태계가 조성되어 있는 나라도 드물다. 이들은 실로 다양한 지원 서비스나 자원을 스타트업에게 제공한다. 제도들은 지나치게 복잡하고 다양하게 구성되어 있어 창업자들이 제대로 이해하기가 쉽지 않다. 결국 이 제도를 잘 아는 일부 사람들만이 이를 제대로 활용한다. 심지어 악용하는 사례들도 종종 있다.
　창업 생태계를 구성하는 이해관계자는 정부 창업 지원 기관, 금융기관, 투자기관, 커뮤니티, 대기업, 대학, 멘토, 서비스 제공 업체 등 다양하다. 우선 각 이해관계자들이 스타트업에게 제공하는 것이 무엇이고, 이들이 바라는 바가 무엇인지를 살펴보면 제도를 이용하는데 큰 도움이 될 것이다.

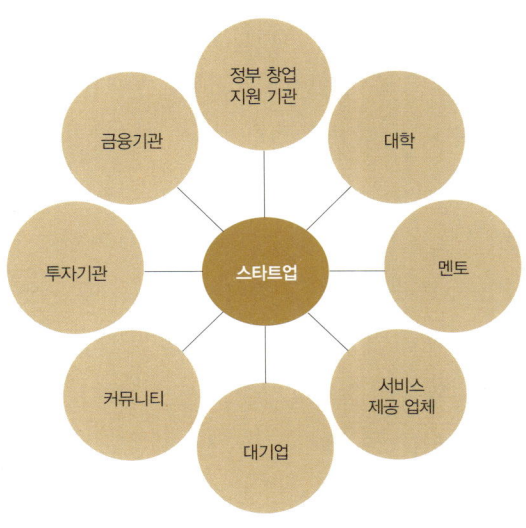

창업 생태계 이해관계자 구성도

정부, 지자체, 창업 지원 기관과의 관계

　우리나라는 재벌 중심의 경제 구조이다. 하지만 재벌이 일자리를 창출하는 정도는 막대한 수익에 비해 대단히 미미하다. 또한 재벌들이 창출한 우리나라의 핵심 주력 8대 산업군은 상당수 사양길에 접어들었다. 중국이나 신흥 개발도상국에 비해 경쟁력이 떨어지는 추세여서 한국의 미래 먹거리를 책임질 새로운 산업군의 개발이 절실하게 필요한 상황이다. 이런 새로운 먹거리는 의외로 스타트업에게서 많이 나온다. 그래서 정부는 의도적으로 스타트업의 창업을 지원해 미래 산업을 이끌 동력을 얻고, 새로운 일자리를 만들려고 한다.

　정부는 기능별로 여러 개의 부처로 나누어져 있다. 각 부처별로 역할이 있고, 국가 대계를 위한 마스터플랜이 존재한다. 그 마스터플랜 속에는 해당 기능과 관련이 있는 기업체에 대한 지원이나 육성 정책이 포함된다.

산업부는 일반 제조업과 에너지 관련 기업들을 지원하고, 과기부는 주로 정보통신 및 지식형 산업을 지원한다. 중기부는 우수한 중소기업을 발굴하고 키우는 기능을 한다. 특허청은 국내 기업의 특허 관련 업무와 우수한 특허를 가진 기업의 사업화를 지원하는 것이 주 업무다.

부처별 지원 기능은 겹치는 부분이 존재해 특허를 가진 우수한 제조 스타트업이라면 산업부, 과기부, 중기부, 특허청의 프로그램을 활용할 수 있다. 다양한 지원 제도에 대해 알고 있으면 좋은 기회가 그만큼 많이 찾아온다.

한편 지자체는 지역 내의 일자리 창출에 관심이 많다. 지역 내에 우수한 기업체들이 많아야 사람들이 많이 모여든다. 세금도 더 많이 걷히는 것은 물론이다. 그래서 지자체는 지자체대로 기업체를 지원한다. 대개 돈이 많은 지자체가 더 많은 지원 제도를 운영한다.

지자체는 대부분 경쟁력이 있는 특화 사업을 키우려고 한다. 그래야 기업체들끼리 서로 돕는 상생구조, 즉 기업체간 생태계가 형성되기 쉽기 때문이다. 모든 산업을 다 수용하는 것은 불가능하기 때문에 지역적 여건이나 지리적 특성에 맞는 특정 산업군을 집중적으로 키운다. 해당 지자체가 육성하려는 특화 사업에 속한 스타트업이 지원받을 수 있는 기회가 많을 수밖에 없다.

정부나 지자체는 정책과 예산을 가지고 있지만 이를 집행하는 기능이 없어 스타트업에게 직접 돈을 주지 못한다. 그래서 창업 지원 기관들이 필요하다. 정부 각 부처나 지자체는 법적 근거를 만들어 각자 창업 지원 기관들을 설립한다.

이들 창업 지원 기관들에게 정책 목표에 맞는 기업 지원 프로그램과 이에 관련된 예산이 할당된다. 이들 창업 지원 기관이 목적에 적합한 스타트업이나 중소기업을 선정해 돈이나 여러 가지 서비스를 지원한다.

창업 지원 기관이 계층을 형성하는 경우도 종종 있다. 지역별로 많은 기업체를 지원하는 프로그램의 경우에는 정부로부터 할당받은 1차 창업 지원 기관이 그 업무를 수행하기가 힘들다. 특히 그 창업 지원 기관이 전국적인 조직이 없는 경우에는 더욱 그렇다. 그래서 해당 지역 내에 그 업무를 잘 수행할 수 있는 2차 창업 기관들을 공모 형태로 경쟁해 선정한다.

예를 들어보자. 인터넷에서 '스마트 창작터 주관기관 모집공고'라고 쳐보라. 공고를 낸 곳은 창업진흥원이다. 신청할 수 있는 곳은 전국에 창업 지원 인프라를 갖춘 대학, 공공기관 및 민간기업이다. 다시 '스마트 창작터 교육생 모집공고'를 쳐보면 이 프로그램을 수행하는 창업 지원 기관의 리스트를 볼 수 있다. 선정된 결과를 보면 대학교의 산학협력단, 창업 지원단이 많고, 지역 통상진흥원, 정보진흥원, 창조경제혁신센터 등도 눈에 띈다.

중기부가 스마트 창작터 프로그램을 창업진흥원에 할당했고, 다시 창업진흥원은 전국 20개 기관을 선정하여 그 업무를 맡긴 것이다. 주관기관이란 프로그램을 수행하는 기관이란 뜻이다. 그래서 종종 헷갈리는 경우가 많은데, 중기부 입장에서 스마트 창작터의 주관기관은 창업진흥원이다. 창업진흥원 입장에서 주관기관은 선정된 20개 기관이다. 20개 기관 입장에서 프로그램의 최종 주관기관은 선정된 예비창업자나 스타트업이다. 스타트업이 최종 공고문에서 발견하게 되는 주관기관은 자기 자신이다.

지역별로 산재해 있는 정보산업진흥원은 원래 과기부에서 지식형 산업의 창업을 지원하기 위해 전국적으로 만든 기관이었으나 이제는 지자체가 운영하는 경우가 많다. 지역별 테크노파크는 원래 해당 지역 특화산업, 특히 제조업을 지원하기 위해 산업부에서 만든 기관으로 이제는 관할이 중기부로 바뀌었다.

창조경제혁신센터는 창업 지원 기관이 지역별로 산재하여 모든 스타트업 창업 지원 업무의 허브 역할을 하도록 만들어졌다. 하지만 과기부 관할에서 중기부 관할로 바뀌면서 역할도 바뀌고 있다. 중기부는 테크노파크와 창조경제혁신센터의 역할이 중복되지 않도록 테크노파크는 창업 지원 사업에 신규로 도전하지 못하게 하였다. 하지만 지역별로는 테크노파크들이 아직도 이전에 선정된 창업 지원 프로그램들을 많이 수행하고 있다.

지역 경제통상진흥원이나 통상진흥원 등의 창업 지원 기관도 있다. 원래 중기부 산하로 만들어졌으나 이제는 대부분 지자체가 중심이 되어 운영한다. 그밖에도 다양한 중앙정부부처나 해당 지자체가 독자적으로 만든 기관들이 있다. 해당 기관의 목적에 기업 육성 기능이 있다면 이들도 창업 지원 프로그램을 운영하기도 한다.

조직은 한번 생기면 잘 없어지지 않는다. 게다가 조직들은 성장하려는 욕구를 가지고 있다. 역사적 배경에 따라 지역별로 여러 가지 이름의 창업 지원 기관들이 존재하게 되었다. 스타트업 대표들이 헷갈리는 가장 큰 이유이다. 지역 내의 모든 창업 지원 기관들은 더 이상 특정 기관에만 의존해서는 조직을 운영할 수 없는 상황이다. 그래서 당초 설립해 준 중앙정부나 지자체 것이 아닌 다른 창업 지원 프로그램의 주관기관으로 도전한다. 이것이 지역별로 다양한 이름의 수행기관이 나타나는 이유이다.

필자는 지역 내의 창업 지원 기관 1~2곳과는 깊은 인연을 맺어두라고 권하는 편이다. 이들을 통해 많은 지원 정보를 쉽게 얻을 수 있고, 다양한 도움을 받을 수 있기 때문이다. 다양한 프로그램에 도전하고, 결국 선정된 프로그램의 수행기관이 다양해 여러 개의 기관과 인연을 맺게 되는 경우도 있다. 하지만 중점적으로 1~2개 기관의 실무자와 친한 관계를 유지하고 가끔 방문해 회사의 근황을 알려주고 도움을 요청하는 것이 훨씬 효과적이다.

친한 관계를 유지하기에 바람직한 기관은 되도록 많은 창업 지원 프로그램을 가진 곳이다. 그래야 도움 받을 것이 많다. 지역별로 다를 수 있지만 현재로서는 창조경제혁신센터가 가장 많은 창업 지원 프로그램을 운영하고 있다. 창조경제혁신센터는 보육기업이란 개념을 도입해 우수한 스타트업의 성장 단계를 관리하는 유일한 기관이다. 또한 성장 단계 전 주기별로 여러 가지 지원 프로그램을 가지고 있다.

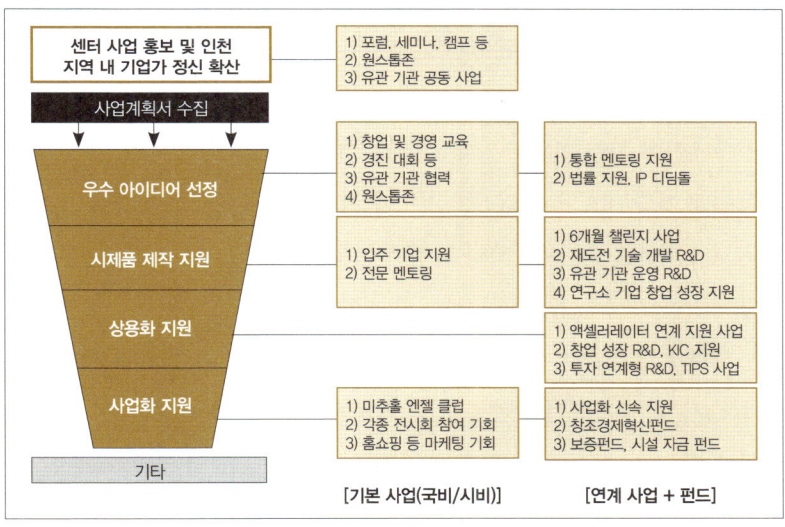

인천창조경제혁신센터 창업 지원 프로그램 예(2017년 기준)

대학 및 정부 설립 연구소와의 관계

기본적으로 대학은 고등교육과 연구개발을 진행하는 곳이다. 많은 기초과학에 대한 연구도 하고, 기업들과 협조하면서 실용적인 분야의 연구도 진행한다. 상당수의 기초과학 연구는 대학의 자체 재원으로 진행되지만 아무래도 한계가 있다. 그래서 기초과학을 지원하는 과기부 등으로부터 과제를 따오기도 한다.

특히 공과대학을 포함한 여러 이공학부들은 실용적인 기술을 연구한다. 그러다 보니 기술을 필요로 하는 기업체와도 많은 협력과 지원을 주고받는다. 정부도 그냥 지원해서 논문 한두 개 내고 사라지는 연구개발보다는 기업체와 연계하여 실제 활용될 만한 연구개발을 좋아한다.

한편 국내에는 꽤 많은 정부 출연 연구기관이 존재한다. 인문학, 경제학 분야도 있지만 주종은 각종 기술 개발이다. 한국전자통신연구원(ETRI), 한국생산기술연구원(KITECH), 한국기계연구원 등 실로 다양한 기관이 있다. 이들은 해당 분야에서 많은 기술 개발을 수행한다.

스타트업이 이런 기관들을 활용할 수 있는 방법은 다양하다. 첫 번째는 이들에게 기술 개발을 의뢰하는 것이다. R&D 지원 프로그램 중에는 바우처란 제도가 있는데, 사업비의 일정 부분을 대학이나 정부 출연 연구기관에 맡겨 연구개발을 유도하는 것이 주목적이다.

<u>조심해야 할 부분은 개발 역량이 있는지, 원하는 기간에 맞춰 개발해줄 수 있는지 몇 차례 면담을 하고, 연구 역량에 대한 평판도 조사하여 잘 판단해야 한다는 점이다. 의외로 대학 등에 기술 개발을 맡긴 후 아예 돈만 주고, 개발 성과에 대해서는 포기한다는 사람들이 많다. 외주업체와 계약하는 것과 원리는 다를 바가 없다. 스타트업이 같이 참여하고 주기적으로 진행상황을 점검해야 좋은 성과가 나온다.</u>

두 번째는 이들이 가진 연구시설 장비를 활용하는 것이다. 이들은 스타트업은 꿈도 꾸지 못할 좋은 장비들을 갖고 있다. 개발에 필요한 고가의 측정 장비나 실험 장비를 비교적 싼 가격에 빌려주는 제도가 있어 활용하면 된다. R&D 지원과제를 수행하면 개발비의 일부로 이런 장비를 빌려 쓸 수 있다. 정부의 R&D 지원과제를 수행하지 않는 경우엔 별도로 '연구 장비 임

대 지원 사업'이란 지원 제도를 이용하면 된다.

세 번째는 이들의 개발 성과를 활용하는 것이다. 이들이 개발한 결과는 대개 특허나 논문으로 남는다. 이런 특허를 활용해 사업을 시작할 수도 있다. 정부 출연 연구기관이 개발한 기술을 이전 받아서 창업하는 것을 '연구소 기업'이라고 부른다.

연구소 기업은 여러 가지 특혜를 누린다. 기술 이전 비용의 일부를 지원받기도 하고, 이를 상용화하기 위한 개발도 R&D 지원 비용으로 지원받는다. 해당 기술을 개발한 연구원을 일정 기간 파견 받아 연구를 진행할 수도 있다.

무조건 좋은 점만 있는 것은 아니다. 따져봐야 할 부분도 있다. 좋은 지원 제도에 혹한 스타트업들이 이를 검토하다가 포기하는 경우가 많은데 그 이유들은 다음 몇 가지로 요약된다.

우선 특허 사용에 대해 전용실시권을 잘 주지 않는다. 기술이전 비용도 자체 개발할 때보다 상당히 높은 경우도 있다. 매출이 발생한 경우 매출액의 일정 부분을 기술 사용료로 요구하기도 한다. 파견 연구원의 인건비도 상당히 높은 편이다. 게다가 연구소 기업은 수도권에는 설립할 수 없고, 연구개발특구를 가진 지방 도시에서만 창업이 가능하다.

이런 이유로 스타트업이나 중소기업들이 잘 활용하지 않자, 최근에는 무료로 활용할 수 있는 특허 리스트도 개방한 상황이다. 어디에나 옥석은 있게 마련이므로 이런 기술자료 리스트를 잘 살펴보면 의외로 대박이 날 수 있는 아이템을 찾을 수도 있다.

한편 스타트업이 대학과 관계를 맺으려면 반드시 거쳐야 하는 곳이 있다. '산학협력단'이다. 대학교의 산학협력단이란 대학의 산학 연구를 위해 설립되는 대학교 내의 부설기관이다. 공대가 있는 대부분의 대학교는 산학

협력단을 갖고 있다. 대학교수 및 대학원생들이 기업체의 연구개발에 참여하는 경우 이를 중재하거나 비용 및 권리/책임에 관한 계약을 맺는 등의 연구개발과 관련된 각종 행정업무를 총괄하는 곳이다.

창업 지원단을 갖춘 대학도 있다. 정부에서 선정된 일부 대학교에만 설치되는데, 대학생이나 지역 내 스타트업의 창업을 지원하는 역할을 한다. 대학은 강의실과 연구실 등 기본 인프라가 갖추어져 있고, 창업 강의를 할 수 있는 교수진도 갖추고 있다. 이들을 통해 취업 문제로 골치 아픈 대학생들의 창업을 지원하고, 덤으로 일반인들에게 창업선도대학 같은 사업화 지원 프로그램을 수행하거나 창업과 관련된 각종 교육, 멘토링 등을 진행한다. 창업 지원단이 없는 대학교에서는 산학협력단이 그 업무를 대신 수행하는 경우가 종종 있다.

한편 대학은 창업보육센터와 같은 창업 입주 공간도 제공한다. 우리나라 창업보육센터의 상당수는 대학교 내에 있다. 대학교 내에 있다는 점이 장점이 되는 경우에는 이를 활용하는 것도 좋다. 특히 첫걸음 기술 개발사업이나 도약 기술 개발사업 같이 기술 개발을 대학교에 거의 전적으로 의뢰하는 R&D 지원 사업을 활용할 때는 아주 유용한 편이다.

멘토와의 관계

멘토는 기본적으로 대가를 바라지 않고, 자신의 경험을 바탕으로 스타트업을 돕는 사람들이다. Part1에서 이미 이 부분은 설명을 했으므로 자세한 설명은 생략한다.

멘토를 적극적으로 활용하는 방법은 여러 가지가 있다. 기본적으로는 스타트업 대표들이 문제에 부딪힐 때마다 멘토들의 경험이나 판단에 대해 의견을 구하는 것이지만, 회사 업무에 적극적으로 끌어들이는 경우도 많다.

멘토가 엔젤투자자가 되는 경우도 흔하다. 역량이 충분한 멘토라면 고문 등으로 계약을 맺어 적은 돈을 일정 기간 지불하면서 회사 업무에 적극 참여시킬 수도 있다. 회사와 친분이 있고, 대표를 잘 알게 되므로 이사회의 멤버로 활용하는 것도 좋다. 코스닥에 등록하면 사외이사를 영입하는 것이 필수조건이 되기도 한다. 이런 때 멘토는 회사에 우호적인 이사로서 아주 좋은 대안이 될 수 있다.

서비스 제공업체와의 관계

스타트업이라면 회계와 세무 업무 때문에 세무사와 계약을 맺거나 특허 출원 및 특허 관련 각종 업무를 처리하기 위해 변리사와 계약을 맺곤 한다. 직원이 많아지면 노무사와 계약하거나 법률적인 문제 때문에 법무사와 계약을 맺는 경우도 있다. 또한 유통채널로 활용하거나 재료 구입 및 가공, 시스템 개발 등을 위해 외부 업체들과 계약을 맺게 된다.

이들 업체들과의 관계는 기본적으로 비용에 의한 거래 관계이다. 하지만 전략적으로 접근하면 훨씬 더 발전적인 관계를 만들 수 있다.

인천혁신센터의 보육기업인 ㈜애드포라이프는 광고를 통해 기부금을 모으고 이를 수혜자에게 전달하는 것을 목표로 하는 사회적 기업이다. 다양한 온라인 광고에 도전하려면 다양한 광고 플랫폼을 만들어야 한다. 그래서 이 회사는 소프트웨어를 개발하는 업체와 전략적 제휴를 맺었다. 개발비는 최소한의 수준으로 지불하되, 매출이 발생하면 매출액의 일정 비율을 유지보수 비용으로 지불하기로 했다. 결과는 대단히 만족스러운데, 개발회사 대표가 직접 개발에 참여해 거의 공동 창업자 수준으로 열심히 일을 해 주고 있다고 한다.

(주)애드포라이프의 기부금 모집 솔루션

외국에서는 이런 외부 업체 대표들을 모아서 자문위원회를 구성하는 경우가 많다. 약간의 경비와 노력을 기울이면 Part1의 비즈니스 모델 부분에서 이미 소개한 바와 같이 이들을 회사의 자문단 및 멘토로 아주 잘 활용할 수 있는 방법을 찾을 수 있다.

대기업과의 관계

외국에서는 스타트업에게 있어 대기업의 존재가 대단히 중요하다. 처음부터 스타트업의 최종 목표를 대기업에 M&A되는 것으로 설정하는 경우가 많기 때문이다. 이런 경우 처음부터 개발의 목표를 대기업이 필요로 하는 기술로 설정한다. 안타깝게도 우리나라에서는 M&A가 활발하지 못하므로 이런 케이스는 드문 편이다.

스타트업에게 대기업은 최종 소비자가 되기도 한다. 특히 신기술에 의한 혁신적인 부품을 개발하거나 중간재 성격의 제품을 개발하는 경우 대기업 납품 성공 여부는 회사의 성패를 좌우하는 일이 된다. 이 부분에 대해서는 좋은 이야기도 있지만, 나쁜 이야기도 참으로 많다. 기술력뿐만 아니라 스타트업 대표의 인적 네트워크 역량도 큰 비중을 차지한다는 정도로 이야기를 마친다.

국내 대기업도 최근 들어 오픈 이노베이션에 관심을 갖는 기업이 늘고 있다. 자기가 직접 개발하기보다는 외부의 아이디어를 기업의 발전에 활용하는 것이다. 이를 위한 다양한 제도가 만들어지고 있다. 대표적인 것은 좋은 아이디어를 제안한 사람에게 포상을 주는 형태와 아이디어 제안자를 개발자로 참여시켜 제품 출시 이후에 매출의 일정 부분은 보상하는 형태이다.

기업의 사회적 기여 차원에서 창업을 지원하는 형태도 생겨나고 있다. 재창업자들에게 기술 개발 자금과 창업공간을 제공하는 SKT의 브라보 리스타트 프로그램은 창조경제혁신센터의 대기업 창업 협력 모델의 근간이 되었다.

대기업의 원천기술을 활용하는 스타트업을 지원하는 제도들도 생겨나고 있다. 예를 들어 통신사들은 미래의 IoT 네트워크 인프라를 선점하기 위해 이를 활용할 아이디어 공모전을 열고, 응용 기술 개발을 원하면 개발자금을 지원해 주기도 하며 사업화 과정을 직접 지원해 주기도 한다.

커뮤니티와의 관계

실로 다양한 커뮤니티가 있다. 스타트업 창업 초기에 커뮤니티는 창업 아이디어의 산실이 되기도 하고, 창업팀 멤버를 공급하는 역할을 하기도 한다. 대학의 창업 동아리나 지자체들이 지원하는 창업카페 등과 같이 직접적인 창업 지원 커뮤니티도 있지만, 취미를 같이 하는 사람들 간의 동호회나 온라인 카페 등이 그런 역할을 하기도 한다.

스타트업이 커나가는 중에는 같은 공간에 입주해 있는 기업들 간의 모임이 중요한 역할을 하기도 한다. 또한 창업 지원 기관들이 마련하는 만남 행사에서 회사의 터닝포인트를 제공할만한 전략적 파트너를 만나는 경우도 종종 있다. 어느 정도 성장하면 지자체나 벤처기업협회, 금융기관 같은 기관들이 주관하는 모임에서 참석을 요구하는데, 이들과의 관계를 돈독히 하는 것도 회사에 큰 도움이 되는 경우가 많다.

다양한 커뮤니티 활동은 스타트업 대표에게 다른 사람의 경험과 아이디어를 흡수하는 창구가 된다. 하지만 지나치게 많은 외부 활동은 기업 내부 이슈에 대한 집중력을 떨어뜨리는 경우도 있으므로, 스스로 수위를 잘 조절하는 것이 중요하다.

투자기관과의 관계

투자기관은 기업에 돈을 투자하고 나중에 경제적 이익을 얻으려는 개인이나 기관이다. 스타트업 대표들은 종종 투자기관을 무슨 자선단체처럼 생각하고, 자신에게 불리한 조건을 제시하는 투자기관들에 대해 부정적으로 생각한다. 스타트업 대표가 기술로 사업을 한다면, 투자기관들은 돈으로 사업하는 기관이란 점을 명심해야 한다.

투자기관의 목표는 적은 돈으로 짧은 기간 내에 많은 돈을 버는 것이다. 투자기관도 사람으로 구성되어 있으므로, 담당하는 사람들이 선호하고 잘 아는 분야가 있고, 본인들의 말을 잘 듣는 기업체를 좋아하며, 기업가치가 크게 성장할 가능성이 있는 회사에 투자하려고 한다. 그리고 최대한 현재의 기업가치를 평가 절하해 싼 가격에 사는 것이 유리하기 때문에 다양한 책략을 구사한다. 이러한 책략이 스타트업 대표들에게는 대단히 기분 나쁜 경험으로 남게 될 수 있다.

개인 차원의 투자기관으로는 크라우드 펀딩, 엔젤클럽이 있고, 기업 차원의 투자기관으로는 액셀러레이터와 벤처캐피털이 대표적이다.

금융기관과의 관계

금융기관들은 기업이나 개인에게 돈을 빌려주고 이자를 받아서 먹고 산다. 가장 나쁜 것은 빌려준 돈을 못 돌려받고 떼이는 것이다. 떼일 때를 대비해 담보나 보증을 요구하기도 한다.

금융기관 입장에서 스타트업은 가장 최악의 고객이다. 확실한 신용이 있는 것도 아니고, 담보라고 할 만한 것도 없다. 아직 이렇다 할 수익구조도 없어서 스타트업 대표들의 연대보증을 요구한다. 스타트업에 빌려준 돈이 회수되지 않으면 대표의 개인 재산으로 이를 대신 벌충하겠다는 것이다.

스타트업의 상당수는 망한다. 망하면 대표는 보증을 선 죄로 집이 날아가고, 집안은 풍비박산이 난다. 금융기관들에게 스타트업이 가지고 있는 아이디어의 가치는 중요한 것이 아니다. 만약에 있을 최악의 경우가 가장 중요하다.

그래서 정부는 스타트업이 자금을 원활하게 지원받을 수 있게 여러 가지 제도를 마련해 주고 있다. 일단 정책자금인데, 정책자금이 요구하는 특정 조건을 만족시키면 시중은행에서 일반 대출을 받는 것보다 훨씬 좋은 조건으로 돈을 빌려준다. 자금의 종류에 따라서는 대표의 연대보증 책임마저 면제해 준다.

이런 정책자금을 시중은행에서 대출받을 수 있도록 보증을 서는 역할을 하는 금융기관이 있다. 기술보증기금과 신용보증기금, 중소기업진흥공단이 대표적이다. 중소기업진흥공단은 스타트업 초기 소액자금의 경우 직접 대출해 주기도 한다.

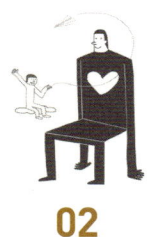

02
창업 지원 제도의 구조

창업 생태계를 구성하는 많은 기관들이 자신들의 목표에 맞는 스타트업을 육성하기 위해 다양한 지원 프로그램을 만들어 지원을 희망하는 스타트업을 선발한다. 이러한 프로그램들을 통칭하여 창업 지원 제도라고 하는데 여기서는 먼저 전체적인 구조에 대해 살펴본다.

우선 자금을 직접 지원하는 형태와 각종 서비스를 지원하는 형태로 나눌 수 있다. 서비스를 지원하는 형태도 여러 가지다. 창업교육, 멘토링, 입주 공간 제공 등은 Part1의 비즈니스 모델 단계에서 이미 설명하였다. 그 외에도 특허, 마케팅, 수출이나 해외진출, 인력 지원 서비스 등 다양한 종류가 있다.

여기서는 자금을 지원하는 창업 지원 제도를 중심으로 설명할 것이다. 이를 이해하려면 사업화 지원, R&D 지원, 투자, 정책자금이란 용어를 먼저 이해해야 한다. 이들은 다시 정부나 지자체의 예산으로 집행되는 것과 민간 기업이나 단체가 주도하는 것으로 구분할 수 있다.

구분	정부/지자체	민간
사업화 지원	· 정부 사업화 지원 프로그램 · 지자체 사업화 지원 프로그램 · 창업 지원 기관 자체 지원 사업	· 기업 공모전 · 오픈 이노베이션 프로그램 · 사회 기여형 창업 지원 프로그램
R&D 지원	· 정부 R&D 지원 프로그램 · 지자체 R&D 지원 프로그램	
투자		· 엔젤클럽 · 액셀러레이터 · 크라우드 펀딩 · 벤처캐피털
정책자금	· 기술보증기금 보증 · 신용보증기금 보증 · 중소기업진흥공단 보증/대출 · 산업은행, 기업은행 정책 금융 사업	

자금 지원형 창업 지원 제도 구조

사업화 지원 제도

일반적으로 '사업화 지원 제도'란 스타트업이 사업을 하는데 필요한 보조금을 제공하는 사업을 말한다. 보조금이란 반대급부가 없이 그냥 주는 돈이다. 따라서 사업화 지원 제도에 선정되면 해당 목적에 맞게 사용할 수 있는 자금을 무상으로 얻을 수 있다.

해당 목적이란 시제품 제작에서부터 특허 취득, 마케팅, 수출이나 해외 진출, 인증 지원, 컨설팅 등 제공하는 기관의 의도에 따라 다양하다. 한편 공모전 상금처럼 선정되기만 하면 마음대로 사용할 수 있는 자금도 있다.

사업화 지원 프로그램을 제공하는 기관은 실로 다양하다. 대부분은 정부나 지자체의 예산으로 수행되지만 창업 지원 기관 또는 해당 분야 전문기관의 이름으로 공고가 나기 때문에 다양한 기관들을 접하게 된다.

스타트업 입장에서는 무상으로 제공되는 돈이어서 가장 좋다고 할 수도 있으나 상대적으로 지원 규모는 작다. 그리고 상시 운영되다가 당해 연도 예산이 모두 집행되면 종료되는 형태도 있고, 일정 기간 모집해 대상자를 선정하는 프로그램들도 있어 기업이 꼭 필요한 시점에 맞추기가 쉽지만은 않다.

사업화 지원 프로그램은 스타트업이 창업 초기부터 중소기업으로 성장해 가면서 수시로, 다양한 형태로 도움을 받을 수 있는 제도들이기 때문에 회사의 업종에 따라 어떤 형태의 지원 제도가 있는지 사전에 조사해두고, 필요할 때마다 활용하는 것이 좋다.

먼저 과거에 집행되었던 지원 제도들을 한번 모두 훑어보고, 연관성이 있다고 판단되는 제도들의 리스트를 작성해두면 도움이 된다. 지원 제도들은 예산 문제로 대부분 매년 같은 시기에 집행되므로 시기별로 정리해두는 것도 좋다.

하지만 너무 많은 지원 제도를 쫓아다니면 스타트업 대표가 상당한 스트레스를 받을 수 있다. 대부분 그 기관 고유 양식의 사업계획서와 각종 증빙서류를 제출해야 하고, 서면심사를 거친 뒤, 대표가 직접 프레젠테이션을 해야 한다. 이런 과정은 보통 2~3달이 소요되며, 해당 기간 동안 본연의 업무인 개발 작업이나 마케팅 업무에 소홀해지기 마련이다.

대안은 이런 업무를 전담하는 직원을 두는 것이다. 물론 이 업무만 수행하지는 않겠지만, 자금조달에 대한 책임을 맡으면서 각종 사업화 지원 프로그램이나 R&D 지원 프로그램의 공모나 관련 행정업무를 처리해 대표의 부담을 최소화시킬 수 있다. 필자가 아는 어떤 회사의 관리팀장은 아침마다 20개 정도의 지원 프로그램 공고 페이지를 찾아보고, 회사에 적합한 지원 사업 공고가 있으면 대표에게 보고하는 것으로 근무를 시작한다.

사업화 지원 프로그램을 모두 설명할 계획은 없다. 특히 취득과 관련된 사업화 지원 프로그램은 Part1의 2장에서 이미 설명하였다. 상당수의 사업화 지원 프로그램은 다음 2개의 사이트를 찾아보면 쉽게 공고문을 찾을 수 있다.

> www.k-startup.go.kr (K-스타트업 사이트)
> www.bizinfo.go.kr (기업마당 사이트)

이들 사이트들은 사업화 지원 프로그램뿐만 아니라 R&D 및 기타 스타트업 및 중소기업에 도움이 될 만한 많은 정보를 제공하므로 반드시 자주 찾아보아야 할 사이트들이다. K-스타트업은 주로 스타트업 초기의 프로그램에 초점을 맞춘 종합 포털 사이트이고, 기업마당은 중소기업 전반에 대한 지원 제도를 아우르는 포털 사이트이다. 사업화 지원 프로그램 중에서 특히 중요한 공모전과 시제품 제작 지원 프로그램에 도전하는 방법은 7장에서 별도로 자세히 소개한다.

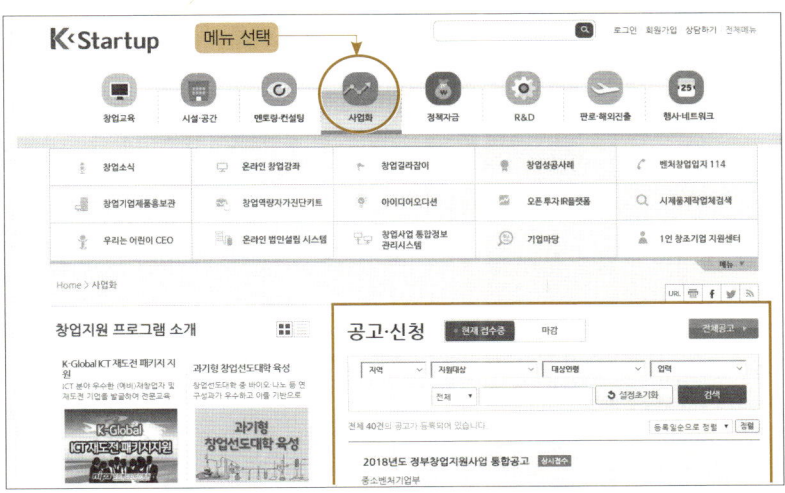

K-스타트업 화면의 사업화 지원 메뉴(www.k-startup.go.kr)

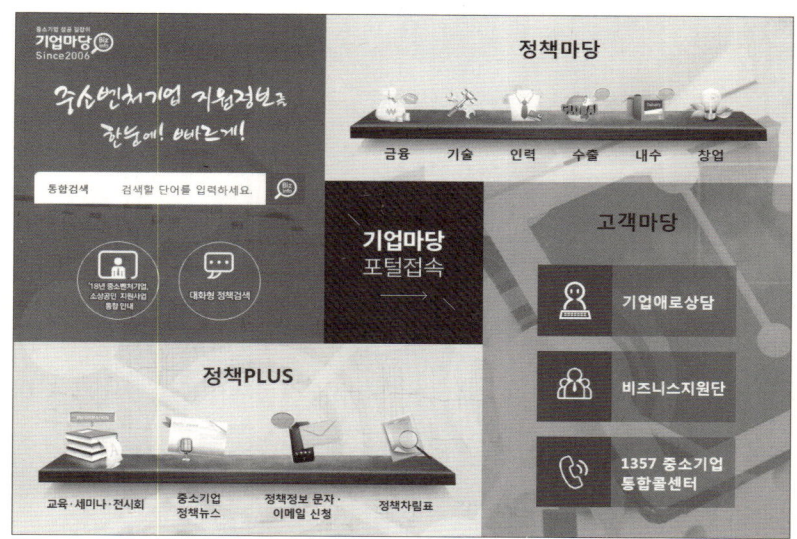

기업마당 화면(www.bizinfo.go.kr)

R&D 지원 제도

R&D 지원 제도란 말 그대로 기업의 기술 개발을 위한 자금을 지원하는 제도이다. 기술 개발이라고 어렵게 생각할 필요는 없다. 기존 기술을 활용한 신제품 개발도 R&D 기술 개발 범위에 포함되므로 스타트업의 시제품 개발에도 충분히 활용할 수 있다.

R&D 지원 사업을 하는 정부기관은 상당히 많다. 또한 지원 프로그램도 실로 다양하다. R&D 지원 제도의 프로그램들은 사업화 지원 프로그램들보다 지원 규모가 크다. 작은 것이 1억 원부터, 스타트업이나 초기 중소기업에게 가장 인기 있는 중기부 창업성장과제가 보통 2억 원, 산업부나 과기부 지원 프로그램은 몇억 원 이상 지원하는 프로그램도 많다. 기간도 짧은 것이 1년, 긴 것은 3년 이상 등 다양하다.

사업화 지원 프로그램들은 상당수 대개 3년 이내의 스타트업을 대상으로 한다. 반면 R&D 지원 프로그램들은 7년 이내의 중소기업 또는 업력 제한이 없는 경우가 많다. 그만큼 경쟁도 치열하고, 수준이 높다.

내가 가진 아이디어가 충분히 혁신적이고, 독창적인 제품이나 서비스를 개발하는 것이고 충분한 관리 능력을 가졌다면 처음부터 도전할 수도 있다. 하지만 현실적으로는 주변의 많은 스타트업들이 첫해에는 사업화 지원 제도를 활용하고, 다음에 그 제품을 상용 제품 수준으로 업그레이드하기 위해 R&D 지원 제도를 활용하는 경우를 많이 본다.

R&D 지원 프로그램들은 자기부담금이 있고, 개발에 성공하면 기술료를 납부해야 하며, 계량화된 개발 목표를 설정하고, 결과에 대해 공인인증을 받아야 하는 등 여러 가지 점에서 사업화 지원 프로그램들과 상당히 다르다.

R&D 지원 프로그램에는 순수 시제품 개발만 인정하는 경우와 금형 제작 같은 제품 상용화 단계의 비용까지 인정하는 2가지 유형이 있다. 순수 시제품 개발만 인정하는 프로그램에 선정된 뒤 제품 상용화 단계의 비용을 집행했다가는 환수당할 가능성이 있다. 지원 프로그램의 성격을 잘 따져봐야 한다. 잘 구분이 안 되면 담당자에게 물어봐야 한다. 고객 검증 활동도 인정받으려면 사전에 협의하는 것이 좋다. R&D 지원 프로그램의 종류와 도전하는 방법은 8장에서 다룰 예정이다.

투자 프로그램

투자 유치란 보통 본인이나 친인척 이외의 다른 사람이나 기관에게 회사의 지분을 주고 자금을 조달하는 것을 말한다. 투자자들은 초기 기업이 필요로 하는 자금을 투자해 나중에 더 많은 이익을 보는 것을 목표로 한다. 따라서 투자란 앞에서 설명한 사업화 지원이나 R&D 지원 자금과는 성격이 근본적으로 다른 자금이다.

투자자의 종류로는 엔젤, 액셀러레이터, 크라우드 펀딩, 벤처캐피털 등이 있다. 최종 단계에 이르면 사모펀드나 은행, 증권사 등이 투자자로 등장하기도 한다.

엔젤과 액셀러레이터는 시제품 제작이나 제품 상용화 단계에 주로 투자하고, 크라우드 펀딩은 시장 진입 단계에 주로 활용된다. 벤처캐피털 중 LLC형은 마이크로 VC 펀드를 통해 제품 상용화 단계나 시장 진입 이전부터 소액 투자를 시작한다. 반면 중소기업창업투자회사(이하 창투사)나 신기술사업금융투자회사(이하 신기사) 등의 일반적인 벤처캐피털은 시장 진입 이후 매출이 발생하는 것을 확인하고 투자하는 경우가 많다.

투자회사의 성격이나 투자사 대표의 철학, 펀드의 목적에 따라 예외도 많다. 정부의 정책에 따라 벤처캐피털들이 점점 초창기 기업에 대한 투자를 늘려가고 있는 추세이다. 투자자의 종류와 특징, 이에 도전하는 방법은 9장에서 자세히 설명한다.

정책자금 지원

시중은행으로부터 자금을 대출받으려면 기본적으로 담보나 보증이 있어야 한다. 기술을 바탕으로 보증을 서주는 기관으로는 기술보증기금과 중소기업진흥공단이 있다. 신용을 담보로 보증을 서주는 기관으로는 신용보증기금이 대표적이다. 중소기업진흥공단은 직접 기업체에게 대출해 주기도 한다. 이들 기관으로부터 보증을 받기 어렵다면 지역 내에 있는 신용보증재단이나 소상공인진흥공단에서 보증을 받을 수도 있다.

스타트업이 활용할 수 있는 정책자금의 종류는 다양하다. 정부는 정책자금을 통해 육성하려는 스타트업 대출에 대한 리스크를 대신 책임져 주고, 싼 이자로 자금을 대출해 주는데 따른 차액을 보존해 주는 역할을 한다.

투자는 이자가 없어 싼 돈이라고 생각하지만 대표의 지분율이나 경영권에 대한 참견, 배당에 대한 지속적 요구 등을 감안하면 꼭 싼 돈만은 아니다. 정책자금 대출을 적절히 활용할 줄 아는 것도 기업 경영에서 필수적인 요소이다. 정책자금의 세부적인 종류와 이에 도전하는 방법에 대해서는 10장에서 설명하기로 한다.

자신만의 자금조달 경로 설계 및 준비

지금까지 창업 생태계의 이모저모를 살펴보았다. 필자는 스타트업에게 이런 여러 가지 지원 제도 속에서 자신만의 자금조달 경로를 설계해 보라는 조언을 자주 한다. 가장 나쁜 케이스가 여기저기 돌아다니면서 귀동냥을 하다가 이것도 찔끔, 저것도 찔끔 찔러보는 것이다. 시간만 낭비하고 실패할 확률도 높다.

시제품 제작은 어떤 도움을 받아서 어떻게 하고, 어떤 방식으로 투자받아서 어떻게 회사를 성장시킬지 나름의 그림을 미리 그려보아야 한다. 그리고 그 그림이 현실화될 수 있도록 여러 가지 노력을 해야 한다. 창업자의 사업 준비 상태, 사업의 업종, 들어가야 할 돈의 규모, 창업팀의 구성과 기술력 등이 자금조달 경로를 설계하는데 있어 중요한 변수이다.

필자는 여태까지 멘토링할 때 주로 다음과 같은 기준으로 추천하곤 했다. IT기술을 기반으로 한 지식형 사업이고, 창업팀 내에 우수한 프로그래머나 엔지니어가 있고, 시제품 제작에 들어가는 돈의 규모가 크지 않다면 초기에 액셀러레이터를 접촉해보라고 많이 권한다. 지원 사업을 기웃거리느라 버리는 시간을 최소화할 수 있어 사업의 승부를 빠른 시간 내에 볼 수 있다.

　반면 제조형 사업과 같이 시제품 제작에 많은 돈이 소요되고, 지식형 사업 모델이라도 상당한 개발비와 기간이 필요하거나 내부에 개발자가 충분하지 않은 경우에는 정부의 시제품 제작 지원 프로그램과 R&D 프로그램을 권장하는 편이다.

　하지만 마이크로 VC 등과 같이 필요한 상당 자금을 조기에 조달할 수 있는 투자제도나 스타트업에게 아주 유리한 자금대출 제도 등도 생기고 있어, 이제는 이것만이 정답이라고 할 수는 없을 것 같다. 스타트업 스스로가 자신만의 경로를 설계하고 실행해 성공하면 그것이 바로 옳은 길이기 때문이다. 스타트업에게 있어 항상 정답은 없다. 제품을 개발할 때만이 아니라 필요한 자금을 조달할 때도 끊임없이 가설을 세우고 검증하고 이를 구체화하는 노력이 필요하다.

　큰 그림이 그려졌다면 선택한 제도들에 대해 깊이 파고들어야 한다. 어떻게 하면 나의 선택이 현실화될 수 있는지 끊임없이 고민해야 한다. 필자가 자금과 관련하여 뒤에서 계속 이야기할 스타트업 대표의 행동 요령에 대해 깊이 숙지하라.

　우선 사전에 충분하게 공부해야 한다. 요새는 인터넷을 뒤지면 어떤 분야이던 많은 정보를 얻을 수 있다. 지원 제도의 공고문을 읽어 보고, 어떤 사업계획서를 써야 하는지도 미리 확인해 본다. 인터넷에서 해당 지원 제도를 사용했던 경험담도 찾아본다. 관련된 교육과정이 있다면 수강도 하고, 강사를 통해 강의 내용에 없는 좋은 정보를 얻으려고 노력한다. 네트워크 행사에도 참여해 선배들의 경험담도 들어본다. 멘토링을 받아 보면 전문가의 식견이 묻어난 정보를 얻을 수가 있다.

MEMO

7

>>>
사업화 지원 제도

시제품 제작의 단비,
사업화 지원 제도
도전하기

사업화 지원 제도란 말 그대로 스타트업이나 중소기업이 자기 제품이나 기술을 사업화하는데 정부나 관련 기관이 도움을 주는 제도이다. 상당히 많은 종류의 프로그램이 있는데, 여기서는 직접적으로 자금을 지원하는 프로그램을 중점적으로 소개했다. 시제품 제작 지원 프로그램이나 공모전 등이 대표적이다. 먼저 어떤 프로그램이 있는지 사전에 이해하고, 자기에게 맞는 프로그램 몇 개를 나름대로 결정해 두는 것이 바람직하다.

사업화 지원 프로그램은 저마다 지원 자격이 다르고, 지원하는 금액의 규모도 다르다. 시기도 제각각 다르므로 스타트업 입장에서는 이 모든 것을 고려해 도전해야 한다.

스타트업에게 공모전은 매우 중요하다. 다양한 기회를 제공하기 때문이다. 상금뿐만 아니라 실적으로 인정받아 다음 단계를 진행하면서 각종 지원 제도를 도전하는 데도 큰 도움이 된다. 사업 개시 단계나 사업 초기에는 홍보 효과도 크다. ●

01
사업화 지원 제도의 종류

시제품 제작을 지원하는 사업화 지원 제도는 다양한 프로그램으로 구성된다. 사업화 지원 프로그램은 중기부에서 제공하는 것이 가장 많다. 중기부 프로그램들은 중복해 지원받을 수 없는 것이 원칙이므로 자기와 맞는 것을 잘 골라야 한다. 중기부 외에도 다양한 부처와 관련 기관들이 여러 가지 사업화 지원 프로그램을 제공한다.

여기서는 창업의 시발점이 될 수 있는 시제품 제작 지원 프로그램과 여러 가지 의미에서 중요한 공모전 등 중요한 사업화 지원 프로그램에 대해 하나씩 검토해 본다.

창업선도대학

창업선도대학 프로그램은 전국 40여 개 대학의 창업지원단에서 운영하는 사업으로 매년 700여 개 정도의 시제품 제작 과제를 지원한다. 대학에 따라 입소형(대학이 제공하는 입주공간에 의무적으로 입소)과 일반형(입주 공간 미제공)으로 구분된다.

POINT

 창업 맞춤형 지원 프로그램과 6개월 챌린지 프로그램이 사라진 이유

역사적으로 가장 유명했던 중기부의 시제품 제작 지원 프로그램은 창업 맞춤형 지원 사업이었다. 한 해에 1,000개 정도의 예비 창업자나 3년 이내 스타트업에게 시제품 제작 자금을 3천만 원에서 5천만 원가량 지원하던 프로그램이었는데, 2017년에 갑자기 사라졌다. 소수의 부정직한 사람들이 이 제도를 악용해 보조금을 사업계획서와 다른 용도로 활용하거나 뒤로 빼돌렸기 때문이다.

이런 문제로 관리는 매년 점점 엄격해졌다. 모든 비용 하나하나를 사용하는데, 감독기관의 승인을 받아야 했고, 이런 감독 업무를 수행하는 사람들이 대개 창업이나 실제 사업 경험이 없는 대학교의 대학원생이나 창업 지원 기관 행정 직원들이었다.

사업 내용을 모르면 개발 비용의 집행 타당성이 아닌 서류의 완벽성만을 따지게 된다. 돈을 유용하려는 사람들은 서류의 완벽성 측면에서 순진한 스타트업의 연구개발팀보다 훨씬 더 탁월하다. 오히려 정상적인 개발을 추진하는 스타트업 대표들과 비용 집행에 관한 트러블이 자주 발생했다. 언론과 스타트업 양쪽에서 공격을 받던 이 프로그램은 갑자기 없어지고, 3년 이상의 데스밸리에 빠진 어려운 기업을 돕는 창업 도약 패키지로 예산이 집중되어 버렸다.

창업 맞춤형 지원 프로그램 외에도 없어진 중요한 시제품 제작 지원 프로그램이 또 있다. 1년에 200여 개의 예비창업자와 초기 기업의 시제품 제작을 지원하던 창조경제혁신센터의 6개월 챌린지 플랫폼 프로그램이 그것이다. 3년간 존속하다가 2018년부터 없어졌는데 이를 매우 안타깝게 생각하는 사람들이 정말 많다.

6개월 챌린지 프로그램은 한 센터에서 12개의 스타트업을 선정했다. 관리 수준을 높이기 위해 상당한 수준의 인건비를 센터에 주어 비교적 사업경험이 풍부한 PD(프로그램 감독자)를 뽑았다. 6개월 챌린지 프로그램을 성공적으로 완수하면 창조경제혁신센터의 R&D 지원이나 투자 관련 지원 사업과 바로 연계가 가능하도록 구성해 우수한 창업자들이 많이 도전했다. 결과적으로 일부 시행착오가 있었지만 성공적으로 스타트업들을 키워낸 대표적인 프로그램이 되었다.

하지만 창조경제혁신센터의 주관부서가 당시 과기부에서 중기부로 이관되는 과정에서 안타깝게 사라지고 말았다. 대신 유사한 형태의 기술혁신창업지원(오픈 바우처) 프로그램이 2018년 하반기부터 시행되고 있다. 장점이 많은 제도이므로 꼭 세부 내용을 찾아보길 권한다.

지원 대상은 예비창업자 및 창업 후 3년 미만 스타트업이고, 지원금은 분야나 자격조건에 따라 다르다. 전형적으로 새로운 프로세스나 콘텐츠를 만들어서 사업화하는 모델을 BM 분야(지식형 사업과 유사)라고 하는데, 학생이나 일반인 모두 참여 가능하고, 최대 5천만 원까지 지원한다.

기술 분야(제조형 사업과 유사)는 동일 연구실의 팀 창업이거나 이공계 대학교수, 대학원생, 석박사 학위 보유자, 연구원, 5년 이상 경력 보유 퇴직 엔지니어가 3인 이상 팀을 이뤄 창업할 경우를 말하며 구성형태에 따라 7천만 원에서 1억 원까지 지원한다. 4차 산업 분야는 성격상 대부분 지식형 사업이지만 2018년부터 기술 분야로 구분해 좀 더 많은 지원을 받을 수 있게 되었다. 이 또한 대학생이나 일반인 모두 가능하다.

창업교육을 의무적으로 이수해야 하는데, 창업경력에 따라 의무 이수 시간이 다르다. 주로 대학교수들이 경영학 이론 위주로 강의를 진행해 스타트업 대표들에게는 별 인기가 없는 편이다.

지원 금액이 큰 사업들은 R&D 지원 사업과 유사하게 자기부담금을 의무화하는데, 이 프로그램의 경우 스타트업은 총사업비의 30%를 부담해야 한다. 10%는 현금이고, 20%는 대표의 인건비 등 현물로 제공하면 된다.

자세한 내용은 K-스타트업(k-startup.go.kr)을 통해 찾아보면 된다. 구글이나 네이버를 통해 '창업선도대학 공고'라고 키워드를 치면 최근 또는 예전의 공고문도 쉽게 찾을 수 있다.

창업성공패키지(청년사관학교)

다음으로 유명한 사업화 지원 프로그램은 창업성공패키지(예전 명칭 : 청년사관학교)이다. 이 사업은 중소기업진흥공단이 사업 수행기관인데, 한 해에 450개 정도의 스타트업을 지원하며 전국 5곳에서 진행된다. 안산, 천안,

광주, 경산, 창원 5곳 중 하나를 선택할 수 있는데, 예전에는 출퇴근하기가 힘들어 인기가 적었다.

보통 '청년'자가 들어간 사업은 대표자 나이를 39세 이하로 제한한다. 다만 창업성공패키지는 대표자가 일정한 기술경력이 있을 경우에는 예외적으로 49세까지 도전할 수 있다.

입소형은 반드시 지정된 곳으로 사업장을 옮겨야 하는 것이고, 비입소형은 1주일에 한번 출근해 교육이나 정해진 과제를 해내야 한다. 입소형이 비입소형보다 훨씬 많다. 창업교육도 의무적으로 이수해야 한다.

사업화 자금 지원은 최대 1억 원이다. 앞에서 소개된 프로그램들도 마찬가지지만 최대치를 모두 지원받는 경우는 적다. 평균적으로 7천만 원 정도 지원받는다고 한다. 이 사업도 창업선도대학과 같이 30%의 자기부담금이 있다.

출퇴근이 불편해도 창업성공패키지는 특히 제조형 사업의 창업자들에게는 인기가 많다. 막강한 중소기업 자금 지원 기관인 중소기업진흥공단과 연계되어 있어, 나중에 다양한 정책자금을 지원받기가 유리하기 때문이다. 보통 제조형 사업자들은 사업에 필요한 자금 규모가 크므로 정책자금 의존도가 높다.

스마트벤처캠퍼스 프로그램

지식형 창업이라면 스마트벤처캠퍼스 프로그램도 도전해 볼만하다. 소프트웨어, 콘텐츠, IoT 등 융합 분야의 창업 아이템을 가진 청년창업 지원 프로그램이다. 즉 대표의 나이가 39세 이하여야 한다. 예비 창업자 또는 3년 미만 스타트업이 지원 대상이다. 한 해에 약 135개 팀 정도를 선정한다.

2018년 현재 서울, 인천, 대구, 대전, 부산 등에서 5개 지역의 주관기관이 사업을 지원하는데 지원 금액은 평균 5천만 원 수준이고, 30%의 자기 부담비율을 적용한다. 대부분 원하면 입주공간을 제공하고, 주관기관들의 인프라나 성격에 따라 다양한 교육이나 협업, 네트워킹 프로그램을 제공한다. 지식형 창업자들이 모여 있어서 상호 네트워크 등을 통한 시너지 효과가 크다고 한다.

선도벤처연계 기술창업 프로그램

선도벤처연계 기술창업 프로그램은 미리 선정된 선도벤처기업에게 자신을 육성해 달라고 의뢰하는 프로그램이다. 최종 업체 선정권은 선도벤처기업에 달려 있다. 이 프로그램의 신청 요건은 기본적으로 제조업의 경우 매출액 100억 원 이상, 지식서비스업의 경우 50억 원 이상이어야 한다. 최대 9천만 원이 지원되는데 장소 및 멘토링을 제공하는 선도벤처가 1/3을 가져가고 나머지를 스타트업이 시제품 제작 등에 사용하게 된다.

필자가 듣기로는 대부분의 선도벤처가 사전에 매칭하려는 업체를 미리 선정해 놓거나 자기 회사에서 독립시키려는 사람에게 적용하는 경우도 있다고 한다. 그래서 그냥 매칭되기를 기다리기만 해서는 선정되기 힘들다는 이야기를 들은 적이 있다. 목표로 하는 선도벤처가 있다면 사전에 방문하는 등 적극성을 보여야 가능성이 있어 보인다.

재도전 지원 프로그램

사업에 실패해 본 경험이 있다면 중기부의 재도전 성공 패키지 사업 등을 활용해 시제품 제작에 도전할 수도 있다. 재창업자에 대한 교육 및 멘토링을 지원하고, 아이템의 시제품 개발도 3천 5백만 원까지 지원한다. 지식형 재창업인 경우에는 과기부의 K-Global ICT 재도전 패키지 지원 프로그램을 활용할 수도 있다. 시제품 제작부터 마케팅까지 단계적으로 여러 가지 형태로 지원한다. 재도전 창업자를 지원하는 기관으로 중소기업 재도전 종합지원센터(www.rechallenge.or.kr)가 대표적이다. 이곳 홈페이지를 참조하면 재도전자에 대한 다양한 지원 제도를 확인할 수 있다.

중소기업 재도전 종합지원센터(www.rechallenge.or.kr)

재도전자를 지원하는 형태도 다양하다. 위기 극복 지원을 위한 진로 제시 컨설팅이나 회생 컨설팅부터, 재기창업인용 힐링 캠프도 마련되어 있다. 시제품 제작 등 사업화 지원은 앞에서 소개한 재도전 성공 패키지, K-Global 재도전 패키지가 대표적이다. R&D 지원으로는 중기부의 재도전 전용 기술 개발 과제가 있고, 과기부와 산업부에도 유사 프로그램이 있다.
　재창업자를 위한 자금융자 등 정책자금도 여러 가지 형태로 제공된다. 기술보증기금이나 신용보증기금의 재기 보증이나 재창업 지원 자금 등 정책자금도 있다.

재창업자를 위한 프로그램은 아직까지는 상대적으로 경쟁률이 낮은 편이다. 한번 실패한 스타트업이 재창업하기에 여러 모로 좋은 조건이 갖추어지고 있다.

창업 도약 패키지

3년 이상 된 스타트업의 사업화를 지원하는 프로그램이 없다고 해서 생긴 제도가 창업 도약패키지이다. 스타트업의 시제품 제작과는 관련이 없지만 스타트업도 금방 3년이 지나가기 때문에 알아두는 것이 좋다. 정부 지원금 5천만 원 한도에서 사업 모델을 바꾸거나 기존 아이템을 보강하는 데 사용할 수 있다. 판로개척이나 글로벌 진출자금으로도 활용 가능하다.

지원 형태가 4가지가 있고, 형태에 따라 여러 가지 프로세스가 달라서 상당히 복잡하게 느끼는 경우가 많다. 그래서 이에 도전하는 기업들로부터 너무 어렵다는 이야기를 들은 적이 있다. 솔직히 지원 규모도 데스밸리에 빠진 스타트업이 흥미를 느낄 정도로 크지 않다.

주관기관 입장에서는 담당자가 일반 스타트업을 지원하는 것보다 훨씬 더 맞춤형으로 전문성을 가져야 하는 프로그램이지만 이런 역할을 할 만한 사람을 구하는 것이 쉽지 않은 것이 현실이기도 하다. 하지만 체계나 틀이 잡혀 안정화되면 데스밸리에 빠져 성장하지 못하는 3년 이상 스타트업에게 좋은 기회를 제공할 것으로 기대된다.

기타 주요 사업화 지원 프로그램

2018년부터 경험이 적은 청년(39세 미만)과 중년이 공동 창업하거나 협업해 창업하는 경우에 지원하는 '세대 융합 창업 캠퍼스'란 프로그램이 생겼다. 지분을 공동 소유하거나 스톡옵션 등을 주는 계약서를 갖추는 등 공동 협업하는 증거를 제시해야 한다. 이 경우 시제품 제작 및 사업화를 위해 최대 7천만 원까지 지원받을 수 있다. 멘토들을 경영에 참여시킬 수 있는 제도로 활용 가능해 크게 활성화될 것으로 기대한다.

대기업 및 중소기업의 내부 창업을 지원하는 제도도 2018년부터 시행되었다. 내부 창업팀 2~5명으로 구성된 조직이 신제품을 개발하려고 하고, 기업이 1억 원을 내부 출자한 경우 매칭해 1억 원을 지원하는 구조로 대기업 출신 창업자들의 성공률이 상대적으로 높기 때문에 만든 제도이다.

아직 구체적인 시행 결과가 나오지는 않았지만 국내의 기업들이 외부로 나가서 창업하려는 사람들에게 우호적으로 창업팀을 구성해 줄지는 의문이다. 한동안 국내 대기업에서 '소 사장 제도' 등이 인기를 끌면서 유사한 제도가 유행처럼 번졌는데, 현재는 상당히 분위기가 죽어버린 상태이기 때문이다. 하지만 일단 성공사례들이 생기면 상당히 좋은 제도로 자리매김할 수 있을 것으로 생각된다.

여성 예비창업자라면 여성벤처 창업 케어 프로그램도 관심을 가질 만하다. 한국여성벤처협회가 주관기관으로, 여성 창업자를 대상으로 매년 창업 교육 및 사업화 지원을 시행하고 있다. 사업화 지원 규모가 5백만 원으로 매우 적어서 시제품 제작보다는 비즈니스 모델을 개발하는데 활용할 수 있는 수준이다. 하지만 여성 창업을 위한 별도의 지원 제도가 단계별로 여러 가지 유형이 있으므로 여성 창업의 장점과 방법을 사전에 공부하기 위한 수단으로 활용하면 좋을 것 같다.

장애인이 대표인 스타트업을 지원하는 프로그램도 별도로 있다. 대표가 이에 해당된다면 아주 유리한 조건이 될 수도 있다.

<u>중기부의 사업화 지원 프로그램은 매년 바뀐다. 매년 연초에 '20XX년도 창업 지원 사업 계획'이란 중기부 명의의 공고가 뜬다.</u> 여기에는 사업화 지

원뿐만 아니라, 창업교육, 공간 및 시설 제공, 멘토링과 컨설팅 등의 주요 창업 지원 사업이 공고된다. 중기부 프로그램뿐만 아니라 타 부처의 사업도 일부 포함된다. 그래서 모든 것을 대표하진 않지만 가장 중요한 제도들이 어떻게 변하는지는 알 수 있다. 연초에는 반드시 중기부의 창업 지원 사업을 중심으로 올해 무엇이 바뀌었고 나에게 기회가 되는 사업이 없는지 확인해 보는 습관을 들이는 것이 좋다.

타 부처 사업화 지원 프로그램

중기부 다음으로 스타트업에게 여러 가지 사업화 지원 프로그램을 제공하는 부처가 과기부이다. 과기부는 지식형 사업, IoT 및 정보통신 관련 사업을 전문적으로 지원한다. 보통 K-Global이란 이름을 가진 사업들인데, 이것 역시 연초에 '과학기술정보통신부 창업벤처 지원 K-Global 프로젝트 시행계획 통합 공고'란 형태로 발표된다.

2018년 프로그램에서는 정보보안이나 스마트미디어, 재도전 창업자 프로그램이 눈에 띈다. 이들도 대부분 K-스타트업에 사업공고가 되므로 이를 지속적으로 모니터링하면 알 수 있다.

산업부는 많은 산업 분야를 커버하고 있어서 주로 R&D 지원에 힘을 많이 쏟는다. 대표적인 산업부의 사업화 지원 사업은 FAST-TRACK 프로그램이다. 지역의 테크노파크가 수행기관으로 되어 있고, 개발 제품의 개선이나 인증 등 제품의 마무리 완성 단계나 마케팅을 지원하는 비용을 많이 지원한다. 필자가 창조경제혁신센터에 있을 때 제품 상용화 및 시장 진입 단계의 보육기업들이 이 프로그램의 도움을 많이 받았다.

농림축산식품부(이하 농림부)는 농식품 벤처 창업 바우처 지원이란 프로그램을 통해 관련 업종의 시제품 제작이나 연구개발을 지원한다. 주로 외주용역에 관련된 비용만 지원한다. 시제품 제작 및 사업화를 위한 추가 개발 등에 활용되어 시제품 제작과 R&D 지원 모두를 커버하는 프로그램이다.

문화체육관광부는 한국관광공사를 주관기관으로 하여 관광 벤처 사업에 참여하는 기업의 상품 개발 및 사업화를 지원하는 관광 벤처 사업 지원 프로그램을 운영한다. 또한 한국콘텐츠진흥원을 주관기관으로 하여 콘텐츠 스타트업의 공모전을 통해 선발된 기업의 사업화 자금을 지원한다.

지자체 지원 사업화 지원 프로그램

지자체가 직접 지원하는 시제품 제작 지원 프로그램도 몇 개 있다. 지자체의 스타트업 지원이 가장 활발한 곳은 서울시이다. 서울산업진흥원은 서울시 소재의 중소기업 육성사업을 지원하는 곳이다. 먼저 이곳의 홈페이지(www.sba.seoul.kr)에 [사업안내]-[기업경쟁력강화]-[서울형 R&D] 메뉴를 찾아보라. 상당히 많은 사업이 지원됨을 알 수 있다. 기술 상용화 지원 사업(공개평가형/크라우드 펀딩형), 기업성장 기술개발 지원 사업, 서울혁신챌린지 사업 등 시제품 제작에 활용할 만한 지원 프로그램이 많다.

서울산업진흥원 홈페이지(www.sba.seoul.kr)

4차 산업혁명 대응기술 개발 지원 사업이나 미세먼지 저감기술 개발 지원 사업, 도시문제 해결형 기술 개발 지원 같은 특수한 분야의 지원 사업도 있다. 만약 이런 분야의 아이템을 가지고 있다면 상대적으로 경쟁률도 낮은 편이므로 적극적으로 활용하는 것이 바람직하다.

서울시 프로그램의 경우 이름은 R&D 지원 사업이지만 성격은 사업화 지원에 가깝다. 사업에 따라 자기부담금이 없거나 지원 금액이 커지는 2단계에만 자기부담금을 부담시키기도 하고, 대개 기술료를 징수하지 않기 때문이다.

경기도는 서울시처럼 집중화된 프로그램이 눈에 띄지 않는다. 경기도 자체가 북부와 남부로 지리적으로 분단되어 있다시피 하고, 판교 및 분당과 같이 예산이 많은 곳이 있는 반면 경기도 북부처럼 상당히 개발이 낙후된 곳도 있어 소지역 단위 지자체의 힘이 더 세기 때문인 것 같다.

경기도 지원 프로그램은 매년 공고되는 '20XX년도 경기도 기술 개발사업 시행계획 공고'를 보면 된다. 경기도 경제과학진흥원이 진행하는 시제품 제작에 60% 자금을 지원하는 시제품 제작 프로그램과 경기대진테크노파크나 차세대융합기술연구원, 경기테크노파크 등의 기관을 통해 1억 원에서 1억 5천만 원 정도의 기술 개발 자금을 지원하는 프로그램이 3~4가지 있다. 다만 이런 프로그램은 법인이고, 연구소 보유조건을 요구하는 등 자격요건이 까다로운 편이다. 자기부담금 비중도 40%로 상대적으로 높다. 한편 경기중소기업종합지원센터(GSBC)에도 비록 소규모지만 시제품 제작 지원 프로그램이 있다.

본인이 속해 있는 광역시나 시도별로 스타트업 창업 지원 또는 기술 개발 계획 공고를 찾아보면 여러 가지 지원 제도를 확인할 수 있을 것이다. 시제품 제작은 돈이 많이 들기 때문에 멘토링이나 컨설팅 지원 등이 대부분이다.

지자체별 창업 지원이나 기술 개발 지원 프로그램이 중앙부처가 하는 내용과 중복되는 경우가 있다. 대개 중앙부처가 지자체에 일정 비용을 매칭해 분담할 것을 요구하는 프로그램인 경우로 지자체가 이를 자기 사업으로 홍보를 하는 것이다.

창조경제혁신센터 프로그램

사업화 지원을 하는 기관 중 특이한 기관이 창조경제혁신센터이다. 이곳은 기본적으로 스타트업이 아이디어와 기술력을 겸비했으면 비즈니스 모델에서 지속적 성장 단계까지 전 주기에 걸쳐 지원하겠다는 이전 정부의 의지를 바탕으로 출발한 곳이다.

전국에 17개의 공식 혁신센터가 있고, 정부 지원 없이 민간이 주도적으로 설립한 혁신센터도 2곳이 있다. 혁신센터에는 현재 우리나라 대기업이 하나 또는 두개씩 매칭되어 해당 대기업에서 파견한 사람들이 상주한다. 따라서 해당 대기업이 잘하는 특화사업에 도전하는 스타트업을 잘 지원해 주는 편이다.

혁신센터는 스타트업이 필요로 하는 모든 기능을 상당수 가지고 있다는 점에서 좋다. 원스톱존이란 이름으로 아이디어 고도화 단계에서 필요한 멘토링을 제공하고, 창업교육 프로그램도 운영한다. 우수한 아이디어를 수집하기 위해 공모전도 진행하고, 2017년까지는 6개월 챌린지 플랫폼이란 시제품 제작 지원 프로그램도 있었다.

혁신센터와 인연을 맺어 우수한 기업으로 인정되면 보육기업이란 이름으로 등록해 준다. 일단 보육기업이 되면 일부 R&D 지원 사업도 일반인과는 별도 트랙으로 진행하여 상대적으로 선정될 가능성이 높다. 또한 전문 멘토를 보육기업과 매칭해 주어 각 단계별로 필요한 멘토들을 다양하게 활용할 수도 있다.

대기업이 조성한 펀드나 신보, 기보, 산업은행, 기업은행 등의 자금 보증 및 융자 프로그램을 이용하는 데도 유리하다. 창조경제혁신센터가 추천하면 이들 금융기관들은 대개 기술성 심사를 면제해 주므로 빠른 시간 내에 필요한 자금을 확보할 가능성이 높아진다.

각 센터마다 특화사업이 있는데, 많은 경우 이들을 지역에서만 지원하는 것이 아니라 전국을 대상으로 지원한다. 예를 들어 부산은 롯데가 지원하는데, 서울센터의 보육기업이 롯데마트나 롯데홈쇼핑을 통해 영업하려고 한다면 상호 연계해 지원해 준다. 물론 팔 만한 물건인지는 당연히 심사한다. 하지만 일반인이 이런 곳에 제품을 입점하려면 거쳐야 하는 많은 수고를 덜어준다. 인천은 한진이 물류를 지원하는데, 중소기업이 수출을 하거나 국내에서 유통할 때 생기는 물류 관련한 어려운 문제를 멘토링해 주거나 심지어 특별한 혜택을 주기도 한다.

정부나 지자체가 개최하는 각종 전시회 등에 무료로 부스를 제공해 제품을 전시할 수 있는 기회를 주기도 한다. 스타트업의 골칫거리인 인재 채용을 지원하는 프로그램도 있다.

지원 대기업과 연계할 수 있는 사업의 경우 대기업과 직접 거래할 수 있는 기회를 제공하기도 한다. 만약 사업 성격이 대기업과의 연계가 필요한 경우라면 각 혁신센터의 해당 특화사업팀을 찾아보는 것이 매우 유리하다. 파견 나와 있는 직원의 업무 중 하나가 해당 기업의 오픈 이노베이션을 지원하는 것이다. LG, 삼성, SK 그룹은 등록 특허를 개방해 무상으로 사용할 수 있도록 지원하기도 한다.

기술 개발하기에도 시간이 부족한 창업자가 각종 지원 제도를 찾아서 이리 저리 돌아다니는 것은 상대적으로 낭비요소가 많다. 따라서 가까운 혁신센터의 프로그램에 도전해 보육기업 자격을 얻어서 기본적인 지원을 받고, 부족한 것만 다른 기관을 찾는 것이 훨씬 효과적일 수 있다.

공모전

공모전은 스타트업에게 매우 중요하다. 자신의 제품을 널리 알릴 수 있는 기회가 되고, 일단 어느 정도 수준 이상으로 입상하면 회사의 중요한 실적이 되어 투자 유치나 정책자금 대출에도 유리하다. 상금은 회사의 사업자금이나 고생한 창업팀들의 보너스로도 활용할 수 있다. 특히 비즈니스 모델 개발을 끝낸 단계나 시장 진입 단계 초기에는 적극적으로 여러 공모전에 도전해 볼 것을 권장한다.

공모전에 도전할 때는 먼저 공모전의 성격을 파악하는 것이 중요하다. 'XX 아이디어 공모전'이라고 하는 것은 아이디어에 대한 공모 성격이 강하다. 그래서 비즈니스 모델 개발 시점에 유리하다. 반면 그냥 'XX 스타트업 공모전'이라고 불리는 것들은 대부분 이미 개발되었거나 매출이 발생하고 있는 사업에 가점을 많이 준다. 아이디어 단계의 기업으로서는 아무래도 역부족인 경우가 많다.

가장 큰 공모전은 정부가 주관하는 공모전이다. 특히 예비창업자나 3년 이내 기업을 대상으로 하는 '도전! K-스타트업'은 교육부, 과기부, 국방부, 중기부가 진행하는 통합 공모전이다. 학생 리그(교육부, 과기부), 국방 리그(국방부), 혁신창업 리그(중기부), 글로벌 리그(중기부) 4개의 예선이 있다. 이들에서 선정된 기업들이 다시 통합 리그를 벌리는 방식이다.

통합 리그의 왕중왕전 대상 상금이 2억 원이다. 최우수상 1억 원, 8개팀인 우수상이 각 3천만 원의 상금을 받는다. 기보는 대상 수상 기업에 20억 원 등 상당한 규모의 기금을 보증하거나 투자한다. 왕중왕전에는 진출하지 못해도 개별 리그에서 우수한 성적을 얻으면 별도 상금을 받을 수도 있다. 매년 초에 각 리그 예선이 진행되고, 9~11월에 걸쳐 본선을 치르는데, 이때부터는 TV를 통해 프레젠테이션 하는 모습이 중계된다. 일단 TV에 나오면 그 홍보 효과는 엄청나다.

농림부는 농식품 창업 콘테스트를 별도로 진행한다. 1등 상금이 1억 원에 이르고 TV로 중계된다. 농식품 경진대회라고 해서 순수 농식품만 지원할 수 있는 것은 아니다. 농기계나 농업과 서비스를 통합하는 6차 산업, 축산 관련 아이디어, 기타 농수산물을 이용한 가공 식품 아이디어 등도 가능하다.

필자가 인천혁신센터에서 농식품 경진대회의 지역 예선을 위탁 운영할 때도 몇몇 기업이 특이한 아이디어로 도전해 좋은 성과를 낸 기억이 있다. ㈜포올라이프란 회사는 자연 생태계를 파괴하는 베스라는 물고기로 애완동물용 사료를 만드는 사회적 기업이었는데, 정부가 지원금을 주어 지역 주민들이 잡는 베스란 물고기를 무료로 수집해 저렴하면서도 영양가 있는 동물 사료를 만들어 큰 인기를 끌었다.

로프솔트란 회사는 해안가에서 바닷물을 끌어 3차원 로프 구조물로 구성된 소금 공장에서 아주 빠른 시간 내에 양질의 소금을 생산하는 아이디어로 큰 관심을 모았다. 점차 갯벌이 줄어드는 상황에서 갯벌보다 1/10 미만의 면적으로 소금을 생산할 수 있고, 미네랄 등 영양소가 충분하다고 한다. 특히 주목할 만한 것은 갯벌이 없이도 소금 생산이 가능하여 소금을 수입해 먹는 외국에도 수출할 수 있는 가능성을 가지고 있다는 점이다.

로프솔트 제품으로 소금을 생산하는 모습

　창조경제혁신센터는 지역 내의 우수한 보육기업을 발굴하기 위해 자체 공모전을 진행한다. 또한 지역별로 대기업의 지원을 받아 해당 특화사업에 대한 별도 공모전을 개최하기도 한다. 이런 공모전을 통해 지역별 혁신센터와 좋은 인연을 맺어 놓으면 아주 다양한 지원을 받을 수 있다.

　인천혁신센터의 경우 물류 공모전을 통해 선정된 원더스가 좋은 사례다. 원더스는 서울 시내의 퀵서비스를 5천 원에 제공하는 서비스를 만든 회사인데, 전담 대기업인 한진 그룹과 전략적 제휴를 맺어 새로운 매출을 일으켜 주목을 받았다.

　퀵서비스는 보통 몇 시간 내에 간단한 서류나 물품을 오토바이로 전달하는 특징이 있고, 택배는 이보다 저렴한 가격으로 전국을 커버하지만 배달 기간이 보통 1~2일 소요된다. 이에 한진택배는 기존의 개인택배 브랜드인

파발마 서비스를 원더스와 전략적 제휴를 체결했다. 공동영업과 함께 택배 터미널 등 주요 거점을 공유하면서 업계 최초로 개인고객을 대상으로 당일 4시간 이내 배송서비스 및 실시간 집하서비스를 제공해 업무의 경쟁력을 높이고 있다. 아직 시행 초기라 성과를 예단하기는 힘들지만 대단히 성공적인 전략적 제휴라고 생각된다.

원더스 홈페이지(www.wonderspeed.co.kr)

그밖에 정부 차원에서 하는 공모전으로는 장애인 창업아이템 경진대회, 여성창업 경진대회, 대한민국 지식재산대전 등이 있다.

정부 지원 기관들이 자체적으로 하는 공모전도 많다. 이들이 공모전을 하는 목적은 대개 자신들이 원하는 사업을 하는 우수 스타트업을 발굴하여 지원하려는 데 있다. 그래서 상금을 현금으로 주는 대신 사업화 지원 자금

형태로 지원하는 경우도 많다. 공모전이 사실은 사업화 지원 프로그램 기업을 선정하는 도구로 활용되는 것이다.

민간 차원의 공모전도 많이 있다. 민간 창업 공모전 중 가장 역사가 있고, 유명한 것이 정주영 창업경진대회이다. 고 정주영 씨의 업적을 기리고 사회에 기여하고자 세운 아산나눔재단이 진행하는 프로그램이다. 이 역시 충분히 지명도가 높고, 선정되었을 때 부수적인 효과도 크다. 아산나눔재단은 MARU180과 같은 민간 차원의 창업지원센터를 운영하며, 다양한 창업 지원 프로그램도 제공하고 있다.

각종 공모전은 앞에서 소개한 K-스타트업이나 기업마당 같은 사이트에서 대부분 정보를 얻을 수 있다. 하지만 이들 사이트에 등록되지 않는 공모전도 많으므로 구글이나 네이버를 통해 주기적으로 최신글 순서의 'XX 공모전'을 검색해 보는 것도 좋다. 아이디어마루의 상위 메뉴에는 공모전 메뉴가 따로 있는데, 정부 공모전뿐만 아니라 민간 차원의 공모전도 상당수 모아 놓아 이용하면 편리하다. 대학도 학생들을 대상으로 창업 아이디어 경진대회를 한다. 실로 창업경진대회 대국이라고 할 만큼 많은 경진대회가 있다.

다만 일단 아이디어 공모전 등을 통해 수상하면 특허를 출원할 때 불이익을 당할 수 있으니 조심해야 한다. 특허는 기본적으로 혁신적인 아이디어를 남들이 알기 전에 출원하는 것이 원칙이다. 기본적으로 공개된 아이디어는 출원 대상이 아니다. 예외조항이 있어 6개월 이내에 출원하면 구제되기는 하지만 복잡한 절차를 밟아야 하므로 일단 특허나 디자인 출원을 한 뒤에 일반 대중에게 아이디어가 공개되는 공모전에 도전하는 것이 바람직하다.

오픈 이노베이션

　주방이나 욕실 용품 등에서 전 세계적으로 가장 큰 기업인 P&G의 경우 신제품의 절반 이상이 스타트업이나 개인의 제안을 통해 탄생한다. 매년 신제품 공모를 하고 심사를 거쳐 우수한 아이디어에 대해서는 직접 기술 개발을 맡긴다. 또한 기술의 우수성이 입증되어 상품화하기로 결정하면 생산과 판매를 P&G가 하고 매출이나 이익의 일부를 제안한 스타트업이나 개인에게 돌려준다. 스타트업 입장에서는 자신이 직접 하는 것보다는 수익이 적을지 모르지만, 생산이나 마케팅에 소모되는 막대한 에너지를 오로지 기술 개발에만 전념할 수 있다는 점은 매력적이다.

　이처럼 기업체 내의 기술 개발로는 한계가 있으므로 일반인들이 가지고 있는 창의적인 아이디어와 독창적인 기술력을 결합해 기업이 신제품을 개발하고 그 이익을 나누어 가지는 제도를 오픈 이노베이션이라고 말한다. 이미 외국에는 많이 활성화되어 있는 반면 아직 국내에서는 대기업들의 행태(아이디어나 기술만 빼먹는 경우)에 대한 불신 때문에 기대만큼 활성화되어 있지는 않다.

　국내 대기업 중에서도 이런 오픈 이노베이션을 신경 쓰고 추진하는 기업들이 늘고 있다. 만약 자신의 제품이 대기업이 생산하고 마케팅하는 것이 더 적합하다고 느껴지거나 내가 제품을 출시한 이후에 대기업들이 바로 따라올 것이 분명하다면 대기업과 어떤 형태로는 접촉해야 한다.

　하지만 아직도 해당 제품을 직접 관리하는 마케팅부서나 기술 개발 부서를 찾아가면 뒤통수를 맞는 경우가 많다는 이야기가 들린다. 중기부가 중소기업의 기술을 대기업이 유용하는 경우 큰 벌칙을 주겠다며 여러 가지 제도를 준비 중이라고 한다. 그렇다고 해도 본인 스스로가 자신을 보호할 준비를 철저히 한 뒤에 접근해야 안전하다.

가장 중요한 것은 영업 비밀에 관한 법률 등을 숙지하고, 제안문서 등에 영업비밀임을 명시하고 담당자를 만나는 등 사전 준비를 하는 것이다. 이를 위해 법률적인 멘토링을 사전에 충분히 받아야 한다. 또한 처음 만나는 부서도 사업부서보다는 오픈 이노베이션을 담당하는 신사업 추진 부서 등을 만나는 것이 유리하다. 각 창조경제혁신센터에 파견 나온 직원들을 먼저 만나는 것도 좋다.

대표적인 국내 오픈 이노베이션 프로그램으로는 SKT가 운영하는 'BRABO! Restart' 프로그램이 있었다. SKT와 시너지가 가능한 IoT, 디바이스, TTL/LBS, 헬스케어, AR, VR, 핀테크, 미디어, O2O, 통신 분야 등 ICT 영역의 예비 및 5년 이내 사업자를 공모하여 초기 2천만 원의 창업 지원금을 주고, 10개월간 인큐베이팅을 한 뒤 우수한 아이템에 대해서는 1억 원의 기술 개발자금을 추가로 준다. 여기서 살아남으면 SK가 가진 펀드와 연계해 주고, 주로 SKT와 시너지를 낼 수 있도록 사업을 지원해 주었다. 대전창조경제혁신센터가 생기면서 현재 이 프로그램은 운영이 중단된 상태다.

원하는 기업이 있다면 인터넷에서 '기업명 오픈 이노베이션' 또는 '기업명 공모전'을 쳐보라. 대개 공모전 형태로 아이디어를 모집해 제품의 구현 자금을 지원하는 형태를 많이 볼 수 있을 것이다. 민간 기업의 경우에는 대개 공모전을 오픈 이노베이션의 수단으로 사용하므로 둘 사이의 경계가 거의 없다.

02
사업화 지원 제도 맞춤형 사업계획서 작성하기

먼저 목표로 하는 사업화 지원 프로그램을 정해야 한다. 특히 시제품 제작비용을 지원하는 프로그램 선정에 유의해야 한다. 중기부에서 지원하는 사업화 지원 프로그램들은 중복 선정을 배제하는 규칙이 있다. 여러 프로그램에 도전할 수는 있지만 협약은 한 개만 해야 한다.

너무 많은 사업화 지원 프로그램을 수행하는 것은 좋지 않다. 선정되기까지의 행정업무도 많지만 선정된 이후에 처리해야 할 업무가 너무 많기 때문이다. 어떤 것이 될지 모르니 여러 개를 도전할 수밖에 없는 상황은 충분히 이해가 되지만 여러 군데 선정되더라도 절대로 욕심 내지 않는 것이 좋다.

또한 대개 지역별로 심사위원 풀이 한정되어 있어 지원 프로그램은 달라도 심사위원이 같은 경우가 많다. 그래서 너무 여기저기 기웃거리면 여러 프로그램 심사를 함께 맡고 있는 심사위원들의 눈에 뜨여 블랙리스트에 오르게 된다.

시제품 제작 사업계획서 작성 원칙 4가지

도전할 사업화 지원 프로그램을 정하였다면 그 프로그램에 맞는 사업계획서를 준비해야 한다. 양식이나 목차는 지원 기관 또는 지원 프로그램에 따라 조금씩 다르다. 기본적으로 사업 공모에 첨부되어 있는 사업계획서 양식을 따라야 한다.

대부분 먼저 아래아한글로 작성한 사업계획서를 제출하고, 서류 심사를 거쳐 선정되면 발표 심사를 하는 형태로 진행된다. 발표 심사 때는 먼저 제출한 사업계획서를 요약한 별도 PPT 자료를 준비해야 한다.

가능하면 다른 사람이 먼저 작성한 샘플을 참조하는 것이 좋다. 구글 등에서 '창업선도대학 사업계획서 샘플' 또는 '6개월 챌린지 사업계획서 샘플' 등으로 검색해 보라. 앞부분에는 공고된 양식만 뜨지만 참을성을 가지고 찾아보면 여러 개의 샘플이나 작성법 교육내용 등을 발견할 수 있을 것이다. 마음에 드는 것이 없다면 해당 지원 프로그램에 도전한 선배나 친구를 통해 샘플을 구하거나 지식거래 사이트에서 비용을 지불하고 몇 개 구입하는 것도 방법이다.

다음 그 양식에 맞게 나의 비즈니스 모델을 열거해 본다. 시제품 제작 프로그램용 사업계획서에 들어가는 내용은 비즈니스 모델 단계에서 고민했던 내용에서 벗어나지 않는다. 일부 자금계획 등 준비되지 않는 내용이 포함된 경우가 있지만 너무 고민할 필요는 없다. 나뿐만 아니라 다른 사람들도 대부분 잘 모르는 내용이다. 그리고 심사위원들이 그리 중시하지 않는 항목이기도 하다. 대충 그럴 듯한 논리로 소설을 쓰면 된다.

선정된 사업계획서들은 몇 가지 특징이 있다. 첫째, 제목이 강렬하다. 두루뭉수리 한 제목은 심사위원들의 관심을 끌지 못한다. 일반적인 용어로 열거된 제목의 아이템들은 이미 유사한 제품들이 많이 있어 차별성이 느껴지지 않는다. 본문의 내용이 아무리 좋아도 제목만 보고 뒤로 밀려버릴 수도 있다. 그래서 나만의 차별성이 부각되는 제목을 써야 한다. 길어도 좋으니 최대한 한 줄의 제목 속에 뭔가 남들과는 다른 제품을 기획하고 있다고 알려야 본문을 제대로 읽어 본다.

둘째, 모양이 보기가 좋다. 장문의 글을 쓰듯이 서술형으로 쓰는 것은 좋지 않다. 서면 심사 심사위원들은 몇십 개에서 몇백 개의 사업계획서를 몇 시간 만에 보고 심사한다. 그래서 서술식과 개조식(간결하고 요점 위주로 쓰는 것)을 섞어서 보기 좋게 써야 한다. 한 페이지를 너무 꽉 채우면 안 된다. 양 옆으로도 여백을 두는 것이 좋다. 4~5줄 이상이 되면 반드시 한 줄 띄우는 것이 좋다. 이런 세세한 부분까지 배려해야 된다.

셋째, 이해하기 쉽고, 구체적인 용어를 쓴다. 일반적인 용어를 너무 남발하지 말라. 기대효과를 쓰라고 했더니 국가발전과 고용창출에 기여한다는 식은 곤란하다. 구체적이면서도 현실적인 이야기를 써야 한다. 너무 전문적인 용어도 쓰지 않는 것이 좋다. 해당 분야에서는 다 아는 용어여도 심사위원들이 해당 분야를 모르는 경우가 더 많다. 꼭 써야 한다면 영문 약어의 경우 처음에는 반드시 한번 풀네임을 옆에 적어 준다.

넷째, 논리적으로 흐름이 있다. 목차 순서에 맞춰 쓰려고 너무 연연하다 보면 엉뚱한 사업계획서가 나오는 경우가 많다. 세부 목차가 내 제품과 맞지 않으면 큰 목차는 유지하되, 나머지 부분은 나만의 논리를 그냥 전개하는 것이 더 좋다.

논리점 흐름이 유연한 사업계획서 작성 요령

목차와 논리적 흐름 관점에서 주의할 점을 예를 들어 살펴보자. 대표적인 시제품 제작 지원 프로그램 중 하나였던 6개월 챌린지 프로그램의 사업계획서 목차를 보면 아래와 같다.

---

1) 개요 - 아이디어를 통한 사업 제안 배경
   - 제품 개발의 필요성
2) 아이디어 세부 내용
   - 대상 고객, 문제점 및 개선 아이디어 내용, 아이디어가 주는 혜택
3) 기술성
   - 보유하고 있는 기술
   - 기술 수준 및 제품개발 가능성
   - 기술적 파급효과
4) 시장 기회
   - 진출할 시장 규모 및 타깃층
5) 사업화
   - 아이디어 특허, 실용신안 권리화 기등록 사항 및 등록 가능 여부
   - 아이디어 사업화가 가능한 근거
6) 창업팀 구성
7) 사업 예산

대부분 헷갈려 하는 부분은 1)개요와 2)아이디어 세부 내용이다. 보통 사업 아이디어는 '어떤 문제점을 발견 → 이를 해결할 이런 제품 구상(1줄) → 그 제품의 특징은 무엇무엇' 순으로 설명한다. 하지만 두괄식으로 쓰면 '내 제품은 이런 것이다(1줄) → 이건 어떤 문제점을 해결하기 위한 것 → 제품의 특징은 무엇무엇'으로 순서가 바뀐다. 위 목차는 두괄식 전개를 원한 것임에도 필자가 보기에도 헷갈린다. 과감하게 두괄식으로 전개하면 된다.

다음으로 쓰기 어려워하는 부분이 바로 기술성 부분이다. 이건 평가항목이 주로 시장성, 기술성, 수익성, 창업팀의 역량 등으로 평가하도록 되어 있는 것을 그대로 옮긴 것이다. 기술이라고 하니까 일단 적을 내용이 없다. 특

히 지식형 제품인 경우 웹이나 앱으로 프로그램을 짜면 되는 것인데 특별히 기술이라고 내세울 것이 없다. 지식형 제품의 기술성은 프로세스나 시스템의 독창성이나 특징을 의미한다고 보면 된다.

일단 '기술=제품'이라고 해석한다. 일단 내가 한 것이 프로세스와 화면에 대한 독창적 설계라면 그것이 내가 보유하고 있는 기술이다. 보유하고 있는 기술이란 소제목이 마음에 안 들면 '개발 진행상황' 등으로 바꿔도 된다. 그리고 그 내용 중에서 차별적인 내용만을 적는다. 기술성이란 제목만은 건드리지 않는 것이 좋다.

기술수준 및 제품개발 가능성이란 소제목도 이상하다. 차라리 '기술 차별성'이란 표현 정도로 바꾸는 것이 좋을 것 같다. 그리고 비즈니스 모델 단계에서 조사한 경쟁업체와 비교해서 우월한 점을 강조하면 된다. 기술의 파급효과란 제품의 파급효과로 해석해서 주로 어떻게 이 시스템에서 적용한 원리를 확대 사용할 수 있는지 등을 적으면 된다. 없으면 그냥 생략해 버리는 것이 좋다. 그리고 어떻게 제품을 만들 것인지에 대한 계획을 세운 것이 있다면 그것을 설명하면 된다.

사업화 부분의 소제목도 이상하다. 특허 등록 여부는 없다면 등록 예정이라고 쓴다. 한데 아이디어 사업화가 가능한 근거라니 뭘 적으라는 소리인지 애매하다. 그냥 사업화란 제목만 남겨 두고, 비즈니스 모델에서 설계한 고객 부분을 적으면 된다. 고객, 고객가치, 유통채널이나 고객관리 모듈에 대해 고민한 부분을 적으면 된다.

마지막으로 예산이다. 대개 공고 내용을 보면 이 자금은 어떤 용도로 쓸 수 있다는 비용 사용범위가 정해져 있다. 인건비가 지원되는 경우에는 비용 사용범위 내에서 창업팀 멤버에게 줄 돈을 정해 적으면 된다. 하지만 사업화 지원 프로그램의 경우 PC를 새로 산다든가, 입주공간의 관리비를 낸다든가 하는 항목은 사용이 불가한 경우가 많다.

예로 든 6개월 챌린지의 경우 구체화(전문가 BM 활용비, 고객반응 조사비용), 권리화(특허 출원, 등록), 실증화(시제품 구현), 시장 검증(시장 검증 도구 제작비용 등) 등에만 사용하게 되어 있다. 일단 내부 인건비 항목이 없다. 구체화란 아이디어를 고도화 하는데 드는 경비로 비즈니스 모델의 고객 검증이나 멘토링을 받을 때 쓰는 경비이다. 권리화 비용은 특허를 출원, 등록하는데 드는 비용이다. 앞에서 특허 출원 예정이라고 적었으면 권리화 항목을 채워 두는 것이 좋다.

만약 충실히 준비를 한 스타트업이라면 실질적인 대부분의 돈은 실증화를 진행하는 예산일 것이다. 주로 재료비나 외주용역비가 이에 해당한다. 개발 계획을 수립하면서 조사한 내용을 적으면 된다. 시장 검증 예산이란 제작된 시제품을 시장 검증하기 위한 예산인데, 동영상 등 고객 반응 조사를 위한 도구 제작비용을 적으면 된다. 원래 취지대로라면 고객 검증 과정에서 생기는 교통비, 밥값 등도 계상할 수 있겠지만 증빙서류만 한 보따리가 될 수 있어 이런 목적으로 사용하는 것을 본 적이 없다.

사업공고에는 포함되어 있지 않지만 시제품 제작에 필요한 장비, 즉 하드웨어의 구입비용도 해당이 안 된다. 장비를 임차한 비용은 인정된다. 시장 검증도 개발된 시제품의 검증까지만 된다. 마케팅 활동용으로는 예산을 쓸 수 없다. 제품 브로슈어 제작이나 전시회 참가비용은 인정받지 못한다는 얘기다.

대부분의 시제품 제작 관련 프로그램에는 목표 개념이 없다. 즉, 이 프로그램 마지막에 구현할 시제품에 대한 분명한 정의가 따로 없어서 종종 문제가 생긴다. 사업계획에는 보통 최종 제품 모습을 설명한다. 하지만 시제품은 그 중 일부 모습만을 구현하는 경우가 대부분이다. 그러면 최종 단계에서 프로그램을 완수했는지에 대해 프로그램 책임자와 스타트업 대표 사이에 이견이 발생할 수 있다. 실패로 판정되면 돈을 환수 당할 수도 있다.

<u>이런 문제를 방지하려면 사업계획서를 작성하는 중간 부분에 시제품 제작의 범위와 목표를 분명히 해 두는 것이 좋다. 예를 들어 기술성 항목을 기술적 차별성과 구축 계획 1단계와 2단계로 구분하여 작성한 뒤, 1단계 옆 에다가 'xx지원 프로그램 개발 목표'라고 간단히 명시해 놓는 것도 방법이다.</u>

시제품 지원 프로그램에 도전하기

사업화 지원 프로그램에 지원하기 위해 작성한 사업계획서과 필요한 증빙서류를 정해진 기간 내에 제출하면 된다. 대부분은 프로그램 운영기관이 지정한 시스템에 사업계획서 파일과 각종 증빙 서류 스캔본을 등록하도록 되어 있지만 이메일이나 직접 제출을 요구하는 경우도 있다.

K-스타트업 사업신청 화면

<u>사실 시스템 등록이 더 까다롭다. 미리 아이디를 등록하고, 1~2페이지까지 연습용 사업계획서를 제출하는 연습을 하는 것이 좋다. 대개 마지막 단계를 오케이하지 않으면 수정할 수 있으므로 미리 시스템에 익숙해져야 한다. 제출 마감일에 처음 시스템에 가입 신청을 하면서 등록하려다가 사소한 준비 부족이나 절차상 미리 해두었어야 하는 것을 누락하거나 시간이 부족해서 마감 시간 내에 등록을 못한다면 너무나 억울한 일이다. 하지만 실제로 종종 벌어지는 일이기도 하다.</u>

사업화 지원 프로그램을 수행하는 복수 개의 기관 중 선택해야 하는 경우도 있다. 사업장 주소가 속한 곳에만 등록해야 하는 경우에는 선택의 여지가 별로 없다. 하지만 여러 곳 중에서 선택해 등록할 수 있는 경우에는 몇 가지를 생각해야 한다.

특히 고려해야 할 요소는 해당 기관의 성격이다. 예를 들어 기관명이 'XX정보산업협의회'라면 아무래도 IT분야에 가깝다. 내 아이템이 제조라면 멘토링을 해 주는 내용도 그렇고, 선정 시 불이익을 당할 확률이 높다.

서울이나 경기는 어차피 경쟁률이 높다. 그중에서도 지명도가 있는 기관일수록 경쟁률이 더 높다고 보면 된다. 선정 자체가 목표라면 상대적으로 경쟁률이 낮을 만한 곳과 내 사업 관점에서 도움을 받기가 유리한 기관을 선정하는 것이 좋다. 나중에 면접 심사할 때 사업장 주소를 옮길 수 있냐고 물으면 당연히 옮긴다고 해야 하고, 필요하면 옮기는 것을 감수해야 한다.

사업장 주소는 하나만 있을 필요는 없으므로 하나 더 만들어서 해당 주소로 본점을 등록하면 된다. 해당 기관이 무료 사무실의 제공 등 도움을 많이 주고, 해당 지역에서 사업하는 것이 나름 유리한 측면이 많다고 판단되면 팀원들을 설득해서 작업공간을 옮기는 것도 좋다.

서면 심사를 통과했으니 발표 심사에 참여하라는 통보를 받으면 프레젠테이션 준비를 해야 한다. 사업계획서에는 비교적 자세하게 썼더라도 제한 시간을 고려해 최대한 심사위원에게 내 비즈니스 모델을 잘 어필할 수 있게 간결하고 임팩트 있게 프레젠테이션을 준비해야 한다.

사업계획서의 모든 내용을 제한된 시간 내에 모두 설명하려고 하지 말고, 진짜 나를 강조할 수 있는 부분만 뽑아서 설명하도록 준비한다. 필자는 스토리텔링을 권장하는 편이다. 먼저 아래아한글 등으로 제한 시간에 해당하는 스토리를 만들고, 이에 맞게 프레젠테이션 자료를 준비하는 것이다. 자료는 강조하려는 핵심 키워드나 개념을 전달할 수 있는 이미지로 구성한다. 반복해서 거의 자료를 보지 않고, 제한 시간에 맞추어 프레젠테이션 할 수 있을 때까지 연습한다.

발표 심사를 통과하면 협약을 체결하게 된다. 이 과정에서 보통 사업의 목표와 비용 사용부분에 대해 다시 한 번 프로그램 담당자와 의논하여 조정하게 된다. 미처 확인되지 않은 비용 사용항목들은 사전 견적 등을 통해 철저하게 조사하여 되도록 큰 변경 없이 사업을 진행할 수 있게 준비해야 한다.

MEMO

R&D 지원 제도

나에게 맞는 R&D 지원 제도 찾고 도전하기

R&D 지원 제도란 정부가 대학이나 공공연구기관, 기업의 기술 개발을 촉진하기 위해 개발비의 일부를 지원해 주는 제도이다. 이공계 대학, 공공 연구기관 등이 주로 이를 활용한다. 하지만 국내에는 기업들의 연구개발을 지원해 주는 제도도 상당히 많다.

스타트업 입장에서도 이를 활용하지 못할 이유가 없다. 시제품 제작부터 지속적 성장 단계에 이르기까지 활용 가능한 다양한 R&D 지원 제도가 있다. 이를 잘 활용하려면 먼저 내가 도전할 수 있는 R&D 지원 제도가 어떤 것이 있는지 알아야 한다.

기업들에게 R&D 지원 제도를 제공하는 정부기관은 10개에 달한다. 이 장에서는 스타트업들이 가장 많이 활용하는 중기부 R&D 지원 제도를 중점적으로 설명한다. 상대적으로 스타트업과 연관성이 많은 과기부와 산업부 프로그램에 대해서는 개략적으로 소개한다. 하지만 다른 전문부처의 프로그램들도 이용할 수 있다는 점을 명심해야 한다. 만약 농업과 관련된 기계 개발을 한다면 농림부의 R&D에 대해 찾아봐야 한다. ●

01
R&D 지원 제도의 이해

매년 1월 중순경에 정부 R&D 사업부처 합동설명회가 열린다. 여기에 참석하면 그 해의 정부 R&D에 대한 기본방향과 R&D 프로그램들에 대한 기본적인 정보를 수집할 수 있다. 참석하지 못해도 구글이나 네이버에서 '201x년 정부 R&D 사업 부처 합동설명회'라고 입력한 뒤, 최근 연도의 페이지를 열어보면 언제든지 설명회의 동영상 및 각 부처에서 제공하는 자료를 볼 수 있으니 걱정하지 않아도 된다. 매년 조금씩 바뀌므로 R&D 지원을 받으려면 바뀐 내용을 점검해야 한다.

R&D 합동설명회에 참여하는 기관은 과기부, 교육부, 농림부/농촌진흥청, 산업부, 보건복지부, 환경부, 국토교통부, 해양수산부, 중기부 등이다. 이들은 많건 적건 중소기업 연구개발 지원 프로그램을 운영한다. 따라서 사업 아이템의 성격에 따라 소관부처에 도전이 가능한 R&D가 있는지를 먼저 살펴보는 것이 중요하다.

국가과학기술지식정보서비스 시스템(www.ntis.go.kr)에 가면 모든 R&D 과제의 공고문을 볼 수 있다. 하지만 이공계 대학이나 연구기관들까지 포함한 모든 R&D 공고 자료여서 스타트업이 필요로 하는 정보만을 찾기가 쉽지 않다. 스타트업이나 중소기업에 필요한 R&D 자료만을 보려면 앞에서도 소개한 K-스타트업 사이트나 기업마당 사이트를 활용하는 것이 훨씬 편하다.

시제품 지원 제도와의 차이

연간 R&D 사업으로 19조 원 정도의 예산이 책정된다. 전 세계적으로 기술 개발 예산이 전체 예산의 5% 정도를 차지하는 것은 상당히 예외적이다. 그 만큼 정부가 기술 개발에 힘을 기울인다. 이 중에서 관련 기관이나 정부 출연 연구소 등의 운영비 등을 제외하고 실제 연구개발에 사용되는 자금은 약 10조 원 정도이다. 이 자금은 대학의 연구개발 지원, 정부 출연 연구기관의 지정과제 연구 등으로 많이 사용되고, 우리가 관심이 있는 기업들의 연구개발을 지원하는 예산은 3~4조 원 정도가 사용된다.

이 R&D 지원 제도는 시제품 지원 제도와 다른 점이 몇 가지 있다. 그 차이를 알지 못하고 시제품 지원 제도에 도전할 때처럼 하면 낭패를 보기 쉽다.

첫째, 개발할 제품이나 기술의 기능 범위, 성능이나 품질 목표 등을 분명히 정해야 한다. 이런 목표 달성 여부를 평가할 지표를 설정하게 되어 있다. 목표 달성 여부는 외부 공인인증기관에서 객관적인 측정방법에 의해 검사하고, 개발 목표를 통과해야 한다. 이를 달성하지 못하면 과제가 실패한 것으로 판정되어 개발비를 환수당할 수도 있다.

그래서 R&D 지원 제도를 활용해 시제품을 만들 때는 시제품의 완성도 목표를 높게 잡아야 한다. 품질 수준은 만족하지 못해도 제품의 형태는 제대로 갖추어야 하고, 주요한 기능은 구현되어야 한다고 보면 된다. 고객 검승용으로 간단히 제작된 시제품을 목표로 하면 R&D 과제로 선정되기 힘들다.

둘째, 다양한 개발형태를 제공한다. 사업화 지원 프로그램은 스타트업 혼자서 진행하거나 일부 업무를 외주로 돌리는 형태로 진행된다. 하지만 R&D에서는 다양한 형태의 개발 방식을 제공한다. 개발을 스타트업 혼자 수행할 경우에는 복잡하지 않지만, 외부와 협력하여 개발할 경우에는 개발형태에 대한 용어를 이해해야 한다. 주관기관, 참여기관, 위탁개발, 외주용역이 그것이다.

정부 입장에서는 기업청, 즉 주관기관의 연구역량을 키우는 것이 중요한 목표이다. 따라서 연구개발을 대부분 외부에 의뢰하는 방식의 사업계획서는 심사위원들에게 질책을 받는다.

POINT

 주관기관, 참여기관, 위탁개발, 외주용역의 차이

2개 이상의 기업이 공동 개발할 경우에는 책임지고 메인이 되는 기업을 주관기업, 같이 참여하는 기업을 참여기관이라고 한다. 주관기관과 사전에 뭔가 전략적 제휴를 맺은 경우에 가능한 형태이다. 참여기관은 전체 연구의 일부에 대한 개발책임을 가지며, 주관기관과는 별도로 자체 연구용 사업비를 책정한다. 즉, 마진 없이 개발에 참여한다. 주관기관과 참여기관 사업비의 합계가 총사업비가 된다.

위탁개발은 대학이나 정부 출연 연구기관 같은 곳에 연구 용역을 주는 경우를 말한다. 이런 기관들은 비용을 사용하는 규칙이 정해져 있고, 기업의 연구개발비 사용보다 더 복잡한 구조를 가지고 있다. 위탁개발을 할 경우에는 총 금액에 대해서 합의하고, 해당 기관에 위탁개발 사업비 명세서를 작성해 달라고 하면 된다.

외주용역인 경우에는 그야말로 일반적인 상거래 규칙에 따르면 된다. 중기부 프로그램은 협약 후에 외주 개발업체를 마음대로 정해도 되지만, 과기부나 산업부 프로그램은 사업계획서를 제출할 때 외주용역 업체와 금액을 사전에 정해 신청하도록 되어 있다.

셋째, 사업화 지원 제도에 비해 비용 사용범위가 넓다. 가장 중요한 것이 신규 연구 인력의 인건비로 사용할 수 있다는 점이다. 또한 산업기술표준 분류상 지식서비스거나 소프트웨어나 설계 기술을 개발하는 경우에는 기존 인력에 대한 인건비로도 사용 가능하다. 여기서 인건비란 연봉 이외에 4대 보험료와 퇴직금 등의 회사 부담금도 포함할 수 있다. 외부 전문가를 활용하는 경비나 외부기관과의 회의비, 개발 목적의 여비, 심지어 야근식대, 소모품 구입비 등 비용으로 인정받을 수 있는 항목이 다양하다.

단, 모든 경비의 사용에 대한 증빙이나 정산이 까다로워서 비용항목은 되도록 단순한 것이 더 바람직하다. 마케팅 용도의 경비나 목적이 불분명한 해외출장비, 생산에 들어가는 경비 등은 사업화 지원 제도와 마찬가지로 사용이 제한된다.

넷째, 연구노트 작성 등 R&D 기술 개발 과정에 대한 관리가 철저하다. 연구노트는 일반적으로는 연구 과정을 연구원 단위로까지 매일 기록하는 것을 말한다. 연구개발을 전문으로 하는 사람들은 습관처럼 이 일을 수행한다. 하지만 중소기업이 연구개발을 하는 경우에는 상당히 부담이 되기도 한다.

개발 프로그램에 따라 연구노트의 작성 원칙이 조금씩 다르다. 보통은 월별 등의 주기로 나누어, 개발 프로젝트 전체를 1개로 묶어서 작성한 내용을 시스템에 등록하도록 되어 있다. 사업계획서를 작성할 때도 연구실 보안 계획 등을 작성해서 제출해야 하는 등 연구개발 환경에 대한 관리를 중시한다.

다섯째, 기술료를 징수하는 경우가 대부분이다. 기술료란 연구개발이 완료된 뒤에 그 기술에 대한 권리를 정부로부터 취득하기 위해 납부하는 돈이다. 기술료를 납부함으로써 기술에 대한 권리가 완전히 기업에게 이관된다. 중소기업인 경우에는 정부 지원금의 10%를 납부하면 된다. 조기에 일시불로 납부하면 최대 40%를 또 감면해 주므로 6%만 내면 연구개발의 권리를 완전히 기업의 것으로 귀속시킬 수 있다.

R&D 지원 제도의 구조

R&D 지원 사업도 정부가 직접 집행하기 곤란하므로 전문기관을 두어 집행을 위임한다. 중기부의 R&D는 흔히 기정원이라고 불리는 중소기업기술정보진흥원(TIPA)이 주로 이 일을 맡는다. 과기부는 지원 프로그램의 대부분을 정보통신진흥센터(IITP)와 정보통신산업진흥원(NIPA), 한국인터넷진흥원(Kisa)에 맡겨 집행한다. 산업부 관련 R&D를 전문으로 하는 기관으로는 한국산업기술진흥원(KIAT)과 한국산업기술평가관리원(KEIT), 한국에너지기술평가원(KETEP)이 있다.

이들은 각기 맡은 R&D 지원 제도에 대한 업체 선정과 협약, 결과에 대한 심사, 정산, 각종 지원 업무 등 전체 업무를 처리한다. 단, 중기부의 경우 최종 비용 검증과 정산 업무만을 따로 떼어 지역중소벤처기업청이 관리기관 역할을 수행한다. R&D 지원 사업의 특징에 따라 그 외의 기관들이 맡는 경우도 종종 있다. 예를 들어 대기업의 구매조건부를 전제로 한 R&D 지원 사업은 대중소기업협력재단이 맡는 식이다.

R&D 지원 프로그램들은 정부의 각 부처가 어떤 사업 분야를 키우겠다는 나름대로의 목적을 가지고 만들어 진다. 따라서 지원 대상 분야와 신청 자격을 가장 먼저 검토해야 한다. 지원 대상 분야는 대개 육성하려는 기술 분야나 품목을 이야기한다. 창업성장 기술 개발 프로그램처럼 완전히 자유롭게 희망하는 과제를 수행할 수 있는 과제도 있지만, 상당수 과제는 '4차 산업혁명 분야'처럼 품목이나 범위를 지정한다.

신청자격은 중소기업용 과제인 경우 대부분 7년 이내의 중소기업이면 되지만 지원 규모가 큰 과제들은 벤처등록이나 기업부설연구소 설립 기업 등의 단서가 붙는다. 대표의 자격에 특수 조건이 붙는 프로그램들도 있다. 여성이나 재창업자 창업 지원 과제 등이 대표적이다.

정부 출연금의 비중은 총사업비 중의 비중이다. 총사업비는 '정부 출연금 ÷ 정부 출연금 비중'을 하면 나온다. 총사업비에서 정부 출연금을 뺀 금액이 기업의 민간부담금이다. 처음 지원하는 스타트업들이 종종 실수하는 부분이다. 정부 지원금에 자기부담금 비율을 곱해서 민간부담금을 산정하면 민간부담금이 부족해 자격 미달로 떨어진다.

민간부담금은 현금과 현물로 나뉘는데, 현금은 정부 출연금과 함께 별도 통장에 넣어, 연구개발 목적으로 사용하는 돈이다. 현물은 보유한 연구개발장비의 임대료나 감가상각비, 스타트업 대표의 연봉 등이 이에 해당된다. 현물은 연구비 통장에 같이 넣어 두지는 않지만, 4대 보험료 납부 증빙이나 회사 내부 회계자료로서 비용이 입증되어야 한다.

지원방식은 자유공모, 품목지정, 지정공모 3가지 유형이 있다. 자유공모는 그야말로 아무 것이나 되는 것이고, 품목지정은 정해진 품목 내에서 자유롭게 지원하는 것이다. 지정공모는 아주 상세한 제안요청서(RFP)가 제시되어 그 RFP를 만족시키는 경우에 지원할 수 있다.

중기부 프로그램은 주로 자유공모가 많고, 일부 품목지정 과제가 있는 반면, 산업부나 과기부 프로그램에는 품목지정이나 지정공모가 많다. 지정공모는 전문기관에 이를 연구하는 PD에 의해 결정되는데, 공고되기 직전 년도에 기업체나 전문가집단을 대상으로 수요조사를 한다. 수요조사 결과와 정부의 기술 개발 전략 방향을 고려하여 최종 지정과제가 정해진다. 이런 품목들은 지원 규모가 상당히 큰 과제들이다.

만약 회사에 장기적인 연구개발이 필요하고, 개발비용이 많이 필요한 연구과제가 있다면 사전에 수요조사에 응하고, 담당 PD에게 이의 필요성을 적극적으로 설득할 수 있어야 한다. 수요조사도 해당 전문기관의 사업공고 내에서 별도 공고를 하므로 시기에 맞추어 제출하면 된다. 편하게 받아 보려면 각 기관들의 홈페이지에 등록할 때 사업공고의 메일 전송 기능을 선택하면 된다.

중기부 프로그램의 연구개발 기간은 보통 1년이다. 하지만 산업부나 과기부 프로그램의 기간은 3~5년짜리도 많이 있다. 정상적인 연구가 진행된다면 협약기간 동안 지속적으로 비용을 지원하므로, 상당히 규모가 큰 과제의 수행도 가능하다.

R&D 사업관리 시스템

R&D 사업관리는 매우 복잡해 대부분 시스템화 되어 있고, 부처별로 각기 통합관리를 한다. 정부에서는 현재 다양한 부처별로 산재한 이런 R&D 사업관리 시스템을 단계적으로 통합할 계획이다.

R&D 프로그램을 신청하려면 먼저 사업관리 시스템에 등록해야 한다. R&D 제도를 소개하는 다른 K-스타트업이나 기업마당 시스템에는 공고문만 게재된다. 사업계획서 양식이나 비용 사용양식, 작성 지침, 기타 증빙자료나 참조자료 등 과제 신청에 필요한 자세한 내용은 이런 사업관리 시스템에 접속해야만 다운받을 수 있다.

중기부 R&D 사업을 종합 관리하는 시스템은 중소기업 기술 개발사업 종합관리 시스템(www.smtech.go.kr)이다. 이 시스템을 통해 사업공고, 사업 신청, 평가, 협약, 연구비 집행, 온라인 정산, 평가 등이 이루어진다. 이 시스템에 접속해 사업공고를 보면 사업공고 일정표에 따라 올해 진행할 사업들의 사업명이 나온다. 노란색으로 표시된 부분이 현재 진행 중인 사업이다.

산업부는 정보통신사업(소프트웨어, 지식서비스, IT시스템, 통신시스템 등)을 제외한 대부분의 산업분야를 담당한다. 제조, 에너지, 바이오, 화학, 조선 분야 등이 대표적이다. 이들의 기술 개발을 지원하는 많은 프로그램이 있는데, 대개 구체적인 산업분야별로 프로그램을 진행한다. 산업부의 연구개발 포털 사이트는 산업기술 R&D 정보포털(itech.keit.re.kr)이라고 부른다.

과기부는 기업용 사업관리 포탈 시스템을 준비 중이다. 현재로는 정보통신산업진흥원(www.nipa.kr), 정보통신기술진흥센터(www.iitp.kr), 한국인터넷진흥원(www.kisa.or.kr) 등에서 사업공고를 찾으면 자세한 안내가 나온다. 보통은 해당 사이트에 가면 하단이나 우측에 사업관리 시스템에 연결할 수 있는 배너나 아이콘이 있다. 이를 클릭하면 사업계획서 양식이나 자세한 지원방법을 알 수 있는 자료가 나타난다. 이런 시스템에 미리 아이디를 등록하고, 시스템 매뉴얼을 읽어보는 것이 좋다. 그래야 어떤 과정을 거쳐 과제를 신청할 수 있는지 감을 잡을 수가 있다.

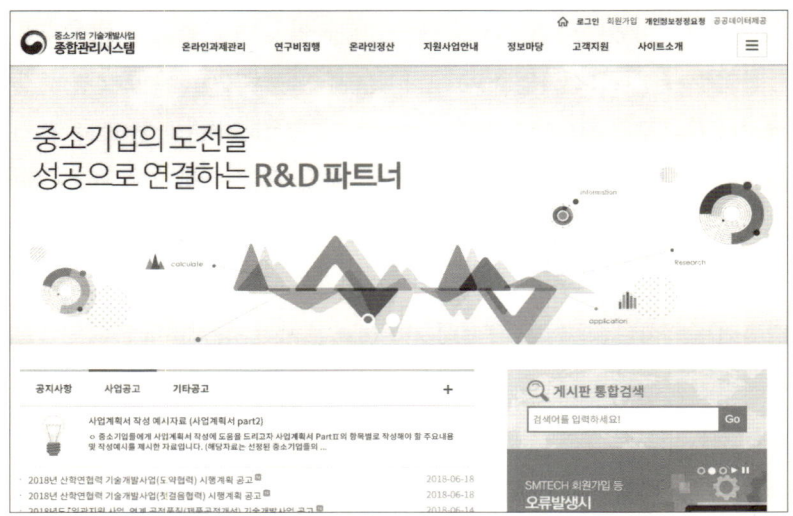

중소기업 기술 개발사업 종합관리 시스템(www.smtech.go.kr)

중기부 R&D 지원 프로그램

중기부는 중소기업을 지원하기 위한 다양한 R&D 지원 프로그램을 운영한다. 대부분 7년 이내의 중소기업으로 자격조건을 제한해 예비창업자는 신청할 수 없다. 극히 일부 프로그램만 협약 후 1개월 이내 창업을 인정하기도 하므로 미리 사업자등록을 해야 한다. 개인사업자든, 법인사업자든 상관 없다.

7년 이내의 기업에서 주의할 점은 개인사업자가 법인으로 전환하거나 이전 법인을 폐업하고 같은 업종의 사업을 신규 창업한 경우에도 기본적으로 최초 기업의 창업일을 기준으로 날짜를 계산한다는 점이다. 이를 속이려고 해도 전산시스템 상에서 조회하면 바로 나오므로 최초 창업일부터 7년이 넘었다면 다른 방법을 찾아야 한다. 재창업자의 경우 가능 여부의 판단기준이 매우 복잡하니 직접 찾아보는 것이 좋다.

중기부의 R&D 지원 프로그램은 일부 기업에 지원이 편중되지만 효과는 크지 않다는 지적을 많이 받았다. 그래서 한 기업이 한 해에 2개 이내, 기업 자체로는 최대 4개까지 활용가능하다는 등의 졸업제도가 생겼다. 이 또한 계속 바뀌고 있으므로 지속적인 성장 단계까지 계속 활용하려면 사전에 도전 전략을 잘 세워야 한다.

동일 제품에 대한 중복 지원은 원칙적으로 금지되어 있다. 만약 R&D를 통해서 2년간에 걸쳐 제품을 완성시키려면 1차 연도와 2차 연도의 제목이나 목표를 완전히 달리 해야 한다. 1차 연도에는 핵심 부품이나 기술을 개발하고, 다음해에는 원하는 제품을 완성한다는 식의 도전 전략이 요구된다.

여기서는 합동설명회 자료에 있는 중기부 '2018년도 중소기업 기술 개발 지원 사업 안내서'를 중심으로 살펴본다. 중소기업 기술 개발사업 종합관리 시스템(smtech) 사이트에서 나오는 사업공고의 분류나 순서와도 조금 다르다. R&D 지원 프로그램의 최종 공고는 신청 기업을 모집하는 단위로 나온다. 여기서는 전체 구조를 이해하기 쉽도록 합동설명회 자료를 기준으로 했다.

목차를 보면 기업성장촉진(단독형)과 산업생태계 활성화(협력형), 그리고 기타(지역, 인력, 인프라)로 대구분이 되어 있다. 구분의 의미는 크지 않지만 순서대로 살펴본다.

단독형에는 창업성장 기술 개발, 중소기업 기술혁신개발, 제품서비스 기술 개발, 공정품질 기술 개발, 월드클래스 300 기술 개발, 재도전 기술 개발, 중소기업 기술사업화 역량강화 7가지가 있다. 각 프로그램의 특징은 표로 정리해두었다. 특히 중요한 창업성장 기술 개발 과제는 뒤에 있는 별도 팁을 참조하기 바란다.

프로그램 종류	특징
창업성장 기술 개발	초기 스타트업을 위한 지원. 7년 이내 기업이면 아이템에 특별한 제한은 없다.
중소기업 기술혁신 개발	벤처기업 인증이나 연구소 설립 등의 요건 필요. 수출기업이나 정부 정책상 육성이 필요한 전략 산업군 주로 지원
제품 서비스 기술 개발	제조업의 서비스화를 지원하는 제품 서비스화 과제, 신규 서비스 창출을 위한 과제가 대표적인데, 스타트업은 후자 지원 가능
중소기업 기술사업화 역량 강화 과제	R&D 과제를 성공했거나 특허를 보유한 경우, 혹은 아직 사업화가 안 된 경우 시장 검증이나 시장 친화적 기능개선(추가 R&D)을 지원하는 사업으로 제품 상용화나 시장 진입 준비 단계에 활용 가능
월드 클래스 300	중견 기업을 위한 지원 사업
공정품질 기술 개발	지속적 성장 단계에 유용하다.

기업성장촉진(단독형) R&D 프로그램의 종류와 특징

협력형 과제는 산학연 협력 기술 개발, 중소기업 상용화 기술 개발, 중소기업 R&D 역량제고 3개의 프로그램이 있다. 각 과제의 내용은 아래 표와 같다.

프로그램 종류	세부 과제	특징
산학연 협력 기술 개발	첫걸음 협력 사업	대학과 연계성이 많을 경우 최초 공동개발 추진 가능
	기업부설연구소 지원 사업	대학이나 연구기관 내에 설립 가능
	지역유망 중소기업 사업	동일 지역 내 대학과 기업의 공동개발 지원
	연구장비 공동 활용 프로그램	대학이나 연구기관 연구개발 장비 사용 비용 지원
중소기업 상용화 기술 개발	구매조건부 신제품 개발	대기업이나 외국 기업으로부터 구매의향서를 받은 경우 신제품 개발 지원
	중소기업 네트워크형 기술 개발	여러 중소기업과 협력체를 구성해 신제품 개발 지원
	기술전문 기업협력 기술 개발	설계나 디자인 전문기업과 중소기업이 공동으로 개발하는 경우 지원
중소기업 R&D 역량 제고		기획 역량이 부족한 기업에게 기술 개발 및 R&D 사업 지원용 사업계획서 작성 지원

협력형 R&D 프로그램의 종류와 특징

기타 사업 중에서 스타트업에 직접 도움이 되는 사업은 지역 특화산업 육성, 기술 혁신형 중소기업 연구인력 지원 정도이다. 과제의 내용은 아래 표와 같다.

프로그램 종류	특징
지역 특화산업 육성	지자체가 설정한 지역별 48개 특화사업이나 특화사업과의 융복합 R&D 개발을 추진하는 중소기업의 연구개발 지원
기술 혁신형 중소기업 연구인력 지원 사업	공공연구기관의 인력을 파견 받거나, 석박사급 연구 인력을 신규 채용하거나 대학, 연구기관, 대기업 등의 고급 경력을 가진 인력을 채용할 때 인건비 일부 지원

기타 스타트업에 도움이 되는 프로그램

과기부 및 산업부 R&D 지원 사업

과기부와 산업부의 R&D 프로그램은 중기부 프로그램에 비해 좀 더 어렵다. 그래서 스타트업이나 일반 중소기업들이 도전을 꺼린다. 그 말은 상대적으로 경쟁률이 낮다는 의미이기도 하다. 또한 중기부 프로그램에 비해 지원 규모가 크다. 개발 기간이 길고, 보통은 고학력자로 구성된 연구개발을 전제로 한다. 산학연 등 참여기관과의 협력이 의무적인 경우도 있고, 사전 수요조사에 의해 확정된 지정공모 형태가 많다.

<u>하지만 창업성장 과제 등을 통해 공력이 쌓인 기업이라면 충분히 도전할 수 있는 자유공모 형태의 과제들도 제법 많다. 적극적으로 수요조사에 응하면 다음해 과제를 따는데 유리한 고지를 점할 수도 있다. 필자가 멘토링한 기업들 중 이런 R&D 지원을 통해 우수한 기술을 개발한 사례가 한둘이 아니다.</u>

과기부의 R&D 지원 사업은 이공계 대학의 기초과학 연구 등 다양한 분야를 포함하고 있다. 과기부 내에서 기업에 대한 연구개발 지원 비중은 상

대적으로 낮지만 규모는 연간 7,000억 원 수준으로 절대 작지 않다.

과기부의 기술 개발 사업은 정보통신 및 ICT 서비스 등 10대 기술 분야에 집중되어 있다. 이동통신, 네트워크, 전파/위성, 기반 SW/컴퓨팅, SW, 방송/스마트미디어, 디지털 콘텐츠, 정보보호, ICT 디바이스, 융합서비스 등이다. 지식형 제품이나 제조형 제품 중에서 IoT, 정보통신 관련 기기를 추진하는 제품이면 도전해 볼만하다.

주요 프로그램으로는 방송통신산업 기술 개발, ICT 융합산업 원천기술 개발, 차세대 방송서비스 활성화 기술 개발, 디지털 콘텐츠 원천기술 개발,

POINT

창업성장 기술 개발 과제, 내 것으로 만들기

스타트업이나 R&D에 처음 도전하는 중소기업이 가장 선호하는 기술 개발 사업은 창업성장 기술 개발 과제이다. 창업성장 기술 개발 과제는 가장 많은 초기 스타트업들이 선호하는 디딤돌 창업과제, 4차 산업분야로 품목을 한정한 혁신 창업과제, 그리고 투자를 받은 경우 R&D를 지원하는 기술창업 투자연계 과제 3가지가 있다.

디딤돌 창업과제의 모집 횟수는 2018년부터 5회로 늘었다. 이전에는 2~3회였는데, 하반기에 새로 도전하려는 창업자들에게 기회를 주기 위해 확대했다고 한다. 5번 중에서 3번은 자유공모라서 어떤 주제든 상관없다. 하지만 2번은 품목을 지정하는데 4차 산업이 주요 화두가 되면서 4차 산업혁명 분야로 분류되는 15개 분야 품목만 공모할 수 있다. 해당 분야에 속한다면 5번의 모집 기회 중 편한 때 도전하면 된다. 5번 진행한다고 5번 모두 도전할 수 있는 것이 아니고, 같은 아이템은 1년에 한번 밖에는 도전할 수 없다. 충분히 준비된 시점에 도전하는 것이 좋다.

디딤돌 과제를 수행하려면 바우처란 제도를 이해해야 한다. 바우처는 총사업비의 일정 부분을 정부가 인정하는 기관(대개 대학이나 공공 연구소)에 R&D를 일정 부분 위탁개발하거나 연구시설 장비를 활용하거나 인증 및 시험, 전문가 활용 등에 의무적으로 사용해야 하는 제도이다. 단, 지식서비스 분야나 SW 및 설계기술은 인건비 비중이 커서 예외로 한다.

바우처에 대해 미리 준비를 안 했다가 큰 도움이 안 되는 위탁개발 계약을 맺는

첨단 융복합 콘텐츠 기술 개발, SW 컴퓨팅산업 원천기술 개발, 인공지능산업 원천기술 개발, 사물인터넷 융합기술 개발, 차세대 초소형 IoT 기술 개발, 블록체인 융합기술 개발, 웨어러블 스마트 디바이스 부품소재 개발, 정보보호 핵심원천 기술 개발 등이 있다.

산업부는 실로 다양한 산업을 다루는 부서이다. 제조, 바이오, 에너지뿐만 아니라 안전 관련 기술, 디자인, SW 분야 중에서도 임베디드 SW 형태를 가지는 지식형 제품 등 포함하는 범위가 넓다. 지식형 제품 중에도 산업부 과제에 도전할 만한 프로그램이 몇 개 있다는 말이다. 연구개발비 지원

경우를 종종 보았다. 위탁개발을 맺기 전에 내 연구 분야와 관련이 있는 이공계 교수와 친분을 쌓거나 기술 개발에 대해 공감대를 형성하고 협의해야 낭패를 보지 않는다.

대학이라면 싼 학생들의 인건비를 활용해 연구개발 중 단순 작업에 가까운 일을 대신 소화해 줄 수도 있고, 공공 대규모 연구소라면 상당히 믿을만한 연구진들의 도움을 받을 수도 있다. 하지만 일정에 쫓겨서 대학교의 산학협력단을 통해 교수님을 소개받아 진행하는 경우 철저한 관리가 필요하다. 개발의 대부분을 자신이 책임진다는 각오로 진행하지 않으면 연구에 차질이 생기기도 하기 때문이다.

기술창업 투자연계 사업은 다시 TIPS 프로그램과 크라우드 펀딩 연계형 과제로 나뉜다. TIPS 프로그램은 TIPS 운영사로 불리는 투자회사로부터 투자를 받은 경우 최대 R&D 자금 5억 원과 기타 다양한 혜택(추가로 3억 원 상당)을 받을 수 있는 제도이다. 한꺼번에 기술 개발에 필요한 자금을 확보할 수 있어 인기가 많다. 투자 유치를 전제로 하여 R&D 자체의 경쟁률도 상당히 낮다. 하지만 우리나라 현실에서 투자를 받는 것은 쉬운 일이 아니며, 투자 유치 부분에 대해서는 9장에서 자세히 다룰 예정이다.

크라우드 펀딩 연계형 과제는 국내외에서 1년 이내에 5천만 원 이상의 크라우드 펀딩에 성공한 경우 개발자금을 추가로 지원해 주는 사업이다. 정부 지원금은 최대 2억 원이다. 크라우드 펀딩도 9장에서 상세히 설명했다.

규모도 2조 원에 가까울 정도로 매우 크다.

산업부의 프로그램은 크게 창의산업, 소재부품, 시스템산업, 에너지자원, 지역산업 5개 분야로 나뉜다. 창의산업은 생활용품, 지식서비스, 디자인혁신, 나노 분야, 국민안전기술, 엔지니어링 기술, 포스트게놈 등으로 다양한 분야를 다룬다. 소재부품은 전자부품, 센서 제품, 산업소재 등을 말한다.

시스템산업이란 기계, 로봇, 자동차, 조선, 전자시스템, 인공지능, 위성기술, 헬기, 우주항공부품, 무인항공기, 스마트공장, 초절전 LED 등 다양한 산업을 커버한다. 에너지 분야는 에너지 안전, 수요관리, 자원순환, 자원개발, 신재생에너지, 스마트그리드, 핵융합, 원자력, 청정화력 등 다양한 영역을 다룬다. 타 부처의 R&D 지원 사업을 수행한 뒤 제품 상용화를 위한 추가 지원을 하는 사업화연계 기술 개발 과제도 여기에 포함되어 있다.

지역산업 분야는 수도권을 제외한 지역별 특화산업을 지원하는 것으로 지자체가 정한 특화산업을 수행하는 기업의 R&D를 지원하는 것이다. 당연히 해당 지역에 속한 기업이 신청할 수 있다. 상당한 규모의 예산이 투입되므로 해당 지역 내의 스타트업에게도 좋은 기회가 될 수 있다.

나에게 맞는 R&D 지원 제도는 무엇일까?

이렇게 많은 R&D 지원 제도 중에 나에게 적합한 R&D 프로그램을 찾는 것은 스타트업 대표가 해야 할 숙제이다. 자체 자금 여력이 있거나 초기 투자를 받을 수 있다면 안 받는 것이 가장 좋다. 기본적으로 R&D 지원 제도는 자금을 조달하는 데는 도움이 되지만 상당한 행정적 부담을 주기 때문이다. 그럼에도 개발자금이 부족해 정부의 도움을 받고자 한다면 회사의 여러 가지를 고려해 신중히 결정해야 한다.

　나에게 적합한 R&D 지원 프로그램을 찾으려면 먼저 회사의 아이템 성격과 업력 등 지원 조건을 고려하여 도전할 수 있는 R&D 프로그램의 리스트를 만든다. 그런 다음 개발에 소요되는 자금, 창업팀의 기술 역량이나 기업 부담금 해결 능력, 행정 업무 처리 능력, 회사의 사업 진행 단계, R&D 프로그램의 제공 시기 등을 고려해서 목표로 하는 R&D 지원 프로그램을 선정한다. 선정이 끝났다면 이제 사업계획서를 써서 도전할 차례이다.

02
R&D 사업계획서 작성하기

    R&D 지원 프로그램에 도전하려면 흔히 R&D 사업계획서라는 것을 작성해야 한다. 이는 비즈니스 모델과 제품에 대한 차별성, 시장 환경, 경쟁전략 및 상세한 개발 계획을 포함하는 제법 방대한 계획서이다.

    사업계획서 작성을 잘 멘토링 해 줄 수 있는 멘토를 자주 만날 수 있다면 훨씬 수월할 수 있다. 많지는 않지만 기술사업계획서 작성 또는 R&D 사업계획서 작성에 대한 교육도 있으니 시간이 될 때 미리 들어두는 것이 좋다.

    사업계획서 작성 기획을 돕는 R&D 프로그램을 활용해도 괜찮다. 사업계획서 작성을 대신해 주는 컨설턴트 제도도 인터넷 상에서 종종 볼 수 있다. 물론 유료이다. 심지어 이 아이템은 부족하지만 내가 사업계획서도 작성해 주고 선정되게 해 줄 테니 전체 금액의 10~20%를 달라는 브로커도 있다. 이 브로커만큼은 제발 뿌리쳐 주길 바란다.

    결국 회사의 기획역량을 키워야 한다. 사업계획서는 스타트업이 걸어가면서 수도 없이 작성해야 할 숙제이다. 여러 번의 도전이 필요한 경우도 많다. 단 한 번의 도전으로 선정되기를 기대하는 것 자체가 무리다. 대표가 공부하던, 창업팀에서 이런 일에 자질이 있는 사람을 선정해서건 되도록 자신 스스로 계획서를 작성할 수 있도록 노력해야 한다.

R&D 사업계획서 작성법

R&D 사업계획서를 작성하고자 양식을 다운받고 가장 답답해하는 것이 목차의 내용이다. 일반적인 사업계획서와는 다르기 때문이다. 제품이나 서비스를 개발하는 사람 입장에서는 쓸 말이 없는 것처럼 보인다. 대표적인 R&D 과제인 창업성장 기술 개발 과제의 목차를 살펴보자.

> 1) 기술 개발의 개요 및 필요성
> 2) 개발 기술의 독창성 및 차별성
> 3) 기술 개발 준비현황
> 4) 기술 개발 목표 및 내용
> 5) 주요 연구인력
> 6) 연구시설 장비보유 및 구입 현황
> 7) 사업화 계획
> 8) 고용유지 및 고용창출 계획
>   * 사업비 사용 계획 별도 제출

R&D 지원 제도는 기본적으로 중소기업의 연구개발을 지원하고자 만든 제도이다. 그래서 연구개발에서 사용하는 용어가 많이 등장한다. 또한 순서도 연구개발이 중심이므로 기술 개발과 관련된 내용이 먼저 나오고 우리가 중요하다고 하는 사업이나 마케팅 부분은 뒤로 배치되어 있는데, 들어가야 할 내용은 일반 사업계획서와 크게 다르지 않다. 개발 계획 부분을 좀 더 강조해 자세히 적는 것뿐이다.

먼저 7장에서 소개한 사업화 지원 제도에 지원하기 위해 작성했던 사업계획서를 살펴보자. 기본적인 작성요령은 하나도 다르지 않다. 여기서는 각 항목별로 R&D 사업계획서를 작성할 때 주의할 부분만 추가로 설명한다.

정형화된 양식이므로 큰 제목은 건드리면 안 된다. 대신 제품이나 서비스 입장에서 이를 해석해서 작성하면 된다. '기술'이란 용어를 '제품'으로 바꾸기만 해도 많은 부분이 쉽게 느껴진다.

1) 기술 개발의 개요와 필요성

이 항목은 제품의 필요성과 개요라고 해석하고 작성하면 된다. 우리가 중요하다고 생각했던 고객 문제의 발견, 해결 아이디어 도출, 이에 따른 고객가치의 창출 부분을 다루는 것이다. 소제목들의 내용도 크게 다르지 않다. 기술을 제품으로 해석하면서 작성해 가면 된다.

2) 개발 기술의 독창성과 차별성

소목차를 그대로 따라가면 논리의 전개가 매끄럽지 않을 수도 있다. 이럴 때는 자신의 논리 전개에 맞게 조금씩 수정해도 큰 문제는 없다. 1)개요 부분에서는 무엇을 하는 제품이나 시스템인지만 간단히 설명하고 2)개발 기술의 독창성과 차별성 부분에서 세부적인 제품의 특징들을 열거하면서 이것이 독창적이고 차별성이 있다는 점을 이야기하면 된다.

3) 개발 기술의 준비현황

지금까지 진행해온 기술 개발 내용을 적으면 된다. 시제품이 완성되었다면 그 시제품 제작 과정을 3~4단계로 나누어서 설명하고, 향후 이 R&D 비용을 받아서 진행할 부분을 2~3단계로 나누어 개발 진행 또는 예정이라고 적으면 된다. 제품 제작이 완성된 것처럼 쓰면 완성된 제품의 R&D를 지원할 이유가 없으므로 결격 사유가 되고, 너무 초기 단계로 사전 준비한 것이 없다면 이 조차도 심사위원들에게 별로 좋은 평가를 받지 못한다.

4) 기술 개발의 목표와 내용

이 항목은 R&D 과제를 통해 달성하고자 하는 목표와 개발 내용을 정하는 것이다. 기술 개발의 목표와 내용 부분에서 가장 중요한 것은 성능지표의 목표와 측정방법이다. 정부 입장에서 보면 세계 최고 수준의 품질을 보장하는 제품을 지원하는 것이 1차적인 목표이다. 주요 제품의 차별성이라고 강조한 부분의 성능을 어느 수준까지 달성했는지 보자는 것이다.

<u>만약 이 프로그램을 시제품 개발로 활용하고 있다면 목표 자체에 'XX의 시제품 개발'이라고 명시하고, 개발 내용도 시제품 개발 범위로 정한 것만 기술해야 한다. 때때로 최종 목표 제품을 적어 놓고, 성능지표도 목표 제품의 특징을 열거한 뒤에 그런 목표를 달성하지 못해 쩔쩔매거나 공인인증시험에서 실패하는 경우를 여러 번 보았다. 기술 개발은 1단계 시제품 개발, 2단계 상용화 개발 등으로 나누고 이번에는 1단계만 한다는 점을 분명히 해야 한다. 시제품의 목표 수준과 차이가 많다면 사업계획서 본문 내에 참조자료로 최종 제품의 목표를 적어 두는 것도 방법이다.</u>

스타트업은 이 항목을 무척 어렵게 느낀다. 특히 시스템이나 소프트웨어를 개발하는 경우에는 더욱 그렇다. 당장 생각나는 것이 반응 속도 정도라고나 할까. 하지만 심사위원들도 '약속한 기능을 제대로 개발했는가'를 가장 중시하기 때문에 성능지표에 '기능성'이라고 적고, 가중치를 50% 내외로 부여하고, 측정기관에는 공인인증기관이라고 적으면 된다. 그리고 상세 개발 내용에 시제품에서 개발할 기능에 대해 이해가 될 정도로 대략적인 리

스트를 작성한다. 나중에 이 리스트를 좀 더 정교하게 작성해 해당 기능들이 개발되었는지를 공인인증기관으로부터 인증 받으면 된다.

그 밖의 성능지표 설정이 고민이라면 과기부나 산업부, 중기부의 지정과제 공고문을 찾아보라. 여기에는 RFP가 첨부되어 있으므로 이것을 찾아본다. RFP에는 보통 핵심적인 측정요소들이 포함되어 있으므로 유사한 개발 아이템이 있다면 성능지표 설정에 많은 도움이 된다.

국내에는 분야별로 다양한 인증기관이 있다. 미리 찾아보고 인증기관명을 써도 좋지만 대개 마지막에 기관들이 바뀔 수 있으므로 일단은 두루뭉수리하게 쓰면 된다. 예를 들어 IT 관련 분야의 인증기관은 국내에 2곳이 있다. 어느 기관으로 할지는 나중에 정하면 된다.

지식형 제품인 경우 심사 중에 인증방법으로 GS 인증을 선택하라는 심사위원들의 요구가 있을 수 있다. GS 인증이란 Good Software의 약자이고, 사용자를 위한 매뉴얼이 제대로 되어 있는지 확인하고, 개발관리 체계나 AS 체계 등이 형태가 잡혀 있는지 확인하는 제도이다. 기능성 평가보다 훨씬 어렵다.

매뉴얼 및 기타 GS 인증에 필요한 자료들을 정해진 룰에 따라 작성해서 인증기관에 넘기면 인증기관은 매뉴얼에 따라 모든 기능을 테스트하고, 현장 실사를 통해 개발팀을 직접 면접한 뒤에 통과여부를 결정한다. GS 인증은 다른 검사에 비해 시간이 많이 소요되고 밀려 있는 경우가 많으므로 개발이 어느 정도 진행되면 미리 시험기관과 접촉해 일정을 잡아야 한다.

GS 인증 수준으로 매뉴얼을 작성한다는 것은 쉽게 생각하면 외국 소프트웨어를 살 때 따라오는 두툼한 매뉴얼을 작성한다고 생각하면 된다. GS 인증 여부가 당락을 좌우할 분위기이면 수용할 수밖에 없지만, 고생은 상대적으로 많이 한다. 하지만 GS 인증을 받으면 아무래도 최종 소비자 입장에서는 매우 좋기 때문에 도전해 보는 것도 나쁘진 않다.

<u>한편 성능지표들 중에 측정기관을 '자체 시험'으로 하는 것은 극히 조심해야 한다. 우선 전체 항목 중 자체 시험 항목이 많거나 비중이 크면 주요한 결격 사유가 된다. 인증기관에서는 시험할 수가 없는 경우에 한하며, 자체 시험을 해야 하는 이유를 충분히 설명해야 한다.</u>

수행기관별 업무분장표가 있다. 각 수행기관별로 담당할 기술 개발내용과 비중을 적어야 하는데, 그 비중은 비용으로 정한다. 주관기관(우리 회사)의 비중이 매우 높아야 한다. 대부분의 개발을 외주용역 처리한다고 하면 이 역시 주요한 결격 사유가 된다. R&D의 성격상 기업의 자체 연구개발을 지원하는 것이 원초적인 목표이므로 대부분을 외주 개발한다면 취지에 맞지 않기 때문이다. 즉 개발인력을 고용해서 직접 개발하라는 것이다.

5) 주요 연구인력

이 항목은 과제 책임자(회사 대표 또는 연구소장)와 개발자의 이름, 경력, 전공, 최종학력 등을 적는 곳이다. 신규 채용 인력은 성명란에 그냥 '신규'라고 쓰면 된다. 그냥 기본 프로필만 적기보다 과제 책임자가 지금까지 이 업무와 관련하여 수행한 중요한 경력이나 프로젝트 등이 있다면 별도로 추가 작성하는 것도 좋다.

6) 연구시설 현황

상당수 스타트업이 PC, 프린터 정도 밖에는 적을 것이 없을 것이다. 그것만이라도 적는 것이 좋다. 한편 신규 확보가 필요한 시설 장비가 있다면 이것도 적어야 한다. 기본적으로 정부는 고가의 장비는 정부의 연구소 등에서 빌려주는 공동장비 활용제도를 활용할 것을 원한다.

1,000만 원 이상의 장비를 구입하려면 별도 서류를 작성해야 함은 물론 별도 심의를 통과해야 하는 절차도 있다. 서버는 스타트업의 경우 향후 꼭 별도 전산실을 꾸며야 하는 경우를 제외하고는 사는 것보다 임차하는 것이 더 바람직하다.

7) 사업화 계획

사업화 계획을 작성하기 전에 먼저 해당 목표 시장에 대한 객관성을 입증할 수 있는 기관의 시장 수요조사 자료를 찾아야 한다. 구글이나 네이버 검색, 논문 검색, 잡지 검색 등을 활용해 가장 유사한 자료를 먼저 확보하는 것이 중요하다.

큰 시장에 대한 자료나 과거 자료만 있어도 괜찮다. 큰 시장 예측 자료를 바탕으로 내가 목표로 하는 시장의 논리적 추정을 하면 된다. 과거 데이터만 있는 경우에는 이를 기반으로 추세 분석 등을 통해 미래의 추정치를 만들어 제시해야 한다.

사업화 계획의 소 목차들은 대개 B2B 사업 중심으로 되어 있다. B2C 지향 사업인 경우에는 목차 자체가 맞지 않으므로 자신의 마케팅 계획에 맞추어 수정해도 문제가 없다. 아직 정교한 마케팅 계획이 수립되지 않았다면 유사한 사업계획서(논문 검색 등을 통해 얻은) 등을 활용해 한번 만들어 보는 연습을 하는 것이 좋다. 너무 과장된 매출 계획이나 마케팅 계획을 수립하면 오히려 지적을 받을 수 있으므로 현실적인 계획을 수립하는 것이 바람직하다. 하지만 비즈니스 모델을 만들면서 고민한 핵심 고객 관계 항목이나 유통채널의 내용은 반드시 포함하는 것이 좋다.

일반적으로 액셀러레이터나 벤처캐피털은 실제를 중시하므로 고객 경험과 사업성, 수익성에 더 가치를 부여하는데, R&D 심사위원들은 그보다

객관성이나 논리적 타당성을 중시 여긴다. 평가항목에는 사업성을 중시하도록 되어 있지만, 실제로 평가 현장에서는 아이디어의 독창성, 차별성을 더 중시하는 분위기이다. 사업성을 제대로 평가한다는 것이 현실적으로 힘들기 때문이다.

한편 해외진출은 중요한 가점 요소이므로 반드시 나름대로의 계획을 세워 적어 놓고, 기술이나 제품의 확장성이나 다른 분야에의 활용 등도 기대된다면 그런 부분에 대해서도 나름의 그림을 그려 제시하는 것이 좋다.

8) 고용유지 관련 항목

이는 평가지표에서 중시 여기는 항목이다. 정부가 R&D를 지원하는 목적 중에 고용창출도 중요한 항목이기 때문이다. 신규 채용인력을 어떤 사람을 뽑아 어떻게 활용할지도 계획을 세워 제시하고, 고용유지를 위해 자체적으로 어떤 프로그램을 운영할지도 적어야 한다. 스타트업 대표의 경영철학이 있다면 자신만의 계획이나 운영 방침을 적어도 되지만 되도록 잘 작성한 이전 사업계획서를 참조하여 적도록 한다.

9) 사업비 사용 계획

스타트업이 어려워하는 부분 중의 하나가 사업비 작성 부분이다. 먼저 사업비 작성 지침을 잘 읽어봐야 한다. 사업비 작성 지침에서 허용된 경비 이외의 경비를 사용하면 프로젝트를 잘 성공시켰다고 해도 나중에 그 부분만큼은 환수 당하게 된다. 기본적으로는 순수 연구개발 활동에 사용한 경비만 허용한다는 것이 원칙이다.

사업계획서 및 각종 양식을 작성하고 필요한 준비서류가 완성되면 해당 프로그램의 사업관리 시스템에 등록해야 한다. 사업화 지원 제도에서도 이야기했지만 미리 등록 연습을 해보는 것이 매우 좋다. 등록하는 것도 경우에 따라 제법 시간이 걸리기 때문이다.

R&D 지원 사업 관리 요소들

R&D 지원 사업의 특징은 행정 업무가 너무 많다는 것이다. 정부의 돈을 쓰는 것이어서 오용을 방지하자는 의미이지만 스타트업 입장에서는 본연의 개발 활동에 너무 부담을 많이 준다고 느끼는 경우도 많다.

R&D 지원 사업 대부분은 연구노트 사용을 의무화하고 있다. 당초 취지는 연구과정에서 생기는 일을 연구원 개개인까지 매일 일지를 적는 것인데, 대형 연구소 등에서 많이 사용한다. 하지만 스타트업에게는 이것도 상당히 부담이 되어 대개 한달 단위로 한 번만 적도록 되어 있다.

R&D 지원 제도를 활용하면 또 하나의 회계업무가 발생한다. 일단 별도 통장이 하나 생긴다. 그리고 회사 부담금을 입금해야 정부 지원금이 들어온다. 그리고 당초 계획한대로 비용을 집행했는지, 금액이 계정 단위별로 초과하지 않았는지 계속 검토해야 한다. 사업비 계정은 일반 회계 계정과목과 달라서 세무사가 잘 처리해주지 않는다. 그래서 연구를 담당하는 사람들이 직접 관리하는 경우가 많다.

비용을 집행할 때마다 연구개발 관리 시스템에 이를 등록해야 한다. 중기부 시스템은 등록하면 돈이 회사 통장에 들어왔다 나간 것으로 찍히기만 하고, 카드사나 거래업체에게로 직접 돈이 이체된다. 인건비만 회사 통장으로 들어와 월급날 직원 통장으로 이체할 수 있다. 과기부나 산업부 시스템은 예전에는 연구개발비 정부 부담금이 R&D 통장으로 모두 들어와 직접 관리할 수 있는 형태였지만, 점차 중기부 시스템처럼 바뀌는 중이다.

연구개발이 100% 계획한대로만 되지는 않기 때문에 비용 사용이 변경

될 수 있다. 이런 경우 R&D 관리기관과 협의해서 예산 전용 절차를 거쳐야 한다. 많은 경우 인건비 항목은 아예 전용이 안 되는 경우가 많다. 제때에 좋은 사람을 못 뽑으면 그 만큼의 인건비는 나중에 환수된다고 보면 된다.

<u>종종 스타트업 대표들이 R&D 경비는 일단 내 것이니까 마음대로 사용해도 된다고 생각한다. 하지만 정해진 절차와 사업비 계획, 항목별 규모 내에서 철저히 관리하지 않으면 나중에 비극적인 사태가 생길 수도 있다. 급하게 돈이 필요하여 한 번 뺐다가 다시 넣은 경우에도 심각한 결격 사유로 작용한다.</u>

개발이 완료되면 공인인증을 받아야 한다. 어떤 기관을 통해 인증하고 어떻게 진행해야 할지 잘 모르겠으면 인증 포털 사이트인 KOLAS를 찾을 수도 있지만 필자는 기업지원플러스(G4B) 사이트(www.g4b.go.kr)를 권하는 편이다. G4B는 Gorvernment For Business의 약자로 중소기업을 지원하기 위한 포털 정부 사이트이다. 여기서 인증에 대한 절차를 온라인으로 진행할 수 있다.

G4B에서도 현재 진행되는 대부분의 R&D를 한 번에 볼 수 있다. 기업설립에 필요한 기초정보를 제공하는 것 외에도 설립 이후에 사업장 변경을 일괄 처리해 준다던지, 공장설립을 신청할 수 있다는 등 실로 다양한 서비스를 제공하는 사이트이므로 즐겨찾기 해두는 것이 좋다.

사업비의 적용 원칙을 잘 아는 것이 중요하다. 아무 생각 없이 집행하거나 제대로 관리하지 않으면 안 되는 항목들이 여러 개 있다.

대표적으로 이슈가 되는 것이 마케팅 경비이다. 마케팅 경비를 쓸 수 있게 규정된 일부 R&D를 제외하고는 대부분 마케팅 용도로 사용할 수 없다. 전시회에 나가거나 브로슈어를 만드는 등의 경비를 책정했다가 환수당하기도 한다. 특히 견문을 넓히려는 목적으로 해외 전시회에 참가하면 대부분 문제가 된다. 인건비는 연봉 이외에도 4대 보험과 퇴직금 등 회사 부담금을 더해서 책정해야 한다. 가족을 직원으로 채용하는 경우는 인건비 지급을 해 주지 않는 것이 원칙이다.

회의비는 내부 직원들끼리 회의를 할 때 사용한 경비는 인정되지 않는다. 반드시 외부인사가 1인 이상 포함되어야 하고, 회의록 등 증빙이 남아야 한다. 재료비를 과다 계상한 경우에도 연구개발 목적이 아니라 제품 생산 용도로 전용한 것으로 보아 환수 대상이 된다.

R&D는 기간 내에 개발을 완료하고, 회계 법인을 통해 1차 비용 검증을 받고, 창업성장과제인 경우에는 컨설턴트와 지방 중소벤처기업청 직원 등이 방문해 최종 결과물 검수 및 2차 비용 검증을 진행한다. 과기부나 산업부 프로그램인 경우에는 결과 발표회로 이를 대신한다. 이를 통해 R&D 프로젝트의 성공여부가 결정된다. 한편 쓰지 않고 남은 비용과 인정받지 못한 비용을 환수하는 절차도 진행된다.

최종적으로 기술료 납부 통지서를 받아 기술료를 납부해야 비로소 R&D가 일단 끝난다고 할 수 있다. 하지만 5년 동안 이 R&D의 결과물이 어떻게 활용되고 있는지 계속 시스템에 등록해야 하는 의무는 남아 있어 지속적으로 관리해야 한다.

MEMO

9 >>> 투자 유치 방법

준비한 만큼 투자 유치할 수 있다

투자를 유치하려면 이에 관련된 제도나 개념을 사전에 이해하고, 철저한 준비를 해야 한다. 특히 투자자들은 재무정보에 민감하기 때문에 설득력 있는 추정재무제표를 미리 준비하고, 이를 바탕으로 IR(investor relations) 자료를 만드는 것이 중요하다.

투자자는 우선 사업성이 있는가를 철저히 따져본다. 다음에 기업가치와 지금 단계에서 투자받으려는 자금의 규모에 관심을 둔다. 기업 성장 단계, 기업가치, 투자 금액에 따라 투자자나 투자 방법이 달라지기 때문이다.

투자는 한번만으로 그치는 것이 아니다. 상당수의 스타트업이 성장 단계별로 여러 번 투자를 받곤 한다. 같은 투자자가 계속 투자해 주기도 하지만 투자자가 지속적으로 바뀌는 경우가 더 많다.

투자자는 개인투자자와 기관투자자가 있고, 투자 방법과 회사와의 밀접성에 따라 엔젤, 액셀러레이터, 크라우드 펀딩, 벤처캐피털 등으로 나뉜다. 이들은 투자하는 방식이 상당히 다르므로 사전에 속성을 충분히 이해할 필요가 있다.

투자를 유치하려면 먼저 목표로 하는 투자자를 결정한 다음 IR 행사나 데모데이 등에 참가하거나 개별적으로 투자자를 만나면서 의향을 타진해야 한다. 투자 의향이 있다면 기업가치와 투자 규모에 대해 논의한 후 합의가 되면 투자계약서를 작성한다. 보통 투자계약서에는 상당한 경영 간섭 조건이 포함되는데, 이를 어디까지 수용할 지도 논의 대상이 된다. ●

01
추정재무제표 및 IR 자료 준비

성공적인 시장 진입과 지속적 성장을 하려면 생각보다 많은 돈이 필요하다. 필요한 자금을 제때 조달할 수 있느냐의 여부는 사업의 성패를 좌우하는 중요한 요인이 된다.

사업화 지원 프로그램이나 R&D 지원 프로그램을 활용하는 경우에는 기본적으로 연구개발에 필요한 직접 비용만 지원한다. 대표의 인건비나 사무실 운영 경비, 각종 관리업무에 관한 비용, 지원 프로그램의 자기부담금 등은 직접 조달해야 한다. 처음에는 창업팀 주머니를 털거나 친인척의 도움으로 해결해야 하지만 점점 회사 규모가 커지면 결국 외부로부터 투자를 유치하거나 정책자금을 받아 해결해야 하는 시점이 오기 마련이다.

추정재무제표 및 자금계획서 작성

투자자는 모든 것을 재무적으로 환산해 따지기 때문에 추정재무제표를 만들어서 보여주어야 한다. 원래 재무제표란 손익계산서, 대차대조표, 현금흐름표를 말하는데, 추정재무제표에서는 추정손익계산서와 간략한 현금흐름표, 자금계획서만 작성해도 큰 문제는 없다. 작성법은 4장에서 설명했으므로 자세한 내용은 생략한다. 형태는 아래 예제를 참조하면 된다.

(단위 : 백만 원)

구 분	D	D+1	D+2	D+3	D+4
매출	2,100	8,090	12,345	22,128	30,462
매출원가	735	2,832	4,321	7,745	10,662
매출총이익	1,365	5,259	8,024	14,383	19,800
판매관리비	4,258	3,004	4,372	8,545	11,321
－ 인건비	1,176	1,224	1,536	2,244	2,688
－ 복리후생비	235	245	307	449	538
－ 신용카드 수수료	32	215	572	1,509	2,077
－ 광고비	2,000	95	252	664	914
－ 감가상각비	157	158	187	286	422
－ 유지보수료	58	63	63	75	114
－ 경상연구개발비	500	600	838	2,213	3,046
－ 기타 경비	100	405	617	1,106	1,523
영업이익	－2,893	2,255	3,652	5,838	8,479
이자비용	105	105	69	33	－
세전이익	－2,998	2,150	3,583	5,805	8,479
－ 법인세	－	－	547	1,161	1,696
당기순이익	－2,998	2,150	3,036	4,644	6,783

추정손익계산서 예제

이제 자금 소요 및 조달 계획을 세울 차례이다. 이에 대한 설명 역시 4장 내용을 참조하라. 형태는 소개한 예제 수준이면 무방하다.

〈자금소요〉 (단위:백만 원)

구 분		D	D+1	D+2	D+3	D+4
자금유입	영업이익	-2,893	2,255	3,652	5,838	8,479
	감가상각비	157	158	187	286	422
	소계	-2,736	2,412	3,839	6,124	8,900
자금지출	투자비	786	2	146	494	680
	재고증가액	3,800	359	255	587	500
	외상증가액	525	599	426	978	833
	소계	5,111	960	827	2,059	2,013
자금창출		-7,847	1,452	3,012	4,065	6,887

〈자금조달〉

자금조달	내부투자	1,000
	외부투자	3,000
	R&D 지원	500
	정책자금	3,500
	소계	8,000

자금계획서 예제

　자금조달은 연도별로 부족한 자금 합계만큼만 작성하면 된다. 다만 실제 자금 부족분은 연도별 계산만으로는 부족하다는 것을 명심해야 한다. 위의 예제에서는 (D+1)년에 자금 창출이 플러스로 바뀌었다. 하지만 실제로는 몇 달간은 마이너스이다가 플러스로 돌아선다는 것을 감안해 (D+1년)의 자금유입을 월별로 계산하여 실제 과부족분을 계산하든지 아니면 D년도의 자금조달을 좀 더 여유 있게 해야 한다. 이를 바탕으로 현재 구상하고 있는 자금조달 방법과 금액을 정하면 된다.

IR용 사업계획서 작성

IR용 사업계획서는 투자자나 은행 등 금융 관계자에게 투자나 대출을 설득하기 위해 만드는 간략한 사업계획서이다. 이것은 내부용 사업계획서나 R&D용 사업계획서와는 구조가 또 다르다.

비즈니스 모델과 제품의 장점을 설득력 있게 전달하는 것은 기본이다. 현재까지의 사업 진행상황과 팀 구성의 강점을 설명하는 것이 좋다. 고객 검증 활동이 있었다면 이 부분을 아주 강력하게 어필한다. 회사의 차별성까지 별도로 어필하면 금상첨화다. 여기까지는 다른 사업계획서와 크게 흐름이 다르지 않다.

지금부터가 중요하다. IR용 사업계획서는 용도가 투자나 자금 대출을 위한 것이므로 5개년 추정손익계산서와 자금 운영 계획을 설명해야 한다. 투자나 대출을 받고자 하는 금액과 용도도 설명할 필요가 있다. 마지막으로 코스피 상장이나 M&A 등 엑시트(Exit) 방법을 설명할 수 있으면 가장 좋은데, 자신이 없다면 생략해도 무방하다. 하지만 질문이 나오면 대답은 할 수 있어야 한다.

<u>투자자나 금융권 사람들은 복잡한 이야기는 싫어하고, 비슷한 이야기를 너무나 많이 들었기 때문에 비즈니스 모델을 장황하게 설명하면 아주 싫어한다. 대개 발표 자료는 파워포인트로 10장 정도의 분량으로 만드는 것이 좋다.</u>

물론 IR용 사업계획서가 투자자의 마음을 움직이면 본격적으로 자세한 자료를 요구한다. 이때는 내부용 사업계획서를 용도에 맞게 수정해서 좀 더 구체적인 사업계획을 설득할 수 있게 준비해야 한다.

대개 IR용 사업계획서는 프레젠테이션을 하기 때문에 파워포인트 등으로 작성하되 너무 복잡하지 않게 투자자가 관심 있어 하는 부분 이외에는 과감히 생략하는 것이 좋다. 특히 기술적 차별성에 대해 장황하게 설명하는 것은 좋지 않다. 그렇다고 스티브 잡스처럼 한 장표에 키워드만 달랑 몇 개 적는 것도 좋지 않다. 적어도 무엇을 이야기하는지는 분명하게 전달해야 한다.

결국 투자자 앞에서 프레젠테이션을 많이 해 보고, 질문에 답변도 해보는 경험을 쌓아야 좋은 사업계획서와 IR 자료가 만들어지고, 발표 요령도 생긴다. 많은 IR 행사에서 프레젠테이션 하는 시간은 5분, 길어야 7분 정도 허용해 준다. 왜 장표가 10장이 넘으면 안 되는지 짐작이 갈 것이다.

기업가치의 결정

엔젤이나 벤처캐피털로부터 투자를 받으려면 현재 시점의 기업가치를 얼마로 할 것이냐가 쟁점이 된다. 상장회사의 기업가치는 시가총액이다. 주가에 주식수를 곱하면 된다. 하지만 상장하지 않은 회사의 기업가치는 미래의 현금창출능력이 바로 기업가치이다. 큰 자산이 있거나 남들에게서 특허료를 받을 만한 범용적인 특허가 있다면 그런 가치도 합산할 수 있는데, 없는 경우가 대부분이다.

5개년 간의 손익계산서를 작성했다면 5년간의 현금흐름(영업이익 + 감가상각비)을 현가화한다. 보통 벤처캐피털마다 다르지만 할인율이라고 부르는 투자수익률로 17% 정도를 잡는다. 예를 들어 3년 뒤의 현금흐름 10억 원을 현재 가치로 현가화하면 7억 3천만 원이 된다. 이렇게 5년간의 현금흐름을 현가화해 합치면 기업가치가 된다.

다음 예는 앞의 손익계산서 및 자금계획서 예에서 계산된 현금흐름을 가지고 기업가치를 계산해 본 예이다. 5년간의 현금흐름은 누계로 185억 원이지만 이를 현가화하면 기업가치는 약 107억 원정도가 된다.

(단위 : 백만 원)

구분	D	D+1	D+2	D+3	D+4	합계
현금흐름	-2,736	2,412	3,839	6,124	8,900	18,540
현가	-2,736	2,062	2,805	3,824	4,750	10,704

기업가치 계산의 예

스타트업 입장에서는 107억 원을 우리 회사의 기업가치라고 주장해야 한다. 하지만 투자자 입장에서는 결코 모두 인정해주지 않는다. 먼저 매출액을 믿지 못한다. 대부분의 스타트업들은 낙관적으로 매출액을 잡으며, 달성 가능성이 높지 않다는 것을 경험적으로 알고 있기 때문이다.

영업이익은 어떤가? 스타트업이 계획서상 작성한 영업이익률은 매우 높다. 하지만 사업을 전개하면서 필요한 많은 비용이 누락된 경우가 많다. 그래서 국가 통계에 나온 해당 업종의 평균 영업이익률을 가져다가 영업이익을 계산한다. 매출액과 영업이익이 모두 낮아지니 기업가치는 현격히 낮아진다.

<u>또한 벤처캐피털은 리스크 요인을 계산한다. 이미 매출이 발생하고 있는 단계라면 괜찮지만 시제품 개발 단계이거나 상용화 준비 단계라면 성공적으로 제품을 개발한다는 보장이 없다. 그래서 리스크를 감안해 일정 비율을 더 할인한다. 몇몇 엔젤 투자자들은 아예 3년 치만 영업이익을 인정해 현가를 구하는 방식으로 리스크를 상쇄하기도 한다.</u>

엔젤이나 벤처캐피털이 기업가치를 낮게 평가하려는 이유는 간단하다. 그래야 싼 가격으로 주식을 사거나 투자비가 정해져 있다면 같은 돈으로 더 많은 지분율을 확보할 수 있기 때문이다.

사실 또 다른 이유가 있다. 아무리 엄격하게 심사하고, 따져 본 뒤에 투자를 결정하지만 실제로 몇 년 뒤에 이익을 남겨주는 회사는 몇 개 안 된다.

보통 20% 정도가 대박을 내 주면 성공이라고 한다. 30~40%는 본전이고, 나머지는 망해서 한 푼도 건지지 못한다. 결국 20% 성공 투자가 벤처캐피털 전체의 수익률을 결정하는 셈이다.

스타트업 입장에서는 벤처캐피털이 인정하는 기업가치가 너무 억울하다고 느껴지는 경우가 많다. 게다가 인터넷 신문에서 유사하거나 자신보다 못한 아이템이 기업가치를 몇백억 원 인정받았다는 기사를 접하면 더욱 그렇다. 하지만 냉정하게 벤처캐피털의 입장에서 생각해 보면 이해가 안 되는 것도 아니다. 내가 개발에 실패하거나 충분한 매출과 영업이익을 내지 못하고 결국 망해도 은행과는 달리 이들은 내게 돈을 돌려달라고 요구하지 않는다. 그런 리스크 때문에 높은 기대수익률을 가정해서 투자하는 것이다.

매출이 발생하고 영업이익이 나는 시점이라면 아주 정상적인 평가에 따라 기업가치를 인정받을 수 있다. 하지만 창업 초기 단계에 가까워 리스크가 클수록 더 많은 할인이 작용할 수 있다는 것을 인정해야 한다. 단계가 올라갈수록 할인은 더 적어져야 한다.

스타트업이 취할 수 있는 가장 좋은 방법은 투자는 되도록 늦게 받고, 받더라도 단계별로 최소한의 투자만을 받는 것이다. 그 과정이 고통스러워서 한꺼번에 투자를 받으려고 하면 그만큼 더 힘들어진다. 따라서 최소 지분을 주고 현 단계에서 필요한 최소한의 돈만 투자받은 뒤에 성공적인 결과를 보여주면 다음 단계에서 투자받기는 훨씬 더 수월해진다는 것을 명심하라.

기업가치와 지분율에 대해서는 정확히 이해하는 것이 좋다. 먼저 투자와 관련해 기업가치를 이야기할 때 프리 밸류(pre-value)냐 포스트 밸류(post-value)냐를 따진다. 스타트업 입장에서는 프리 밸류가 유리하다. 어렵게 합의한 기업가치를 투자전의 가치(프리 밸류)로 보고, 이에 합당한 투자를 하자는 것이다. 벤처캐피털은 이것도 투자 후의 가치(포스트 밸류)로 보고 산정한 것이라고 주장한다.

예를 들어 스타트업이 5억 원을 투자받고 기업가치를 20억 원으로 합의했다고 가정하자. 프리 밸류로 계산하면 20억 원에 투자받은 5억 원을 합한 25억 원이 포스트 밸류가 된다. 이때 투자사의 지분율은 5억 원/25억 원으로 계산해 20%의 지분을 주면 된다. 하지만 포스트 밸류로 계산하면 5억 원/20억 원으로 계산해 25%의 지분을 주어야 한다. 포스트 밸류란 실질적으로 이번에 유치한 투자금만큼을 뺀 금액만 기업가치로 인정하는 것이다.

기업가치와 지분율, 주가 등의 산정 방법은 간단한 것 같지만 생각보다 복잡하고 헷갈리기 쉽다. 미리 충분히 인터넷을 통해 또는 책을 사서 공부해 두고 엑셀 등으로 시뮬레이션을 해 본 뒤 벤처캐피털과 기업가치를 이야기해야 일방적으로 당하는 일이 없다.

지분율의 관리는 매우 중요하다. 당장 필요하다고 투자자에게 너무 많은 지분율을 주면 대표나 창업팀 자체의 지분율이 낮아져서, 의도하지 않게 고생만 하고 남이 회사를 가져가는 수가 있다. 지분율 관리가 걱정되는 수준이면 투자보다는 정책자금을 최대한 활용해야 한다.

02
투자기관들의 종류와 특성

투자기관들의 종류는 무척 다양하다. 대표적인 투자자로는 엔젤, 액셀러레이터, 크라우드 펀딩, 벤처캐피털 등이다. 각각 특성이 다르고 투자를 유치할 때 조심해야 할 내용도 다르므로 제대로 알아둘 필요가 있다. 알고 도전하면 투자를 받을 확률이 그만큼 높아진다.

아래 그림을 보면 투자자의 구조를 대략적으로 이해하는데 도움이 된다.

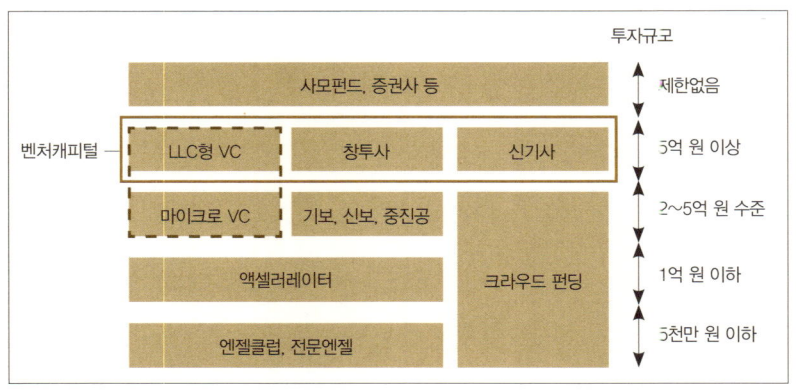

투자자의 구조

엔젤클럽

초기 기업이 투자를 받을 수 있는 하나의 방법이 엔젤로부터의 투자이다. 흔히 초기 기업의 투자자를 3F라고 부르는데, 가족(family), 친구(friend) 그리고 스스로 바보(fool)라고 부르는 엔젤투자자이다. 엔젤투자자는 여러 경로로 아는 지인이 될 수도 있고, 직장 생활을 통해 돈독한 관계를 쌓아서 믿고 투자하겠다는 사람일 수도 있다.

하지만 경제적인 여유가 있어 부동산이나 주식 이외에 스타트업에 투자하고 싶어하는 사람들이 꼭 있게 마련이다. 미국에서는 이런 엔젤들의 활동이 매우 활발하다. 엔젤 제도가 생긴 초기에 주로 금융권의 퇴직 임원들이 많이 활동했다. 후속투자를 연계하기 쉽다는 장점이 있어 좋은 기업에 선투자를 해 두면 큰돈을 벌 수 있기 때문이다. 시간이 많으므로 직접 경영에 참여하기도 한다.

애플의 예에서 설명한 마쿨러도 전형적인 금융권 출신 개인 엔젤이었다. 스티브 잡스가 한 벤처캐피털을 찾아갔을 때 그 대표는 애플사가 아직 매출 발생 초기이고, 시장성이 큰 것 같지는 않았기에 자기 회사가 투자하기보다는 평소 잘 알고 지내던 엔젤을 소개해 준 것이었다. 하지만 마쿨러는 애플사의 미래 성장성을 믿고 본인도 투자하고, 많은 투자를 유치해 애플 II 컴퓨터를 성공시키는데 큰 도움을 주었다.

지금 미국의 엔젤들은 대부분 성공한 스타트업 출신들이다. 자신의 사업을 궤도에 올려놓고 대기업으로부터 M&A의 제안이 오면 회사를 넘긴 뒤 자신만의 회사를 또 차린다. 경제적 여유가 많으므로 자신의 회사를 운영하는 것 이외에 엔젤 활동을 많이 하는 것이다. 스타트업 입장에서는 어떻게 하면 사업에 성공할 수 있을지 그리고 어떻게 해야 M&A에 성공할 수 있을지 생생한 경험담을 들을 수 있고, 투자도 받을 수 있으므로 이런 엔젤을 찾아다닌다.

<u>하지만 한국은 아직 엔젤들의 활동이 그리 활발하지 않다. 일부 대기업 출신 임원들이나 더 이상 부동산이나 주식투자로는 큰 재미를 보기 힘들다고 판단한 일부 재력가, 성공한 중소기업 사장 출신으로 2세에게 경영을 물려주었지만 앞으로 회사의 미래를 걱정하는 관점에서 새로운 포토폴리오를 찾는 사람들이 주로 엔젤 활동을 하고 있다.</u>

우리나라는 엔젤들의 활동을 가속화하기 위해 국가가 여러 가지 혜택을 준다. 우선 엔젤이 투자한 돈에 대해서 세액공제를 해주고, 기업이 필요로 하는 돈 만큼 투자가 확보되지 않은 경우를 위해 엔젤매칭투자 제도를 운영한다. 적격 엔젤이란 자격을 가진 엔젤로부터 투자받은 경우에는 투자분만큼 국가가 매칭투자를 해준다는 것이다.

매칭투자 제도는 한동안 인기가 아주 많았다. 하지만 요즘엔 매우 보수적으로 운영되어 기업이 엔젤로부터 투자받은 경우에도 매칭투자 심사 과정에서 부결되는 경우가 꽤 있다. 일부 몰지각한 사람들이 스타트업과 짜고 돈을 투자한 것처럼 위조한 뒤 정부로부터 돈을 받아 유용한 사례가 있었기 때문이다.

국내 엔젤들은 대개 기업가치 10억 원 이하의 회사에 많이 투자한다. 즉, 사업 초기인 시제품 제작 단계나 제품 상용화 단계에서 기업가치를 할인해 투자를 많이 한다. 투자금도 대개 5천만 원 미만인 경우가 많다. 엔젤들은 대개 보통주로 투자한다.

스타트업에게 있어 엔젤이란 계륵과 같다. 기업형으로 투자되는 다른 제도와는 달리 엔젤이란 개인을 주주로 모시고, 직접 대면해야 한다. 마쿨러처럼 아주 성공적인 케이스도 있지만 빚쟁이처럼 스타트업을 괴롭히는 엔젤도 있다고 한다. 왜 사업계획서 대로 진행되지 않는지 자주 찾아와 따지기도 하고, 심지어 멘토링을 해 준다는 명목으로 돈을 요구한다는 이야기를 들은 적도 있다. 따라서 스타트업 입장에서 엔젤을 투자자로 유치하려면 그 엔젤에 대해 충분히 알아야 한다. 회사에 여러모로 도움이 되는 멘토형 엔젤이라면 마다할 이유가 없다.

처음 IR 과정에서 엔젤이 투자를 승인했어도 실제로 투자계약서에 사인하기까지는 상당히 시간이 걸린다. 엔젤 입장에서도 아이템은 좋은데 아직 준비가 안 된 스타트업이라면 어떤 조건이 갖추어지면 다시 찾아오라고 하기도 한다. 서로의 신뢰가 중요하므로 피차간에 충분히 조사하고, 서로를 알고 난 뒤에 협약에 사인하는 것이 바람직하다.

개인 엔젤을 찾기란 매우 힘들다. 반대로 개인 엔젤 입장에서도 좋은 기업을 찾기가 쉽지 않다. 그래서 개인 엔젤들이 모여서 엔젤클럽을 구성한다. 스타트업 입장에서는 엔젤클럽의 문을 두드려 IR을 하고 최종 투자의 사결정을 받게 된다. 한번 만에 이루어지기보다는 여러 번 문을 두드린 뒤에 성사되는 경우가 더 많다.

엔젤클럽이 투자한다고 해도 클럽이 투자하는 것이 아니라 엔젤 개개인의 결정에 따라 투자가 이루어진다. 엔젤클럽은 최소 5명에서 몇백 명까지 규모가 다양한데 회원 중에 1명이 투자할 수도 있고, 여러 명이 나누어 합작 투자하기도 한다. 여러 명이 투자한 경우에는 자기들끼리 스타트업과 상대할 대표투자자를 정하는 것이 보통이다.

엔젤 클럽의 리스트는 한국엔젤투자협회의 엔젤투자지원센터 홈페이지(www.kban.or.kr)를 통해 확인할 수 있다. [엔젤클럽]-[엔젤클럽목록]을 누르면 엔젤클럽의 리스트가 나타난다. 하나씩 눌러보면 엔젤클럽의 소재지나 간단한 소개, 관심분야, 공개/비공개 여부 등의 정보를 볼 수 있다. 공개된 엔젤클럽을 선택하면 연락할 이메일 주소를 알 수 있지만 미공개된 엔젤클럽은 연락 방법이 바로 뜨지 않으므로 네이버나 구글을 통해 홈페이지를 검색해 보거나 협회에 전화해서 문의해야 한다.

<u>스타트업은 공개된 엔젤클럽에 회원가입을 하면 절대로 안 된다. 공개된 엔젤클럽은 회원이 되려는 사람이 자기 신상 정보를 보내면 엔젤 회원으로 받아줄지 심사한다. 비공개는 폐쇄형으로 움직이며 아는 사람들끼리만 활동하고 온라인으로 회원을 받지 않는다. 만약 아무 생각 없이 회원 가입을 해서 승인을 받으면 그 엔젤 클럽으로부터는 투자를 받을 수 없다. 엔젤클럽 회원의 회사에는 투자할 수 없도록 되어 있기 때문이다.</u>

엔젤투자지원센터의 홈페이지(www.kban.or.kr)

액셀러레이터와 TIPS 운영사

국내에도 몇 년 전부터 액셀러레이터가 우후죽순처럼 생기고 있다. 액셀러레이터란 쉽게 말하면 가능성이 있는 기업에 적은 금액을 투자한 다음, 벤처캐피털로 하여금 많은 돈을 투자하도록 해 자신의 이익을 키우는 기관 및 제도를 말한다. 벤처캐피털이 투자에 매력을 느낄 수 있도록 스타트업에게 창업교육 및 멘토링을 하고, 시장 검증을 거쳐 사업성을 높이는 것 등 아이디어 고도화 및 시제품 제작 과정을 돕는 것도 액셀러레이터의 역할이다.

미국에는 오래전부터 Y-Combinator와 같은 유명 액셀러레이터가 활동해 세계적으로 유명한 기업들을 키워왔다. 한동안 유명 액셀러레이터에게 투자를 받으면 곧장 벤처캐피털의 투자자금을 받을 수 있다고 소문이 났었다. 그래서 국내에도 이를 모방한 민간 액셀러레이터들이 하나둘 생기기 시작했다.

이에 정부에서 액셀러레이터에 관한 법령을 제정해 액셀러레이터를 양성하기로 했는데, 제도상의 문제 때문에 현재는 정부가 공인한 액셀러레이터와 공인 받지 않고 자생적으로 활동하는 민간 액셀러레이터로 나누어져 있는 형편이다.

이 둘이 통합되지 못하는 이유는 간단하다. 공인된 액셀러레이터가 되려면 자금의 원천이 벤처캐피털이나 개인이어야 하기 때문이다. 정작 여기에 투자하고 싶어 하는 기업체의 투자를 받기가 어려워서 액셀러레이터를 구성하기가 힘든 것이다. 그나마 2017년에 제도가 개선되어 49%까지는 법인의 투자를 허용해서 공인된 액셀러레이터의 등록이 점차 활발해지고 있다.

스타트업이 액셀러레이터를 활용하면 어떤 점이 좋고 나쁠까? 장점은 액셀러레이터들이 가지고 있는 프로그램에 의해 충분한 교육 및 멘토링을 받을 수 있다는 것이다. 특히 투자자에게 효과적으로 어필하는 프레젠테이션 방법을 아주 충분히 교육받을 수 있어 좋다. 유명 액셀러레이터에는 경험이 풍부하고 우수한 멘토들이 있고, 개별기업에 대해 맞춤형으로 진행되는 부분이 많아 내게 꼭 필요한 도움을 받을 수 있다.

또한 계획대로 진행된다면 사업에 필요한 자금을 적기에 확보할 수 있다. 정부 R&D 지원 제도에 의존할 경우 생기는 타임래그 현상(돈이 들어올 때까지 사업이 지연됨)이 최소화된다. 보통 3천만 원에서 1억 원 정도를 투자받는데, 시제품 제작이나 제품 상용화에 유용하게 활용할 수도 있다.

단점은 액셀러레이터의 수준이 천차만별이라서 장점에서 기대한 것만큼의 효과(특히 후속 벤처캐피털 투자)가 나타날지 미지수이고 지분만 빼앗길 수도 있다는 것이다. 지분을 주어야 한다는 것은 법인 설립을 전제로 한다. 또한 경영을 제한하는 여러 가지 요소에 동의해야 하는 것도 단점이다. 주식회사의 법적 최고 의사결정기구는 이사회인데, 이사회보다 먼저 동의를 받아야 하는 항목이 여러 개 생기게 된다. 이것은 엔젤투자나 벤처캐피털도 마찬가지이다.

국내에는 사실 시제품 제작에 필요한 돈을 지원하는 벤처캐피털이 많지 않다. 대부분은 매출이 발생한 이후에 급성장하는데 필요한 돈을 지원한다. 그래야 실패를 줄일 수 있기 때문이다. 초기 투자를 한다는 마이크로 VC도 최소한 시제품 제작은 끝나고 나름대로 초기 시장 검증이 끝난 뒤에야 투자하려고 한다. 따라서 국내에선 액셀러레이터 투자를 받았다 하더라도 벤처캐피털 투자를 받기가 쉽지 않은 편이다.

그래서 대안으로 정부에서는 투자받은 경우 이와 연계해서 받을 수 있는 각종 R&D 제도를 만들었다. 앞에서 설명한 중기부의 투자 연계형 기업성장 R&D 지원 사업이 대표적이다. 산업부나 과기부에도 유사한 조건을 가진 프로그램이 있다. 사업화 지원 프로그램 중에도 액셀러레이터의 투자를 받은 경우 지원금을 더 주는 제도가 있다.

가장 인기 있는 투자 연계 R&D 프로그램은 TIPS 프로그램이다. TIPS R&D 프로그램에 선정되려면 TIPS 운영사로부터 투자를 받아야 하는데, TIPS 운영사는 정부가 별도로 액셀러레이터 중에서 우수하다고 인정해 선정한 기관들이다.

한편 대부분의 액셀러레이터는 지식형 사업 분야를 선호한다. 이유는 간단하다. 지식형 사업 분야는 일단 기업이 성공할 경우에 매우 큰 이익을 볼 수 있기 때문이다. 보통 소프트웨어나 웹 서비스, 게임 등을 주 사업으로 하는 기업은 특별한 재료가 필요 없다. 대부분의 원가는 개발과 관련된 인건비나 외주용역비이고, 전산시스템 구축이나 통신비용 등이 일부 들어간다. 일단 매출이 손익분기점을 넘어서면 매출 증가에 따라 들어가는 비용이 극히 미미하다. 따라서 영업이익률이 급격히 높아진다.

구글이나 페이스북 같은 기업, 네이버 등의 영업이익률은 사실 매우 높다. 물품의 제조와 마케팅에 많은 돈을 써야 하는, 잘 나가는 제조기업의 영업이익률이 30% 수준인데 비해 이런 기업들은 50~90%까지 가능하다. 너무 이익이 많이 나면 세금으로 다 나가니까 항상 신규 사업을 벌려 이익을 낮추기도 하는데 신규 사업은 기업의 미래 성장성이 크다는 점으로 비쳐진다.

네이버가 라인이란 자체 SNS를 개발한 뒤, 국내에선 카카오톡에게 밀리자 해외에 진출하느라고 많은 돈을 쓰기 전까지 영업이익률이 50%가 넘었다. 이렇게 이익이 많이 나면 주당 순이익이 매우 높아지고, 그러면 주가도 높아진다. 투자자 입장에서는 투자 대비 효과가 매우 큰 것이다.

요즘은 하드웨어(일반 제조업)나 IoT 분야 등에 투자하거나 바이오 등 특화된 분야를 전문으로 하는 액셀러레이터도 점차 생겨나고 있다. 중기부에서는 창조경제혁신센터를 액셀러레이터 같은 투자기관으로 육성하려고 하고 있다. 혁신센터마다 내부 사정이 다르지만 다양한 창업 지원 프로그램과 액셀러레이터 투자 기능이 결합된다면 그야말로 상당히 강력한 창업 지원 기관이 될 수 있을 것이다.

공인 액셀러레이터의 리스트는 K-스타트업에서 찾을 수 있다. R&D 메뉴를 선택하면 왼쪽에 여러 제도 소개가 나오는데 그중 창업기획자(액셀러레이터) 등록 제도를 찾아 등록현황 버튼을 누르면 된다. 등록된 회사명과 소재지, 특화분야 및 전화번호, 이메일 주소 등을 볼 수 있다. 홈페이지 연결 버튼도 있어 어떤 액셀러레이터인지 특징을 미리 파악하는 것도 가능하다. 좀 더 최신 정보를 얻으려면 중기부 홈페이지로 가서 [알림소식]–[법령정보]–[훈령고시공고] 메뉴로 간 뒤 검색창에서 액셀러레이터라고 치면 된다. 그러면 최근에 등록된 업체들의 명단이 공시된 것을 볼 수 있다.

민간 액셀러레이터는 우후죽순으로 생겨나지만 공식적인 리스트는 없다. 인터넷 검색을 통해 개별적으로 찾는 것이 가장 정확한 방법이다. 그나마 민간 액셀러레이터 중 유명한 것들을 모아놓은 리스트를 www.demoday.co.kr/accelerators에서 찾았으니 참조하기 바란다.

TIPS 프로그램 홈페이지(www.jointips.or.kr)

TIPS 운영사는 TIPS 프로그램 홈페이지(www.jointips.or.kr)에서 [About Tips]-[Patners]에서 찾으면 된다. 사람 얼굴이 뜨는데, TIPS 운영사 대표들의 얼굴이다. 얼굴을 클릭하면 회사와 연락처 메일 주소, 그리고 현재 투자한 회사들의 간략한 정보들이 나온다. 이 홈페이지에서 바로 신청도 가능하다. 여태까지의 투자 이력 등을 보아 자신과 궁합이 맞는 기관을 3개까지 골라서 신청할 수 있다. 신청은 [About Tips]-[Apply] 메뉴에서 하면 된다.

액셀러레이터는 보통 3천만 원에서 1억 원까지 투자한다. 한편 액셀러레이터는 보통주를 하는 경우도 있지만, 전환우선주로 투자하는 경우가 더 많다. 전환우선주는 부채처럼 일정 이자를 받다가 코스닥 상장 등의 시점에 보통주식으로 전환할 수 있는 주식을 말한다. 외국에서는 자본으로 인정하지 않고 부채로 기록하는 경우가 많지만 국내에선 자본금으로 인정해 준다. 만약 후속투자로 해외 투자자를 원한다면 이것이 걸림돌이 되기도 한다.

개인투자조합

개인투자조합이란 투자기관이 아니다. 투자 자금이 모인 단위를 말한다. 흔히 벤처캐피털이 가지고 있는 기업투자조합의 상대개념인데, 기업투자조합이 흔히 우리가 말하는 펀드이다.

개인투자조합은 엔젤클럽이나 액셀러레이터가 가지고 있는 경우가 많다. 엔젤클럽의 경우 개별적으로 투자하기도 하지만 엔젤들이 돈을 모아서 개인투자조합을 결성하기도 한다. 액셀러레이터는 자기 자금으로 투자할 수도 있지만 개인과 법인, 벤처캐피털 등으로부터 돈을 모아 개인투자조합을 구성한 뒤 이를 통해 투자하기도 한다.

따라서 엔젤클럽으로부터 투자를 받을 때 엔젤 개인과 계약할 수도 있고, XX 개인투자조합과 계약할 수도 있다. 후자는 한 마디로 엔젤클럽 회원 전체로부터 조금씩 투자를 받은 셈이다. 개인투자조합은 운영책임자가 있어서 스타트업은 그 사람만 상대하면 된다. 스타트업 입장에서 큰 차이는 없지만 그래도 전문 운영책임자의 전문성이 뛰어나므로 더 편한 부분이 많다.

개인투자조합을 만드는 이유는 여러 가지다. 그 중 가장 큰 이유는 개인적으로 투자하라고 하면 바빠서 잘 투자하지 못하는 경우가 많기 때문이다. 그래서 제일 잘하는 사람을 중심으로 아예 돈을 맡겨 버리는 경우가 가장 많다.

액셀러레이터라면 다양한 소스로부터 자금을 모아 큰 금액을 조성하여 투자를 함으로써 효율성을 높이고 전체적인 리스크를 줄일 수 있다. 실질적인 운영구조는 개인투자조합별로 운영 기간과 운영책임자를 두어야 하는 등 뒤에 설명할 벤처캐피털의 펀드와 거의 같다.

액셀러레이터나 엔젤클럽은 여러 개의 개인투자조합을 가질 수 있다. 우선 한 개를 구성한 뒤에 투자금이 다 소진되었거나 그 기관이 유명세를 타는 경우 지속적으로 투자를 위임하겠다는 사람이나 기관들이 나타나서 계속 만들기도 한다.

한편 개인투자조합을 구성하여 정부에 등록하면 엔젤이 투자했을 때와는 달리 비상장 주식 상태에서 주식을 팔 때 시세차익에 대한 양도세를 부과하지 않는다. 개인투자조합에 투자한 개인들은 엔젤투자와 마찬가지로 투자 지분만큼을 투자액으로 인정받아 연말 정산할 때 세액공제를 받을 수 있다.

크라우드 펀딩

　미국의 킥스타터를 시작으로 전 세계적으로 크라우드 펀딩이 유행이다. 크라우드 펀딩은 내가 가진 제품을 소비자에게 직접 어필해 투자나 융자를 받는 제도이다. 주로 B2C 제품이 대상이 되며, 일단 투자를 받으면 자금을 확보하는 것과 동시에 사람들에게 홍보도 되므로 일석이조라고 할 수 있다.

　크라우드 펀딩은 보통 후원기부형, 대출형, 증권형 3가지로 구분된다. 후원기부형은 후원 기부금을 모아서 무상 또는 비금전적 방법으로 보상하는 것인데, 문화, 복지, 예술, 아이디어 상품에 흔히 적용된다. 후원기부형은 리워드형이라고 더 많이 불린다.

　스타트업 입장에서 시장 진입 초기 단계에 생산자금이 부족하다면 이를 적극 활용해 볼 수 있다. 즉, 회사의 제품을 잘 알리는 동영상 등을 올려놓고, 사람들이 그 깜찍한 아이디어에 수긍한다면 제품을 선구매하는 것이다. 돈을 미리 받아서 제품을 생산하고, 신청한 사람들에게 제품을 배송하면 된다.

　후원기부형은 투자가 아니다. 주로 얼리어답터에 해당되는 고객들에게 제품 값을 선불로 받는 것이다. 돈을 받은 이상 빠른 시간 내에 제품을 전달해야 하므로 시장 출시 전에 초기 생산자금을 확보하는 용도로 사용하는 것이 가장 바람직하다. 아직 제품 개발이 완료되지 않은 상태에서 후원기부형을 활용하면 제품 전달까지 시간이 너무 오래 걸려 신뢰를 잃게 된다.

　대출형은 그야말로 개인들에게 대출을 받는 것이다. 이자율이 비싸므로 스타트업이 활용할 제도가 아니다.

　증권형이 투자이다. 특징은 소비자들로부터 직접 투자를 받는 것이다. 제도상 많은 돈을 투자하지 못하게 되어 있다. 한 사람으로부터 최대 200

만 원까지 투자를 받는다. 하지만 십시일반이라고 많은 사람으로부터 투자를 받으면 기업이 원하는 자금을 모집할 수 있다. 제품 홍보 효과도 크다. 증권형에 투자한 사람들은 대부분 기꺼이 회사 제품에 대한 얼리어답터가 되어 준다.

크라우드 펀딩은 미국 같이 시장 규모가 크고, 얼리어답터(마음에 드는 콘셉트의 신제품이라면 무조건 사고 보는 사람)가 많은 시장에서 효과적이다. 한국 시장은 크기가 조금 애매해서 크라우드 펀딩만으로 원하는 만큼의 자금을 확보하기가 쉽지 않다. 그래서 미리 엔젤투자자나 기관투자자와 협조해서 진행해야 성공할 가능성이 커진다.

소비자 입장에서는 동영상이나 회사의 사업계획서만을 보고 이 회사에 투자해도 좋은지 확신하기 어렵다. 하지만 전문투자자나 투자기관들은 크라우드 펀딩에 투자할 수 있는 한도가 매우 큰 편이다. 이들이 투자하는 모습을 보고 따라하는 개인들이 많다. 결국 기관투자자와 개인 양쪽으로부터 투자를 받을 수 있으므로 원하는 투자금액을 확보하는 것은 물론 제품의 초기 고객을 확보하는데도 유리하다.

크라우드 펀딩은 운영사마다 제도가 조금씩 다르다. 목표한 금액에 도달하지 못하면 꽝이 되어서 모든 것이 취소되는 형식도 있고, 일정 비율 이상을 달성하면 그대로 진행하는 형식도 있다. 크라우드 펀딩 운영사란 스타트업이 크라우드 펀딩을 잘 진행할 수 있도록 스타트업과 투자자(또는 초기 고객), 그리고 주식에 관한 국가의 여러 가지 제도를 잘 충족시키도록 지원해 주는 기업이다.

크라우드 펀딩 운영사와 제도에 대한 기본 구조에 대한 정보를 찾아보고, 이들이 진행하는 펀딩 내용을 보려면 먼저 한국예탁결제원의 크라우드넷(www.crowdnet.or.kr)에 접속해 보는 것이 좋다. 한국예탁결제원은 우리나라의 모든 주식 증서(물론 전자증서지만)를 관리하는 역할을 하는 국가기관이다. 운영사 리스트를 확인한 뒤 각 크라우드 펀딩사의 홈페이지에 들어가서 펀딩이 진행되고 있는 모습을 보면 스타트업이 무엇을 준비해야 하는지, 내 제품에 맞는 운영사가 어디인지 어느 정도 감을 잡을 수가 있다.

스타트업 입장에서 증권형 크라우드 펀딩의 가장 큰 이슈는 많은 소액주주를 관리해야 한다는 점이다. 회사의 관리부서에 이를 전담 관리하는 직원이 필요할 정도이다. 주식회사로서 제대로 된 형태를 갖추어야 하는 것이다. 또한 펀딩에 실패했을 때 그간에 들어간 상당한 노력이 무산되므로 큰 타격을 받을 수도 있다.

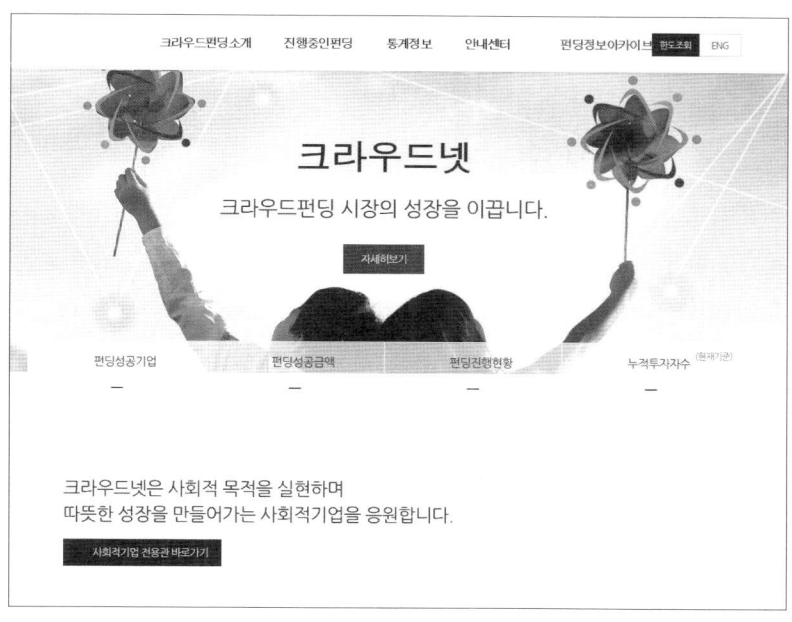

크라우드넷 홈페이지(www.crowdnet.or.kr)

위 사이트의 검색 결과에는 포함되어 있지 않지만 주로 콘텐츠 개발에 특화된 텀블벅이란 창작자 전용 크라우드 펀딩 사이트도 있다. 예술, 취미, 출판, 간단한 소품 제작을 위한 크라우드 펀딩 사이트로 그야말로 약식으로 운영되어 프로젝트 등록이 간편하고, 피드백이 빠른 것이 장점이다. 콘텐츠 분야의 창업이라면 검토해 볼 필요가 있다.

한편 크라우드 펀딩의 부수적인 장점은 중기부의 크라우드 펀딩 연계 R&D 지원 자금을 받기 쉽고, 해외에 진출하기 훨씬 쉽다는 것이다. 특히 미국 시장 등에 진출하는 것이 목표라면 국내에서의 성공경험을 바탕으로 미국의 킥스타터나 인디고고와 같은 크라우드 펀딩을 통해 진출의 교두보를 확보할 수 있다. 이런 해외 진출을 도와주는 사업화 지원 프로그램을 잘 활용하면 부담이 훨씬 덜하다.

기술보증기금, 신용보증기금, 중소기업진흥공단

흔히 기보, 신보, 중진공으로 불리는 이들은 대표적인 정책금융기관이다. 자세한 내용은 10장에서 본격적으로 다룰 예정이다.

이들은 몇 년 전부터 투자와 정책자금을 연계한 프로그램을 운영하기 시작했다. 보통 투자금은 2~5억 원이며, 기술력만 인정되면 시장 출시 이전에도 투자하는 경우가 종종 있다. 큰 자금을 필요로 하는 사업이라면 정책자금과 연계할 수 있어 이들의 투자를 받는 것도 그리 나쁘지 않은 선택이다.

벤처캐피털

벤처캐피털이란 기업에 투자해 돈을 버는 전형적인 금융회사이다. 외국은 순수 금융업의 일종으로 민간 자본으로 이런 일을 하는 반면에 우리나라는 1990년대 후반 IT 벤처 붐이 일었던 당시 많은 회사들이 무분별한 투자로 망하는 바람에 국가가 개입하는 몰골이 되어 버렸다.

현재 국내 대부분의 펀드는 벤처캐피털 자신의 돈 일부에 정부의 돈을 합쳐서 조성된다. 정부의 돈은 현재 2개 기관이 주관부서가 되어 모금한다. 중기부와 금융위원회가 그것이다. 중기부 외에 과기부, 보건복지부, 고용노동부, 문체부, 특허청, 영화진흥위원회, 국민체육진흥공단 등이 예산의 일부를 떼어서 매년 기금을 마련하고, 이를 한국벤처투자(주)에 위임하여 모태펀드란 이름으로 관리한다. 금융위는 중소기업은행, 산업은행 등으로부터 자금을 모아 한국성장금융이란 회사에 위임하여 성장사다리펀드란 이름으로 관리한다.

돈을 낸 부처들이 원하는 목적이 있으므로, 그 목적에 맞는 펀드 조성 계획을 공고하면, 자금 운영사들이 자기 부담금이 얼마인지, 어떻게 운영할 것인지 사업계획을 내고 공모를 거쳐 심사하여 펀드가 조성된다. R&D 자금 지원 신청 프로세스와 유사하다. 한편 순수 민간 자금만으로 운영되는 펀드도 있지만 그리 많지 않다.

벤처캐피털은 신기술금융사, 창업투자조합(이하 창투사), LLC형 VC 3가지로 분류하는데, 신기술금융사는 금융위가 만든 법률에 의한 회사, 창투사나 LLC형 VC는 중기부가 만든 법률에 의한 회사이다. LLC형 VC는 흔히 마이크로 VC라고 불리는 것으로 중기부에서 개인투자조합의 투자활동을 지원하기 위해 별도로 만든 것으로 초기 기업에 3억 원 이내만 투자하는 전형적인 스타트업 투자 형태의 조합이다.

창투사는 주로 매출 발생 이후에 투자한다. 물론 창투사가 결성한 조합(펀드) 중에도 기술력이 뛰어나고, 성장 가능성이 높다고 판단하면 매출 발생 이전에도 투자하는 경우가 종종 있다. 하지만 매출 발생 전이라면 마이크로 VC나 신기술금융사에서 찾는 것이 확률이 높은 편이다.

POINT

 벤처캐피털의 투자 결정 기준

벤처캐피털은 어떤 기준으로 투자를 결정하는가? 펀드 운영사의 내부적인 철학이 가장 중요하다. 투자심사역의 경험이나 생각도 결정적인 역할을 한다. 벤처캐피털도 천차만별인 셈이다. 그래서 어떤 펀드 담당자를 만나면 우리 제품에 대해 지극히 비관적인 이야기를 하지만, 임자를 만나면 아주 관심을 보이며 좋아해 주기도 한다. 결국 임자를 만날 때까지 계속 만날 필요가 있다. 그럼에도 벤처캐피털 공통의 기준은 존재한다.

우선 팀 구성이 우수하고 지속성이 있는가이다. 물론 1인 창업도 나쁜 것은 아니다. 하지만 1인 창업인 경우에는 대표가 그 분야에 대해 충분한 경험이 있고, 경영에 대한 역량이 있어야 한다. 펀드는 일단 투자하면 회수할 때까지 꽤 오랜 기간을 같이 해야 한다. 그 기간 동안 회사의 조직에 큰 문제가 없이 잘 성장할 수 있는가가 중요한데, 그 점에서 가장 중요하게 보는 요소가 사람이다.

다음으로 시장과 경쟁이다. 제품의 시장 크기가 너무 작으면 투자하지 않는다. 최소한 시장 규모가 100억 원은 되어야 먹을 것이 있다. 단, 역량이 있어서 제품 라인업을 확대하고, 시장의 크기를 계속 키울 능력이 있다면 큰 문제가 없다.

경쟁력도 고려 대상이다. 대기업과 정면으로 부딪히면 승산이 없다. 중국이 금방 유사 제품을 만들어서 치고 들어 올 제품이면 오래 버티기 힘들다. 이런 저런 요소들을 고민하면서 기업이 앞으로 살아갈 길을 고민한 뒤에 살아남을 가능성이 크다고 판단하면 투자한다.

제품 자체도 물론 중요하지만, 고객에게 받은 피드백을 매우 중요시한다. 아무런 고객 테스트가 없었다면 굳이 내가 그걸 고민할 이유가 없으므로 '고객을 직접 만나보고 다시 찾아오십시오'라며 투자를 유보하는 경우가 많다. 매출이 있다면 가장 좋지만 없으면 고객에 대한 흡입력이 어느 정도인지를 증명해 보여야 최소한의 투자라도 할 마음이 생기는 것이다.

벤처캐피털 회사들은 여러 개의 펀드를 가지고 있고, 그 펀드들은 대개 목적성을 가지고 있다. 벤처기업 투자 등의 일반적인 투자형 펀드도 있지만 대개 바이오 펀드, 청년창업 펀드 등 사업별로 또는 대표의 나이별로, 지역별로 투자 대상을 정해놓는다. 그래서 우리 회사에 투자할만한 펀드를 가진 회사를 먼저 살펴봐야 한다.

펀드는 운영 기간이 정해져 있는데 우리나라엔 주로 6~10년짜리가 많다. 펀드의 운영 기간은 앞의 절반 기간은 주로 투자하고, 나머지 기간은 회수하는 기간이다. 따라서 결성된 후 절반이 넘지 않는 펀드를 찾아봐야 한다.

이런 펀드에 관한 정보를 자세히 정리해 놓은 자료는 구하기 힘들다. 하지만 대개 펀드들이 정부의 모태펀드나 성장사다리펀드를 끼고 펀드를 조성하므로 모태펀드를 관리하는 한국벤처투자(주)(www.k-vic.co.kr)와 한국성장금융(www.kgrowth.or.kr)에 가면 기본적인 자료를 구할 수 있다.

한국벤처투자(주)(www.k-vic.co.kr)

한국성장금융(www.kgrowth.or.kr)

한국벤처투자 사이트에 접속해 [사업소개]-[출자사업]-[한국도태펀드] 메뉴에서 [자펀드 현황]을 보면 모태펀드가 출자한 펀드 내역이 나온다. [사업소개]-[출자사업]-[엔젤 모펀드]를 보면 개인투자조합 중에서 마이크로 VC를 운영하는 기업에 출자한 내역을 볼 수 있다. 펀드의 출자 분야, 조합명, 운영사, 대표전화번호, 만기일, 결성금액 등이 나오는데, 우선 출자 분야와 만기일이 많이 남은 사업을 고르고, 운용사 명을 정리한다.

한국성장금융 사이트에서 접속해 [출자사업]-[투자안내]에 들어가면 하위 펀드와 운영사들에 대한 소개를 볼 수 있다. 하위 펀드명과 결성 규모, 결성 시기, 운영사 등의 정보를 알 수 있고, 운영사를 선택하면 간단한 운영사의 펀드 운영 전략 등이 소개된다.

해당 운영사의 홈페이지를 찾아보면 운영사의 좀 더 구체적인 투자 원칙이나 펀드의 구체적인 내용을 알 수 있다. 홈페이지는 회사마다 수준이 전부 다르다. 이들 중에 자신의 회사와 가장 궁합이 잘 맞다고 생각되는 곳을 여러 개 선정한다. 이제 전화를 걸어 문의하거나 이메일 주소가 있으면 IR 사업계획서를 보내서 관심을 표명하는 곳들을 차례로 만나면 된다.

벤처캐피털 회원사들이 모여서 만든 한국벤처캐피탈 협회(www.kvca.or.kr)의 온라인 투자 매칭 시스템인 Venture IR 시스템(www.ventureir.or.kr)을 이용하는 방법도 있다. IR을 원하는 기업이 회사에 관한 정보를 이 시스템에 등록하면 회원사, 즉 벤처캐피털에 뿌려진다. 관심 있는 운영사가 나타나면 매칭이 이루어진다.

한국벤처캐피탈 협회를 적극적으로 활용하면 적합한 펀드를 가진 운영사를 추천받을 수도 있다. 벤처캐피탈 협회에서는 투자에 관련된 다양한 정보를 제공하기도 하므로 홈페이지를 즐겨찾기로 등록해 놓고 정보를 탐색하는 것도 중요하다.

한 번 만에 투자가 결정되는 일은 절대로 없다. 우선 실무자와 만나서 사업계획에 대해 설명하고, 실무자 마음에 들면 구체적인 사업계획을 설명해 달라고 요구한다. 이때부터 투자 자문역이라고 하는 실질적인 펀드관리자를 만나게 되는데, 일반적으로 기업가치와 보통주냐, 전환우선주냐, 전환사채냐 등의 투자 형태를 의논하면 기본적인 투자 결정 실무 작업이 끝난다.

펀드 운영사의 의사결정 구조는 이것으로 끝나지 않는다. 실무자가 다양한 분석을 통해 투자 타당성을 설명할 수 있는 보고서를 만드는 작업을 진행하는데, 이 과정에서 다양한 형태의 자료를 요구한다. 투자 의사결정을 위한 보고서가 만들어지면 펀드운영사의 투자심의원회가 열린다. 여기엔 모태펀드를 투자한 정부기관 관계자부터 펀드운영사의 여러 투자심의 위원, 펀드 운영사 대표 등이 참가하는데 만장일치가 되어야 통과가 되는 구조이다.

마이크로 VC는 3억 원까지 투자한다. 창투사는 대개 5억 원 이상 투자한다. 투자 절차가 복잡하므로 적은 돈을 여러 곳에 투자하자면 운영 인력을 감당할 수 없기 때문이다. 투자 형태는 금액이 적은 경우 전환우선주, 금액이 큰 경우에는 전환사채나 신주인수권부사채를 요구한다.

<u>필자는 스타트업이 전환사채나 신주인수권부사채로 투자받는 것은 적극 말리는 편이다. 말은 투자이지만 회계 상으로 부채이다. 회사의 부채비율이 올라가면 다른 정책자금을 받을 때 걸림돌이 된다. 차라리 정책 금융 문을 두드리는 것이 더 좋다. 단, 성장기에 자금 사정이 어렵다면 이런 방식의 투자라도 수용해야 할 때도 있다. 정책자금의 한계가 와서 더 이상 은행 대출이 힘든 경우 등이다.</u>

스타트업의 투자 유치 활동

투자를 받으려고 할 때 스타트업은 IR이나 데모데이 행사에 관심을 갖는다. IR 행사는 참으로 많다. 엔젤클럽에서 주최하는 행사도 있고, 정부기관이 직접 주최하는 행사도 있고, 창업 지원 기관에서 주최하는 행사도 있다.

창업 지원 기관 한두 개와 연결되어 있으면 IR 행사에 참가하라는 메일을 자주 받게 된다. IR 행사 등을 집중적으로 볼 수 있는 인터넷 사이트는 없으므로 주기적으로 인터넷을 통해 'IR 참가자 모집'이나 '데모데이 참가자 모집' 등의 다양한 키워드로 검색해 봐야 한다.

하지만 이런 행사를 통해서 투자받는 경우는 의외로 드물다. 대개 행사 주관기관에서 벤처캐피털을 초청하고, 관심 있는 기관과 스타트업을 연결시켜 주려고 노력하지만 잘 되지 않는 경우가 많다. 스타트업이 아직 준비가 덜 되어 있는 경우도 많지만, 한편으로는 벤처캐피털 스스로가 의무적으로 참석하는 경우가 많아서 적극적인 관심을 보이지 않는 경우도 많다.

운이 좋아서 벤처캐피털이나 엔젤의 명함을 받으면 자료를 준비해 적극적으로 만나는 것이 좋다. 전시회 등에서 투자사의 명함을 받았다면 역시 연락을 시도해보는 것이 바람직하다. 자금이 필요하다고 생각하는 시기의 최소 6개월 정도 시간을 정해 집중적으로 이들을 만나봐야 한다. 투자 유치 활동은 스타트업 대표의 에너지를 많이 소모시킨다. 한번 여기에 빠지면 다른 일을 하기 힘들 정도이다.

IR 행사는 남들이 어떻게 IR 사업계획서를 만들었고, 어떻게 프레젠테이션 하는지를 알 수 있으므로 몇 번 참관하는 것이 좋다. 또한 2~3번은 직접 참여해서 어떻게 하면 자신의 제품을 효과적으로 알릴 수 있는지, 투자자가 우리 회사와 제품에 대해 무엇을 질문하며 어떻게 응답해야 하는지를 연습하는 장으로 삼아도 괜찮다.

투자 유치 실전은 앞에서 소개한 투자자별 연락처를 가지고 직접 컨택하는 것이 제일 좋은 방법이다. 메일 주소를 확보했다면 일단 IR 자료를 뿌리고, 관심을 보이는 기관들 중에 순서를 정해서 만나보자. 조급해 하지 말고, 관심을 보이는 기관들과 여러 번 접촉해야 한다. 중간 중간 기업에 성과가 있다면 적극적으로 알려주는 것을 잊지 말라.

드디어 투자하겠다는 기관이 나타나면 앞에서 설명한 기업가치를 같이 의논하여 정하고, 최종적으로 투자계약서를 작성하는 단계에 돌입한다. 투자계약서를 처음 보고 놀라는 스타트업 대표들이 많다. 너무나 경영을 제약하는 조항들이 많기 때문이다. 한편 투자자 입장에서는 자신의 투자를 보호하기 위한 최소한의 조치라고 주장하다.

투자계약서는 모든 조항을 모두 하나씩 따져보고 의미를 이해한 뒤에 사인해야 한다. 이런 부분에 대한 법무 지식을 가진 사람으로부터 충분히 설명을 듣는 것이 중요하다. 스타트업이 투자자를 속이지 못하게 하는 조항들은 어쩔 수 없다고 해도, 회사의 미래 그림을 방해하는 조항들은 어떻게 절충할 수 있는지도 작전을 세워 의논해야 한다.

예를 들어 해외투자를 유치할 때는 전환우선주를 보통주로 전환한다는 등의 추가 조항을 생각해야 한다. 어떤 것은 양보하고, 어떤 것은 나의 의견을 관철할 것인지, 심지어 어떤 조항은 차라리 투자받기를 포기하더라도 받아들일 수 없는지 등도 결정하고 최종 계약서에 사인해야 한다.

대개 이 과정에서 회사의 정관 변경을 수반하게 된다. 일반적인 법인 정관 내용에는 없는 항목들이 추가되도록 요구되기 때문이다. 계약서 내용이 최종 합의되면 어떻게 정관을 변경해야 하는지 투자자들이 가이드를 주는 경우가 많다.

이런 과정을 모두 마치면 드디어 회사 통장에 돈이 들어온다. 다음번 증자를 할 때까지의 총탄이 겨우 마련된 것이다.

MEMO

10

>>> 정책자금 이해와 도전

정책자금, 똑똑하게 활용하기

기업이 성장하려면 끊임없이 돈이 필요하다. 사업이 안 되어도 돈이 필요하지만, 역설적으로 사업이 잘 돼서 급격히 성장하는 경우에도 항상 돈이 모자라다.

일반적으로 투자를 받으면 이자를 내지 않아 가장 싸게 자금을 조달할 수 있다고 생각한다. 하지만 주주들에게 배당압력을 받고, 빨리 코스닥에 상장하라는 닦달을 당해 본 CEO들이라면 은행 대출 특히 각종 정책자금 대출이 훨씬 유리함을 실감하게 된다.

시제품 제작이나 제품 상용화 단계에서도 대출을 활용할 수 있지만 필자는 이 단계에서는 되도록 은행 대출을 받지 않는 것이 좋다고 생각한다. 일반적으로 매출이 발생하기 전에는 정책금융 횟수가 제한되는 경우가 많으므로 막상 시장 진입 시기에 큰 자금을 빌리려고 할 때 이전에 받은 대출이 걸림돌이 될 수 있기 때문이다.

중소기업진흥공단, 신용보증기금, 기술보증기금은 스타트업의 정책금융 상품을 취급하는 대표적인 기관들이다. 각 기관마다 스타트업 정책자금의 특징이 있고, 상품 또한 매우 다양하다. 각 상품별 특징을 잘 이해하고, 자신에게 유리한 정책자금을 활용할 수 있는 지혜를 키워야 한다. ●

01
정책자금 바로 알기

정부 입장에서 특별히 혜택을 주고자 하는 사람이나 기관에 싼 이자율과 좋은 조건으로 대출을 허용하는 것을 정책자금이라고 한다. 정부는 스타트업을 잘 육성하려는 의지가 있는 만큼 스타트업을 위한 다양한 정책자금 제도를 만들어서 시행중이다.

정책자금을 신청하려면 각 기관이 사용하는 양식에 따라 회사 정보를 제공해야 한다. 정책자금을 취급하는 기관들이 회사나 사업을 평가하는 방법은 스타트업에 대한 다른 평가기관과 크게 다르지 않다. 흔히 사업에 대한 시장성, 기술성, 사업성을 평가하고, 최종적으로 창업자나 창업팀의 역량을 평가한다. 다만 창업자나 기업을 신용등급에 의해 평가한다는 점에서 차이가 있다. 특히 스타트업 대표의 신용도 평가는 중요한 비중을 차지하므로 조심해야 한다.

대표와 기업의 신용관리 중요

스타트업의 대출에서 금융기관이 가장 먼저 보는 것은 대표의 개인신용등급이다. 스타트업이 성공할지 실패할지는 외부 사람 입장에서는 알 수가 없다. 그래서 가장 먼저 대표의 금융 관리 능력을 따져 본다. 대표의 개인신용등급이 낮으면 정책자금 활용이나 제1금융권(주로 은행)과의 거래가 어렵다.

개인신용등급을 잘 관리하려면 개인 대출이 있는 경우 각종 세금이나 통신요금 등을 연체해서는 안 된다. 주거래 은행을 하나 정해 지속적으로 이용하는 것이 바람직하며, 제2금융권을 통한 여신 거래는 자제하는 것이 좋다. 흔히 이야기하는 대부업체 대출은 절대로 받지 말고, 현금서비스도 사용하면 신용등급이 낮아질 수 있으므로 삼가야 한다.

기업에 대한 신용평가도 매우 중요하다. 금융기관이 기업을 평가할 때는 재무능력과 여러 가지 정성적 항목을 본다. 우선 정성적 항목에는 경영자의 능력, 업력, 언론 상의 평가 등이 포함된다. 재무 능력은 순이익률, 매출성장률, 현금흐름, 유동비율(단기채무에 대한 상환 능력), 부채비율(자본 구성의 건전성)을 보는 것이 일반적이다.

<u>창업기업의 재무 건전성도 개인신용등급처럼 잘 관리해야 한다. 대출원금이나 이자가 연체되지 않도록 주의하고, 자기자본의 건전성을 확보해야 한다. 유상증자를 통해 자본을 확충하면 부채비율을 낮출 수 있다. 대표나 주주들로부터의 차입금이 있다면 출자 전환하여 자본금화 하는 것이 좋다.</u>

부채는 되도록 단기차입금보다는 장기차입금으로 유치하도록 하고, 직원들의 퇴직충당금도 퇴직연금을 도입하면 부채비율을 낮추는데 도움이 된다. 신제품을 개발할 때 자산화 요건이 충족된다면 개발비를 경상개발연구비 대신 무형자산으로 잡는 것이 유리하다. 한꺼번에 비용으로 처리하지

않고, 몇 년에 걸쳐 감가상각 할 수 있기 때문이다. 재무제표는 항상 연말을 기준으로 평가하므로 되도록 연말에 현금성 자산을 최대한 확보하는 것이 좋다. 유동비율이 높아지기 때문이다.

한편 매년 재무제표를 작성해 국세청에 신고하면 이것을 보고 한국신용평가나 한국기업데이터, 나이스신용평가와 같은 기관들이 기업신용도를 평가하고, 다른 사람들이 볼 수 있게 한다. 평가기관마다 조금씩 신용평가 내용이 다를 수 있고, 대출을 담당하는 금융기관마다 활용하는 정보들이 다르지만 대개는 비슷한 신용등급이 매겨진다.

정책금융기관들은 직접 자신들의 기준으로 따로 재무건전성을 평가하는 편이다. 하지만 B2B 영업을 하거나 외부 협력업체와 새로 거래하려고 할 때 상대방 기업이 이런 기업신용 정보를 참조한다는 점을 명심해야 한다.

담보가 있다면 은행을 바로 찾아갈 수도 있다. 부동산 담보 대출이 대표적이다. 하지만 스타트업이 그런 자산을 가진 경우는 극히 드물기 때문에 기업의 신용평가를 바탕으로 보증기관에서 보증서를 받아서 이를 담보로 은행에서 대출을 받게 된다. 보증서 자체가 담보이기 때문에 만약 스타트업이 원금과 이자를 내지 않으면 은행은 우선 보증서를 발행한 보증기관에 돈을 청구한다. 이때 보증기관은 대표의 연대보증이 있으면 대표에게 다시 청구하고, 만약 연대보증이 없다면 직접 손해를 감수하게 된다.

보증서를 발급할 때 스타트업은 보증수수료를 내야 한다. 보증수수료는 보증금액에 보증료율을 곱해서 산출한다. 이 돈은 이들 기관의 기본적인 조직 운영비 및 떼이는 돈을 보충하는데 사용된다.

정책금융제도에 대한 이해

정책자금이란 정부나 지자체 등이 특정한 목적의 자금 대출을 촉진하기 위해 설정한 제도이다. 정책자금은 일반적인 기업신용대출보다 보증수수료와 대출이자율이 싼데, 실제로는 정부가 그 차액분을 보존해주는 경우가 대부분이다.

한편 보증기관들은 일반 신용대출의 경우 보통 대출금액의 80%만 보증을 서 준다. 나머지 금액에 대해서 담보를 설정할지, 신용으로 할지는 은행과 기업이 알아서 정하라는 것이다. 반면 정책자금은 일반 신용등급보다 대출 보증비율이 훨씬 높은 편이다. 예비창업이나 창업 1년 이내 기업의 대출은 100%까지 보증을 서 주기도 한다.

각 보증기관들은 다양한 지원 상품을 가지고 있고, 각각 기업의 연수, 기술이나 경영에 대한 평가점수, 기업이 영위하는 사업 분야 등에 따라 지원할 수 있는 자격 기준이 다르다. 금융 지식이 없으면 우리 회사가 자격이 되는지, 어느 상품이 더 유리한지 파악하기가 힘들다. 창조경제혁신센터 원스톱존에는 금융기관에서 파견 나온 분들이 있다. 이들에게 미리 상담을 받으면 직접 해당 보증기관의 영업 창구로 찾아가는 것보다 훨씬 더 많은 정보를 얻을 수 있고, 어떻게 접근하는 것이 좋은지에 대한 조언도 구할 수 있어 좋다.

정책자금을 신청하려면 보통 홈페이지를 통해 사업장 소재에서 가까운 지점을 찾아서 가면 된다. 특별한 상품의 경우 취급하는 지점이 몇 개로 제한된 경우도 있다. 보증서를 받은 후에는 아무래도 최초 거래를 튼 주거래 은행을 찾아가는 것이 좋다. 스타트업 입장에서 보면 전반적으로는 기업은행이 무난하지만, 요새는 특별히 은행을 가리지는 않으므로 시중은행이면 아무 곳이나 가능하다.

02
정책자금 취급기관과 도전 방법

 스타트업을 위한 정책자금 상품을 취급하는 기관은 기술보증기금, 신용보증기금, 중소기업진흥공단이 대표적이다. 아울러 지역별로 있는 신용보증재단이나 소상공인진흥공단에서도 몇 가지 스타트업 정책금융 상품을 취급하고 있다.

기술보증기금
 기술보증기금(이하 기보)은 기술력은 우수하지만 담보력이 부족한 중소기업의 기술성과 사업성을 평가해 기술보증을 지원하고, 기술평가, 벤처 이노비즈 기업 인증, 중소기업 창업지원 등의 업무를 수행하는 중소기업 지원 종합 금융기관이다. 기보의 보증상품은 크게 3년 이내의 '창업기 상품'과 3년 이후의 '도약성장기 상품'으로 구분할 수 있다. 재창업을 지원하는 별도 상품과 다른 기관들과 협약을 맺어서 진행하는 기타 상품도 운영 중이다.

창업기 상품은 예비창업자 사전보증, 청년창업우대 보증, 지정 사업 분야에 대한 기술창업보증, 기술평가가 우수한 벤처기업에 대한 보증, 지방소재 기업에 대한 보증, R&D 보증, 특허기술 가치평가 보증, 창조경제혁신센터 추천기업 우대보증 등 다양하다.

창업초기 기업 평가 중 가장 중요한 부분이 대표에 대한 평가이다. 기보가 대표를 평가할 때 대표의 학력이 이공계인가를 보는 항목이 있다. 이 항목은 상당히 배점이 높은 편이다. 종종 이것이 이슈가 되어 대출자격이 제한되는 경우를 보았는데, 스타트업 입장에서는 아쉬운 부분이다. 실제로 상경계 출신의 대표와 이공계 출신의 전문가가 창업팀을 구성했을 때 성공 확률이 높아진다는 이야기를 많이 듣는데, 대표의 학력만 따지는 것은 좀 고려해 보면 좋겠다는 생각이 든다.

도약성장기 상품으로는 기술평가등급이 BB 이상인 기업에게 해 주는 알바트로스 보증(7년 이내만 가능), 우수기술기업 연대보증 입보면제 보증(7년 이상 평가등급 AA이상, 투명경영 이행 약정 체결), 시설자금 특례 보증, 고용창출 운전자금 우대보증, 예비스타 우대보증(기술등급 우수, 매출증가율 20%이상), 구매자금 금융보증, 기술융합기업 우대보증, 고부가가치 프로젝트(프로젝트 용역계약 전제) 보증, 지식재산권 사업화 우대보증, 지식재산권 인수 보증, 지식재산 평가 보증, 지방기업 우대보증, 지방이전 중소기업 우대 보증, 지역주력산업기업 우대보증, 기업인수 보증, 회사채 발행을 지원하는 유동화회사 보증 등등 다양한 형태의 상품이 있다.

사실 기보는 스타트업에게 벤처기업 인증기관으로 더 유명하다. 벤처기업 인증에 해당하는 대출을 받으면 바로 벤처기업 인증을 해 준다. 뒤에 소개할 중소기업진흥공단도 마찬가지의 기능을 가지고 있다. 하지만 이 제도에 대한 비판도 만만치 않아 중기부에서는 제도를 수정할 계획이다.

일반적인 업무 프로세스는 다음과 같다. 스타트업이 상담 및 보증신청을 하면 기보에서는 기술평가 및 심사를 진행한다. 경우에 따라서는 직접 사업장을 방문하기도 한다. 평가에 따라 적합성이 인정되면 보증결정을 통보하고, 스타트업이 지정한 시중은행으로 보증서를 발급해 준다. 스타트업은 보증결정 내용을 바탕으로 은행과 대출 상담을 진행하고, 최종적으로 대출을 받는다.

이들 상품이나 프로세스의 세부적인 내용은 매년 바뀌거나 새로운 상품들이 추가되기 때문에 자세한 내용은 기보의 홈페이지(www.kibo.or.kr)를 통해 직접 확인할 것을 권한다. 기보는 보증 업무 이외에도 경영컨설팅 지원, 창업스쿨 운영 등 스타트업에 대한 다양한 지원 프로그램을 가지고 있으므로, 꼭 홈페이지 등을 통해 내용을 확인해 보는 것이 좋다.

기술보증기금 홈페이지(www.kibo.or.kr)

신용보증기금

신용보증기금(www.kodit.co.kr)은 다양한 신용보증업무를 수행한다. 기업뿐만 아니라 개인도 보증해주어 업무 범위가 기보보다 훨씬 넓다. 기보가 주로 기술창업에 대해서만 보증하는데 비해 신용보증기금(이하 신보)은 훨씬 다양한 업종의 기업이나 개인을 다양한 형태로 보증한다.

신보의 프로그램 중에도 유망 스타트업 기업에 특화된 보증 프로그램이 몇 가지 있다. 신보 사업성평가를 통과한 예비창업자용 보증, 업력 3년 이내의 제조업, 신성장 동력사업, 유망 서비스업 등에 최대 30억 원까지 연차적으로 지원하는 퍼스트펭귄 기업 보증, 4차 산업 관련 11대 선도 기술 기업에 2~3년간 운전자금을 순차적으로 지원하는 4.0 스타트업 보증, 34세 미만(고급기술은 39세)의 대표가 매출액의 50% 이상을 문화콘텐츠, IT 및 고급기술에서 달성한 경우에 지원하는 2030 스타트업 보증, 협약대학이 추천하는 5년 이내의 기업에 지원하는 캠퍼스 스타트업 보증, 대기업이나 공공 연구소에서 나온 연구원들의 창업을 지원하는 스핀오프 스타트업 보증, 이공계 졸업 및 기사자격 등을 보유한 사람에게 지원하는 블루엘리트 창업 지원, 유망 기업에 대한 투자옵션을 전제한 투자옵션부 보증 등등 다양한 프로그램을 가지고 있다.

<u>신보의 프로그램 중 일부는 약정한 매출을 달성했을 때 점차 연차적으로 대출 규모를 늘려주는 순차 지원 제도여서 매력적이다. 또한 보증 금액도 기보에 비해 상당히 큰 편이다. 특히 퍼스트펭귄 프로그램이 상당히 인기가 좋다. 스타트업 대표들 사이에서는 투자받는 것보다 퍼스트펭귄 대출을 받는 것이 훨씬 유리하다는 이야기가 돌 정도였다. 하지만 최근에는 퍼스트펭귄 프로그램으로 지원받은 기업들의 실적이 저조해 다른 프로그램으로 많이 유도하는 편이라는 이야기를 들은 적이 있다.</u>

한편 신보와 기보는 보증연계투자도 실시한다. 해당 기관의 보증을 이용하는 기관 중에 자격이 되는 기관에 대해서는 보증 금액의 2배에서 최대 30억 원까지 주식이나 전환사채 등의 형태로 투자하기도 한다.

신용보증기금 홈페이지(www.kodit.co.kr)

중소기업진흥공단

중소기업진흥공단(이하 '중진공'이라 한다)은 중소기업의 생산성 향상 및 경쟁력 제고를 위한 각종 지원 사업을 하기 위해 중기부가 설립한 금융형 정책기관이다. 중진공의 업무 영역은 매우 넓어서 창업기업뿐만 아니라 중소기업의 각종 애로에 대응하는 다양한 사업을 전개한다. 크게 보면 정책자금 지원, 수출 마케팅 및 인큐베이팅 지원, 인력 양성지원 사업으로 나뉜다.

정책자금도 창업기업뿐만 아니라 중소기업의 성장 단계별로 다양한 프로그램을 가지고 있는데, 여기서는 창업기업을 위한 사업만 소개하기로 한다. 중진공의 창업기업을 위한 사업은 일반 창업기업 지원 제도와 청년 전용 창업 지원 제도로 심플하다. 일반 창업은 7년 이내, 청년 창업은 39세 이하로 3년 이내 기업에 지원한다.

융자범위는 시설자금과 운전자금으로 구분된다. 시설자금은 생산설비 및 연구 장비 도입 자금, 정보화촉진 및 서비스제공 자금, 공정 설치 및 안정성 평가 소요 자금, 유통 및 물류시설 자금, 사업장 건축자금, 토지구입비, 임차보증금 등 사업장 확보 자금이 대상이 된다. 운전자금은 창업소요자금, 제품 생산자금, 기업경영에 소요되는 자금으로 사용 범위가 매우 넓은 편이다.

기보나 신보가 보증서를 발급하고 대출은 은행이 하는 반면 중진공은 직접 대출하기도 한다. 특히 청년창업 자금은 기업 당 1억 원 한도 내에서 2% 고정금리로 직접 대출해 주므로 따로 수수료가 없다. 일반 창업자금은 직접 대출과 은행을 통한 대출 2가지 유형으로 나뉜다. 창업 관련 대출을 받으면 기보와 같이 벤처기업으로 인증해 주는 제도도 있다.

중진공에 자금을 신청하려면 반드시 자가진단을 먼저 해야 한다. 중진공 홈페이지(hp.sbc.or.kr)에서 [온라인자금신청]을 누르면 된다. 자가진단 결과에 따라 가능여부를 1차 확인하고, 다음 해당 지역 사업본부의 지부를 방문해 상담하고 현장실태조사 여부를 결정하고, 상담 완료 후 다시 온라인으로 신청하는 절차를 거친다.

신청 후에 자금이 나올 때까지의 기간은 2달 정도로 기보나 신보보다 긴 편이다. 중기부의 연대보증 의무 폐지 정책에 따라 사업 실패 시 상환의무를 일부 또는 전부를 면제해 주는 범위가 현재보다 더욱 확대될 것으로 보인다. 정책자금의 종류에 따라 다르기는 하지만 일반적으로는 신보나 기보 자금보다 금리가 싼 경우가 많고, 특히 직접 대출인 경우에는 보증에 따른 수수료가 없어서 좋다.

중진공 자금은 순수 제조업이나 지식형 사업, 초기 시설자금이 많이 소요되는 사업, 연구개발 비중이 높은 사업 등에 주로 특화되어 있다. 자금 소요 규모가 크다면 중진공 대출이 더 유리한 경우가 많다. 거치기간을 포함하여 대출 상환 조건이 비교적 여유롭다.

중진공 홈페이지(hp.sbc.or.kr)

중진공 정책자금은 연초에 정책금리가 정해지고, 중기부 예산 범위 내에서 진행된다. 예전에는 5월이면 자금 신청이 마감된 적도 있다. 정책자금 오픈 공지가 뜨면 연초에 빨리 신청해야 한다.

기보, 신보, 중진공 등은 서로 경쟁관계이기도 하므로 한 기관에서 대출받으면 다른 기관에서 대출받을 때 장애요소로 작용한다. '우리 기관 대출을 받으려면 저쪽 기관의 대출은 상환해야 합니다'는 식이다. 따라서 다른 기관에서 대출받은 것이 있으면 그 자금의 상환을 포함해 자금계획을 세워야 한다.

어느 기관의 어느 정책자금이 내가 필요한 이 시점에 가장 유리한가는 웬만한 자금 전문가들도 판단하기 어려울 정도로 복잡하다. 이 책의 주요 독자인 제조나 지식형 사업을 하는 스타트업들에게는 선택할 수 있는 옵션이 많기 때문이다. 스타트업 대표들이 각각의 조건을 잘 비교해 보고 선택하는 수밖에 없다.

기타 정책금융기관

기보나 신보, 중진공의 자격 심사에서 탈락하는 경우도 종종 발생한다. 이런 경우 지역별로 있는 신용보증재단이나 소상공인진흥공단의 문을 두들겨 보는 것도 방법이다. 주로 자영업을 대상으로 지원하는 기관들이지만 스타트업도 지원한다. 대출 금리나 보증수수료가 약간 높은 경향이 있지만 경우에 따라서는 중요한 대안이 될 수 있다.

인천혁신센터의 보육기업 중에 전기와 세제 없이 손으로 돌리면 세탁이 되는 신개념 세탁기를 개발한 에코스텍이란 업체가 있었다. 필자가 보기엔 대단히 혁신적인 제품이지만 기보, 신보, 중진공의 기준으로는 대출 대상이 안 되는 상황이 벌어졌다. 이유는 기관에서 요구하는 수준의 조건을 충족하지 못하였는데, 특허와 매출이 전혀 없었기 때문에 자금을 빌려주려고 하는 기관에서는 기본 서류 작성이 어려웠기 때문이었다.

에코스텍 친환경 세탁기(www.ekostech.co.kr)

하지만 에코스텍은 포기하지 않고 자금을 빌릴 수 있는 모든 방법을 찾았고, 혁신센터와 인천시에서 주관하는 대출 지원 사업에 참여했다. 혁신센터에서는 혁신센터 추천서를 써 주었다. 결국 신용보증재단을 통해 필요한 자금을 대출받을 수 있었다. 뿐만 아니라 신용보증재단에서 받은 자금은 이후 정부 자금을 받는 과정에서 큰 도움이 되었고, 신용보증기금에서 1억 원의 자금을 지원받기도 하였다. 현재 이 업체는 주요 수요처라고 할 수 있는 동남아시아 특히 인도네시아 시장 공략을 위해 열심히 뛰고 있는데 조만간 아주 좋은 소식이 들려올 것이라고 한다.

성장기에도 자금이 부족하면 대출 이자 한 푼도 아깝다. 본사 소재 지자체가 운영하는 경영안정자금을 활용하면 이자를 절감할 수 있다. 물론 회사의 재무상태가 안 좋아 추가 대출이 곤란한 경우에는 안 된다. 대출 여력이 있을 때 경영안정자금을 활용하면 지자체가 일정 부분 이자 부담을 덜어준다. 이것도 일정 예산 한도에서 움직이므로, 공고일을 기다렸다가 빨리 신청해야 기회를 잡을 수 있다.

　수출 계약이 성사되어 급하게 생산자금이 부족하거나 해외에 진출하기 위한 여러 정보나 자금이 필요한 경우에는 기보, 신보, 중진공 이외에도 KOTRA(www.kotra.or.kr), 한국수출입은행(www.koreaexim.go.kr)의 상품이나 지원 제도를 들여다 볼 필요가 있다. 정부 입장에선 수출이 한국을 먹여 살리는 원동력이므로 수출과 관련된 많은 지원 제도를 가지고 있다. 기업이 국내를 넘어 세계로 진출해야 하는 이유 중의 하나이다.

　한편 많은 정부기관들이 자기 사업 목적에 맞는 중소기업 정책자금이나 대출이자 지원 같은 프로그램을 수시로 만들어 운영한다. 앞에서 소개한 기업마당을 통하면 상당수 정보를 수집할 수 있다. 또한 이런 정책자금에 대한 정보는 기업금융나들목(www.smefn.or.kr) 사이트에서도 좋은 정보를 많이 찾을 수 있다.

>>> 기업공개(IPO)와 합병(M&A)

IPO와 M&A로
성공의 열매 수확하기

지속적으로 성장하는 기업을 만든 스타트업의 대표와 창업팀은 뭔가 보상을 받아야 한다. 단순히 연봉만 오르는 것으로는 부족하다고 느낄 것이다. 그저 높은 연봉만을 원했다면 월급쟁이가 편했을 수도 있다.

스타트업의 대표적인 보상은 가지고 있는 주식의 가치 상승이다. 회사는 여러 번의 투자를 유치하면서 가치평가를 받았을 것이고, 그때마다 보유하고 있는 주식의 가치가 늘어나는 과정을 볼 수 있었을 것이다. 한편 투자자들도 자신들의 투자에 대한 보상과 이익실현을 원한다.

이렇게 늘어난 주식가치의 이익 실현 방법을 엑시트(Exit)라고 한다. 대표적인 엑시트 방법으로는 코스닥 같은 주식시장에 회사 주식을 상장하는 IPO와 우리 회사를 필요로 하는 더 큰 회사나 기관에 대주주 자격과 경영권을 넘기는 M&A가 있다. 열심히 일해 스타트업을 성공시킨 대가를 충분히 얻으려면 IPO와 M&A를 제대로 이해하고 활용해야 한다. ●

01
기업공개, IPO(Initial Public Offering)

IPO는 스타트업 입장에서는 일반 주식투자자들로부터 대규모 자금을 모집할 수 있는 좋은 방법이고, 대표 입장에서는 그간의 고생을 보상받을 수 있는 이익실현 방법이기도 하다. 실제로 IPO를 통해 큰돈을 번 사례도 많다.

IPO란 기업공개라고 하는데, 불특정 다수의 투자자들이 마음대로 사고 팔 수 있도록 주식시장에 주식을 내놓는 것을 말한다. 주식을 거래할 수 있는 시장은 제3시장, 코넥스, 코스닥, 코스피 등 다양한데, 스타트업은 주로 코스닥 시장에 등록한다.

일반인에게 기업공개를 하려면 기업의 투명성을 보장해야 한다. 그래서 주식 시장에 들어갈 수 있는 요건도 까다롭고, 절차도 아주 복잡하다. 여기서는 여러 가지 주식 시장의 구조와 진입 요건 등을 중심으로 간략하게 소개한다. IPO로 가려고 한다면 이들 요건을 만족시키기 위한 경영을 하는 것이 중요하다.

코넥스(Konex)

　코스닥으로 가려면 상당한 준비와 시간이 필요하므로 창업 초기 중소기업이 자금을 원활하게 조달할 수 있도록 해주기 위해 2013년에 설립된 주식거래 시장이다. 코넥스에 등록하기 위한 요건은 비교적 간단하다. 매출액 10억 원 이상, 자기자본 5억 원 이상, 당기순이익 3억 원 이상의 조건 중 하나만 만족하면 된다. 다만 벤처캐피털 등이 20% 이상 투자한 벤처투자기업인 경우에는 매출액 3억 원, 자기자본 3억 원, 당기순이익 2억 원으로 요건이 더 완화된다.

　우선 한국거래소가 지정한 지정 자문인에게 감사를 받아 경영진의 시장 건전성 저해행위, 경영투명성, 회계정보 투명성, 투자위험 등을 종합적으로 검토하여 부적합한 사유가 없다고 인정받아야 한다. 회계 법인으로부터 감사를 받은 최근사업년도 감사의견이 적격이어야 하고, 정관상에 양도제한의 내용이 없어야 한다. 액면가는 100원, 200원, 500원, 1,000원, 2,500원, 5,000원 중의 하나여야 한다.

　상장요건은 비교적 단순한 반면 투자자는 상당히 제약을 받는다. 공시의무가 완화되는 등 투자자의 리스크를 관리하는 제도가 취약해서 증권사, 펀드, 정책금융기관, 은행, 보험사나 연기금 등 자본시장법상 전문 투자자로 제한되어 있다. 개인도 3억 원 이상을 사전 예탁한 전문 투자자는 거래할 수 있지만 한 해에 3천만 원까지만 거래가 가능하다.

　등록된 기업은 제법 개수가 늘어나고 있지만 주식 거래는 그리 많지 않은 편이다. 대량 거래가 거의 불가능하므로 중소기업의 대주주나 주요 주주 입장에서는 이 시장에서 주식을 거래할 이유가 별로 없다. 대주주가 이 시장에서 자기 주식을 내놓았다는 이야기는 그 회사의 미래 전망이 그리 밝지 않다는 의미로도 해석된다. 조금만 더 기다렸다가 코스닥을 겨냥하는 것이 더 합리적이다.

정부는 이 시장이 중소기업의 자금 창구로 성장할 수 있도록 여러 가지 노력을 기울이는 중이다. 아직은 시기상조이지만, 시장이 활성화된다면 기업자금을 조달하기 위해 이를 활용할 수도 있을 것이다.

전문가들의 말에 의하면 오히려 펀드들 간의 거래창구로서 코넥스의 활성화를 기대했으나 이 조차도 아직 기대대로 되지 않는다고 말한다. 펀드들은 대개 8년이나 10년 등으로 유지 기간이 정해진다. 하지만 펀드들이 투자한 기업들 중에 유지기간이 만료되었는데 아직 M&A나 IPO가 되지 않은 기업들이 있으면 이를 정리할 방법이 필요하다. 이런 때 코넥스가 유용하게 사용될 수 있을 거란 기대감이 나름 있었던 것 같다. 하지만 이 경우도 아직은 코넥스 시장보다는 기관투자자들 상호간에 직거래를 하는 것이 더 일반적이다.

제3시장, 프리보드

비상장 주식을 거래하는 시장을 장외시장이라고 한다. 예전에는 여러 개의 장외시장이 있었으나 현재는 프리보드 시장 하나로 통합된 상태다. 상장요건을 만족시키지 못한 여러 가지 형태의 주식이 거래되는 곳으로 스타트업의 주식도 거래할 수 있다.

기업의 재무내용이나 주식분산에 대한 특별한 제한이 없이 증권예탁원에 주식 예탁이 가능하고 양도의 제한만 없으면 된다. 단, 주식 발행 후 1년이 경과해야만 한다.

투자자의 제한도 없어서 비교적 많은 사람들이 이 시장을 찾는다. 위탁증거금이 100%이고, 상대매매방식으로 매수가격과 매도가격이 일치하면 거래가 성립된다. 수량은 일치되지 않아도 상관없다. 이 시장을 통해 거래한 주식은 양도차익이 발생할 때 양도소득세가 10% 과세된다. 대기업인 경우에는 20%이다.

프리보드 역시 기업자금을 대규모로 모집하거나 대주주의 이익의 이익을 실현하기 위한 창구로는 부적합한 시장이다. 하지만 IPO로 가기 전에 직원들의 우리 사주 등이 일부 거래되기 시작한다면 향후 IPO에 갔을 때 주가가 어느 정도가 될지 미리 예측해 보는 효과도 있어서 관심을 가질 필요가 있다. 프리보드에서 거래되는 회사들의 전문가 분석 자료와 주식거래 상황을 볼 수 있는 사이트는 프리보드 홈페이지(www.k-otc.or.kr)이다.

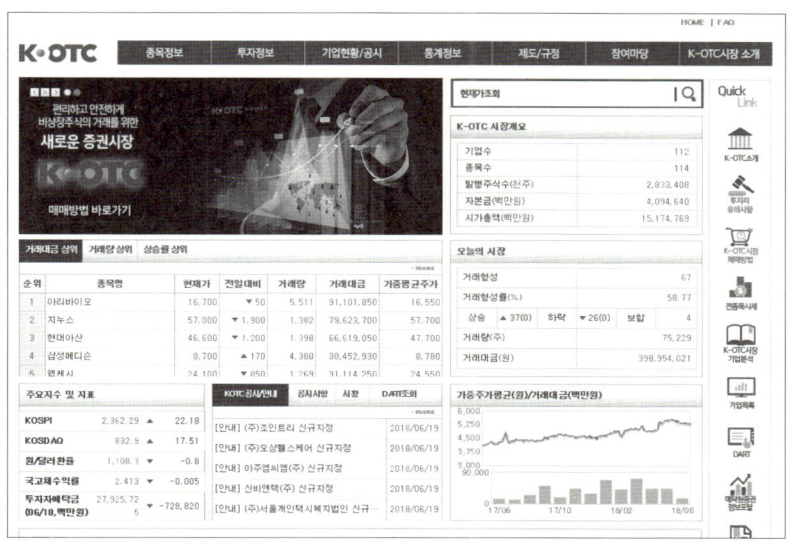

프리보드 홈페이지(www.k-otc.or.kr)

코스닥(Kosdaq)

결국 스타트업이 목표로 해야 하는 고객가치는 코스닥 시장이다. 기업이 더욱 성장하면 유가증권 시장인 코스피로 나아갈 수도 있으나 그것은 나중의 일이다.

코스닥 시장에 진입하려면 코스닥 시장의 상장요건을 먼저 살펴봐야 한다. 코스닥 시장의 상장요건은 기업들이 코스닥에 등록하기 쉽게 여러 차례 문턱을 낮추었고, 2018년 4월에 또 한 번 낮추었다. 여기서는 2018년 4월 기준의 상장 기준을 중심으로 살펴본다.

<u>코스닥에 상장하려면 여러 가지 상장요건을 만족시켜야 한다. 일반기업과 벤처기업으로 구분되는데 벤처기업의 조건이 훨씬 유리하다. 여기까지 온 스타트업이라면 당연히 벤처기업 등록을 마쳤다고 보고 벤처기업 등록 기준을 중심으로 설명한다.</u>

첫 번째가 경영성과에 대한 요건이다. 코스닥에 상장하기 위해 기업이 가져야 할 기업 우수성에 대한 평가이다. 평가방식은 수익성 중심의 평가방식과 성장성 중심의 평가방식, 기술력 중심의 평가방식 3가지가 있으며, 이중 한 가지만 만족해도 된다.

우선 수익성 평가 방식은 최근 사업연도의 각종 재무지표를 중심으로 평가한다. 보통은 아래의 4가지 조건 중 하나를 만족시키면 된다.

> 1) 법인세비용 차감 전 계속사업이익(이하 '법인세 이익') 50억 원 이상
> 2) 법인세 이익 10억 원 이상, 시가총액 90억 원 이상
> 3) 법인세 이익 10억 원 이상, 자기자본 15억 원 이상
> 4) 법인세 이익 흑자, 시가총액 200억 원 이상, 매출액 50억 원 이상

법인세 이익이란 법인세를 납부하기 전의 이익을 말하는데, 흔히 경상이익에서 계속사업과 상관없는 특별손익을 뺀 이익이다. 예를 들어 회사가 부동산이나 주식 거래를 통해 이익을 남겼다면 이런 것은 제외한 이익을 말한다. 여기서 시가총액이란 '공모예정가 × 총주식수(추가 상장할 주식

포함)'를 말한다.

다음으로 성장성 중심 평가방식은 미국의 전기자동차 회사인 테슬라처럼 아직 이익이 나지 않는 상태에서 공모를 통해 대규모 자금을 모을 필요가 있을 때를 염두에 두고 생긴 방식이다. 이를 이익미실현 상장요건, 또는 테슬라 요건이라 부른다. 논리적으로는 이 방법을 통해 아직 적자이지만 미래성장성이 매우 우수한 기업들이 자금을 모을 수 있다. 이와 연동해 중소기업진흥공단의 장기저리 자금융자도 제공한다고 한다.

테슬라 요건은 만족시키는 기업의 경영성과는 다음과 같다. 당연한 이야기이지만 이익에 대한 조건이 모두 빠져 있다. 아래 5가지 중 한 가지 요건만 만족시키면 된다.

1) 시가총액 1,000억 원 이상
2) 시가총액 500억 원 이상, 자기자본 대비 시가총액 비율 200% 이상
3) 시가총액 500억 원 이상, 매출액 30억 원 이상, 최근 2사업연도 매출증가율 20% 이상
4) 시가총액 300억 원 이상, 매출액 50억 원 이상
5) 자기자본 250억 원 이상

하지만 그 기업의 상장을 주관한 회사가 풋백옵션의 책임을 져야 하는 것이 문제다. 상장 후 3개월 이내에 주가가 떨어지면 일반투자자가 원할 경우 상장 주관사가 공모가의 90% 가격으로 다시 주식을 사 주어야 한다. 상장 주관사 입장에서는 리스크가 크므로 제도는 있으나 국내에서는 아직 활성화되지 않고 있다.

마지막으로 기술성 평가방식은 기술성장 기업으로 인정받는 것이다. 지정된 기술평가 전문업체로부터 기술성과 성장성을 인정받아 2개 이상 기

관에서 기술평가 결과가 일정 등급 이상(1개 기관 이상에서 최고인 A등급 취득)인 경우에도 코스닥 상장 조건을 갖춘 것으로 인정한다. 하지만 아래 2가지 조건 중 하나는 최소한 만족시켜야 한다.

> 1) 자기자본 10억 원 이상
> 2) 시가총액 90억 원 이상

<u>경영성과의 옵션에 대해 굳이 열거하는 이유는 스타트업 대표가 이중 하나의 목표를 설정하라는 것이다. 빠른 IPO를 원한다면 기본적으로 현재의 재무구조와 기업 상태, 앞으로의 방향성 등을 고려해 목표를 설정하고 이를 달성하기 위한 경영을 해야 한다. 그렇다고 회계 정보를 왜곡하면 안 된다. 기업의 건전성 평가에서 바로 직격탄을 맞게 되기 때문이다.</u>

두 번째 요건은 주식분산 요건 충족이다. 코스닥에 상장한다는 것은 일반 주식투자자인 소액주주들이 회사에 관심을 가지고 주식 거래를 가능케 한다는 의미도 있다. 그래서 기본적으로 회사 주식의 25% 이상을 500명 이상의 소액주주가 가질 수 있게 공모해야 한다. 회사 직원들이 갖고 있는 우리사주도 소액주주로 인정하는데, 인원수는 1명으로 평가한다. 기존 주주의 주식을 파는 형태로 공모할 수도 있지만 대개는 신주를 발행해서 기업의 추가 자금을 모집하는 형태로 진행된다.

세 번째 요건은 외부 감사인에 의한 평가인데, 최근 사업연도 평가가 적정이어야 한다.

네 번째 요건은 최대 주주나 주요 주주가 가진 주식을 상장일로부터 6개월간 팔지 못하게 하는 것이다. 증권예탁원에 보호예수를 신청하면 해당 기간 동안은 거래가 불가능해진다. 상장일로부터 6개월이 지나면 1개월

마다 5%까지 매각이 가능해진다. 기술성장 기업은 이 기간이 1년으로 되어 있다.

다섯 번째 요건은 사외이사와 상근감사의 의무조항이다. 이사 총수의 1/4 이상을 사외이사로 임명해야 한다는 것인데, 자산총액이 1천억 원 이하인 벤처기업은 면제된다. 자산총액이 1천억 원 이상인 경우에는 상근감사를 두어야 한다는 규정도 있는데, 스타트업이 자산 1천억 원에 도달하려면 상당 기간이 걸리는 경우가 많다. 코스닥 등록절차 등에 관한 상세 내용은 코스닥 홈페이지(www.krx.co.kr)를 참조하면 된다.

코스닥 등록을 위한 사전 준비

코스닥에 등록하려면 생각보다 많은 사전 준비 작업이 필요하다. 현재는 등록 요건이 많이 완화되어 좀 더 빨라질 수도 있겠지만, 예전 기준으로 하면 통상 2~3년이 소요된다. 먼저 외부 회계감사인을 선임해 회계 감사를 받는 것에 익숙해져야 한다. 또한 감사에서 요구되는 회계와 재무 처리 방식에 대한 내부통제 제도를 새롭게 설정하거나 필요한 IT시스템을 구축해야 하는 등 꽤 많은 변화를 수반한다.

쉽고도 어려운 것이 재무적 요건을 달성하는 것이다. 회사가 잘 나가고 있다면 벤처 기업의 재무 요건을 쉽게 충족할 수 있겠지만 아직 성장 초기라면 매출이나 이익 요건을 갖추는 것이 그리 간단치 않을 수도 있다. 흔히 매출에 집중하면 이익이 줄어들고, 이익 중심 경영을 하면 매출 성장이 둔화되는 것이 일반적이다. 두 마리를 다 잡을 수 있는 창의적 경영을 할 수 있어야 한다.

코스닥 홈페이지(www.krx.co.kr)

　코스닥에 등록하는 순간부터 각종 의무가 따라온다. 소액투자자에게 공개된 주주총회를 해야 하고 분기별로 IR 자료를 만들어 공시해야 하는 등 해야 할 일이 상당히 많아진다. 소액주주를 상대하는 일은 때때로 엄청나게 피곤한 일이기도 하다.

　그래서 코스닥 상장을 위한 전문 컨설턴트를 활용하고 내부적으로는 이를 담당할 팀을 만들어서 하나씩 준비해야 한다. 상장까지만 운영되는 임시 조직이 아니라 상장 이후에도 일부 인력들은 회사의 IR을 담당하는 직원으로 계속 많은 일을 해야 하는 것도 염두에 두어야 한다.

　스타트업 대표 나름의 IPO 일정 및 주가에 대한 목표가 있다면 그것이 현실적으로 가능한지 미리 전체 프로세스를 놓고 따져보는 것도 중요하다. 작년에 이익이 났으니 올해 당장 상장하자는 목표는 금방 현실성이 부족한 일정이란 이야기를 듣기 십상이다. 올해 상장을 원했다면 최소한 작년 초에 이미 준비를 시작했어야 한다.

코스닥 상장 이후의 회사 관리

의외로 많은 기업들이 코스닥 상장 이후 느슨해진다. 우선 공모를 통해 많은 돈이 들어오면서 대표나 관리부서들이 비용 집행에 대해 관대해지곤 한다. 하지만 중소기업은 죽는 날까지 허리띠를 졸라매야 함을 잊어서는 안 된다. 물론 꼭 써야 할 돈이라면 과감히 집행해야 하지만 일상적인 업무 방식은 돈이 있다고 느슨해지면 큰일 난다.

대표를 포함해서 직원들이 주가를 쳐다보느라고 일에 집중하지 못하는 경우도 있다. 하루에도 몇 번씩 주가를 확인하고, 이를 주제로 이야기꽃을 피운다. 주가를 관리해야 하는 부서야 어쩔 수 없지만 그렇지 않은 부서라면 주가에 지나치게 관심을 갖는 것은 좋지 않다.

대표가 이런 부분에 대해서도 리더십을 발휘하는 것이 좋다. '주가가 지금보다 3배 이상 오를 때까지는 주가 이야기를 하지 말자. 그러기 위해서는 매출과 이익을 늘려야 하니 그 이야기를 먼저 하자' 등으로 주가를 거꾸로 업무 집중의 계기로 삼는 것이 하나의 방법이다.

상장회사가 되면 분명히 직원들의 사기가 올라간다. 주변에서 상장회사에 다닌다는 이유로 부러움을 표시한다. 은행에 가서 개인 대출을 받을 때도 상장사 직원은 대우가 다르다.

이렇게 올라간 사기를 기업의 혁신문화 정착에 최대한 활용할 것인지, 아니면 조직 문화가 느슨해지도록 방치할 것인지는 스타트업 대표의 마음가짐이나 행동에 크게 좌우된다. 특히 대표와 핵심 주주들은 주식 거래에 대해 세심하게 접근해야 한다. 보통 대표를 포함한 우호 주주의 주식 비중이 급격하게 줄어드는 것은 경계해야 한다. 보통 우호 지분율이 상장 전에는 50% 이상, 상장 후에도 30% 이상을 유지하는 것이 바람직하다.

투자자들은 이익 실현을 위해 회사 주식을 확보했기 때문에 코스닥에 상장한 순간부터 주식을 팔게 되어 있다. 스톡옵션이나 우리 사주도 팔 수 있는 단계가 되면 개인의 스케줄에 따라 팔기 마련이다. 점차 우리 회사에 대해 호감을 가진 사람들의 지분은 줄어들고, 점차 모든 것을 주가라는 시각으로만 판단하는 기관투자자와 개인투자자가 상당수의 주식을 소유하게 된다.

게다가 대표의 주식 거래는 공시하게 되어 있기 때문에 1주를 팔더라도 직원들이나 투자자들이 알 수밖에 없다. 대표가 주식을 파는 것을 비관적인 회사 내부 정보 때문이라고 오해하면 주가가 크게 하락하는 등 여파가 클 수 있다. 대표가 현금이 필요한 사정이 있어 소유 주식을 팔 때는 직원들에게 미리 양해를 구하는 것도 한 방법이다.

기껏 고생해서 상장은 했지만 숫자로만 부자이지 내 맘대로 할 수 있는 것이 아무 것도 없다고 푸념하는 어느 대표님의 탄식을 들은 적이 있다. 그러나 그 탄식 뒤에 자연스럽게 표출되는 개인적인 자부심과 회사에 대한 사랑을 느끼면서 진정한 스타트업 경영인이 걸어가는 길이 이런 것이구나 하는 깊은 감동을 느꼈다.

02
인수합병, M&A(Merger and Acquisition)

흔히 인수합병이라고 부르는 M&A는 선진국에서는 상당히 흔한 일이다. 실제로 미국 스타트업의 엑시트 중 80%는 M&A를 통해 이루어진다. 하지만 우리나라는 정확한 통계는 없지만 10% 내지 20% 수준에 불과한 것 같다.

인수와 합병은 조금 다르다. 인수는 스타트업의 지분 상당 부분을 사서 경영권을 인수하는 것이다. 스타트업은 이제 인수한 회사의 자회사가 된다. 반면 합병은 스타트업 이해관계자들의 모든 지분을 인수해 인수 기업에 합쳐버리는 것이다. 이렇게 되면 이제 스타트업의 이름은 더 이상 세상에 없다. 현금으로 주는 경우도 있지만 합병 회사의 자기 주식을 주는 경우도 많다.

행복한 M&A vs 불행한 M&A

M&A의 결과는 꼭 행복하지만은 않다. 그 동안 고생한 정당한 대가를 받고, 기업의 경영권을 딴 회사나 개인에게 넘겨주어야 하는데, 그렇지 않은

경우도 많다. 스타트업을 만들고 키우느라 고생은 고생대로 했는데, 헐값에 회사를 넘겨 빈털터리가 되는 대표도 많이 보았다.

불행한 M&A는 회사가 자금관리에 실패한 경우에 발생한다. 우수한 기술력으로 좋은 제품을 만들었지만 여러 가지 이유로 현금이 없어 부도에 처하게 되었을 때 주로 불행한 M&A를 하게 된다. 대개 이런 M&A는 대표가 직접 나서지 않았다면 벤처캐피털 같은 기존 투자자들이 알선하는 경우가 많다. 회사를 살려야 자신의 투자 가치를 보존할 수 있기 때문이다.

이런 M&A의 결말은 대표 입장에서는 불행하다. 고생한 대가만큼 주가를 인정받지 못하는 경우가 대부분이다. 회사는 인수자에 의해 추가 자금이 조달되어 살아나겠지만 대표는 우선 월급쟁이로 전락했다가 서서히 물러나는 수순을 밟게 된다.

회사가 문제없이 잘 나갈 때도 M&A 제안이 들어온다. 필자는 이런 제안을 행복한 M&A라고 부른다. 이런 M&A에 대한 제안은 회사 입장에서는 갑자기 이루어지는 경우가 많다.

한국의 스타트업 대표들은 이런 제안에 대해 종종 황당해 한다. 그리고 승승장구하는데 왜 M&A를 해야 하는지 필요성을 느끼지 못하는 경우가 많다. 코스닥으로 가는 것이 훨씬 더 이득이라고 생각한다.

하지만 꼭 그렇지는 않은 것이 현실이다. M&A 제안이 들어오면 그 회사가 왜 그런 제안을 하는지 잘 생각해 보고, 기본적인 협상을 통해 정확한 이유를 파악해야 한다. 충분히 고민하고 결정해야 한다. M&A의 거절이 거대 기업을 경쟁자로 불러 와서 회사를 파멸로 이끄는 경우도 있고, 회사를 크게 성장시킬 수 있는 좋은 시너지 기회를 놓칠 수도 있기 때문이다.

M&A를 하려는 회사는 스타트업을 철저하게 분석해 M&A가 필요한 이유를 찾았을 것이다. 자기 회사에 뭔가 큰 도움이 되고, 시너지를 낼 수 있

는 이유가 있어 인수합병 제안을 했을 것이므로 신중하게 검토하는 것이 좋다.

누가 M&A하는가?

미국의 경우 M&A의 주체는 주로 대기업이다. 특히 ICT 관련 대기업의 인수합병이 많은데, 미국에서 M&A붐의 스타트를 끊은 기업은 시스코란 통신기기 업체였다. 인터넷 통신망을 구축하는 장비를 주로 파는 회사인데, 전 세계적으로 인터넷 붐이 일어나면서 회사가 엄청나게 돈을 벌었다. 이 회사는 그 돈을 새로운 스타트업들을 M&A하는데 집중 투자해 회사의 제품군을 확대하면서 세계적인 거대 기업으로 성장하였다.

시스코의 성공을 보고 그 뒤를 이은 것이 IBM, HP, 마이크로소프트, 오라클 같은 회사들이다. 한 해에 몇십 개에서 몇백 개의 스타트업을 인수합병하면서 실리콘밸리의 스타트업 붐을 조성한 장본인들이다. 지금은 그 후속 주자로 애플과 구글이 역할을 한다.

이런 붐에 힘입어 많은 스타트업이 생겨났는데, 처음부터 M&A를 많이 하는 대기업이 다음 단계에 필요로 하는 아이템을 목표로 개발하는 경우가 많았다. 그리고 그 전략이 성공하기만 하면 백만장자가 되니 도전하려는 사람이 우후죽순처럼 생겨날 수밖에 없었다. 인수의 주체인 대기업 입장에서도 끊임없이 새로운 제품과 아이디어를 추가해 글로벌 경쟁력을 갖추는 원동력이 되었다.

마이크로소프트사가 애플 매킨토시의 그래픽 운영체계에 대항하기 위해 윈도우 개발을 결심했을 때, 마이크로소프트사 내에는 그런 경험을 가진 기술 인력이 충분하지 않았다. 그래서 약 200개의 소프트웨어 개발 회사를 합병하여 그들이 이미 개발한 기능들을 결합하고, 그 개발 인력을 활용하는 방식으로 개발 기간을 단축하였다. 하지만 이것이 초기 윈도우 운영체계가 에러가 많았던 이유이기도 하다.

한국은 대기업의 인수합병이 그리 많지 않다. 오히려 중견기업이나 알짜 중소기업의 인수합병이 종종 더 눈에 띈다. 또한 사모펀드나 부동산 사업을 통해 돈을 번 재산가들이 인수합병에 나서기도 한다.

<u>한국에서 대기업의 인수합병이 드문 이유를 대기업의 이기심만으로 해석하는 경우가 있는데, 이는 너무 단순한 해석이다. 대기업의 인수합병을 제도적으로 너무 많이 제한하고 있는 것도 중요한 원인 중 하나다. 물론 대기업들이 자초한 부분도 있다. 대기업들의 문어발식 확장에 따른 폐해가 크다보니 대기업군의 인수합병을 제한하는 엄격한 제도가 생겨난 것이다.</u>

한국에서도 인수합병이 활성화되기 위해 대기업의 문어발 확장은 견제하되, 스타트업을 인수하는 것에 대해서는 제도를 많이 풀어주는 것은 어떨까 하는 생각을 필자는 많이 한다. 물론 이 둘을 구분하기가 쉽지 않은 법률적 이슈가 있을 것으로 짐작은 되지만, 고민하면 답이 있지 않을까?

왜 M&A하는가?

어떤 기업을 M&A하려 할 때는 다 이유가 있다. 이유는 다양하다. 인수하려는 회사의 전략이나 그때의 사정에 따라 이유는 달라질 수 있다. 어느 한 가지 이유보다는 여러 이유가 복합적으로 작용하는 경우가 많은데, 큰 틀에서 보면 대략 다음 다섯 가지로 압축된다.

첫째, 기업이 해당 산업군에 대해 확장 전략을 펴고 있을 때이다. 흔히 대기업은 해당 산업군에 속한 주요 제품들을 모두 갖추는 것을 목표로 한다. 그래서 해당 산업군 내에 새로운 개념의 신제품을 가진 우수한 스타트업이 생겨났다면 인수대상이 된다.

둘째, 기업이 새로운 산업이나 업종에 진출하려고 할 경우이다. 기존에 강점을 가진 분야와 시너지를 고려해서 수평적 확장을 시도하게 되는데, 해당 분야에 대한 경험이 적고, 기반이 없다면 M&A를 시도한다. 다만 이 경우에는 스타트업보다는 이미 자리를 잡은 제법 규모 있는 기업을 인수하는 경우가 많다. 이때 좋은 방법 중의 하나는 그 분야의 기업 중 어려워져서 매물로 나온 기업을 잡는 것이다. 비교적 싼 가격에 좋은 기업과 인력을 확보해 해당 산업에 진출하는 교두보로 사용한다. 이것이 주로 문어발식 확장으로 지탄받는 케이스이다.

셋째, 전문 인력이나 기술, 그 회사가 가진 특허 등이 필요해서 인수하려는 경우이다. 실리콘밸리의 상당수 M&A는 이 경우에 해당된다.

애플이 아이폰이란 이름으로 최초의 스마트폰을 출시했을 때, 기존 휴대폰의 세계적 강자는 삼성전자와 LG전자였다. 아이폰의 인기가 서서히 올라갈 때 두 회사 모두 스마트폰이 대세가 되려면 시간이 많이 필요하다고 판단해 대응책을 마련하지 않았다. 하지만 아이폰이 얼리어답터 시장을 넘어 일반 대중 시장으로 급격히 확산하기 시작하자 두 회사에는 비상이 걸렸다. 그래서 급하게 스마트폰을 개발해 출시할 것을 결심하게 된다.

이들은 애플과 경쟁하기 위해 구글의 안드로이드를 운영체계로 설정했는데, 안드로이드란 운영체제는 제품화하려면 상당히 손이 많이 가는 소프트웨어였다. 두 회사가 스마트폰을 만드는데 있어 가장 큰 관건은 두 회사의 전공과목인 하드웨어가 아니라 바로 이 소프트웨어였다. 하지만 갑자기 국내에서 이런 운영체계를 아는 인력을 뽑을 수가 없었다. 게다가 뽑는다고 해도 팀워크를 갖추고 제대로 일을 하려면 상당한 시간이 필요한 상황이었다.

이때 티맥스란 소프트웨어 회사의 자회사인 티맥스코어가 매물로 나왔다. 티맥스는 원래 웹서버의 국산화에 성공해 돈을 번 회사이다. 번 돈으로 윈도우에 경쟁할 새로운 PC용 국산 운영체계와 오라클 데이터베이스에 경쟁할 새로운 국산 데이터베이스 소프트웨어 개발을 시도하였다. 결국 너무 돈이 많이 들어가서 실패하고 법정관리에 들어가게 되었다. 티맥스는 이런 운영체계를 개발하던 티맥스코어를 삼성과 LG에 각기 인수 제안을 했다.

결국 삼성이 잡았고, 삼성은 이들 인력을 활용해 안드로이드와 각종 기본 앱을 안정화시키면서 발 빠르게 갤럭시 스마트폰을 출시했다. 반면 인력 확보에 실패한 LG전자는 초기 스마트폰 경쟁에서 밀려 아직까지도 상당히 고전하는 모양새이다.

넷째, 재무적 이득을 취하기 위한 M&A도 있다. 흔히 우리나라에서 큰 기업이 망해 공매 절차를 거치면 꼭 등장하는 사모펀드라는 존재가 있다. 사모펀드 본연의 기능은 대규모 투자를 필요로 하는 중소기업에 투자하는 것이지만 그 외에도 재무적 이득을 위해서 M&A 등 다양한 전략을 구사한다. 한편 돈이 많은 재산가들이 회사를 인수하기도 한다.

이들은 일단 기업을 인수해서 구조조정을 거쳐 모습을 갖춘 다음 더 비싼 돈으로 파는 것을 목표로 하는 사업체들이다. 뉴스를 통해 안 좋은 측면만 부각되어서 그렇지, 실제로는 유망한 스타트업을 인수해 다양한 시너지를 불어넣어 발전시키는 좋은 일도 많이 한다.

다섯째, 한국적 상황의 특이한 케이스로 우량 중소기업이 다음 단계의 사업 모델을 찾는 경우이다. 현재 돈은 벌었으나 제대로 된 신제품이나 차기 제품군을 개발해 내지 못한 경우, 미래의 캐시카우 역할을 할 수 있는 스타 제품을 키우기 위해 스타트업 투자에 관심을 보이는 것이다. 말은 그렇지만 들어가 보면 여러 가지 복잡한 사정이 얽혀 있는 경우도 많다고 한다.

첫째 아들에게는 기존 사업체를 물려주고, 둘째 아들에게 물려줄 사업체를 찾는 경우도 있고, 상속세를 절감하기 위해 전략적으로 접근하는 경우 등 다양한 내부적인 이유가 있다고 한다.

이러한 M&A는 상당히 비밀스런 작업이므로 인수자나 피인수 희망자 모두 어느 회사가 M&A에 관심이 있는지 공개된 형태의 정보를 얻을 수가 없다. 그래서 흔히 파트너라는 중개인들이 동원된다. 외국에서는 그냥 브로커라고 불리는데, 한국에서는 브로커란 단어의 어감이 나빠 파트너 또는 중개인으로 부른다. 이들은 벤처캐피털 직원이나 금융권 회사의 직원 혹은 이를 전문으로 하는 사람일 수도 있다. 외국에서는 인수 회사에서만 받는 것이 원칙인데, 국내에서는 양쪽에서 모두 중개수수료를 받는 경우가 많다고 한다.

<u>최근 인터넷에서 M&A라고 쳐보고 깜짝 놀랐다. 공개적으로 M&A를 중개한다는 인터넷 사이트들이 많이 생겼기 때문이다. 하지만 이들이 실질적으로 M&A를 잘 중개하는지는 미지수이다. 워낙 큰돈이 오가는 큰 거래이고, 상당한 전문성이 요구되는데, 아직 국내에는 시장이 적어서 전문가라고 할 만한 사람들이 충분히 양성되지 않았기 때문이다.</u>

외국에서도 매년 많은 브로커들이 찾아온다. 한국 스타트업의 기술력이 매우 매력적이기 때문이다. 이들은 각종 IR 행사 등에 참여하거나 자기 나름대로의 정보망을 통해 인수할 만한 회사를 물색하고, 직접 면담을 요청하기도 한다.

하지만 외국 국적 회사와 인수 협상을 하려면 또 다른 문제들에 직면하게 된다. 언어소통부터 한국의 여러 가지 법률이나 조직 운영 관행들을 이해하는 것도 벅찬데, 외국과 외국 기업의 제도까지 이해하는 것이 쉽지 않기 때문이다. 하지만 이를 통과한다면 글로벌하게 진출할 수 있는 기회도

열리기 때문에 꿈이 크고, 조직 내에서 이런 문제들을 감당할 자신감이 있다면 굳이 마다할 일도 아니다.

M&A 결정 및 진행과정

　M&A 제안을 받았다면 신중히 생각하고 결정해야 한다. 무엇보다 인수하려는 회사의 목적을 잘 파악하는 것이 중요하다. 결국 회사를 파는 의사결정은 대표 혼자만의 자존심이 아니라 피땀 흘려 일군 회사와 창업팀, 그 사이에 뽑은 직원들의 미래를 고려해서 결정해야 할 사항이다.

　만약 M&A 제안에 응하기로 했다면 합당한 기업가치에 대한 협상이 필요하고, 법적인 절차에 따라 M&A가 진행되어야 한다. 꽤 절차가 복잡하므로 전문가의 도움을 꼭 받아야 한다.

　M&A가 이루어진 경우 스타트업 대표는 최소한 2~3년간 계속 회사를 이끌도록 요구받는다. 대표가 바로 나가면 조직이 흔들리고, 지금까지의 노하우가 공중 분해될 위험이 있기 때문이다. 한편 인수회사에서 지정한 차기 경영책임자들이 회사에 들어오고, 업무파악에 들어간다. 스타트업 대표는 서서히 실권이 없어지는 것을 느끼게 되고, 차기 대표이사 선임 때는 물러나는 수순을 밟게 되는 것이 보통이지만, 대표의 경영능력이 우수하고, 회사에 대한 애착이 강하다면 계속 경영을 위임받기도 한다.

　가장 먼저 변화가 일어나는 부분은 경영관리 부분이다. 모 회사의 경영방침이 내려오고, 전산시스템이나 코드, 회계 및 자금관리 원칙 등이 모 회사와 통일되도록 요구된다. 특히 합병 시에는 무조건 합병된 회사의 프로세스와 시스템을 따라야 하기 때문에 기존의 조직과는 완전히 다른 업무 처리 형태가 급격하게 자리를 잡는다.

비상장기업의 주식 양도는 양도소득세가 부과된다. 양도소득세율은 대주주는 20%, 적은 지분을 가진 경우는 10%이다. 대주주의 기준이 대표 및 특수 관계인, 지분율 4% 이상 보유자, 주식가치 15억 원 이상인 자 등으로 지분율이 높은 창업팀 멤버들도 대주주에 해당되는 경우가 생긴다. 이것을 모르고 납부하지 않았다가 탈세범이 된 경우를 본 적도 있다.

<u>일단 행복한 M&A를 통해 회사를 처분한 스타트업 대표는 많은 돈을 번다. 이전 회사의 대표직에서 물러난 경우에는 보통 새로운 스타트업을 창업한다. 계속적으로 새로운 회사를 만들어 신규 아이템을 성공시키는 전설적인 창업자들도 있다.</u>

<u>이들은 후배 스타트업들의 롤 모델이 된다. 그 경험을 배우려고 많은 스타트업들이 찾아오기 때문에 멘토링이나 컨설팅을 해 주는데 더 많은 시간을 빼앗긴다고 한다. 그래서 M&A에 성공한 스타트업 대표들은 액셀러레이터나 벤처캐피털 같은 투자회사를 차리는 경우가 많다.</u>

후배 기업들에게 멘토링을 해 주다가 좋은 아이템을 보면 자신이 번 돈으로 투자도 해 주고, 직접적인 경영 지원을 해서 스타트업이 성공할 수 있게 도와준다. 이렇게 되면 스타트업계 자체가 선순환 투자 모델이 완성된다. 현재 미국의 투자 생태계가 돌아가는 원동력이다. 우리나라도 빨리 이런 역할을 해 줄 수 있는 스타트업 성공 선배들이 많이 배출되기를 바라는 바이다.

| 에필로그 |

수없이 성장통을 겪을 스타트업을 위하여

　지난 3년 가까운 세월 동안 인천혁신센터의 6개월 챌린지 PD와 창업지원본부장으로 지내면서 150여개의 보육기업을 만날 수 있었다. 이들 스타트업 대표들이 겪는 여러 가지 문제에 대해 같이 머리를 쥐어짜기도 하고, 스타트업들이 한 단계를 넘어설 때마다 기쁨과 슬픔을 같이 하곤 했다.
　이런 체험이 나에겐 너무 고마운 인생 공부였다. 많은 것을 배우고 느낄 수 있는 기회였고, 대기업 퇴직 후에 새로운 인생을 사는 보람이었다. 퇴직 후 남은 인생을 새로운 것을 직접 만들어 보거나 새로운 것을 만들고 있는 사람들을 돕는 일을 하려고 결심했던 나에게 너무나 적합한 일이었다.
　그러다가 문득 이들과의 체험을 통해 배운 것을 책으로 정리해서 앞으로 스타트업 창업에 도전하려는 이들과 이미 창업해 스타트업의 다양한 성장통을 겪고 있는 이들에게 들려주면 좋겠다는 생각이 들었다. 내 경험상 국내에는 부분적으로는 좋은 자료들이 너무나 많지만 스타트업이 단계별로 겪게 되는 고민과 해결책에 대해 종합적으로 정리한 '스타트업 창업 멘토링 보고서'라고 할 만 한 자료가 없다.
　없다면 내가 한 번 정리해볼까?
　그래서 골방에 틀어박혀 이 책을 쓰기 시작했다. 막상 쓰려니까 부족한 점이 너무 많다는 것을 새삼 느끼게 되었다. 어렴풋이 알던 것들과 아무 생각 없이 스타트업들에게 주절거리던 말도 글로 정리하려니까 여러 가지를 다시 생각해 보게 되고, 다시 찾아보게 되었다. 그런 의미에서 이 책을 통해 가장 많이 공부를 한 사람은 나 자신이란 생각이 든다.

　이런 글을 쓸 수 있게 영감을 주고, 줄거리를 제공해 준 인천혁신센터 보육 기업에 먼저 감사를 보낸다. 그리고 그들이 모두 성공해 우리나라 스타트업의 좋은 성공사례가 되길 기원한다.

　특히 회사의 사업 내용을 인용할 수 있게 허락해 준 그린아이엠티, 네오팝, 닥터픽, 로프솔트, 수인시스템, 숨비, 아이디어유닛, 아이리시스, 아이오틴, 애드포라이프, 에코스텍, 여행라면, 옵티로, 원더스, 지니어스팩토리, 짐싸, 포올라이프의 대표들께 감사드린다.

　그리고 나를 이런 길로 인도해 준 박인수 전임 인천혁신센터장과 주영범 현 센터장을 비롯해, 스타트업을 잘 키우는 것에서 보람을 찾고 그러려면 우리가 먼저 공부해야 한다는 말에 공감하며 지난 세월을 동고동락해준 창업지원본부와 센터의 직원들에게도 감사드린다.

　이 글이 필자의 개인적인 경험에서 비롯되어 혹시 잘못된 생각을 가진 부분이 많지 않을까 우려가 되었다. 그래서 센터 생활을 통해 알게 된 우수한 멘토들에게 검수를 요청했다. 김경진 멘토는 필자가 미처 몰랐던 여러 부분에 대해 다양한 정보를 제공해 주셨다. 박홍인 멘토는 스타트업 대표 입장에서 책 구성을 개선해야 할 점에 대해 좋은 의견을 주었다. 이 들은 책의 내용을 알차게 만드는데 큰 도움을 주었다.

지와수 출판사의 유혜규 대표는 전문 출판인으로서의 날카로운 안목으로 책의 구성과 소제목 등에 대해 보완해야 할 점에 대해 많은 지적을 해 주셨다. 이 책을 보면서 읽기 편하다고 느낀다면 그건 모두 유 대표의 공로이다. 그리고 지속적인 믿음으로 작업을 도와준 정순, 덕형, 소저에게도 감사드린다.

마지막으로 저의 이런 노력이 고된 여정을 헤쳐 나가고 있는 한국 내의 많은 스타트업이나 스타트업을 돕는 일을 하는 많은 분들에게 조금이나마 도움이 되기를 다시 한 번 기원한다.

2018년 7월

이 홍철

| 스타트업 즐겨찾기 사이트 |

비즈니스 모델 제작 지원 사이트

- **특허정보넷 키프리스(www.kipris.or.kr)**
  유사한 특허가 있는지를 알아볼 수 있는 사이트이다.

- **학술정보연구서비스(RISS)(www.riss.kr)**
  대표적인 논문 검색 사이트로는 정부가 운영한다.

- **아이디어마루(www.ideamaru.or.kr)**
  대표적인 온라인 무료 멘토링 사이트. 아이디어를 등록하고 원하는 멘토를 선택하면 다양한 멘토링을 받을 수 있다.

- **창업진흥원(www.kised.or.kr)**
  중기부가 진행하는 창업 지원 프로그램의 상당 부분을 총괄하는 기관으로 보유하고 있는 멘토들도 많다.

- **K-스타트업(www.k-startup.go.kr)**
  스타트업 창업을 지원하는 포털 사이트다.

- **국가통계포털(http://kosis.kr)**
  인구, 물가, 소득, 경제활동, 산업분류, 자살, 사망원인, 출산율, 실업률, GDP, 다문화, 사교육 등 다양한 통계를 제공한다.

- **공공데이터포털(www.data.go.kr)**
  공공기관이 만든 모든 자료나 정보를 제공한다.

- **e-나라지표(www.index.go.kr)**
  국정 모니터링 시스템, 분야별, 부처별 통계 지표, 국가 주요지표를 제공한다.

시제품 제작 및 회사 설립 도움 사이트

- **아이디어오디션(www. ideaaudition.com)**
  제조업 위주의 대표적인 중개 사이트이다.

- **후이즈(whois.co.kr)**
  도메인 정보를 가장 정확하게 볼 수 있고, 신청할 수 있는 사이트이다.

- **기업지원플러스(www.g4b.go.kr)**
  법인 설립 절차, 사업장 이전, 공장 등록 등 다양한 지원 기능을 가지고 있다.

- **온라인 법인 설립 시스템(www.startbiz.go.kr)**
  법인 설립을 신청하는 메뉴가 있어 직접 법인 설립을 할 수 있게 도와주고, 미리 절차를 연습할 수 있는 메뉴도 마련되어 있다.

- **창업보육센터 네트워크 시스템(www.bi.go.kr)**
  창업보육센터의 현황을 한꺼번에 볼 수 있는 사이트이다.

- **사회보험 통합징수 포털(si4n.nhis.or.kr)**
  국민건강보험관리공단이 통합 운영하는 사이트로 4대 보험을 한꺼번에 처리할 수 있다.

제품 상용화 관련 사이트

- **한국산업단지공단의 FactoryOn(www.femis.go.kr)**
  공장 설립에 대한 무료상담을 해주고, 온라인으로 신청할 수 있게 지원하며, 다른 공장의 현황 정보까지 찾아볼 수 있는 사이트다.

- **기업부설연구소 신고 관리시스템(RND) (www.rnd.or.kr)**
  연구소 요건을 갖춘 다음 연구소 설립을 신고할 수 있는 사이트이다.

- **벤처인(www.venturein.or.kr)**
  벤처등록하고 확인을 받을 수 있는 사이트로 벤처 관련 가장 최신 정보를 제공한다.

- **한국인터넷진흥원 홈페이지(www.kisa.or.kr)**
  한국인터넷진흥원에서 운영하는 정보 보호 지원 센터를 이용하면 스타트업 웹사이트 진단을 받고 솔루션을 제안받을 수 있다.

- **e-나라 표준 인증 사이트(www.standard.go.kr)**
  스타트업 제품이 어떤 인증을 받아야 하는지를 확인할 수 있는 사이트이다.

구인 관련 사이트

● 워크넷(www.worknet.go.kr)
고용노동부가 운영하는 사이트로 채용 지원뿐만 아니라 교육훈련, 인재 정보, 일자리에 대한 각종 기업 자금 지원 제도 등에 관한 정보들을 종합적으로 제공한다.

● 잡플래닛(www.jobplanet.co.kr)
기업에 대한 상세한 정보뿐만 아니라 회사의 지원자들이나 회사 내부 직원, 심지어 이직자들이 남긴 기업에 대한 평가 정보까지 공유하는 사이트이다. 젊은층이 주로 이용한다.

창업 지원 제도 관련 사이트

● K-스타트업(www.k-startup.go.kr)
주로 스타트업 초기 프로그램에 초점을 맞춘 사이트로 사업화 지원 및 R&D 프로그램뿐만 아니라 스타트업에 도움이 될만한 많은 정보를 제공한다.

● 기업마당(www.bizinfo.go.kr)
주로 중소기업을 지원하는 제도와 정보를 알려준다.

● 국가과학기술지식정보서비스 시스템
(www.ntis.go.kr)
모든 R&D 과제 공고문을 볼 수 있는 사이트이다. 하지만 모든 R&D 공고 자료이므로, 스타트업이 필요로 하는 정보만을 찾기가 쉽지 않다.

● 중소기업 기술개발사업 종합관리시스템
(www.smtech.go.kr)
중기부 R&D 사업을 종합관리하는 사이트. 이 시스템을 통해 사업공고, 사업 신청, 평가, 협약, 연구비집행, 온라인 정산, 평가 등이 이루어진다.

● 정보통신산업진흥원(www.nipa.kr)
주관하는 R&D 사업에 대한 정보를 얻고 지원할 수 있는 사이트이다.

● 정보통신기술진흥센터(www.iitp.kr)
주관하는 R&D 사업에 대한 정보를 얻고 지원할 수 있는 사이트이다.

● 엔젤투자지원센터(www.kban.or.kr)
엔젤클럽 리스트를 확인할 수 있는 사이트이다. 엔젤클럽의 소재지나 간단한 소개, 관심분야, 공개/비공개 여부 등의 정보를 볼 수 있다.

● TIPS 프로그램 홈페이지(www.jointips.or.kr)
TIPS 운영사의 정보를 확인하고 신청할 수 있는 사이트이다.

● 크라우드넷(www.crowdnet.or.kr)
크라우드 펀딩 운영사와 제도에 대한 기본 구조에 대한 정보를 알 수 있고, 이들이 운영하는 펀딩 내용도 확인 가능하다.

● 한국벤처투자(주)(www.k-vic.cc.kr)
모태 펀드가 투자한 펀드에 대한 자료를 구할 수 있다.

● 한국성장금융(www.kgrowth.or.kr)
성장사다리 펀드가 투자한 펀드에 대한 자료를 구할 수 있다.

● 온라인 투자매칭 시스템(www.ventureir.or.kr)
IR을 원하는 기업이 회사에 관한 정보를 이 시스템에 등록하면 온라인 투자매칭을 받을 수 있다.

● 한국벤처캐피탈협회(www.kvca.or.kr)
벤처캐피탈협회에서는 투자에 관련된 다양한 정보를 제공하며, 적극적으로 활용하면 가장 적합한 펀드를 가진 운영사를 추천받을 수도 있다.

정책자금 관련 사이트

● 기술보증기금(www.kibo.or.kr)
스타트업의 기술을 평가하고 심사해 보증서를 발급해 주는 곳이다. 이 보증서를 담보로 시중 은행에서 대출을 받을 수 있다.

● 신용보증기금(www.kodit.co.kr)
기술보증기금이 주로 기술창업에 대해서만 보증하는 반면 신용보증기금은 훨씬 다양한 업종의 기업이나 다양한 형태로 보증한다. 개인보증도 실시한다.

● 중소기업진흥공단(hp.sbc.or.kr)
스타트업이 다양한 정책자금을 알아보고 신청할 수 있는 곳이다. 다만 자금을 신청하기 전에 꼭 홈페이지에 마련된 자가진단을 먼저 해야 한다.

● 기업금융나들목(www.smefn.or.kr)
많은 정부기관들이 수시로 만들어 운영하는 다양한 정책자금에 대한 정보를 제공한다.